중국과 서양의 조우와 서세동점의 종말

한찬욱 지음

공감북스

서문

미국은 네 가지 주요 이유로 20세기를 지배했다. 미국의 제조 능력은 다른 국가보다도 훨씬 뛰어났다. 미국의 발명 능력 또한 엄청났다. 비행기에서 전기, 조립 라인, 컴퓨터, 반도체, 인터넷까지. 미국은 발명가였고, 마찬가지로, 세계를 변화시키는 수많은 혁신들을 채택한 나라였다. 미국은 정치적으로 안정적이었고 "아메리칸 드림"은 매력적일 만큼 충분한 현실성이 있었다. 20세기는 미국의 시대였고 지난 500년간은 서양의 시대, 서양이 전 세계를 지배하던 시대였다. 서세동점(西勢東漸)은 서양 세력이 동양으로 점차로 밀고 들어오는 현상을 말한다. 서양은 중세 말에 인쇄술과 3-돛단배 같은 발명들로 전 세계에 접근하여 노략질하고 식민화할 수 있었다. 인쇄술 덕분에 그 어느 문명보다도 문자가 우세하게 되었고 문해 능력은 널리 퍼지게 되었으며, 지식과 정보가 폭증하게 되었다. 그로부터 오늘날 우리가 헌법 대표정부, 법치, 참정권, 기본 시민권 등을 포함한 정치적 자유주의로 인식하는 것이 나타났다.

3-돛단배는 장기간 해양 항해를 가능하게 하였다. 그 배는 빨랐고 더 많은 물과 식량을 나를 수 있었다. 더 길기 때문에 역풍을 헤치면서 항해할 수 있었다. 3돛단배 덕분에 유럽인들은 나머지 세계를 탐험하고 약탈할 수 있었다. 그 배들은 대포들로 무장할 수 있었고 다수의 무장한 사람들과 말들을 실을 수 있었다. 유럽인들은 그 배 덕분에 다른 국가들을 위협하여 굴복시킬 수 있었다 서양은 우월한 군사력에 기대어 동아시아에서도 그들의 의도를 관철하고 불평등조약과 문호개방을 강요할 수 있었다. 유럽인들에게 발견의 항해는 타국의 금은과 땅을 약탈하

려는 열망에 의해 추진되었다. 십자군전쟁에서 중동국가들 약탈, 금은을 축적하려는 욕구, 중국의 비단과 도자기 및 차에 대한 수요 같은 다른 요인들이 약탈 욕구에 동기를 부여했다. 중국은 굴복하라는 서구 열강의 명령을 거부하였다. 중국은 그 자체로서 자급자족하고 있었고 문화적으로 외국보다 우월하다고 생각했다. 중국 황제들은 중국은 실질적으로 외부 자원에 대한 필요가 없다고 생각하여 그러한 요구를 거부하였다. 그러나 3세기 동안 중국은 서양 제국주의의 야만적인 공격에 치욕을 겪었다. 영토의 일부를 열강들에 내주어야 했고 아편전쟁의 결과 강제개항하고 유적들이 파괴되었고 중국 자체의 지배체제가 무너졌다.
그러나 단지 군사력 덕분에만 서구가 전 세계 다른 지역들에 비해 우세를 점할 수 있었던 것은 아니었다. 지폐 같은 화폐에서의 진보, 계몽주의 사상, 법치, 과학기술과 발명, 민주주의 같은 정치체제의 창안 등이 종합적으로 작용했다. 저명한 언어학자 촘스키의 『507년, 정복은 계속된다』에서는 지금도 서세동점은 계속되고 있다고 본다.

그러나 이제 세상이 변했다. 동아시아가 일어서고 있고 코로나 바이러스 사태에 대한 대처는 그런 사실을 극명하게 대조적으로 보여주고 있다. 동아시아 국가들은 환자나 사망자가 별반 크게 발생하지 않고 경제적인 타격도 그리 크지 않게 잘 대응하고 있다. 이것은 서구의 대응과는 확연하게 차이가 드러난다. 중국은 문화혁명을 통해서 관리들의 부패를 척결하고 교육을 확대하고 공업화를 이루어낼 수 있었다. 특히 중국은 정치 지도자의 선발과 지배구조에서 혁신을 이루어서 뛰어난 결과를 확보할 수 있게 되었다.

1장 고대 중국의 발명에서는 선전풍선(旋转风扇) 입체지도(立体地图) 같이 중국은 고대에 수많은 것들을 발명한 나라였음을 일별한다. 특히 마구와 말목걸이 발명을 보는데 말 가축화 역사, 쿠르간 가설, 말 목걸이 발명이 서양 중세의 농업혁명에 미친 영향 미국 독립전쟁과 지폐의 관계, 지폐의 중국 기원, 송나라의 교자(交子] 지폐본위제, 금(金)나라의 교초(交鈔) 지폐전용, 사상 최초의 전당포인 무진장의 역사를 살핀다. 돈의 본성은 신용임을 밝히고 중국인의 돈에 대한 태도와 범려의 경상보전(經商寶典)의 축재술을 소개한다. 송대에 필승이 활자인쇄를 발명했고 13세기 말 왕정(王禎)에 의해 보완되었다. 그렇지만 인쇄술은 서양에서 만개하는데 알파벳은 그 문자수가 적고 표음문자로 활자수가 적어도 되었기 때문이었다. 인쇄술의 광범위한 사용은 해상무역, 관료제, 거대조직, 재판의 문서화와 국민국가를 가능하게 하였다. 다음으로 고대중국과 고대그리스 과학과 철학의 유사점과 차이점을 살핀다. 주화 도입과 상인계급의 출현으로 추상적 사고 습관을 조장하는 사회적 관행으로부터 실질적인 정량적 사고들이 사회에 퍼진다. 그리스 도시국가들은 해상무역에 종사하고 중국인들은 내륙의 농업사회로서 우주적 순환을 중시여기고 수학을 중요하게 여기지 않는 사고방식에 영향을 주었을 것이다. 중국 정부의 경제 관리는 묵가를 제외한 모든 중국 학파를 지배하는 일원론적이고 차별화되지 않은 실재 개념을 촉진했다. 대조적으로, 많은 그리스 학파들은 다양한 개별 존재들이 현실의 구조에서 역할을 하는 형이상학적 다원주의 이론을 강조했다.

2장 중국 중세의 발전에서는 먼저 중국에서의 법치에 관해 법가와 유가의 사상과 역사를 조망한다. 법가는 춘추전국시대 부국강병(富國強兵)을 달성하고 국내 안정을 보장하고자 했던 정치 현실주의자였다. 그들은 유가와는 달리 하늘의 뜻에 대한 순응, 또는 도덕적 고려 같은 것이 결여되어 있었다. 법가는 진화론적 역사관을 갖고 있었고 한비자는 법(法) 세(勢) 술(術)의 통치술을 설파하였다. 유가는 덕망이 높은 자가 통치하고 그래서 아랫사람들에게 본보기가 된다는 도덕성 원칙을 통치술로 내걸었다. 이에 관련하여 서양에서의 법현실주의와 법형식주의 사상을 탐구한다. 다음으로 송대의 상업혁명과 경제 팽창. 기술 발전, 국내 무역 및 대외 무역의 성장, 외국인 무역상. 화폐경제, 도시 중심지의 만개를 일별한다. 농업혁명, 용광로, 물레, 수력, 나침반 발명과 조선 및 선박 설계 시 기술과 정크선의 획기적 발달이 있었다. 중국은 자유방임 시장경제를 실시했다. 중국과 서양의 특허권에 대한 사상과 역사를 대조한다. 송 과학자 심괄의 업적을 소개하고 소송(蘇頌)이 제작한 대형 천문시계 수운의상대(水運儀象臺)와 서양의 베네딕트 수도원의 시계 발달을 대조한다. 베네딕트 수도원에서 시간규율 및 노동 그리고 기계화가 자리 잡은 역사적 과정을 탐구한다. 그 결과 시계산업은 산업혁명의 기술력의 밑바탕이 되었다. 마지막으로 서양에서만 과학이 발전하게 되는데 역할을 한 종교적 사상적 배경에 대한 자키-뒤엠 명제를 자세하게 본다.

3장 유럽의 계몽주의와 중국에서는 계몽주의 이래 중국의 사상과 제도가 서양에 미친 영향을 고찰한다. 처음에 서양인들이 보기에 중국 언론은 자유롭고 아무런 검열도 없었다. 중국의 농부들과 소작인들은 사실상 그들의 밭과 토지를 안전하게 소유하고 있었다. 시장은 자유로웠고 독점은 거의 없었다. 어떤 봉건적 사냥과 어업 특권이나 그 밖의 귀족의 특권도 호수, 강, 바다에의 접근을 금지하지 않았다. 세금은 낮고 분별 있게 규제되었다 특히 중국의 학자 관리 지배가 서양에게 인상적이었는데 명청대의 과거제도와 능력주의에 매료되었다. 성리학은 불교와 도교를 비판하면서 사상이 발달했다. 인성본선(人性本善) 같은 심리학과 사물들의 궁극적인 본질과 통일성을 설명하기 위해 불교 형이상학이 오랫동안 사용되어 온 기술적 용어를 채택했다. 에머슨은 주희에게서 큰 영향을 받았는데 주희의 "성(性)"은 에머슨의 "내면의 신"과, 주희의 "성인(聖人)"은 에머슨의 "진정한 사람", 주자의 극기복례[克己復禮]와 에머슨의 "자립" 같은 유사성이 나타난다. 유교는 케네의 중농주의에 영향을 미쳤다. 계몽 전제군주와 "자연 질서" 개념은 유교사상을 방불한다. 서양의 공무원제도는 중국의 과거제도에서 일부분 차용했다. 볼테르의《중국고아》와 《조씨고아》, 톨스토이와 노자사상, 말러의 《대지의 노래》와 이백의 시와의 관계를 본다. 파운드는 한자와 한시 및 공자에 매료되었다. 아담스미스의 자유방임사상과 사마천의 《사기》의 무위이치(無爲而治) 사상은 너무나 흡사하다. 아담스미스는 튀르고와 중국 예수회 학생들에게서 영향을 받았을지 모른다. 마지막으로 1500~1800년 사이에 중국이 뒤처지고 서양이 발흥하게 되는 여러 가지 요인들 특히 산업혁명과 관련된 요인들이 분석된다. 영국은 고임금과 저렴하고 풍부한 석탄 에너지 덕분에 산업혁명을 일으킬 수 있었다.

4장 중국 현대사의 이해에서는 먼저 아편전쟁과 중국의 백년치욕을 다룬다. 아편전쟁의 배경과 과정 및 결과를 살펴보고 더 나아가 중국에서의 아편의 역사 그리고 군벌들 사이의 많은 군사 투쟁은 아편 무역을 둘러싼 투쟁이었다. 문화대혁명은 상당부분 중국 공산당간부들의 부정부패에 대한 반동으로 발생했다. 모택동의 5.7지시와 16개항은 문혁에 불을 지르고 그 방향을 결정하는데 커다란 영향을 주었다. 문혁의 결과 발생한 사회경제 문화적인 변혁의 실례로서 산동성지모구를 본다. 당간부와 평민과의 관계 변화, 문혁기의 농촌 경제 혁명, 농촌 의료 혁명, 유적 파괴가 아닌 문화존중 혁명이 일어났다. "3대차별(差別)" 즉 성향

차별, 공농차별, 뇌체차별은 문혁기에 극적으로 감소했다. 모택동 치하에서 중국은 놀랄 정도로 발전한다. 현대에 이르러 중국인의 중국 정부에 대한 만족도와 신뢰 여론조사를 보면 중국인의 정부에 대한 만족도는 매우 높고 증가하는 추세이다. 중국의 선거제도는 직접선거와 간접선거의 혼합으로 기층에서는 직접선거를 실시한다. 싱가포르는 기술관료제에서 모델이 되고 있고 중국의 기술관료제는 결과와 능력주의에 기초한다. 중국의 통치는 협의적인 권위주의로서 지도자는 중앙정부의 권한을 행사하기 전에 약 40년간의 훈련이 필요한 유일한 나라이다. 중국지도자의 선발과정을 살펴보고 시범지구, 데이터 기반 같은 정책 결정과정과 내부투쟁 과정을 살펴본다. 중국은 국민국가라기보다는 문명국가이다. 마지막으로 미국민주주의와 중국민주주의가 비교되고 중국정치경제학의 8가지 원칙이 소개된다.

목차

01

고대 중국의 발명

고대 중국의 발명

고대 중국의 4대 발명이란 저렴하고 다량의 지식의 기록을 가능하게 한 종이, 이러한 기록을 대중에게 전파할 수 있게 한 인쇄술, 전쟁의 양상을 귀족 전쟁에서 평민 전쟁으로 변모시킨 화약, 항해술을 변혁하여 세계화를 가능하게 한 나침반이다.

종이의 역사를 보면 약 3,500년전 상商(은殷)나라 때에 거북이의 등껍질과 짐승의 뼈에 글자를 새긴 갑골문(甲骨文)과 청동기에 글자를 새긴 종정문(鐘鼎文)이 있었고 춘추시대에는 죽간(竹簡)이나 목판에다 글자를 기록하였다. 전한(前漢) 때에 궁정 귀족들은 비단이나 부드럽고 얇은 천에 글을 썼다. 그 후 전한 시대에 대마(大麻)와 모시로 만든 파교지(灞橋紙)와 한대 유적지에서 발굴된 종이 지도가 나타났다. 다시 그 후에 궁정 기물을 제조 관리하는 상방령(尙方令)이란 직책을 맡고 있던 채륜(蔡倫)이 이전 제지술의 제조 경험을 바탕으로 종이의 질을 획기적으로 개선함과 동시에 필사에 적합한 식물섬유의 종이를 제조해 냈다. 중국의 제지술은 대략 수당(隋唐) 시기에 우리나라를 거쳐 일본에 전해졌고, 8세기 중엽에 아랍을 거쳐 12세기에는 유럽으로 전파되었다.

화약의 기원을 보면 초석(硝石), 유황, 숯 세 가지 물질을 혼합하여 불로장생의 단약(丹藥)을 만들고자 했던 위진(魏晉)시대의 연단술사들은 그 과정에서 폭발현상이 일어난다는 사실을 발견했는데 그들은 단약을 '불이 붙는 약'이라는 의미로 '화약(火藥)'이라 불렀다. 중국에서 화약을 제조한 기록은 당초부터 발견되며 송대에 더욱 기술이 발전되었다. 화약은 초석, 유황, 목탄 등을 혼합하여 만들어지는데, 이미 당초의 어느 도사는 이들의 배합을 기록하고 있다. 그렇지만 화약이 무기로 처음 사용되었던 것은 당말이었고, 그 제작과 사용법이 널리 발달한 것이 송대였다. 1044년에 편찬된 증공량(曾公亮)의 군사병법서인 『무경총요(武經總要)』에서는 화약 무기의 제조및 배합 방법을 자세하게 기술하고 있다. 북송 시기 화약은 초석의 함량이 아주 낮아 주로 적진을 연소시키거나 연막을 치는데 사용했을 뿐이다. 당시에는 화약은 전통 화공전술 가운데 방화 병기 범주에 머물고 있었다. 1161년 남경 부근까지 남하한 금군과의 전투에서 폭발력이 강한 화약이 처음으로 사용되었다. 당시는 종이로 만든 용기에 화약을 담고 점화한 다음 손으로 던졌으나, 13세기에는 철제 용기가 출현하여 통 모양의 용기에 넣고 정확히 조준 발사하는 장치가 발명되어 명중률은 더욱 높아지게 되었다. 화약을 이용한 대표적인 병기로는 강력한 폭발성 화기인 벽력포(霹靂炮), 무쇠로 덮개를 만든 진천뢰(震天雷) 그리고 대나무 통에 화약을 장전해서 발사할 수 있었던 돌화창(突火槍)이 있다

화약은 13세기 중엽, 이슬람 제국에 출정한 십자군에 의해 유럽에 전파되었고, 유럽은 14세기 전반부터 화약을 제조하게 되었다. 중세 말기

에 서양은 잔쟁이 끊이지 않았고 그 결과 무기의 성능이 급속하게 좋아졌다. 그래서 명나라 말기 중국에 나타난 서양인들의 손에 들린 화약무기는 옛 중국인들의 그것과는 비교가 안 될 만큼 위력이 강한 것이 되어 있었다

나침반을 보면 후한(後漢)의 장형(張衡), 조위(曹魏)의 마균(馬鈞), 남제(南齊)의 조충지(祖衝之) 등이 지남차를 제작했다는 설이 있다. 이후 북송 때 연숙(燕肅)이 지남차의 형태를 상세히 기록함으로써 그 대략의 면모가 지금까지 전해져 온다. 지남차는 복잡한 톱니바퀴 장치를 이용하여 수레의 목상이 항상 남쪽을 가리키게 만들었다. 북송 증공량의 『무경총요』에서는 지남침의 제작과 사용방법을 소개하고 있다. 심괄(沈括)은 자신의 과학서인 『몽계필담(夢溪筆談)』에서 지남침의 유형과 원리를 자세히 소개하면서 지남침이 진북을 가리키는 것이 아님을 밝혀냈다. 지남침은 군사, 일상생활, 지형 측량뿐만 아니라 항해에도 응용되었다. 주욱(朱彧)의 『평주가담(萍州可談)』에서는 "야간에는 별을 보고 낮에는 해를 보면서 항해했고, 흐린 날에는 지남침으로 항해하였다."라고 기록하고 있다. 이것이 지남침을 사용한 세계 최초의 기록이다.

중국은 먼 고대부터 발명의 나라였다. 고대 중국의 주요 발명들을 살펴보고 인쇄술에 대해서는 나중에 자세히 다루자.

중국의 주요한 고대 발명들

1) 부교(浮桥)

부교란 교각을 사용하지 않고 부대(浮袋)나 부유물에 의해서 가설되는

임시교량으로 주로 전투지역에서 병력이나 장비를 건네기 위하여 하천이나 호수 등에 가설되는 떠다니는 다리를 지칭한다.

고대 중국에서는 주나라 문왕周文王이 기원전 11세기에 처음으로 부교를 만들었다고 시경(詩經)이 기록하고 있다. 그러나 역사학자 조셉 니덤은 모든 가능한 시나리오에서 임시 부교는 한왕조 202 BC~220년까지 이 책이 편집되었다는 것을 고려하면서 아마도 이 부분이 이 책에 나중에 추가된 것일 수도 있기 때문에 중국에서 기원전 9세기나 8세기에 발명되었다고 지적했다. 비록 이전의 임시 부교는 중국에서 만들어졌지만, 중국 최초의 안전하고 영구적인 부교들은 진나라 (221 BC~207 BC) 시대에 처음으로 만들어졌다.

후기 송나라(960~1279년) 중국 정치가 조청(趙淸)은 일찍이 중국의 부교들을 설명하는 글을 쓴 적이 있다. 동한시대(25~220년)에 중국인들은 황하의 폭을 가로지르는 매우 큰 부교를 만들었다. 또한 중국 후한 때의 군웅 중 한 사람으로 촉 지방에 나라를 세우고 황제라 칭하였으나 후한 광무제에게 멸망당한 공손술[公孫述 ?~36]의 반란이 일어나기도 했는데, 그 곳에는 요새화된 초소가 있는 큰 부교가 양쯔강 건너에 건설되어, 결국 동한의 개국명장 잠팽[岑彭] 휘하의 관군들이 함선으로 들이받고 돌파하였다. 서기 208년 적벽대전 때, 조조가 자신의 함대의 대다수를 쇠사슬로 연결시킨 적이 있는데, 이는 손권 함대의 화공으로 일단 좌절되면 치명적인 실수임이 증명되었다. 송나라의 태조의 군대는 송나라 남당 정벌 때 보급선을 확보하기 위해 974년 양쯔강을 건너는 큰 부교를 건설했다.

2) 목우극원

목우(木偶)란 상여에 매달려 있는 인물상이나 동물, 식물의 형상으로 나무로 만들어진 꼭두를 말하고 극원(剧院)은 극장을 말한다. 그러므로 목우극원은 나무 인형 극장이란 뜻이다. 로마 이집트의 기계적인 장난감들, 특히 알렉산드리아의 헤론(C. 10~70년)의 중력 무게로 움직이는 인형극장은 역사가들에 의해 잘 알려져 있고 논의되고 있다. 중국에서는 장형(张衡78~139)이 인공어, 용을 쓰는 희곡을 썼으며, 6세기 경전《서경잡기西京杂记》에는 기원전 202~195년 유방(한고조)이 기원전 206년 고 진시황(r時 Emperor, 221~210)의 보고에서 비단으로 옷을 입은 1m 크기의 기계 관현악단 전체를 발견했다고 기술되어 있다. 그것들은 관현악을 연주하고, 밧줄을 잡아당기고 튜브에 바람을 넣으면서 힘을 낸다.

《삼국지연의》에 기록된 바와 같이, 남점차원의 자동장치와 연계된 엔지니어 마균(馬鈞 fl. 220~265)은 한명제(漢明帝, AD 226~239년) 궁정의 여흥을 위해 회전하는 나무 수륜으로 구동되는 기계식 극장을 발명했다. 마균은 삼국 시대 위(魏)나라 부풍(扶風) 사람으로, 기계제조가로서 재주가 남달랐다. 위국박사(魏國博士)가 되어 직조기를 개조하여 효율을 크게 증대시켰다. 위명제(魏明帝)의 명령으로 지남거(指南車)와 수전백희(水戰百戲)를 만들었다. 또 집에서 번거(翻車, 龍骨水車)를 만들었는데, 간편하게 큰 힘을 들이지 않고도 관개(灌漑)를 수월하게 할 수 있었다. 제갈량(諸葛亮)의 연노(連弩)를 보고 개조했는데, 기술이 다섯 배나 늘어 수백 보 밖까지 날아갔다. 많은 기계를 발명하여 부현(傅玄)이 그를 두고 '천하의 기교'라 평가했다.

마균의 목우극원은 물레바퀴를 움직이면서 수많은 기계인형들이 요술을 부렸는데, 예를 들면 음악을 연주하고 춤을 추는 노래하는 소녀들, 한 개의 꼭두각시 인형들이 그 장면에 들어오면 드럼과 소리를 때리는 다른 인형들, 검을 던지고 밧줄 사다리에 거꾸로 매달리는 것 등이 그것이다. 관리 복장을 한 다른 기계인형들은 사무실에서 사무를 보고, 노동자로 분장한 인형들은 두드리고 가는 일을 하고, 다른 인형들은 모두 동시에 움직이는 투우를 지켜보았다. 마균의 전통을 따르는 수력으로 구동되는 인형극장은 후기 왕조에서도 만들어졌다.

3) 선전서가(旋转书架)

선전서가는 회전하는 책장을 말한다. 중국 고대에는 선전서가로 알려진 회전하는 책장이 기록되어 있으며, 544년 복희(伏羲)가 발명하였다고 전해진다. 복희는 중국 고대의 전설상의 제왕(帝王) 또는 신(神)으로서 3황 5제 중 중국 최고의 제왕으로 친다. 《역경》〈계사전〉의 복희가 팔괘(八卦)를 처음 만들고, 그물을 발명하여 어획·수렵(狩獵)의 방법을 가르쳤다는 기록되어 있디. 회전책장에 대한 설명은 8~9세기 중국 문헌에서 발견되었다. 송나라 태조 때 불교 사원에 회전 책장이 유행하여, 불교 삼장(三藏, 대장경) 사본의 대량 인쇄를 명령하였다. 중국 북송시대의 건축기술서 32권으로 원부(元符) 3년(1100)에 이계(李誡)에 의해서 저술되고 숭녕(崇寧) 2년(1103)에 간행된 〈영조법식(營造法式)〉에 회전 책장의 삽화가 묘사되어 있다.

4) 선전풍선(旋转风扇)

선전풍선은 회전하는 선풍기를 가리키는데 장인이자 기술자인 정완(丁緩)(AD 180)은 직경 3m(10ft)인 바퀴 7개를 가진 수동식 회전 선풍기를 발명하였고, 당대(618~907년) 중국인은 유압을 가하여 선풍기 바퀴를 회전시켰고 회전식 선풍기는 송나라(960~1279년)에는 더욱 일반화되었다. 유럽에서 사용된 최초의 회전식 선풍기는 아그리콜라(Georg Argicola, 494~1555)에 의해 설명된 바와 같이 16세기 동안 탄광 환기용이었다.

5) 입체지도(立体地图)

입체지도는 사마천의 진시황릉에 관한 《사기》 기록이 정확하다면 기원전 3세기 이후 중국에 존재했을지도 모른다. 당나라(618~907년) 때 장방[蔣防]의 〈축미위산부(築米爲山賦)쌀로 산을 건설하는 기술에 관한 논술〉(c. 845년)에서 중국 후한(後漢)의 장군 마원[馬援, 기원전 14년~기원후 49년)은 서기 32년에 쌀로 만든 입체지도를 만든 것으로 알려져 있다고 기술했다. 남조 송나라 사장[謝莊, 421~466)]은 거대한 조각그림 퍼즐처럼 떼어내고 서로 짜맞출 수 있는 0.93m2의 왕국 목조입체지도를 만들었다.

6) 축국(蹴鞠, 족구(足球))

축국으로 알려진 족구 경기는 중국에서 두 가지 역사적 문헌인 《전국책(戰國策)》과 사마천의 사기에 의해 처음으로 언급되었다. 《전국책》은 중국 전한 시대의 유향(劉向)이 전국시대(戰國時代, BC 475~222)의 수많은 제후국 전략가들의 정치, 군사, 외교 등 책략을 모아 집록한 자료이다. 두 문서 모두 전국시대 동안 제(齊).나라의 수도 임치(臨淄) 사람들은 족구를 즐기고, 투계와 같은 다른 많은 게임에도 참여했다고 기록하고 있다. 족구를 하는 것은 레크리에이션 스포츠가 되는 것 외에도 군사 훈련과 술꾼들이 건강을 유지할 수 있는 수단으로 여겨졌다.

7) 은홍합금(银汞合金)

은홍합금은 치과용 아말감인데 중국의 당나라(618~907년)와 독일에서 1528년 즈음에 스트로케루스박사(Dr. Strockerus)에 의해 사용되었다. 치과용 아말감의 증거는 659년 당(唐)나라 소경 《신수본초[新修本草]》에 처음 나타나며, 주석과 은으로 제조되었다. 《신수본초》는 약물학(藥物學)

에 관한 책으로 줄여서 《당본초(唐本草)》라고 일컫는다. 54권이다. 당(唐)나라 소경(蘇敬) 등이 659년에 지었다. 이것은 세계에 있어서 맨 처음으로 나라에서 널리 퍼뜨린 약전(藥典)이다. 역사 기록은 당나라에서 아말감의 사용이 훨씬 더 일찍 일어날지도 모른다는 것을 암시한다. 초기의 치과용 아말감 구성이 처음 발표된 것은 명나라시대인데, 유문태(劉文泰)등이 1505년에 쓴 《본초품회정요(本草品汇精要)》에서 "수은 100분, 은 45분, 주석 900분"으로 되어 있다고 나와 있다.

8) 전송대(传送带)

전송대는 기계 벨트를 가리킨다. 도르래 기계를 사용하는 이 기계 벨트는 전한 말의 학자 겸 문인 양웅[揚雄]이 《방언(方言)》 에서 처음으로 언급했는데, 이것은 직인의 셔틀용 실패에 실크의 섬유를 감아 주는 퀼링(quilling) 기계에 사용되었다. 벨트 구동은 회전 바퀴의 발명에 필수적인 요소다. 이 벨트 구동 장치는 직물 기술에만 사용되었을 뿐만 아니라 AD 1세기부터의 유압식 벨로우에도 적용되었다.

9) 고풍로(鼓风炉, 용광로)

비록 주철과 무기가 기원전 5세기경 중국에서 발견되었지만, 가장 먼저 발견된 중국의 용광로는 큐폴라 용광로(cupola furnace)에서 주철로 재용해하여 정제할 수 있는 선철[銑鐵]을 생산한 것으로 기원전 3세기와 2세기로 거슬러 올라간다. 한나라는 한무제(BC. 141년~87년) 때 소금과 철공업에 대한 국가독점(國 monopol)이 성립되면서 기원전 117년 이전부터 발견된 대부분의 철공장은 구 중심에서 멀리 떨어진 지역에서 용광로에 제련된 철을 주조하는 주조 공장으로서만 운전하였다.

10) 포탄(炮弹)

폭발성 화약을 넣은 주철 포탄으로 만들어진 폭탄에 대한 최초의 설명은 13세기에 중국에서 쓰여졌다. 이 용어는 북아시아의 오랜 유목민족인 여진족이 세운 금[金] (1115~1234)이 1231년 몽골에 대항한 해전 때 사용한 폭탄에 대해 붙여졌다. 원나라 때 탈탈(脱脱) 등이 지은 〈금사(金史)〉(1345년)에는 1232년 몽골 장군 수부타이(1176~1248)가 개봉의 본거지를 습격할 때 수비 병사들이 "화약을 철제그릇에 넣은" "폭탄"을 가지고 있었다고 기술하고 있다. "그리고 나서 퓨즈에 불이 붙었을 때 (그리고 발사체가 발사되었을 때) 큰 폭발음이 났고 그 소리는 천둥소리 같았고, 백 리 밖에서도 들을 수 있었고, 식물은 반 묘(亩) 이상의 지역에 걸쳐 열로 인해 불타고 폭파되었다. 철갑옷도 꽤 뚫려 있었다"고 말했다. 남송 관리 이증백(李曾伯, 1198~1265)은 1257년에 비소에는 수십만 개의 철제 폭탄이 있어야 하며, 그가 형주(荊州)에 있을 때 양양(襄陽)과 영주(颍州]에 한 번에 1만에서 2만 개의 철제 폭탄이 배송되도록 매월 1~2천 개 정도가 생산되었다고 썼다.

11) 천탐기술(钻探技术)

적어도 한나라까지, 중국인들은 광업과 다른 프로젝트에 깊은 천공[穿孔] 시추법을 사용했고, 천공은 그 깊이가 600m에 이를 수 있었다고 한다. 중국식 심층 천공법에서 버팔로와 황소가 천공 도구를 회전하는 동안 천공 비트에 충격을 주기 위해 한 팀이 한 빔을 뛰어내리고 올랐다. 이것은 1860년대 캘리포니아에서 석유를 추출하는 데 사용된 것과 같은 방법이었다 허베이성 싱룽 유적([興隆]遺跡)에서 발견된 서한시대 청동 주조 공장은 깊이가 100m(328ft)에 이르는 광구들이 있었다.

12) 종모아쇄(鬃毛牙刷)

이것은 일종의 칫솔이다. 중국인들은 1498년 중국 명나라의 제9대 황제인 홍치제(弘治帝) 때부터 이 칫솔을 사용했으며, 영국에서서는 윌리엄 애디스가 칫솔을 팔았을 때인 1780년까지 대량 생산되지 않았다.

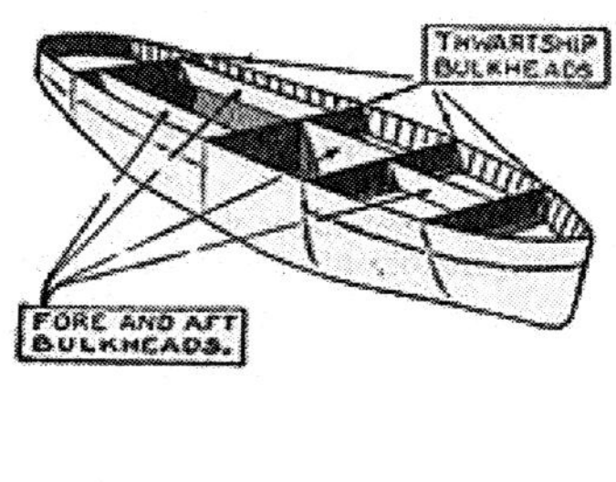

13) 방수벽(防水墻, 격장(隔墙), 劉敬叔)

유경숙(劉敬叔)의 5세기 책 《이원(異苑)》은 배가 침몰하지 않으면서 바닥에 물이 들어갈 수 있다고 언급했고, 송대 주욱(朱彧)이 1119년에 쓴 《평주가담(萍洲可談)》 2권에는 중국 배의 선체가 방수벽을 갖는다고 기술했다. 1973년 중국 남해안의 바다에서 24m(78ft) 길이의 송나라 선체의 생태학적 증거를 보면 12개의 벽으로 된 구획으로 나누어진 배의 선체는 물샐틈없이 만들어져 있는데 아마도 1277년 경으로 추정된다. 19세기 초까지 서양 배들은 이 선체 배열을 통합하지 않았기 때문에 마르코 폴로(1254~1324), 니콜라 다콘티Niccolò DaConti(1395~1469), 벤자민 프랭클린(1706~1790) 등 서양 작가들은 중국 조선의 원래의 특징이라고 방수벽에 대해 논평했다.

14) 주철기술(铸铁技术)

고고학적 증거로 확인된 용융 선철로 만든 주철은 기원전 5세기 초 장쑤성의 루허[陸河(육하)] 현의 무덤에서 발견된 가장 오래된 주철 견본이 있고 주나라(1122~256 BC) 시대에 중국에서 개발되었다. 그럼에도 불구하고, 초기 용광로와 용선로는 대부분 한무제(漢武帝) 국가 독점 시대 후에 발견되었다. 고대 중국의 대부분의 철기는 낮은 경제적 부담을 고려하여 주철로 만들어진 반면, 대부분의 철제 무기는 더 많은 비용이 드는 연철[錬鐵]과 강철로 만들어졌으며, 이는 "고성능이 필수적"이며 후자가 선호된다는 것을 의미한다.

15) 연조전송장비(链条传送装备)

이것은 지속적으로서 동력을 전달하는 체인구동을 가리킨다. 비잔티움의 그리스 필론(3세기 또는 2세기)은 폴리볼로(polybolo 반복하는 노포(弩砲) 즉 돌을 발사하는 옛 무기)의 작동에 사용되는 체인 드라이브와 윈글라스를 기술했지만, 체인 구동은 축에서 축으로 지속적으로 동력을 전달하지 않았다. 연속적으로 추진되는 체인구동은 11세기 중국에서 처음 등장했다. 아마도 중국 철학자 왕충[王充](27C. 100년)에 의해 언급되었고 적어도 한나라(202 BC~220 AD) 이후 중국에서 알려졌던 체인 펌프에 의해 영감을 받아, 1090년에 수학자이자 천문학자인 소송(蘇頌. 1020~1101)에 의해서 개봉에 세워진 시계탑의 기어에 지속적으로 동력을 전달하는 체인구동이 처음 사용되었다.

16) 쾌자(筷子)

쾌자는 젓가락을 가리킨다. 젓가락이 발굴된 곳은 중국으로 고대 商王朝시대에 청동으로 만들어진 한 쌍의 젓가락 유물이 하남성 은허유적에서 발굴되었는데 기원전 약1200년전으로 거슬러 올라간다. 역사학자 사마천은 《사기》에서 기록에 상나라 주왕[紂王]은 사상 최초로 11세기에 상아로 젓가락을 만들었다고 썼다. 1세기에는 젓가락의 사용이 운남성[云南省])과 몽골의 퇴브까지 확산되었다. 젓가락의 사용에 대한 가장 초기의 알려진 텍스트 참조는 기원전 3세기에 한비(韓非)(C. 280~233 BC)가 쓴 철학적 텍스트인 한비자(韩非子)에서 왔다.

17) 선충천(旋冲钻;钻石机)

이것은 천공(穿孔) 드릴을 말한다. 천공 드릴은 기원전 221년 진나라에서 1500m 깊이에 이를 수 있는 것으로부터 시작되었다. 고대 중국의 천공 드릴은 나무로 만들어지고 노동 집약적인 것으로 단단한 바위를 뚫을 수 있었다. 유럽에서는 12세기가 되어야 천공 드릴이 등장한다. 비트를 장착한 막대기를 들어 올리고 떨어뜨리는 고대 중국인들의 방법에 기초하여 증기력을 이용한 천공 드릴은 1835년 미국의 아이작 싱어(Isaac Singer)에 의해 처음 만들어졌다.

18) 곡병(曲柄, 가만곡적수병(可弯曲的手柄))

이것은 크랭크 핸들인데 예술에서 가장 먼저 묘사된 크랭크 손잡이는 기원전 1세기 한 왕조 시대에 녹색으로 유리를 칠한 농장의 도자기 무덤 모형에서 나온 것으로, 곡물을 두드리기 위해 발로 기울어진 해머를 조작하는 사람, 선풍기를 작동시키는 크랭크 손잡이가 달린 그의 풍구(風具)로 구성되었다. 풍구란 벼·보리·팥·콩·밀 등 곡물의 쭉정이·겨·먼지 등을 가려내는 농기구를 가리킨다. 이후 중국의 당송 시대에 크랭크 손잡이는 곡물 공장, 명주실 감기 및 삼베 회전 기계, 유압식 밀가루 체, 수력 풀무(대장간에서 쇠를 달구거나 또는 녹이기 위하여 화덕에 뜨거운 공기를 불어넣는 기구), 수력 풍차 및 기타 장치에도 사용되었다.

19) 석궁 련노(石弓, 连弩)

석궁 및 연속발사 석궁: 기원전 5세기 중반의 중국 청동 연노 볼트는 후베이(湖北) 장링현(江陵县) 위타이산(雨台山) 매장지에서 발견되었다. 기원전 6세기경부터 청동 방아쇠가 달린 가장 초기의 휴대용 석궁은 춘추전국시대 노(魯)나라의 도읍인 산둥(山東)성 취푸(曲阜)시에서 발견된 3번과 12번 무덤에서 나온 것이다. 기원전 4세기 중반 후난의 사오바탕 138호 분에서 다른 초기 석궁이 발견되었다. 기원전 4세기 경 후베이 진자주이의 47호 무덤에서 삼국지에 처음 언급된 연속발사 석궁이 1986년에 발견되었다. 전투에 사용된 휴대용 석궁의 가장 초기의 텍스트 증거는 기원전 4세기까지 거슬러 올라간다. 진시황(기원전 221년~210년)의 무덤에서 병마용과 함께 복잡한 트리거 메커니즘을 가진 손잡이 석궁도 발견되었으며, 이후 한나라에서 묘사된 석궁들은 훈련 형태를 배웠고, 일부는 기병대로 탑재되었다. 흉노와의 수많은 전투가 성공한 것은 석궁 덕분이라고 작가들은 말했다. 이에 비해, 고대 그리스인들은 위라페테("배활 보우")라고 알려진 석궁을 가지고 있어서 사수는 오목한 뒤쪽에 배를 눌러 활을 당겨야 했기 때문에 그 이름이 붙여졌다. BCE 5세기에 발명되었고, 유사한 메커니즘을 사용한 포위무기인 카타펠티콘(399 BCE)도 있었다. 중국의 석궁과는 달리, 이 무기들의 무거운 무게와 부피가 그들을 계속 세워둘 수 있는 받침대가 필요했다.

20) 도미노

명나라의 저자 사조제(謝肇淛, 1567~1624)는 1112년 도미노가 황실에 처음 출품되었다는 전설을 시작했다. 그러나 중국에서 가장 오래된 확인된 도미노는 원나라(1271~1368년)의 주밀(周美, 1232~1298년)이 쓴『무림구사(武林舊事)』에서 유래한 것으로, 그는 송효종(宋孝宗, 1162년) 때 행상인들이 파는 물품인 주사위와 "포패(蒲牌)"를 열거했다. 명대 작가인 육공(陆容1436~1494)이 포패를 도미노로 명시했기 때문에(한 세트에서 4개의 이기는 포패를 끌어냄으로써 낭자를 획득한 구혼자의 이야기와 관련하여) 포패를 언급할 때 주밀은 도미노를 가리킨 것으로 보인다.

도미노에 대해 가장 먼저 쓰여진 것으로 알려진 기록은 명말원초의 학자 구우(瞿佑. 1347~1433)의 《선화패보(宣和牌譜)》이다 장부[張溥, (1602-1641)는 『만보전서(萬寶全書)』에서 도미노 배치를 포패(蒲牌)로 묘사했다. 중국의 전통 도미노 게임으로는 천구(天九), 패구(牌九) 등이 있다. 302 피스의 중국 도미노 세트(두 개의 주사위 던지기 가능한 각각의 얼굴을 나타내기 위해 만들어졌고 따라서 빈 얼굴이 없다)와 18세기 중반 프랑스, 이탈리아 등 서구에서 발전된 28피트의 도미노 세트와 다르다. 서구에서 도미노는 18세기에 이탈리아에 처음 나타났으며, 중국의 도미노가 어떻게 현대적 게임으로 발전했는지는 알려지지 않았지만, 중국의 이탈리아 선교사들이 그 게임을 유럽을 가져왔을 것으로 추측된다.

21) 두공(斗拱)

두공은 지붕받침을 가리킨다. 두공은 중국 건축에 독특한 건축 브라켓(bracket)이다. 브라켓은 벽이나 기둥 등에서 돌출되어 있어 축 등을 받칠 목적으로 쓰이는 것을 가리킨다. 적어도 서주왕조(서주 1050~771 BC) 이후, 그것들은 중국 건축의 원형인 타이어 속 빔을 넣는 건물의 오목한 지붕을 지원하기 위해 기둥의 상단과 가로보 사이에 배치되었다. 각각의 두공은 양옆에 나무 블록(斗)이 받치고 있는 이중 활 모양의 팔(拱)에 의해 형성된다. 두공은 또한 1049년에 지어진 철탑과 같은 단단한 벽돌 탑과 같이 전적으로 실용적인 지원의 목적보다는 장식과 의식에 사용되었다. 1103년에 발간한 중국 북송시대(北宋時代) 이계(李誡)가 편찬한 토목건축 관련 저서《영조법식[營造法式]》에는 드공의 삽화와 묘사가 실려 있었다. 이계가 다시 편찬한《영조법식》은 토목건축의 참고서로 평가받고 있다.《영조법식》은 중국 건축업 발전에 큰 영향을 주었다. 요(遼)·금(金)시대의 사찰은 물론 명(明)·청(淸)시대의 고궁(古宮) 건축은 모두 이 책의 영향을 받았다. 사실 중국식 건축은《영조법식》을 모델로 이루어진 것이다

22) 전알기(田轧机)

전알기: 중국 삼국시대 위나라의 수학자 유휘[劉徽 (fl.350년)가 쓴《업중기(鄴中記)》에는 궁전 관리인(中御史) 혜비(解飛)와 제국 작업소 책임자(상방인(尙方人)) 위맹변(魏猛变) 이라는 두 명의 후조[後趙] 엔지니어에 의해 발명된 다양한 기계 장치가 기술되어 있다. 이것들 중 하나는 본질적으로 밀과 다른 곡물을 갈기 위해 수레의 지형을 움직이는 바퀴에 의해 기계적으로 회전하는, 밀과 다른 곡물을 갈기 위해 그 틀 위에 맷돌을 얹은 수레였다. 이 두 사람이 발명한 비슷한 차량으로, 그 위에

는 나무 사람(木人)이 달려 있었는데, 실제로는 쌀을 캐기 위해 실제 틸트 해머를 작동시키는 기계 사람이었다; 다시 말하지만, 이 장치는 카트가 앞으로 움직이고 바퀴가 돌 때에만 작동했다. 야전공장은 후조 이후 중국에서 사라졌지만, 1580년 이탈리아 군사기술자 폼페오 타루게에 의해 유럽에서 별도로 발명되었다.

23) 연화(烟花)

연화는 불꽃놀이인데 불꽃놀이는 송나라(960~1279년) 때 중국에서 처음 등장했다. 송 시대의 서민들은 시장 상인들로부터 간단한 불꽃을 구입할 수 있었다; 이것들은 화약을 넣은 대나무 막대기들로 만들어졌다. 로켓 추진력은 곧 전쟁에 적용되었고, 14세기 중반에 이르러서는 많은 종류의 로켓 발사대가 사용 가능해졌다.

24) 폭죽(爆竹, 鞭炮)

폭죽의 전신은 기원전 200년 전에 사용되었던 가열 대나무의 일종으로 연속 가열 시 폭발하였다. 폭죽의 중국어 이름인 爆竹은 문자 그대로 '폭발하는 대나무'를 의미한다. 화약이 발명된 후, 화약 폭죽은 대나무를 닮은 모양을 하고 비슷한 소리를 내었기 때문에, '폭발하는 대나무'이라는 약칭이 그대로 남아 있었다. 중국 전통 문화에서 폭죽은 악령을 쫓기 위해 사용되었다.

25) 어조권반(鱼线卷盘)

어조권반은 낚시 릴을 가리키다. 문학 기록에서, 낚싯줄의 가장 최근의 증거는 열선전(列仙傳 유명한 신선들의 삶)이라는 제목의 4세기 AD 작품에서 나왔다. 낚싯줄을 가장 일찍 묘사한 것은 남송(1127~1279) 1195년 마원(馬遠, c. 1160~1225)이 그린 한강독조도(寒江獨釣圖)에서 따온 것으로, 낚싯줄을 던지며 작은 샘판 배에 앉아 있는 한 남자를 보여준다. 또 다른 낚시 릴은 중국 원대(元代) 오진(吳鎮)의 노탄조정도(蘆灘釣艇圖)에서 선보였다. 1208년에서 1224년 사이에 출판된 책 《천축영첨(天竺靈籤)》은 다양한 낚시용 릴의 목판화를 보여주고 있다. 13세기의 아르메니아 양피지 복음서에는 릴이 보인다. 1609년에 발간된 중국의 백과사전인 왕기(王圻)의 『삼재도회(三才圖會)』에는 낚시용 릴의 그림이 그려져 있으며, 이 장치의 윈드래스 도르래를 생생하게 보여준다. 언급된 이 5개의 그림들은 1651년(영어 삽화가 처음 만들어졌을 때) 이전에 릴을 갖고 낚시를 하는 모습을 보여주는 유일한 그림이며, 그 해 이후 그것들은 세계 미술에서 흔히 묘사된다.

26) 벼농사

최근의 유전적 증거에 따르면 인디카와 자포니카를 포함한 모든 형태의 아시아 벼는 모두 중국의 주강[珠江] 골짜기 지역에서 8,200~13,500년 전에 단일 기원한 것으로 나타났다.

중국에서는 광대한 고고학적 증거는 중부 양자강과 화이허강(淮河 회하, 혹은 회수)을 재배벼(O. sativa) 재배의 가장 오래된 두 곳이라고 가리킨다. 적어도 8000년 전의 벼와 농기구가 발견되었다. 다음 2000년 동안 이 강을 따라 내려가면서 벼농사가 퍼져서 인도 서부로, 스리랑카 남부로의 이주도 일찍 완료되었다. 기원전 1000년경에 쌀은 스리랑카의 주작물로 생산되었다. 기원전 344~324년경에 알렉산더 대왕의 원정대들은 인도에서 귀환하면서 그리스와 지중해 인근 지역에 벼를 도입했던 것으로 보인다. 그리스와 시칠리아의 중심부에서 쌀은 남부 유럽 전역과 북부 아프리카의 몇몇 지역에 점차 퍼져 나갔다.

유럽의 위대한 탐험시대의 결과로 쌀 재배는 초기 유럽이주민들에 의해 신세계에 도입되었다. 포르투갈인은 그것을 브라질에 가져갔고 스페인인은 중남미 여러 곳에 벼농사를 도입했다. 북아메리카 벼농사에 대한 첫 번째 기록은 벼가 해안 저지대와 현재 사우스캐롤라이나주의 섬에서 생산된 1685년부터이다. 18세기 중엽에 캐롤라이나로 이송된 서아프리카의 노예들은 쌀 재배에 필요한 복잡한 농업 기술을 도입한 것으로 생각된다. 그 다음 그들의 노동은 번성하는 쌀 산업을 보장했다. 20세기가 되면, 캘리포니아의 새크라멘토 계곡에서 쌀이 생산되었다. 캘리포니아에 도입한 것은 호주 뉴사우스웨일즈에서 벼 농사의 처음 성공 시기와 거의 일치했다.

고고학적인 증거에 근거할 때, 쌀은 중국의 양쯔강 계곡 지역에서 처음으로 길들여진 것으로 여겨졌다. 선인동(仙人洞) 고고학유적지의 벼 식물석[植物石]에 대한 형태학적 연구는 야생 쌀 수집에서부터 길들여진 벼 재배로의 전환을 분명히 보여준다. 선인동의 12,000~11,000 BP에 해당하는 야생 쌀 식물석의 많은 수가 야생 쌀 수집이 지역의 생존 수단의 일부임을 나타낸다. 10,000~8,000 BP의 선인동 식물석의 형태 변화는 이 시기에 벼가 길들여졌음을 보여준다. 그 후 곧 중국 중부 지방에서 두 가지 주요 품종인 인디카(indica)와 자포니카(japonica) 벼가 재배되고 있었다. 기원전 3천년 후반에 본토 동남아시아와 인도 및 네팔을 가로질러 서쪽으로 쌀 재배가 급격히 확대되었다.

2003년 한국의 고고학자들은 세계에서 가장 오래된 가축 벼를 발견했다고 주장했다. 그들의 1만 5천년 된 벼 재배가 약 12,000년 전에 중국에서 유래되었다는 견해에 도전한다. 이 발견은 학계에 의해 아주 회의적으로 받아 들여졌으며 그 결과와 그 홍보는 민족주의적 이익과 지역적

이익의 결합으로 인한 것이라고 언급되었다. 2011년에는 스탠포드 대학, 뉴욕 대학, 세인트 루이스의 워싱턴 대학교, 퍼듀 대학교의 공동 노력으로 중국 양쯔강 계곡에서 단 하나의 가정 쌀 기원이 있다는 가장 강력한 증거가 제시되었다.

인도 아대륙의 그 곡물 유물은 인도-갠지스 평야에서 발견되었고 BC 7000~6000년으로 추정된다. 그러나 재배 쌀의 가장 널리 받아들여지는 날짜는 BC 3000~2500년경이며 인더스 밸리 문명에 속하는 지역에서이다. 다년생 야생 벼는 Assam과 Nepal에서 지금도 자라고 있다. 그것은 인도 북부 평야에서의 재배 후에 남부 인도에서 약 1400년 BC 나타나는 것처럼 보인다. 그런 다음 강가의 모든 비옥한 충적 평야로 퍼졌다. 재배 및 요리 방법은 서쪽으로 급속하게 퍼졌다고 생각되며, 중세에는 남부 유럽에서 밥이 맛있는 식으로 도입되었다.

그 외로 중국의 발명으로는 분화기(喷火器) 위기(围棋, 바둑) 고금(古琴) 묵즙(墨汁, 먹물) 마항권(马项圈, 马颈轭 말목걸이) 마구(马具), 지폐 등이 유명하다 이제 말목걸이와 지폐 그리고 인쇄술에 대해 좀 더 자세히 알아보자.

마구와 말목걸이

말 길들이기

말 길들이기와 관련된 많은 주요 문제들에 대한 많은 가설들이 있다. 말은 기원전 3만년경에 구석기시대 동굴 예술에 등장했지만, 이것들은 야생마였고 아마도 고기를 얻기 위해 사냥되었을 것이다. 말들이 어떻게 그리고 언제 길들여지게 되었는가는 논란이 있다. 수송 수단으로서 말을 조기 사용했다는 가장 확실한 증거는 기원전 2000년에 만들어진 병거[兵車, chariot] 무덤에서 나온 것이다. 그러나 기원전 3500년경 유라시아 초원지대에서 말이 길들여졌다는 가설을 뒷받침하는 증거가 늘어나고 있다. 보타이 문화의 맥락에서 발견된 최근의 발견은 카자흐스탄 아크몰라 지방에 있는 보타이 정착지가 가장 일찍 말이 길들여진 곳이라는 것을 지사한다. 구체적인 가축화 연대가 언제인지와 관계없이 유라시아 전역으로 말은 교통, 농업, 전쟁 등에 사용되며 급속히 확산되었다.

말 가축화의 가장 덜 오래되었지만 가장 설득력 있는 증거는 아마도 원래 가죽에 부착된 말 다리 뼈와 두개골이 적어도 신타슈타와 페트로브카 문화의 16개 무덤에 있는 병거의 잔해와 섞여 있던 곳에서 나온다. 이들은 우랄 산맥의 남동쪽 스텝 지대, 우랄 강 상류와 토볼 강 상류 사이에 위치해 있었는데, 오늘날 러시아 남부와 카자흐스탄 북부로 나뉘어 있는 지역이다. 페트로브카는 신타슈타보다 조금 늦었고 아마도 이 두 단지는 기원전 2100~1700년에 걸쳐 있었다. 이 무덤들 중 몇 군데에는 묘지 안, 위, 옆에 놓인 희생말 8마리 유해가 들어 있었다.

그 모든 옛날의 병거 무덤에는 모두 한 쌍의 말의 머리와 발굽이 한때 전차가 있던 무덤 속에 놓여 있었다. 이 무덤에 병거가 있다는 증거는 무덤 층 1.2~1.6m 간격으로 설치된 두 개의 바퀴 자국으로부터 추론되었다. 대부분의 경우 나머지 병거들은 흔적을 남기지 않았다.

그 모든 옛 전차 무덤에는 모두 바퀴 자국, 말뼈, 무기(화살과 창촉 도끼, 단검, 돌멩이 곤봉머리 등)와 인간의 골격 유골, 광대뼈 등이 있었다. 병거와 박공된 광대뼈와 함께 2인 1조로 매장되었기 때문에 기원전

2100~1700년 즈음에 이 초원에서 말이 길들여졌다는 증거가 매우 설득력이 있다. 이들 매장 시기 후 얼마 지나지 않아 유럽 전역으로 길들여진 말이 폭발적으로 전파되었다. 그 후 아마 500년 시간 동안 그리스, 이집트, 메소포타미아에 말이 끄는 병거의 증거가 있다. 또 다른 500년이 되자 말이 끄는 전차는 중국으로 퍼져나갔다.

말 가축화의 이른 증거는 카자흐스탄 북부에서 발견된 보타이 문화에서 나온다. 보타이 문화는 기원전 3500~3000년경 카자흐스탄 북부의 풍부한 야생마를 사냥하기 위해 말 타기를 채택한 것으로 보이는 채집자들의 문화였다. 보타이 유적지에는 소나 양의 뼈가 없었다. 말 외에 길들여진 동물은 개뿐이었다. 이 시기 보타이 정착촌은 50~150개의 움집을 포함하고 있었다. 쓰레기 퇴적물에는 버려진 동물뼈가 수만에서 수십만 개 들어 있었는데, 이 중 65%에서 99%가 말뼈들이다. 또한 이 장소들에서 기원전 3500년에 만들어진 도자기 파편에 말젖 지방이 적셔져 있어서 말젖 짜기에 대한 증거도 발견되었다. 같은 지역에 살았던 이전의 수렵채집가들은 그렇게 성공적으로 야생마를 사냥하지 않았고, 더 작고 더 이동이 빈번한 정착지에서 수천 년 동안 살았는데, 그 곳들에는 종종 200개 미만의 야생동물 뼈를 포함하고 있었다.

쿠르간 가설(Kurgan hypothesis)은 중앙아시아와 현재 러시아 남부 지역에 있었던 쿠르간 문화권 사람들이 인도유럽조어의 화자인 원시 인도유럽인이라 추정하는 가설이다. 이들은 유목 생활을 한 것으로 추정되며 이들의 후손들이 바로 인도유럽어족 계열의 언어를 사용하는 인도유럽인들이다. 1956년에 마리야 김부타스는 고고학과 언어학을 결합하여, 인도유럽조어를 말하는 사람들의 기원에 관하여 쿠르간 가설을 제창하였다. 김부타스는 러시아 남부의 쿠르간(Kurgan, курга́н)이라는 수반 분묘를 가진 문화를 조사하여 이를 "쿠르간 문화"라고 부르고, 쿠르간형의 분구묘가 유럽·중앙아시아 전역에 퍼졌다는 사실을 밝혀냈다.

쿠르간 사람들은 말을 타고 동에서, 남부 러시아에서 나타났다. 드네프르 강 유역 및 흑해 서부 지대의 구유럽 경계지역에 그들이 최초로 출현한 시기는 기원전 4000년대 중반이었다.

그렇지만 "쿠르간화"와 "인도-유럽화"는 아무런 관계가 없을지 모른다.

1. "쿠르간화"는 유럽만이 아니라 중동, 중앙아시아, 남부 시베리아, 중국 그리고 극동에서 일어났다. 오직 유럽에서만 "인도-유럽화"가 일어났다고 주장된다. 중앙아시아, 남부 시베리아, 중국, 그리고 극동에서는 돌궐화(Turkification)가 일어났다.
2. "비교 인도-유럽 언어학"에 의한 쿠르간화의 증거는 없다. 그와는 반대로, 기마에 대한 용어는 원조 인도 유럽어에는 없다. 원조 인도 유럽 지역의 환경은 농업과 연결되어 있었지 농업에 불리한 유라시아 스텝과는 무관하다. 인도-유럽어는 쿠르간에 대해 공유되는 원조-단어가 없다. 반면에 투르크어에는 있다.
3. 인도-유럽, 중국, 중동도 극동도 쿠르간 매장 전통을 역사시대에도 보유하지 않았다. 오직 투르크 언어 집단의 부족들, 그리고 투르크 몽골계만이 쿠르간 매장 전통을 역사 시대에도 보존했다.
4. 인도-유럽인들은 돌궐인들보다 약 1천년 뒤에 서에서 동으로 이주했지만 돌궐 민족은 동에서 서로 이주하면서 2가지 방향에서 유럽에 "쿠르간화"를 가져왔다. 한 방향은 코카서스, 중동 북아프리카를 거쳐 북부 폰틱에서 스페인과 그 너머로, 다른 방향은 북부 폰틱에서 중앙 유럽과 그 너머로 이동했다.

4400~3000 BC에 유럽의 인도-유럽화는 일어나지 않았다. 그것은 유럽의 "쿠르간화" 또는 "돌궐화"였다. 유럽의 인도-유럽화는 기원전 1000년 시기에 2000년이나 더 후에 유럽의 탈-돌궐화 과정에서 발생했다.

5. 필연적으로 쿠르간 사람들은 고기와 젖을 먹고 살았다. 자연선택에 의해서 쿠르간 사람들은 젖당 소화가 가능하다. 오직 돌궐족과 그의 역사적 이웃들만이 유당 소화 유전자(C/T13910 at 2q21)를 갖고 있다. 유전적 유당 소화 기능은 인도-이란, 동양, 그리고 대부분의 셈족에게 고유하다.

유럽에서는 4500~4300 BC 전까지는 분묘 부장품에서 사냥 도구 이외의 무기는 발견되지 않는다. 그리고 언덕 위 요새도 발견되지 않는다. 그러므로 농경민들은 벌떼처럼 몰려온 호전적인 쿠르간 기마민족들에게 쉬운 먹잇감이 되었다. 이 침략자들은 긴 단도, 창, 꺾창(도끼와 창을 결합시킨 형태의 옛날 무기) 그리고 활과 화살로 무장했다.

쿠르간 사람들은 평화적이고 정주적이며 모계이고 양성 평등적인 구유럽 문명과는 극명하게 대조적으로 호전적이고, 부계이며 수혈(竪穴)분묘를 포함하는 특징적인 매장의식을 갖는 위계적인 문명이었다. 그들의 경제는 본질적으로 목축이었고 초보적인 농사를 했다.

쿠르간 사람들의 생활과 이동성은 구유럽 농경민들과는 극명하게 대조적으로 가축화된 말에 의존했다. 다량의 동물 떼를 키우고, 말을 타며 동물들을 통제하기 위한 강한 근력의 필요성 때문에 목축 경제에서 늦어도 5000 BC에는 남부 러시아와 그 너머에서 모계에서 부계로 이행해 갔을 것이다.

홍적세[洪績世]의 대형 말들은 마지막 빙하시대 이후의 급격한 기후 변화 동안에 멸종했다. 살아남은 중간 크기의 말들은 단지 하나의 종에 속했다. 그 종은 다시 2가지 아종[亞種]으로 나누어지는데, 그 중에서도 머리, 고리 및 갈기가 짧은 작지만 강건한 말이 가축화되었다. 말 가축화는 5000 BC 즈음에 동부 우크라이나와 북부 카자흐스탄 사이의 중간 지역에서 아마도 숲 가장자리이면서 강에 가까운 곳에서 일어났을 것이다.

말 가축화의 동기 중의 하나는 고기와 젖의 사용 때문일 수 있다. 그렇지만 말을 타는 것이 더 중요했을 것이다. 말을 타야 대규모의 말떼를 통제할 수 있었을 것이다. 말은 수송의 "모터"가 되고, 기존 속도보다 5배 이상 더 빠르게 수송할 수 있게 하였다. 기마는 장거리 습격을 가능케 하고 소-약탈이나 말-도둑질, 재산 축적 및 장거리 무역을 할 수 있는 능력을 제공하였다.

기원전 5000년대 전반의 유적들을 보면, 돈 강 동부 및 중부 볼가, 코카서스 및 우랄산맥 사이의 광대한 지역에서 균질적인 문화가 전파되었다. 거의 동일한 장식품, 도구, 무기들이 수천 킬로미터 떨어진 곳들에서 발견되는데 이는 부족 집단들 사이에서 전례 없는 이동성이 있었음을 말한다. 이 기마민족들에 의한 드네프르 스텝 지역으로의 최초의 진입은 기원전 5천 년대 중반으로 보인다. 그 후 오래지 않아 쿠르간 기마 전사들이 유럽 핵심부에 나타났다.

기마는 유럽 선사시대의 경로를 바꾸었다. 무기 사용과 더불어, 그 기마 전사들은 평화롭고 비무장인 농경민들에게 치명적 위협이 되었다. 기원전 5천 년 중반부터 신속한 말은 수천 년 동안 사회를 요동시켰다. 기마 스키타이인, 사르마티안(Sarmatian), 족, 아바르인[Avari]은 신속한 말을 타고 유럽에서 빈번하게 학살을 행하였다.

네안데르탈인의 멸종과 개 가축화

보타이 문화에서 말과 함께 개의 유골만 나왔다는 사실은 개가 그만큼 중요한 역할을 했다는 증거일 것이다. 그래서 개 가축화의 중요성에 관해서 잠깐 살펴보자.

개는 인간의 최고의 친구라는 격언이 있다. 그렇지만 개들은 단지 인간 개인들만 구한 것이 아니라 우리가 그들을 가축화시키는 동안 우리들을 "길들임"으로써 우리의 종 전체를 구했을지 모른다. 고인류학의 고전적 난제 중의 하나는 현대 인간이 같은 시기에 같은 서식지에서 살아남은 반면 왜 네안데르탈인은 멸종했는가 하는 것이다. 현생인류와 네안데르탈인은 4만 5000년 전에서 3만 5000년 전에 유럽과 중동에서 혼재되어 살다가 3만 5000년 전 즈음에 네안데르탈인은 급속히 몰락한 반면 우리 호모사피엔스는 번성했다. 도대체 무슨 일이 일어난 것일까?

이 결정적인 시기에 무슨 일이 일어났는지를 밝혀주는 놀라운 연구가 최근에 사이언스 지에 캠브리지 대학 연구자들에 의해 발표되었다. 남서 프랑스의 Dordogne 지역에서 현생인류와 네안데르탈인이 겹쳤던 시대로 거슬러가는 164곳의 인류학적 사이트들에 대한 메타-분석에 기초하여 현생인류 인구는 너무나 급속하게 증가하여 단지 그 숫자만으로도 네안데르탈인들을 압도하였다고 그들은 주장한다. 그들은 네안데르탈인과 현생 인류의 고고학적 터들의 숫자와 크기만이 아니라 그 사이트들에서의 화석들에 의해서 나타내어지는 피식자 동물의 평방미터 당 무게 및 도구들의 밀도를 비교하였다. 모든 면에서 현생인류는 네안데르탈인들을 능가하였다. 두 인류종이 공생한 기간인 1만년 동안에 현생인류 인구는 10배나 증가하였다. 비록 네안데르탈인은 현생인류가 "침범"하기 전에 25만 년 정도 유럽 서식지에서 살아왔지만, 현생인류는 번성하였고, 네안데르탈인은 그렇지 못했다. 왜 네안데르탈인은 새로 온자들보다 그 환경에 더 잘 적응하지 못했던 것일까? 여러 가지 가설들이 있다. 기후 변화설, 현생인류의 더 발달된 사냥 무기들과 사회적 결속성, 그러나 현생인류의 지배는 일부는 개의 가축화-아마도 인간들이 개와 더 잘 소통할 수 있게 만든 인간 해부에서의 작지만 핵심적인 변화의 결과였을지 모른다.

2009년 전까지만 해도 개들은 약 1만7000년 전 즈음에 이미 네안데르탈인들이 오래 전에 멸종 한 후에 가축화 되었을 것으로 믿어졌었다. 그러나 개들은 현생인류와 네안데르탈인이 유럽에서 동시대에 살았던 시기 동안에 가축화 되었을 것이라는 컨센서스가 급속하게 이루어지고 있다 과거에도 소중한 사냥개는 아마도 의식과 함께 묻혔을 것으로 추정되고 있다. 개들의 중요성을 나타내는 또 하나의 징표는 체코 동굴의 개 또는 늑대의 두 개과 이빨이 개인 장식용으로 창식되기 위해서 변경되었다는 것이다. 구석기 사람들이 식량 동물들에서 쥬얼리를 만드는 일은 좀처럼 없다. 펜던트로 쓰일 목적으로 구멍이 파진 개과 이빨이 빈도가 높다는 것은 개들은 식량으로 간주되지 않았음을 시사한다. 인간들처럼, 개과 동물들은 구석기 동굴 그림에서 좀처럼 묘사되지 않는다. 동굴 미술가들은 개과 동물들은 아주 인간에게 가까운 동물로 간주했음을 시사한다.

좋은 개는 제사를 지낼 정도로 그렇게 중요했던 것일까? -그리고 네안데르탈인들보다 그렇게 결정적인 우위를 현생 인류에게 주었던 것일까? 구석기 개들의 뼈를 보면 그것들은 매우 컸다는 것을 알 수 있다. 몸무게는 최소 32kg이고 어깨 높이는 최소 61cm로 현대 독일의 세퍼드 만큼 했다. 그 개들은 아마도 역축으로 쓰였을 것이다. 지금까지 확인된 6곳의 구석기 개 터들 중에서 한 군데만 제외하고는 모두 다량의 맘모스 뼈들이 보존되어 있는데, 그것들은 죽은 곳에서 운반되어 왔을 것이다. 만일 개들이 그 고기를 날랐다면 인간들은 많은 에너지를 절약하고, 그래서 순 식량은 더 많아졌을 것이다. 추가적인 음식이 많아지면 그 집단은 뚜렷하게 건강해진다. 잘 먹은 여자들은 더 많은 애들을 낳고 더 많은 젖으로 그 아기들을 더 잘 먹였을 것이고 더 짧은 기간마다 애들을 낳았을 것이다. 머지않아, 짐 개를 사용하여 인간의 인구는 늘어났을 것이다.

개들은 또한 인간이 사냥에서 성공하는데 직접적으로 기여했을 것이다. 핀란드의 무스(말코손바닥사슴 [moose]) 사냥에서 개들은 인간이 접근하여 쏠 때가지 짖어댐으로써 그것들을 그 곳에 잡아둔다. 개가 없으면 1인당 1일에 8.4kg이지만 개가 있으면 13.1kg으로 증가한다. 개들은 또한 사냥꾼들이 사냥감을 찾는 속도를 증가시킴으로써 사냥 성공률을 높인다. 사냥감을 발견하는 것은 "인간 사냥꾼들이 배우는 가장 어려운 기술이다." 만일 네안데르탈인들은 가축 개가 없었다면, 이 사냥 동반자들은 현생 인류 대 네안데르탈인들 간의 경쟁에서 엄청난 차이를 만들었을 것이다.

현생 인류는 생존하는 영장류 중에서 흰자위를 많이 노출시키는 눈꺼풀만이 아니라 눈의 홍채를 둘러싸는 흰자위가 아주 잘 보이는 유일한 종이다. 더구나 다른 영장류들에서는 어두운 자위(공막), 비슷한 색깔의 피부, 그리고 숨기는 눈꺼풀은 그 동물이 바라보는 방향을 숨기는 경향이 있다. 인간들에서, 흰자위와 공개된 눈꺼풀은 한 사람이 보는 방향을 멀리서도 알아볼 수 있게 하는데, 특히 그 시선이 다소간 수평 방향으로 응시될 때 더욱 그렇다. 인간 눈에서의 변화는 응시 신호의 효과를 높이려는 적응일지 모른다.

독일 라이프치히의 진화 인류학 막스 플랑크 연구소의 미카엘 토마젤

로와 그 동료들은 이 아이디어를 "협동적인 눈 가설"이라고 발전시켰다. 인간들 사이에서의 협동은 다른 사람들이 보고 있는 방향을 인식하는 능력에 의해서 촉진되었다고 그들은 주장했다. 원숭이들은 인간 아기들보다 덜 자주 시선을 따라갔다. 응시 방향과 머리 방향이 다르면 원숭이들은 머리 방향을 따라가는 경향이 있었다. 14마리의 침팬지, 4마리의 고릴라, 4마리의 보노보 그리고 5마리의 오랑우탄을 실험하려 했지만 그 놈들은 응시 신호에 충분히 주의를 기울이지 않았기 때문에 그들의 기술을 믿을 수 있을 정도로 평가할 수 없었다.

흰자위의 이점은 고대 인간은 흔히 하였지만 침팬지는 하지 않거나 거의 하지 않은 어떤 것에 관련되어 있음이 틀림없다. 비록 침팬지들은 종종 협동적으로, 작은 동물을 사냥하지만 고기는 그들 식단의 2% 미만을 차지한다. 반면에 구석기 인간들은 훨씬 더 큰 동물들을 사냥했다. 명백히 인간들 사이의 침묵의 통신(소통)은 집단적으로 사냥하는데 큰 장점이었을 것이다. 그러나 또 다른 능숙한 응시-독자가 있다: 바로 개다. 만일 한 인간이 개에게 말을 걸거나 바라보아서 개의 주의를 먼저 끈다면 개는 그 비디오테이프 속의 인간의 시선을 따라 갈 것이다. 화자의 머리가 가만히 있는 테스트에서 개들은 그 화자의 시선을 따라 가는데 있어 인간 어린 아기들만큼 잘 한다. 비슷한 개과인 늑대와 비교해도 개들은 늑대들, 심지어 사회화된 늑대들보다 훨씬 더 인간 얼굴 표정에 주의를 기울인다. 비록 늑대들은 몇몇 시선을 따라가는 태스크들에서 더 잘했지만, 개들은 인간 얼굴에서 신호를 찾는 경향이 있는 반면 늑대들은 그렇지 않는다. 아마도 이런 주요한 행태적 차이는 가축화 동안의 선택적 교배의 결과였을 것이다. 이 현상을 바라보는 또 다른 방법은 흰자위는 인간들 사이에서만이 아니라 개들과의 더 잘 통신(교통)할 수 있게 했기 때문에 인간들 사이에서 보편적이 되었을 것이라는 것이다. 일단 개들이 인간 응시 신호를 읽을 수 있게 되면 그들은 사냥 파트너로서 더 유용해졌을 것이다. 인간들은 개들의 감정을 "읽기" 위해서 개들의 눈을 들여다 보기를 좋아한다. 개들도 분명히 같은 감정을 느낀다. 아마도 –이 상호 통신은 우리 종의 생존에 일조했을 것이다.

말 목걸이

말목걸이(말 목줄)는 수레나 쟁기를 끌 때에 말의 목과 어깨 주위로 하중을 분산시키기 위해 사용되는 마구의 일부이다. 말목걸이는 종종 마구의 끈이 달리는 먹장쇠라고 불리는 휘어진 금속이나 목재 조각을 받친다. 말목걸이는 타원형이고 그 설계상 아주 유연하지는 않다. 그것은 패딩이 된 장치로서 말의 신체 모양에 잘 들어맞는다. 그것은 말의 신체와 접촉하는 모든 곳에서 공기가 지나가지 못하게 만들어져 있다. 공기가 지나가지 못하게 함으로써 그것은 말이 짐을 끌 때 전력을 사용할 수 있게 한다.

목걸이 덕분에 말은 견인할 때 전력을 낼 수 있다. 만일 멍에나 가슴 어깨띠를 단다면, 전력을 낼 수 없다. 또한 말목걸이는 멍에와 다르게 기관[氣管]에 큰 압박을 가하지 않는다.

말목걸이가 발명된 때부터 말은 경운과 견인에 더 가치 있게 되었다. 말목걸이를 말에 채우면, 말은 더 속도가 빠르므로 주어진 시간 내에 황소보다 50% 더 많은 일률을 낼 수 있다. 게다가, 일반적으로 말은 황소보다 더 지구력이 좋기 때문에 하루에 더 많은 시간을 일할 수 있다. 따라서 농업생산력을 제고시키는 말의 가치는 더욱 증대되었다. 황소 대신 말의 사용은 농업생산력을 제고하여 영세 농업을 감소시키고 더 많은 사람들이 분업에 종사할 수 있게 하여 시장에 기초한 읍성들에서의 초기의 산업, 교육 및 예술의 발달에 기여하였다.

말목걸이 마구가 나오기 오래 전에는 덜 효율적인 목-뱃대끈 마구(throat-girth harness)가 있었다. 20세기 초 프랑스 기병 장교인 르페브르에 따르면 이것은 많은 고대 문명들에서 발견된다. 이런 종류의 목걸이는 칼데아[기원전 2000년대], 수메르와 아시리아(기원전 1400~1800), 이집트 신왕조(기원전 1570~1070), 중국 상왕조(기원전 1600~1050), 고대 그리스(기원전 550~323) 그리고 고대 로마(기원전 510~기원후 476) 같은 고대 문명들에서 쓰였을 것으로 르페브르는 추정하였다. 이 "고대 마구"는 멍에처럼 목 주위 및 가슴 주위로 끈을 둘렀을 것이다. 이 끈들은 흉골두근 및 기관[氣管]을 압박하여 말의 호흡을 곤란하게 하고 견인력을 감소시켰다. 그래서 말이 더 강하게 견인할수록, 숨을 쉬는 것은 더 어려웠다. 이런 이유 때문에 무거운 하중 일에 황소는 말보다 선호되었다.

그렇지만 1972년에 Spruytte는 《고대 마구 시스템Ancient Harness Systems》에서 고대에는 최소 3가지 견인 시스템이 있었고 그 어느 것도 말을 질식시키지 않았다는 것을 입증했다. 어깨 견인(고대 이집트)와 가슴 견인(그리스와 로마) 그림들은 오해되었던 것이다. 사실상, 1977년에 Spruytte는 고대 이집트, 고대 그리스 및 고대 로마를 망라하는 다양한 종류의 말 견인 시스템에 대해 일련의 실험들을 실시하였다. 그는 그 분야의 전문가들의 도움을 받았다. 그의 실험은 르페브르의 마구 재건의 오류들을 확정적으로 증명했다.

등 멍에의 재현도 르페브르의 대 오류를 확인하였다. 등 멍에는 단 하나의 말에 사용되었다. 팀들이 쓰였을 때에는 아마도 목재로 만든 막대기로 그 말들의 멍에와 중앙 막대기에 묶었다. 그 막대기는 말들이 보조를 맞추어 움직이게 해주었다. 말의 견인력은 말의 가슴에 가해졌다. 더구나, 2륜차의 통막대에 묶인 멍에에 속박된 말 한 쌍은 역사적으로 결코 구식이 아니며 고대에 사라지지도 않았다. 등 멍에는 사실상 근대의 2륜 쌍두마차 마구로 거의 변하지 않고 살아남았다. 등 멍에의 견인점은 말의 가슴에 있었다. 르페브르는 가슴 끈은 올라와서 말의 기도에 압박을 가한다고 주장했지만, 멍에가 말의 기갑 위에 놓여졌기 때문이었고 멍에를 기갑 뒤에 올바르게 놓자 가슴 끈은 올라가지 않았다. 가슴 띠들은 말에 맞게 잘라지면 목 쪽으로 오르지 않는다. 말은 불편하지 않아서 머리도 목도 들지 않는다. 출발, 걷기 및 경보는 근대 마구와 같은 조건하에서 실시된다. 1967년에 로마인들은 고정된 나무 안장을 사용했다는 것을 알게 되었고, 1987년에는 로마 기병에서 쓰였던 가슴 끈을 가죽 조각에 연결하여 제자리에 있게 한 흉갑(breastplate)이 있었음을 알게 되었다. 약간의 수정만 가해져서 이 로마 기병 마구는 사냥 흉갑으로 오늘날에도 쓰이고 있다. 이 정치의 목적은 고정 나무 안장이 미끄러져 내려앉는 것을 방지하는 것이었다.

목 뱃대끈 디자인은 중국 춘추전국시대(481 BC~221 BC)에 가슴 끈이 개발되기 전까지는 개량되지 못했다. 중국의 가슴 끈은 7세기에 중앙아시아 전역에 알려졌고 유럽에는 8세기에 도입되었다. 그것은 고대 주나라의 칠기[漆器,]상자 그림에서 묘사되었다. 이런 종류의 마구는 복장뼈[흉골 가슴 앞쪽 한가운데 위치한 세로로 길쭉하고 납작한 뼈]에 압박을 가하는데 거의 전력을 낼 수 있게 한다. 중국 한나라(202 BC~220 AD)에 그것은 보편적으로 사용되었고 수백 가지의 상이한 조가들, 돌 부조, 그리고 전차를 끄는 말을 묘사한 그림이 찍힌 벽돌 등에서 발견된다. 가슴 끈 마구는 마차의 몸통이 말의 몸통 주위의 뱃대끈(말의 배에 두르는 끈)에 달린다는 것이 문제이다. 흉갑(가슴 갑옷)은 벗대끈을 미는 대상이 아니라 미끄러지지 않게 하는 역할을 주로 하였다, 그래서 말은 문자 그대로 하중을 끌게 되어서 비효율적이 된다. 근대의 가슴 띠는 직접적으로 견인력을 전달한다.

가슴 띠 마구로부터 그 다음의 최종적인 진화 단계는 말목걸이 마구였다. 말목걸이는 고대 가슴걸이 식 마구를 현저하게 향상시켰다. 말목걸이는 말이 전력으로 견인하게 해준다. 말목걸이는 한자로는 마항권(马项圈. 马颈轭)이라고 불리는데 5세기 중국에서 개발되었다. 말목걸이는 477~499년의 중국 둔황의 북위(北魏, 386~534) 벽화에 그려져 있지만, 목걸이는 가로대 뒤쪽에 필수적인 칼라 쿠션을 보여주지 않는 반면, 851년 후의 당나라(618~907) 벽화는 가로대 뒤쪽에 쿠션 달린 목걸이를 정확하게 표시해 준다. 수나라(581~618)의 초기 그림은 오늘날과 같이 말목걸이를 정확하게 묘사하였지만, 그 삽화는 말 목줄이 말이 아니라 낙타에 쓰이는 것을 보여준다. 기원후 322년의 진나라 고분에서 등자 한쌍을 갖춘 기수를 묘사한 가장 오래되고 믿을 만한 그림이 발굴됐다.

말목걸이는 920AD 즈음에 유럽에 전파되었고 12세기에는 널리 쓰이게 되었다. 스칸디나비아 국가들이 말의 기도를 압박하지 않는 말목걸이를 최초로 이용하였다. 그 이전까지는 황소가 밭에서의 제 1차적인 가축이었다. 단 하나의 무거운 쟁기를 끄는데 16마리의 황소가 필요했을 것이다. 그래서 자본이 부족한 농부들은 무거운 쟁기를 활용할 수 없었다. 말목걸이를 착용했을 때, 말은 속도가 빠르기 때문에 황소보다 50% 더 큰 일률(power)을 낼 수 있다. 말은 또한 지구력이 더 강하고 하루에 더 오랜 시간을 일할 수 있다. 유럽인들은 수세기 동안 말을 사용해왔기 때문에 황소 기반 마구에서 말목걸이로 어렵지 않게 이행할 수 있었다.

초기 유럽 농업에서 황소가 역축의 주 가축이었다. 말은 상대적으로 희귀했고 시간이 가면서 소는 여전히 아주 흔했지만 말은 능업에서 점점 중요해졌다. 유럽 농장에서 말이 흔한 양상이 되는 과정은 느린 과정이었다.

중세 시대 대부분 말이 농업에서 거의 역할을 하지 못한 이유를 알기 위해서는 로마시대로 돌아가야 한다. 로마인들은 견인[牽引], 경운[耕耘], 써레를 비롯한 잡다한 농업 목적을 위한 유익한 동물로 말을 충분히 활용하지 않았다. 그 이유는 로마인들은 적절하게 마구[馬具]를 채우는 법을 몰랐기 때문이라고 한다. 로마인들은 그들의 마구가 잘못 디자인 되어 있다는 것을 알고 있었던 것으로 보인다. 로마 제국 말기에 공도(국가 소유 및 운영 도로Cursus Publicus)에서 말의 짐 무게의 상한선을 약 1100파운드로 테오도시우스 법(Theodosian Code)에서 정하였다.

이 제한을 정한 2가지 이유가 있다.

1) 무거운 짐은 도로를 빨리 닳게 한다. 그러나 황소가 끄는 짐 무게에는 제한이 없었다.
2) 로마 마구로 끄는 무거운 말 짐은 말을 일찍 폐물로 만들었다.

이 불만족스런 상황에 대한 즉각적인 해결책은 없었다. 로가 말기와 중국에서도 해결책을 찾았다. 로마 마구는 만족스럽지 않았다. 만족스런 마구가 개발될 때까지 수많은 실험이 행해졌다. 그리고 일단 그런 마구가 나타나면 더 이상의 주요한 혁신은 중지되었다.

그러나 고대 마구를 향상시키는 데 최초로 진정으로 성공하기까지는 수백 년이 걸렸다. 이것은 가슴 끈(breast strap)이었다. 아마 유럽에 6세기에 등장한 것 같다. 가슴 끈은 말의 가슴에 감는 끈으로서 두 번째 끈은 뒷등과 배를 감는다. 이 두 개의 끈은 서로 연결되어 있어서 이 마구가 말의 가슴에서 목으로 올라가는 것을 막는다. 그리고 짐은 말의 뒷등이 아니라 아래 가슴 끈 자체에 싣는다. 그러한 마구에서 짐을 실으면 압력은 목이 아니라 가슴에 가해진다. 그러므로 말은 호흡이나 혈액 순환에 지장을 받지 않고 더 많은 힘을 낼 수 있다. 이 해결책은 완벽하지는 않았지만, 오늘날까지도 살아남았다. 그것의 장점은 수선하기가 상대적으로 쉽고 저렴하다는 것이다. 또한 말에 채우거나 제거하는 것이 쉽다. 두 번째로 두드러진 성공은 아마 8~9세기에 도입된 패드를 넣은 말목걸이였다. 그것은 단단한 틀을 포함하는 둥글고 덧댄 튜브였다.

늦어도 9세기가 되면, '근대적인' 마구는 유럽에 도달하거나 유럽에서 개발되었다. 이 마구는 말의 잠재력을 최대한 이용할 수 있게 해주었기 때문에 극도로 유용했다. 그렇다고 해서 이 마구의 도입이 하루아침에 농업혁명을 일으킨 것은 아니었다. 말은 많지도 않았고 9세기 농업에서 역축으로 흔하지도 않았다.

서구는 말에게 자연적인 서식지가 아니었다. 서구에는 말이 좋아하는 사바나가 없었다. 그렇지만 말은 전쟁에서 기마로 그리고 전차의 동력으로 필요했다. 그렇지만 황소는 농업에서 역축으로 가장 중요했다. 왜 그런가? 로마인들에게 말은 번식 비용이 비쌌고, 사육비도 비쌌으며 유지비용도 비쌌다. 그래서 그것은 황소에 비해 그 수가 적었고 속도나 군사적 필요가 있는 곳에서만 사용되었다. 후대의 말목걸이 개발도 그것을 즉각적으로 바꾸지 못했다. 농장에서 재빠르게 소를 말로 바꾸고 싶어 했어도, 말의 수가 적고 유지비용이 비쌌기 때문에 그렇게 되지는 못했다.

로마인들도 대대적인 말 사육 프로그램을 실시했지만, 서로마제국 멸망 이후에 이 프로그램들은 사라졌다. 중세시대에 비슷한 말 번식 프로그램이 실시된 이후에야 말의 개체수가 많아졌다. 이 프로그램은 카롤링거 시대에 시작되었고 그 이래 계속되었다. 이 프로그램들은 귀족들과 기사들을 위한 것이었다; 번식 프로그램을 담당하는 사람들이 원하는 말을 선택하고 나면 나머지 말은 다른 용도로 팔렸다. 그래서 비군사적 용도로 쓸 수 있는 말의 개체수가 증가하였다. 당연히 말의 가격도 하락했다.

말의 개체수가 많아진다고 해서 갑자기 농장에서 말이 많이 이용되지는 않는다. 황소는 전통적인 역축인데, 그 이유는 그것들은 저렴하고, 먹이는 비용이 저렴하고, 수명이 다되면 고기로도 가죽으르도 이용가능하기 때문이었다. 황소와 비교하여, 말들은 비쌌고 특별한 식단을 요구했고, 그 이외 특별히 다른 용도가 없었다. 그렇지만 말은 황소 대비 몇 가지 이점이 있었다. 하나는 말은 황소보다 걷거나 짐을 끌 때 더 빠르다는 것이다. 황소로 3일 걸리는 일은 말은 2일이면 끝낼 수 있다. 말은 탈 수가 있고 짐을 나를 수도 있고 마차를 끌 수도 있다. 말은 황소보다 더 빨리 써레질할 수 있다. 그래서 말을 쓰면 더 적은 수로도 더 많은 토지를 갈거나 써레질 할 수 있다. 그렇지만, 말의 식단이 어려움을 야기했다. 말은 풀만 먹어서는 일을 할 수가 없다. 만일 풀만 먹으려면 말은 하루 종일 풀을 먹어야 되기 때문에 추가적인 식량이 말에게 제공되어야 한다. 그래서 귀중한 토지가 이 가외의 식량 보통 오트밀을 재배하는데 할당되어야 했다. 간단히 말해서 말은 황소보다 힘이 좋고 더 많은 일을 하고 더 빠르게 할 수 있었지만 더 비싸고 유지비용이 더 컸다.

최고 부자 농민들을 제외하고는 추가 비용과 특별 사료의 필요 때문에 대부분의 농부는 말을 살 수가 없었다. 말은 유용하긴 했지만, 돈과 토지가 많이 들어갔다. 또 다른 문제도 있었다. 고대의 가축들은 지금보다 꽤 더 작았을 것이라고 생각될 근거가 있다.

말목걸이만이 말을 농업에 채택되게 만든 유일한 요인은 아니었다. 다른 발달들도 중요했다. 이것들 중에는 편자, 나란히가 아니라 이열로 마구 채우기, 그리고 가로막대가 있었다. 중세 초기의 발달한 편자는 북유럽의 습한 토양에서 필요했다, 그렇지 않으면 말의 발굽은 그 토양의 축축함 때문에 망가졌을 것이다.

많은 말이 끄는 마차에서, 로마인들은 언제나 평행하게 마구를 채웠다. 이 경우에 오직 한 두 마리의 말만이 곧바로 마차를 끌게 되고, 나머지 말들은 비스듬하게 마차를 끌면서 힘을 낭비한다. 가로막대(whippletree)는 11세기의 혁신으로서 여러 가지 마구 문제들을 해결하는 영리한 장치이다. 가로막대는 나무 막대로서 말을 직접적으로 마차에 매다는 것이 아니라 마차의 전면 중앙에 매달린다. 마구는 그 막대의 전면에 매달린다. 이 매달리는 곳들은 대칭적일 필요는 없다. 강한 말은 마차의 중앙에 가까운 막대에 매어진다. 약한 말은 중앙에서 먼 곳에 매단다. 그래서 약한 말은 강한 말보다 더 강한 지렛힘을 갖는다. 움직이면, 말들이 적절하게 매달려 있으면 가로마대는 마차의 전면부에서 일직선이 되면 말들은 곧바로 앞으로 끌게 된다.

시간이 가면서 중세에 단지 말목걸이만이 아니라 다른 일련의 장치들도 발달하면서 말은 농업에서 유용한 가축이 되었다 농업에의 말의 도입은 "혁명적"이 아니라 점진적이었다.

영국에서는 1200~1500년 사이에 느리고 꾸준하지만 불확실하게 황소가 말로 대체되었다.

그리고 말이 쓰이는 방식은 느리게 변화했다.

써레는 갈아놓은 논바닥의 흙덩이를 부수거나 바닥을 판판하게 고르는 데에 쓰는 연장인데 한 마리의 황소는 써레를 끌 수 있지만 말은 훨씬 더 빠르게 할 수 있다. 말은 11세기 말 중세 유럽에서 써레를 끄는데 이용되었다. 14세기가 되면 말들은 쟁기를 끄는데 자주 이용되었다는 많은 증거들이 있다.

요약하면, 로마시대에는 황소는 말에 비해서 상대적으로 작았지만, 구매, 유지 및 사료비용이 저렴했기 때문에 농업에서는 거의 배타적으로 이용되었다. 말들은 상대적으로 희귀하고 비쌌고 사육하기가 어려웠다. 그렇지만, 번식 프로그램에서 용도 폐기된 말들이 농업용으로 이용가능하게 되고, 농장에서의 번식이 증가하면서 말은 농업용으로 더 유망하게 되었다. 그 다음에 말을 그런 용도에 맞추려는 일련의 시도들이 뒤따랐다. 이런 실험들로 인해서 마구와 부차적인 장비들이 점진적으로 개선되었다. 9-10세기가 되면 진정으로 효율적인 마구 시스템이 자리를 잡았다. 편자는 이미 오래 전에 생겼고, 말목걸이가 발달했다. 11세기가 되면, 가로막대가 개발되었고, 말 팀을 짐에 견인하는 새 방식이 발견되었다. 마지막 난관은 말의 비용이었다. 그래서, 처음에는 부농들이 한 마리 말만 키웠을 것이다. 말은 황소를 보완하여 써레와 마차에 쓰였을 것이다. 필요하면 승마도 했을 것이다. 시간이 가면서 말들이 추가되었고 결국에는 많은 농지들에서 소-쟁기를 대체하게 되었을 것이다. 그렇지만 사료비는 증가했을 것이다. 장원은 말이 농사에 이용된 마지막 장소 중 하나였을 것이다. 거기에서 황소들은 상대적으로 풍부했고 따라서 더 효율적인 가축에 대한 필요는 약했을 것이기 때문이다. 이 관점에서 보면, 말은 느리게 농사용으로 쓰이게 되었을 것이다. 황소는 처음에 써레나 마차 같은 곳에서 대체되었을 것이다. 그러다 농사용 말 가격이 상대적으로 하락하면서 말은 경운(밭 갈기)과 무거운 짐 견인에

이용되었을 것이다. 그러므로 말목걸이는 혁명적인 발명이 아니라 진화적인 변화였다

말과 무거운 쟁기

중세유럽에서 13세기에 역사학자들이 "상업혁명"이라고 부르는 혁명적 변화가 발생했다. 진짜로 그것은 혁명적이었다. 정치적, 경제적, 사회적 힘은 더 이상 부유하고 강력한 지주 귀족의 손에 있지 않았다. 중간계급이 새로운 경제의 엔진이었다. 새로운 경제 질서는 물자의 생산과 이동에 기초했고 그 활동의 중심지는 시골에서 새로운 도시로 옮겨갔다. 이로 인해서 지역 영주의 권한은 쇠락하고 상인계급은 사회경제적 힘을 갖게 되었다.

13세기의 상업혁명은 십자군 원정, 약간의 기후 온난화와 기술혁신 그리고 10세기의 바이킹 침입의 중단 후에 이어진 농업 생산성 향상과 인구 증가가 그 시발점이었다. 이들은 차례로 돈, 시장 및 무역의 성장에서 확연히 드러나는 "경제도약"의 시대로 이어졌다. 도시화, 제조 및 정부의 성장, 농경지의 집약적 경작과 함께 지주에게 현물로 내던 지대의 화폐 납부는 토지 시장을 개방하기 시작했다. 이 이륙은 11세기에 서서히 시작되어 12세기에 도약하고 13세기 후반에 정점에 이르렀으며 흑사병으로 인한 인구의 급감과 기근이 동시에 발생하여 경제위기를 낳은 14세기 초반에 갑자기 중단되었다

교황 우르바노 2세(Pope Urban II, 1042년~1099년)가 이슬람교도들로부터 성지를 해방시키자는 성전 즉 십자군을 요청하자 유럽 지도자들의 대다수가 이 요구에 응했다. 군사작전으로서 십자군전쟁은 완전히 재앙이었지만 경제적으로나 문화적으로 큰 영향을 미쳤다. 경제 분야에서 십자군은 향신료, 특히 후추, 실크 및 향수를 유럽 사회로 다시 도

입했다. 이 세 가지 제품 중 보존 식품과 향료를 사용하기 때문에 향신료가 가장 중요했다.

이 초기 상품 유입과 함께 새로운 이론과 발명의 적용에 기반한 농업혁명이 동반되었다. 이러한 새로운 발명품 중 두 가지 즉 말굽과 무거운 쟁기의 발명에 힘입어 서유럽의 농민들은 넓은 충적토 밭을 경작할 수 있게 되었다. 무거운 강철 쟁기는 습한 기후지대에 분포한 북유럽의 충적토양을 갈아엎는 데에는 적격이었다. 말굽은 돌, 바위 및 뿌리에서 발굽을 손상시킬 염려 없이 말을 안전하게 옮길 수 있었기 때문에 이제 말은 새롭고 믿을만한 힘의 원천이 되었고 농사에서 장부 5~6명에 필적하는 힘을 낼 수 있었다.

농부들은 또한 삼포제[三圃制]를 채택했다. 이 모델에서 해마다 경작지의 3분의 1은 휴한지로, 다른 3분의 1은 가을에 파종하서 초여름에 수확할 수 있는 밀이나 호밀 같은 작물을 심은 추파지(秋播地)로, 그리고 나머 지 3분의 1은 늦은 봄에 파종해서 8·9월에 수확할 수 있는 귀리. 보리와 콩과 같은 새로운 곡물을 심는 춘파지(春播地)로 활용하는 농업을 말한다.

3포제의 시행으로 전체 농경지의 반 이상을 차지하던 휴한지를 3분의 1로 줄인 점은 중세 유럽 농업혁명의 핵심이다. 완두콩과 콩은 농작물이 농민과 가축 모두의 식단에 추가되었고, 이 식물의 뿌리와 줄기는 아래에서 갈아서 들판의 비옥도를 증가시켰다. 3포제는 실로 혁명적 농업발전을 가져왔다. 증가된 농업생산량, 인구 압박, 그리고 십자군운동으로 인한 무역의 재도입이 결합되면서 서유럽 무역의 활성화가 시작되었다.

중세 무역의 황금시대에는 자본주의의 전형으로 여겨지는 많은 특징들이 나타났다. 화폐자본이 축적되고, 신용이 점점 더 많이 널리 사용되게 되었고, 자본소유와 경영이 분리되고 다른 한편으로는 육체노동과도 분리되었다. 경쟁에서 이기기 위한 사업방법의 개선, 시장 확대를 목표로 하는 대규모 사업계획, 국정에서의 무역의 중요성 증가, 상업 활동의 주요 동기로서의 이익에 대한 욕구가 대세가 되었다. 상업 혁명은 "경제 혁명"으로서 그것은 산업혁명에 필적하는 혁명이었다. 상업은 국가경제에서 가장 역동적인 부문이 되었고, 상인들은 변화의 주인공이 되었다.

지폐

미국 독립전쟁과 지폐

벤저민 프랭클린은 종종 "지폐의 아버지"로 불린다. 물론 지폐는 그보다 약 천 년 전에 이미 중국에서 발명되어 쓰였다. 그래서 더 정확히 말하면 그는 식민지 미국 지폐의 아버지였다. 프랭클린의 지폐는 미국의 독립전쟁을 일으킨 주요한 이유 중 하나였다. 하지만 우선, 식민지 시대의 지권(紙券, scrip)을 먼저 살펴보자.

1729년에 그는 "지폐의 본성과 필요성에 관한 소견"이라는 논문을 썼다. 이 팸플릿은 식민지 서민들에게 호평을 받았다. 부자들은 그것을 싫어했지만 그들 중에는 프랭클린의 논리에 반론을 펼 수 있는 논객은 없었다. 그래서 프랭클린의 주장은 사람들에게 먹혔고 지폐 법안은 펜실베이니아 의회에서 과반수를 얻는다. 식민지 스크립은 매우 성공적이었다.

당시는 지폐는 없었고 주화가 유통되던 시기였는데 북아메리카 대륙에서 대형 금광과 은광이 발견되기 전이었으므로, 시중에 유통되는 화폐가 극히 부족했었다. 게다가 미국 식민지들은 모국인 영국과의 심각한 무역적자로 인해서 대량의 금은화폐가 영국으로 유입됨에 따라 통화의 부족 현상은 더욱 심화되었다. 북아메리카의 이민자들은 통화의 부족으로 충분하고 효과적인 재화 및 서비스 교환이 어려웠으므로, 경제 발전이 심각하게 자해되고 있었다. 이런 난국을 해결하고자 각종 상품화폐를 사용했는데, 동물의 모피나 조개껍데기, 연초, 쌀, 보리, 옥수수 등이 주요 상품화폐였다. 1715년의 노스캐롤라이나 주만 해도 17종류나 되는 물품이 법정화폐로 유통되었다.

이런 문제를 해결하기 위해서 프랭클린은 식민지 정부는 지폐를 발행해 통일된 표준 법정화폐로 삼는다는 아이디어를 제안 한 것이었다. 새 화폐는 과연 사회경제의 빠른 발전을 크게 촉진했으며, 상품 무역은 점점 번성해갔다.

"식민지에는 풍요가 있었고, 모든 국경지대에 평화가 군림하고 있었다. 지구상의 모든 표면에서 더 행복하고 더 번영하는 국가를 찾는 것은 어렵고 심지어 불가능했다. 모든 가정에 안락함이 만연하고 있었다. 일반적으로 국민들은 가장 높은 도덕적 기준을 지켰고, 교육은 널리 퍼져 있었다."

(벤자민 프랭클린)

의심의 여지없이, 많은 식민지들이 매우 잘 하고 있었고, 특히 새로운 지폐의 양이 통제되고 있는 펜실베이니아와 매사추세츠 주는 잘 하고 있었다. 그러나 모든 식민지가 성공을 거둔 것은 아니다 사우스캐롤라이나에서의 이전 시도에서는 지폐 가치가 하락했다. 시스템이 분명히 필요했고 프랭클린은 "지폐 통화의 본질과 필요성에 대한 온건한 조사"를 통해 그 시스템을 개척했다.

프랭클린은 지역 내에서 거래에 필요한 돈이 부족하면 많은 비용이 든다는 것을 언급하면서 팜플렛을 시작한다. "한 나라의 교역을 자유롭고 윤활하게 수행하는데 필수적인 어떤 비례적인 화폐량이 있다; 그것보다 더 많으면 교역에서 이점이 없지만, 적으면 만일 훨씬 더 적으면 그것에 극도로 해롭다."

그래서 그는 다음과 같은 결과들을 유도한다.

첫 번째 교역국에서 돈이 많이 부족하면 이자율은 아주 높게 된다. 돈이 희소하면 사람들이 과도한 이자를 주고받는 것을 법으로 억제하는 것은 불가능 하다. 돈의 이자가 높으면 국가에 여러모로 해롭다; 지가가 내려간다, 왜냐하면 대출로 큰 이윤을 벌 수 있는데 토지에 돈을 내놓을 사람은 없기 때문이다. 그리고 사람들은 바다에 그들의 돈을 투자하려는 경향이 훨씬 더 줄어든다. 그래서 무역은 위축될 것이다. 그리고 인접하는 두 국가에서, 돈이 더 풍부하기 때문에 한 나라의 무역상이 상대국의 무역상보다 더 낮은 이율로 돈을 빌려서 무역을 할 수 있기 때문에 필연적으로 더 우위를 차지하게 될 것이고, 그 무역의 대부분을 차지하게 될 것이다. 8~10%로 빌려서 무역하는 자는 4~6%로 돈을 빌려서 무역하는 자와 경쟁할 수 없기 때문이다.

그와는 반대로, 풍부한 통화로 금리는 내려갈 것이다; 그러면 많은 사람들은 그들의 돈을 토지에 넣게 될 것이고, 지가는 오르게 될 것이다; 동시에 거래는 아주 활성화 될 것이다, 왜냐하면 그런 식으로 돈을 굴리는 것이 이자 대금업보다 더 이문이 남기 때문이다. ;그리고 사업을 잘 이해하지만 충분한 스톡이 없는 자들은 저렴한 이자율로 돈을 빌릴 수 있음으로 장사할 돈을 빌리게 될 것이다.

둘째로, 한 나라에 돈이 부족하면 상공업에서 사용되는 생산물의 가격이 하락한다; 그러면 상공업은 위축되고, 그 생산물에 대한 수요도 훨씬 더 적어진다. 돈이 풍부하면 상공업 제품 가격이 올라갈 것이다; 상공업이 촉진되고 힘을 얻으면서 그 생산물에 대한 훨씬 더 큰 수요가 생길 것이다.

세 번째, 한 나라에서의 통화 부족은 노동자들과 수공업자들이 정착하는 것을 만류한다. 그리고 이미 정착한 자들을 많이 떠나게 유인하여 다른 곳에서 즐거움과 일을 찾게 만든다. 노동자가 피땀 흘려서 돈을 번 후에 그것을 얻는데 그만큼 시간을 보내면 얼마나 낙담하겠는가? 돈의 희소성보다 고용주를 더 나쁘게 만드는 것은 없다. 통화가 풍부하면 많은 노동자들과 수공업자들이 정착할 것이고, 임대료가 올라가면서 더 많은 건설이 일어날 것이다.

지권은 왜 필요한가? 왜냐하면 종이돈의 대안은 물물교환이기 때문이다. 금화와 은화는 무역을 통해서 모두 영국으로 보내지기 때문이다. 물물교환은 결국 지역교류의 비용을 증가시켜 임금, 고용, 이민을 낮춘다. 자금 부족은 또한 높은 국내 금리의 원인이 되어 투자를 줄이고 경기를 둔화시킨다. 지폐가 이러한 문제들을 해결할 것이다. 하지만 무엇이 종이돈의 가치를 제공하는가? 지폐의 가치를 좌우하는 것은 법화법이나 지폐와 금은화 사이의 고정 환율이 아니라 식민지 내의 내부거래량에 따른 지폐의 양이다. 내부 거래량에 비해 지폐의 양이 과다하면 가치가 하락하게 된다.

첫째, 프랭클린은 금과 은은 영구적인 가치가 없으며 따라서 금이나 은으로 연계)되거나 지지되는 종이돈은 유럽의 은행 지폐와 마찬가지로 영구적인 가치가 없다고 지적한다. 지난 100년 동안 금과 은의 노동 가치가 떨어진 것은 새로운 발견이 수요보다 공급을 더 빨리 확대했기 때문이라는 것을 모두가 알고 있었다. 금과 은의 현물가치는 다른 상품과 마찬가지로 변동할 수 있으며 예상치 못한 경기변동으로 인해 심각한 영향을 받을 수 있다. 프랭클린은 1729년 영국과의 무역에서 "우리[펜실베이니아인]들은 이미 우리의 금은과 갈라섰다"고 관찰하며, 지폐의 가치와 은의 가치의 차이는 "후자의 희소성"에 기인한다고 관찰한다.

둘째, 프랭클린은 땅은 지폐를 뒷받침할 더 확실하고 안정적인 자산이라고 지적한다. 주어진 식민지의 경우, 땅은 금은만큼 경기변동에 따라 공급이 변동하지 않을 것이며, 신대륙 금은이 그랬던 것처럼 장기적 팽창의 대상이 되지 않을 것이다. 마지막으로, 그리고 가장 중요한 것은 금은과는 달리 토지는 그 지역 밖으로 수출할 수 없다는 것이다. 그는 이어 펜실베이니아의 지폐는 토지에 의해 지지될 것이라고 지적한다. 즉, 그것은 입법부에서 대출 사무소를 통해 발행될 것이고, 돈을 빌리려는 사람들은 그들의 땅을 지폐의 대출에 대한 담보로 내놓아야 할 것이다.

마지막으로, 프랭클린은 "화폐화된 토지"나 적절히 운영되는 토지 은행이 자동적으로 발행되는 지폐의 양을 안정시킬 것이라고 주장한다. 그것은 그 지방의 내부 거래를 수행하기 위해 너무 많거나 적지도 않게 될 것이다. 지폐가 너무 적으면, 물물교환 비용이 높을 것이고, 사람들은 땅을 담보로 더 많은 돈을 빌려서 돈을 벌게 될 것이고, 그것은 돈을 거래에 사용할 때 발생하는 낮은 비용에서 이득을 거둘 것이다. 제대로 운영되는 토지 은행은 그것을 뒷받침하기 위해 이용할 수 있는 토지 담보보다 더 많은 지폐를 대출하지 않을 것이고, 따라서 지폐의 가치는, 이 수량 한도를 통해, 결코 토지의 가치보다 떨어지지 않을 것이다.

만약 우연히, 지폐가 가치를 잃기 시작하는 등 내부거래에 필요한 것에 비해 너무 많은 지폐가 발행된다면, 사람들은 그들의 저당 잡힌 땅을 갚아서 그 땅에 대한 모기지 대출 은행의 법적 청구권은 소멸될 것이고 따라서 돈도 사라지면서 돈의 가치는 다시 상승하게 될 것이다. 이렇게 정부에 지폐를 다시 지불하는 과정은 유통되는 지폐의 양을 줄여서 지폐의 가치를 이전 수준으로 되돌릴 것이다.

분권화된 시장경쟁으로 인하여 지역 내에서 지폐의 양이 자동적으로 안정화되거나 자연스럽게 균형화될 것이다.

식민지가 연합하여 그들의 자유를 위해 싸우자, 의회는 전쟁 비용을 지불하기 위해 대륙 달러(은화 및 금화로 상환 가능)를 발행했다. 불행히도 미국은 금이나 은이 없었고 나중에 지불하기로 약속했다. 많은 사람들이 그들이 그 의무를 상환할 수 있을 것 같지 않다는 것을 알고 있었기 때문에 화폐 가치는 하락했다. 그리고 영국은 화폐 가치를 떨어뜨리기 위해 많은 양의 위조 대륙폐를 인쇄했다.

1783년 조셉 퀸시에게 보낸 편지에서 프랭클린은 자신이 이 결과를 예측하고 더 나은 종이 화폐 계획을 제안했지만 의회가 이를 거부했다고 주장하고 있다…1781년 경 프랭클린은 “미국의 종이 화폐”라는 논문을 쓰고 있다. 그 속에서 그는 대륙달러의 가치 하락이 인플레이션 세금이나 화폐 자체에 대한 세금으로 작용했다고 주장한다. 이와 같이 이 세금은 대부분의 다른 세금보다 시민들 사이에 더 균등하게 떨어졌다.

독립전쟁 전에 식민지들은 그들의 이익을 대변하기 위해 벤자민 프랭클린을 영국으로 보냈다. 프랭클린은 영국에서 많은 사람들이 가난에 찌들고 있고 실업률이 높은 것에 크게 놀랐다. 그는 영국은 세계에서 가장 부유한 나라였지만 서민들은 가난했다"면서 “거리에는 거지와 부랑자들이 가득하다”고 썼다.

그는 영국에 있는 친구들에게 어떻게 그럴 수 있냐고 물었다고 한다.

그들은 일꾼이 너무 많기 때문이라고 대답했다. 많은 사람들은 맬서스에게 동의하여 전쟁과 전염병이 이 나라를 인력 잉여를 없애기 위해 필요하다고 믿었다.

"우리는 식민지에는 구빈원(救貧院)이 없다. 만약 우리가 구빈원이 있다면, 거기에 집어넣을 사람이 단 1명도 없을 것이다. 식민지에는 단 한 명의 실업자도, 거지도, 부랑자도 없기 때문이다."

(벤자민 프랭클린)

그는 식민지의 노동자 계층이 왜 그렇게 번창했느냐는 질문을 받았다.

"그건 간단하다. 식민지에서는 우리만의 지폐를 발행한다. 그것은 '식민지 스크립'이라고 불린다. 우리는 제품을 만들고 그것들을 생산자로부터 소비자에게 쉽게 전달하기 위해 적절한 비율로 그것을 발행하고 한다. 이런 방식으로 우리 자신의 지폐를 만들면, 우리는 그 지폐의 구매력을 통제할 수 있고 우리는 그 누구에게도 이자를 지불할 필요가 없다."

(벤자민 프랭클린)

그 후 곧 영국 은행가들은 왕과 의회에게 식민지들이 자신의 스크립 돈을 사용하는 것을 금지하는 법을 통과시킬 것을 요구했다. 영국 은행가들에 의해 제공될 수 있는 금과 은만이 사용될 수 있었다. 그래서 영국 노동자 계층을 빈곤으로 몰아넣었던 빚에 기반한 돈의 역병이 식민지에서 시작되었다.

첫 번째 법은 1751년에 통과되었고, 그 후 1763년에 더 가혹한 법이 통과되었다. 프랭클린은 1년 안에 영국처럼 식민지가 실업과 거지로 가득 차게 되었는데, 그 이유는 물건과 일에 대해 지불할 돈이 충분하지 않기 때문이라고 주장했다. 화폐 공급이 반으로 줄었다. 미국 독립의 최고 건축가 중 한 명이었던 프랭클린은 이렇게 썼다.

"식민지에서 영국에 대한 증오와 독립전쟁을 초래한 의회에 대한 영국 은행가들의 나쁜 영향 때문에 초래된 가난이 아니었다면 식민지는 차세와 다른 문제에 대해서 기꺼이 부담했을 것이다."

(벤자민 프랭클린)

토머스 제퍼슨과 제임스 메디슨도 은행의 역할에 대해 경고했다.

"만일 미국 국민이 민간은행들이 자신의 통화발행을 통제하도록 내버려둔다면, 처음에는 인플레로 그 다음에는 디플레로 그 은행들은 국민의 재산을 빼앗아서 그들의 자식들은 그들의 아버지들이 정복한 대륙에서 집 없이 깨어날 것이다. (통화)발행권은 은행들로부터 뺏어와야 되고 그것이 본래적으로 속하는 국민에게 되돌려져야 한다.

(토머스 제퍼슨 은행 재인가 토론에서(1809))

"나는 은행업 기관들은 우리의 자유에 상비군보다 더 위험하다고 믿는다"

(토머스 제퍼슨)

"...빚의 영속화라는 현대 이론은 지구를 피로 흠뻑 적셨고 점점 더 무거워지는 짐 아래 그 거주자들을 박살내었다."

(토머스 제퍼슨)

"은행들은 종교, 도덕, 평온, 번영, 그리고 심지어 국가의 부에 그들이

할 수 있거나 할 수 있는 선보다 더 많은 해를 끼쳤다.”

(존 아담스)

“환전상(은행가)들은 모든 형태의 남용, 모의, 사기 그리고 가능한 도든 폭력적인 수단을 사용하여 돈과 그것의 발행을 통제함으로써 정부에 대한 그들의 통제를 유지하여 왔다.

(제임스 메디슨)

영국의 역사학자 존 트웰스(John Twells)는 식민지의 스크립 돈에 대해 다음과 같이 썼다.

“에드먼드 버크가 ‘세계 역사상 그들의 진보와 유사한 것은 없다’고 쓸 수 있을 정도로 미국의 식민지가 번성했던 것은 그 화폐제도 덕분이었다. 그것은 건전하고 유익한 제도였고, 그 효과는 국민의 행복으로 이어졌다.

바로, 영국 의회는 미국의 대표적인 돈을 빼앗았고, 더 이상의 신용장의 발행을 금지했고, 그래서 이 신용장들은 더 이상 법화가 되지 못하고, 모든 세금을 주화로 지불해야 한다고 명령했다. 지금 그 결과를 생각해 보라: 이러한 교환 매체의 제한은 사람들의 모든 산업 에너지를 마비시켰다. 한때 번성했던 식민지에서 파멸이 일어났다. 가장 혹독한 고통은 모든 가정과 모든 사업에 닥쳤고, 불만은 절박하게 되었고, 존슨 박사의 말을 인용하면 인간의 본성이 솟아나 그 권리를 주장하는 지경에 이르렀다.”

산업가 겸 정치가인 피터 쿠퍼는 다음과 같이 썼다.

“프랭클린이 식민지 번영의 진정한 원인에 대한 설명을 한 후, 의회는 이 돈을 세금 납부에 사용하는 것을 금지하는 법을 만들었다. 이 결정으로 사람들에게 너무나 많은 결핍과 빈곤을 가져다준 것이 혁명의 주요 원인이었다. 식민지 돈의 억제는 차조례와 인지조례보다 일반 봉기의 훨씬 중요한 이유였다."

지폐의 중국 기원

중국은 종이를 발명했을 뿐만 아니라, 일반적으로 세계에서 최초의 지폐를 사용한 나라라고 인정받고 있다. 중국의 지폐에 대한 영감은 실제로 한무제(기원전 141년~기원전 87년) 때 발행된 백록피폐(白鹿皮币)와 당나라(618년~907년)의 '비전(날아가는 돈)'에서 비롯되었다. 진정한 지폐는 교자(交子)와 전인((钱引)이 발행되면서 북송(北松)시대(960~1127)에 화폐의 주요 형태가 되었고, 이후 회자(會子)와 관자((關子)를 발행한 남송시대(1127~1279)에도 종이화폐가 계속 사용되었다. 금나라(1115~1234년)는 교초(交钞)와 보권(宝券)으로 알려진 지폐를 발행하였고 원나라(1271~1368년)와 명나라(1368~1644)는 보초(宝钞)로써 지폐발행을 계속하였다.

지폐와 관련된 결점으로 인해, 청나라(1644~1911)는 순치제 통치기간 동안 짧은 기간(1651~1661)을 제외하고 오랫동안 동전에 의존했다. 그러나 1853년 함풍제 때 태평천국의 난 을 진압하기 위해 막대한 군사비가 요구되면서 상황이 달라졌다. 두 종류의 지폐가 발행되었다. 후부관표(戶部官票 "행정재정부의 공문")는 그 금액을 은량(銀量)에 기반하여 발행되었다. 또 동전을 바탕으로 한 금액의 대청보초(大清寶鈔)가 발행되었다. 관표(官票)와 초표(钞票)는 일반적으로 '종이돈'이나 '은행어음'을 나타내는 통용어가 되었다.

청나라 말기에는 정부뿐만 아니라 민간 은행들도 은화, 현금, 동원(铜圆, 청말(清末)부터 항일 전쟁(抗日戰爭) 이전까지 통용된 동으로 만든 보조 화폐로 표시된 각종 지폐)를 발행하였다. 이것이 1911년 혁명과 공화정 시대에 크게 확대된 중국에서 근대 화폐의 발행의 시작이었다.

당나라 비전

"비전((飛錢,날아다니는 돈)"은 약속어음이나 환어음과 비슷한 일종의 화폐 대체물이었다. 그것은 상인들이 모든 동전을 가지고 다닐 필요 없이 서로 다른 장소에서 현금화 할 수 있게 했다. 편환(便換, 쉬운 교환)이라고도 불리는 비전은 가장 오래된 형태의 지폐였다. 환어음 형태로 사용되었으며, 9세기 쓰촨성에서 만들어진 진짜 지폐인 교자(交子)의 선구자였다. 그것의 초기 모습은 8세기에 나타났다. 당나라 헌종(唐憲宗, 재위 805-820)의 통치기간 동안, 일상 업무에서 원활한 거래를 보장하기에 충분한 구리 동전이 시장에 없었다. 종이 지폐를 만든 것은 세제의 일부라도 돈으로 전달할 수 있는 소위 양세법(兩稅法)이라는 세제 개편에 따라서 생겨났다. 이에 따라 돈의 필요성은 더욱 커졌다.

그래서 상인들은 각 지역의 기관(機關) 혹은 부상(富商)들에게 동전을 주고 비전이라는 표권(表券)을 발급받았다. 상인이 본거지로 돌아오면 표권에 상응하는 액수의 동전을 지불했다. 기관과 상점에서는 비전을 처리하면서 수수료를 받았다. 초기에는 지역 관리들과 부상들이 주로 운영하였고, 이후에는 지방정부에서도 운영하였다. 당나라 시대의 한 지역의 행정 단위인 각 도(道)에는 진주원(進奏院) 장안과의 연락사무소)이 설치되어 있어, 지방의 국고 납부와 공식 보고를 받는 역할을 담당하였다. 진주원은 크게 4가지 기능을 담당했다. 첫째는 절도사나 그 관리가 경사에 올라왔을 때 숙소 제공, 둘째는 중앙에서 내린 명령에 번진에서 의문이 있을 때 그 의문을 중앙에 전달, 셋째는 중앙 및 다른 번진에 대한 정보를 수집하여 본진에 보고, 넷째는 공무(貢賦) 업무 보조. 취급(進奉) 등 여러 잡무를 처리했다. 진주원은 지역에서 수도권으로 돈을 운반하는 대신 상인들에게서 금전 예금을 받아 해당 지역에서 현금화할 수 있도록 했다. 이렇게 하면 교통비를 절약할 수 있을 뿐만 아니라 유통되는 동전의 총량도 증가할 것이다. 비전은 그만큼의 돈을 비축해 둘 필요가 없다는 의미에서 화폐 공급을 늘렸다.

게다가, 그것은 운송비를 절약하고 지불 유예의 이점을 가지고 있었다: 상인들이 비전을 현금화 할 수 있는 그들의 목적지로 통근하는 데 시간이 걸렸기 때문에, 관련자들이 보관하고 있는 돈은 부분적으로 이자를 위해 빌려주거나, 즉각적인 필요를 충족시키기 위해 쓰일 수 있었다. 유통되는 돈이 이렇게 늘어났다. 그 시스템은 돈과 은행업에서 논의된 화폐승수효과와 비슷한 효과를 가지고 있었다. 학자들은 일반적으로 비전이 중국에서 지폐의 등장을 개척했다는 것에 동의하지만, 운용에서는 오늘날의 화폐 주문에 더 가까웠다.

비전 도입으로 이득을 본 사람은 주로 차 상인이었다. 장안의 상인들이 사천(四川)과 서남(西南)에서 차를 사도록 도왔고, 이들 지역의 상인들이 수도에서 물건을 사도록 도왔다. 교환은 수도 내 각 도의 진주원와 도의 전문 상인들의 주택에서 이루어졌다. 그 대가로 상인들은 각각 그에 상당하는 액수의 어음(표권)을 건네받았고, 목적지에서는 그 것을 돈으로 돌려받았다. 그 환어음의 진위를 증명하기 위한 증거로서, 도의 역제재는 각각의 표권의 한쪽을 받았고, 상인은 다른 한쪽을 가졌다. 그 두 부분을 비교하면 원본임이 증명되었다. 이렇게 해서 장안에서의 사업은 현지 돈으로, 그리고 각 도의 사업도 "지역" 돈만으로 진행되어, 동전이 원산지를 떠나지 않아도 되었다.

이러한 혜택에도 불구하고, 조정은 806년과 811년에 공개적으로 비전

사용을 금지했다. 황실은 시장 지배에 심혈을 기울였을 것으로 보인다. 이에 따라 상인들이 사업을 하기 위해 비축해 두어야 하는 동전의 부족은 더욱 악화되었다. 이로 인해 유통 중인 동전의 수가 줄고 사업 거래에서 마찰이 더 생겨 상품 가격이 상승하는 원인이 됐다. 자본의 경화 지불 선호도 작용했다. 중앙정부는 환어음에 그다지 만족하지 않고 반복적으로 사용을 금지했다. 812년에야 그들은 유효한 지불수단으로 공식 선언되었고 중앙정부는 자체적인 환어음을 발행하기 시작했다. 이 사업의 감리는 호부(戶部), 도지사(度支司) 세무부), 염전사(鹽錢司 소금 독점기관)이 맡았다. 초기에는 1000문(文)당 100문의 수수료가 있었지만 대부분의 상인들은 이 착취 수수료에 대해 불만을 표시했다. 비전은 송대 초창기(960~1279)까지 계속 사용되었다.

송나라의 지폐본위제

교자(交子)는 10세기에 쓰촨 성(四川省) 청두 시(成都市)에서 사용되던 지폐이다. 송(宋) 시기에 전국적으로 유통되었으며, 세계 최초의 지폐로 알려져 있다. 송 왕조 이전에 당(唐) 왕조 시기에 이미 언방(堰坊)이라는 기관이 존재하였고, 이곳에서는 전(銭), 금은(金銀), 포백(布帛) 등을 맡아두고 그 증명서로써 어음을 발행하였다. 이 어음을 다른 지역에서 현물과 같은 가치를 갖는 지불 수단으로 사용하는 것이 가능하였고, 널리 유통되었다. 언방은 훗날 변질되어 무뢰배들이 모이는 도박장 같은 성격으로 변모했지만, 이러한 어음 발행 방식은 더욱 전국적으로 확대되었고, 교자 외에도 회자(会子) 관자(関子) 등의 어음이 발행되었으며 그 발행처는 교자포(交子鋪)라 불렸다.

오대십국시대(五代十国時代)에 이르러 중국 전역에 상업활동이 활발해지고, 주요 화폐였던 동전의 수요는 몹시 높아졌다. 그러나 쓰촨 지방은 동전을 만들 구리의 산출이 몹시 적었고 수요를 채우기 어려웠다. 당시 쓰촨을 지배하고 있던 전촉(前蜀) 및 후촉(後蜀) 정권은 산출량이 많은 철(鉄)을 가지고 철전(鉄銭)을 발행하였다. 송 왕조가 수립되고, 송 태조(宋太祖)는 쓰촨의 금은과 동전을 거두어 들여서 중앙으로 운송하게 하였고, 철전을 주조해 사용하게 하면서 쓰촨에 동전을 가지고 들어가지 못하게 하였다. 북송 기간(960~1127년)에 중국 정부는 엄청난 양의 동전을 주조했지만, 그럼에도 불구하고 이 낮은 가치의 화폐의 공급은 급증하는 수요를 따라가지 못했다. 북송은 또한 북방과 서방의 국경을 따라 여러 개의 철전[鐵錢]지역을 설치하였는데, 일부는 구리의 지역적 공급 부족 때문이기도 하고, 일부는 적국인 요[遼]와 서하(西夏)에 동전이 유출되는 것을 막기 위해서였다. 요는 10~12세기에 거란(契丹)이 중국 북방의 내몽고[內蒙古] 지역을 중심으로 세운 왕조이고 서하는 11세기~13세기에 중국 서북부의 오르도스(Ordos)와 간쑤(甘肅) 지역에서 티베트 계통의 탕구트족이 세운 나라이다.

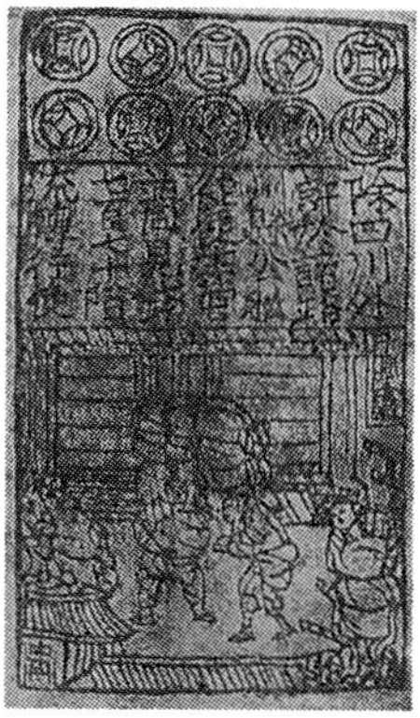

교자

그러나 철전은 동전에 비해 무거워 가지고 다니기 불편하였고(철전

1,000문이 25근으로 이는 수레에 실어서야 가지고 다닐 수 있는 무게였다) 게다가 동전에 비해 10분의 1 가치밖에 되지 못했다. 그래서 철전을 보관하는 '교자포'라는 금융업자가 등장하여 철전을 고객으로부터 받아 보관증을 발행하였다. 고객은 그 보관증을 교자포로 가져가면 언제든지 철전과 교환받을 수 있었고 그래서 이 보관증은 철전이나 마찬가지로 사용될 수 있었기 때문에 통화대용으로 사용하게 되었다. 이 보관증을 교자라 불렀다. 당시의 사천지역에서는 인쇄기술도 발달하였기 때문에 이와 같은 시스템이 가능하였다. 이에 쓰촨의 중심도시인 청두(成都)에서는 대상인(大商人) 16호(戶)의 교자포[交子鋪]가 조합을 이루어, 철전을 맡기고 그 맡은 바에 대한 증서로써 교자를 발행하게 되었던 것이다. 이 16호 교자포는 송 정부로부터 허가를 받아 쓰촨에서 교자의 발행을 독점하였고, 신용도가 높은 이 교자는 무거운 철전보다도 중요하게 사용되었다. 그 사용량은 다른 지역에서의 교자나 회자 사용량을 압도하였다.

그 뒤 쓰촨의 교자포는 사업에 실패해 동전의 보유량이 충분하지 못했고, 급기야 체불 사태가 일어났다. 인종(仁宗) 천성(天聖) 원년(1023년), 이를 지켜본 송 정부는 교자의 이익을 눈여겨 보고 이를 관업으로 삼아, 민간에서 이를 발행하는 것을 금지하였다. 송 정부는 본전(本錢, 현금 교환용 준비금)으로써 36만 민(緡, 관貫)을 비축해 두고 발행한도액을 125만여 민으로 해서 교자를 유통시켰다. 이로써 교자는 단순한 어음이 아닌 지폐가 되었다. 북송 정부가 발행한 공적인 교자는 '관교자(官交子)'라 불렀다. 이 관교자야말로 정부에 의해 발행된 세계 최초의 지폐인 셈이다. 이 무렵 교자에는 계(界)라 불리는 기한이 설정되어 있어, 2년 또는 3년 이내에 동전 또는 새로운 교자로 교환하지 않으면 단순한 종이조각으로 전락해 버렸다.

송나라는 이 교자(交子, 12세기 초 전인(錢引)이라 불리는 새로운 지폐로 대체)를 철전으로 표시하였고, 서북부의 쓰촨(四川)과 철전 지역으로 유통을 제한하였다. 또한 상품권(소금, 차와 같은 국가 독점국이 통제하는 상품을 공급자가 입수하여 판매할 수 있는 권리를 부여한 상품권)과 장거리 송금을 위한 어음을 포함한 다양한 종이 상품권은 국가가 발행하고 장거리 송금의 경우 민간 상인도 발행한다. 앞서의 선례를 따라 국가 재정체계는 동전 단위인 1개 동전 단위 문(文)과 1000개 동전 단위 관[貫]을 계산단위로 사용했다. 시장가격도 마찬가지로 같은 단위로 표시되었는데 맥(陌.)으로 알려진 100문 단위가 추가되었다.

교자는 그 편리성 덕분에 수요가 더욱 늘어났고, 송 왕조는 북방의 요(遼)와 서하와의 군비를 충당하기 위해 재원으로써 교자를 원했고, 신종(神宗) 희령(熙寧) 5년(1072년)에 발행액을 배로 늘렸고, 그 뒤에도 계속해 늘어났다. 이로써 교자의 발행은 차츰 남발할 기미를 보였고, 휘종(徽宗) 숭녕(崇寧) 5년(1106년)에 2,600만 민으로 당초의 20배 이상으로 불어났다. 교자의 남발과 함께 현금 교환이 정지되고 교자의 가치는 한순간에 하락해, 액면가 1관(貫)짜리 교자가 전(銭) 수십 문(文) 정도로밖에 거래되지 않게 되는 지경에 이르렀다. 이렇게 교자의 유통은 정지되고, 송 정부는 대관(大觀) 원년(1107년)에 교자를 대신해 전인(銭引)을 발행하게 되었다. 훗날 남송(南宋) 왕조에서 전인 또한 신용도가 떨어져 대신 회자(会子)가 발행되기에 이른다.

1161년부터 남송은 점점 더 지폐에 의존하고 있지만, 전국적인 단일 국가 지폐 체계를 만들지 않았다. 대신 남송은 영토를 네 개의 화폐 지역으로 나누었는데, 각각 지폐와 동전 또는 철전의 독특한 조합을 가지고 있다. 새로운 유형의 지폐는, 그 중 가장 중요한 것은 중국 남동부의 핵심 상업 및 도시 지역에서 유통된 회자(會子)로 계속 동전 단위로 표시되었다. 좀 더 자세히 보면 남송의 지폐는 "지역행사(行使)" 방식으로 채택한다. 동남지역은 "행재회자(行在會子)" 혹은 "동남회자(東南會子)"를 사용하고, 회남과 회북 두 지역은 "양회회자(兩淮會子)"를 사용하고, 호북지역은 "호북회자(湖北會子)"를 사용하고, 사천지역은 "전인(錢引)"을 사용하였다. "양회회자", "호북회자", "전인"은 각각의 통영소(總領所)에서 관리하며 책임진다. 그리하여 통영소는 남송 지폐 정책에 대해 상당히 중요한 역할을 맡았다.

회자 지폐의 개발은 송나라가 불환지폐를 지원하는 태환준비금으로 은을 사용한 것과 통합적으로 연계되었다. 1207년이 되면 송나라는 주기적으로 회자 지폐(그리고 쓰촨의 전인 지폐)의 하락하는 가치를 은화로 환원함으로써 상승시켰다. 그러나 1207년 이후 국가의 재정난이 악화되면서 태환 원칙을 저버릴 수밖에 없었고 막대한 양의 회자 발행이 시작되어 지폐의 가치 하락이 심해졌다. 1230년대부터 1276년 몽골의 남송 정복 사이에 회자 지폐의 시장가치는 명목상의 3분의 1에 불과하게 되었다. 그러나 그럼에도 불구하고 지폐와 은화는 공공 금융과 대규모 민간 무역을 모두 지배했다. 동전은 주로 소규모 거래의 교환 수단이었다.

송 정치인들은 지폐를 교환수단으로 생각했지만 가치 저장 수단으로 생각하지는 않았다. 당초 회자는 3년 만기가 있었는데, 그 후 새로운 발행에 대한 교환으로 해당 회자를 당국에 반환해야 했다. 회자가 이렇게 빈번하게 발행되었음으로 회자는 저축의 한 형태로 보유할 수가 없었다. 그러나 1211년 이후에는 지폐를 퇴장하는 원칙이 크게 중지되었고, 1240년에 처음 발행된 18호 회자 지폐는 무기한 유통되도록 의도되었다. 만기 조건이 없어짐으로써 가치 저장소로서의 지폐의 효용이 강화되어, 동전 보유의 효용성이 더욱 감소되었다.

동전 단위는 공공 금융과 민간 무역에서 모두 계산단위로 남아 있었다. 그러나 지폐와 은화로 전환되면서 동전에 대한 수요는 줄어들었고, 그 중 상당수는 민간인들이 퇴장하였다. 1170년경부터 중국은 일본에 대량의 동전을 수출하기 시작했는데, 이 추세는 13세기 내내 계속 가속화되었다. 배후지에서도 지폐에 의한 동전의 퇴출은 1247년 안후이(安徽) 성 남동부의 현인 닝궈[寧國]에서 확인되는데, 닝궈 현감은 자기 지역의 동전이 모두 밖으로 흘러나와 공공 금융과 민간 무역이 모두 지폐에 완전히 의존하게 되었다고 불평했다. 1230년대부터 지폐로 가격을 지정하는 것이 점점 더 보편화되었다.

금(金) 나라의 지폐전용

금나라는 1115년, 현대 지린성과 헤이룽장성에 걸쳐 살던 여진 부족 완안부의 족장 아골타에 의하여 세워진 나라로서 1127년부터 1234년까지 북중국을 통치했다. 금나라는 처음에는 동전을 유일한 통화로 세우려 했다. 송 황실이 개봉 도읍을 버리고 떠날 때 남겨진 대량의 동전이라는 엄청난 횡재를 했기 때문이었다. 금나라는 이 동전의 일부를 북송의 북부 지방에 유통하던 철전을 매입하고 퇴장하는 데 사용했다. 1160년대가 되면 금나라는 모두 동전으로 현금 지불을 받았다.

그러나 금나라 영토에는 구리 광산이 없었고, 금나라는 사실상 자신의 새로운 동전을 발행하지 않았다. 그 결과 동전 유통량은 꾸준히 감소했고, 1180년 즈음에는 금의 경제는 심각한 동전 부족을 겪고 있었다. 1150년대 중반 금은 교초(交鈔)로 알려진 종이 지폐를 발행했는데, 이는 사천의 전인을 본떠서 만들었으며 주로 지역간 송금 목적으로 사용되었다. 1190년대에 이르러 동전은 대체로 유통에서 사라졌고, 금은 교환 수단으로서나 국가 지불 수단으로서 교초 지폐에 의존할 수밖에 없었다. 1194년 사재기를 억제하기 위한 노력으로 금 조정은 동전의 개인 축장에 대해 엄격한 제한을 두었다. 그러나 특히 1195-8년의 제1차 금-몽골 전쟁 때 국가 지출의 횡행으로 인해 금 정부는 많은 양의 지폐를 발행할 수밖에 없었다. 금나라는 송나라 때 사용하던 교자(交子)를 이어받아 12세기에 교초고(交鈔庫)나 성고(省庫)에서 교초(交鈔)를 발행하였고, 후에는 통용기간을 폐지하였다. 일정한 태환(兌換)준비금을 기초로 하여 많은 액수의 지폐를 발행할 수 있었기 때문에, 특히 동자원(銅資源)이 고갈상태에 있던 남송(南宋) 이후 점차 발행량이 증가하였다. 그 결과 교초[交鈔]의 가치가 폭락했다. 전란기(戰亂期)에는 통화가치가 하락하여 백성들은 고통을 겪었다. 금나라는 재정지출에서 지폐와 은화에 의존하면서 자신의 동전 스톡을 관리했다. 1197년 관리들과 군인들의 봉급이 은 반, 교초 반으로 지급되었다. 수입 측면에서도 상품권(소금의 경우 주로)을 구입하는 상인들은 은 반, 지폐 반으로 지불해야 했다. 1198년 금은 크든 작든 사적인 거래에서 동전을 지불수단으로 사용하는 것을 금지하고 신교초(新交鈔)를 발행하여 교초의 전용을 강제하였다. 남송은 회자 지폐를 1관과 2관 지폐로만 발행한 반면, 교초 지폐는 100문부터 10관까지 12가지 금액으로 발행되었다.

중국인의 돈 사상

고대나 현대에서나 다수의 사람들은 돈을 많이 어쩌면 무한히 갖고 싶어 한다. 그래서 수많은 종교와 사상가들은 돈 사랑에 대해 경고했다. 가령 성경에서 돈 사랑은 만악의 뿌리라고 한다.

"돈을 사랑함이 일만 악의 뿌리가 되나니 이것을 탐내는 자들은 미혹을 받아 믿음에서 떠나 많은 근심으로써 자기를 찔렀도다."

(디모데전서 6:10)

"네 보물 있는 그 곳에는 네 마음도 있느니라."

(마태복음 6:21)

돈은 마약과 같고 돈은 힘과 자유를 주기 때문에 사람들은 돈을 사랑한다. 현대의 화폐경제에서 돈은 신과 다툴 정도로 강력한 숭배의 대상이 되었다. 일찍이 예수는 다음과 같이 갈파하였다.:

"그 누구도 두 주인을 섬기지 못한다. 하나는 미워하고 아니면 다른 하나는 사랑하든지 하나에 헌신하고 다른 것은 경멸할 것이다. 너희는 신과 돈을 동시에 섬기지 못한다."

(마태복음 6:24)

"만물은 돈에 복종한다"라는 속담이 있다. 돈이 사람들에게 미치는 힘은 그만큼 세다는 말일 것이다. 비슷하게 돈의 힘을 나타내는 "돈은 만능열쇠"라는 속담도 있다. 아름다움은 사람들을 감동시키고 움직이게 하는 강력한 힘이 있지만, 그 힘은 돈의 힘보다 못하다는 말도 있다.: "아름다움은 강력하지만, 돈은 더 한층 강력하다."

비슷하게 "一钱遮百丑(일전차백추) 즉 돈 일전이 백 가지 추함을 가린다 "라고 하여 돈은 추함도 능히 커버할 수 있다는 중국 속담이 있다.

19세기 러시아 문학을 대표하는 세계적인 문호로, 소설가 · 비평가 · 사상가였던 표도르 도스토옙스키는 구질서가 무너지고 자본주의가 들어서는 과도기 러시아의 시대적 모순을 작품에 투영하였는데 특히 《죄와 벌》(1866)에서 돈과 빚 문제를 다룬 것으로 유명하다. 도스토에프스키는 돈으로 재능까지도 살 수 있다고 말한다.

"(···) 돈을 벌면 나는 그야말로 아주 독창적인 사람이 되어 있을 것이다. 돈에서 가장 치사하고 증오스러운 것은, 그것으로 재능까지 구매할 수 있기 때문이다. 아마 세상이 끝나는 날까지 그러할 것이다."

(Fyodor Dostoevsky, The Idiot, Wordsworth Classics, p.115)

유물사관으로 20세기 정치경제에 커다란 영향을 미친 마르크스도 비슷한 생각을 한다.

"...나는 아둔하다, 그러나 돈은 모든 것의 진짜 두뇌이다, 그렇다면 그 돈의 소유자는 어떻게 아둔할 수가 있단 말인가? 게다가 그는 그 자신을 위해서 영리한 사람들을 살 수 있다. 그리고 영리한 자들에 대해 힘을 갖고 있는 그는 영리한 자들보다 더 영리하지 않은가? 돈 덕분에 인간의 가슴이 열망하는 모든 것을 할 수 있는 나는 모든 인간 능력들을 갖고 있지 않은가? 그러므로 나의 돈은 나의 모든 무능을 그 반대로 변모시키지 않는가?"

마르크스도 경제철학수고 1844 중 "돈의 힘"에서 돈은 사람들을 묶어주는 힘이라고 본다. 돈이 있어야 사람들은 친근해지고 왕래하게 된다. 물론 돈은 사람들을 분리시키는 힘으로도 작용한다.

"만일 돈이 나를 인간 삶에 묶고, 사회를 나에게 묶으며 나를 자연과 사람에게 연결해주는 유대(끈)이라면, 돈은 모든 유대들의 유대가 아닌가? 그것은 모든 끈들을 풀고 묶을 수 있지 않은가? 그러므로 그것은 또한 분리의 보편적 주동자가 아닌가? 그것은 진정한 묶는 주동자일 뿐만 아니라 진정으로 분리시키는 주화-사회의 화학적 힘이다."

(Karl Marx, Economic and Philosophic Manuscripts of 1844, "The Power of Money")

중국에도 당연히 고대부터 돈의 힘과 돈 사랑에 관한 많은 속담과 문헌들이 있다. 대표적인 문헌으로 《전신론(錢神論)》, 《증광현문(增廣賢文)》, 《전본초(錢本草)》 등이 유명하다.

《증광현문》은 《명심보감》, 《채근담》과 함께 동양의 3대 격언집으로 꼽히는 책이다. 중국 고전 속 격언이나 중국에서 예전부터 내려오는 속담 등을 모아 묶은 《증광현문》은 명나라 때부터 자녀들을 계몽하는데 사용되었고, 중국에서 필독서로 읽혀 왔다. 《증광현문》에는 돈 사랑이 워낙 지독하여 사람은 죽음도 불사한다고 말한다.

"378. 人爲財死(인위재사) 鳥爲食亡(조위식망):
사람은 재물 때문에 죽고, 새는 먹이 때문에 죽는다."

또한 돈을 중요시 여겨서 형제들과 반목하기 십상이라고 한다.

"246. 妻財之念重 (처재지염중), 兄弟之情疏 (형제지정소)
아내와 재물을 중요하게 여기면, 형제에 대한 정이 멀어진다."

가난하면 친구도 친척도 왕래가 드물지만 반대로 부유하면 왕래가 잦아진다.

"사람이 가난하면 친척도 왕래를 끊는다(人穷断六亲 인궁단육친)"고 중국 속담은 말한다.

"貧居鬧市無人問, 富在深山有遠親.(빈거뇨시무인문 부재심산유원친) 즉 가난하게 살 때는 번화한 시장에서 살아도 안부를 물으로 오는 자가 없으나, 부자는 깊은 산 속에 살아도 먼 친척이 찾아온다."
(증광현문)

또한 돈은 많은 친구들도 만들어준다고 한다.

"有酒有肉多兄弟, 急難何曾見一人? (유주유육다형제, 급난하증견일인)
술(酒) 있고 고기 있을 때는 형제 같은 이도 많더니,
급(急)하고 어려울 때는 어찌 한 사람 보기도 힘든가?"

술좌석에서도 돈의 위력은 어김없이 나타나는데 돈 있는 자에게 술잔이 올려 진다고 한다.

"不信但看筵中酒, 杯杯先敬有錢人. (불신단간연중주, 배배선경유전인.
믿지 못하겠거든 잔치 자리에서 술잔을 보라.
잔마다 먼저 술잔을 올려 공경하는 이는 바로 돈이 있는 자다."
(증광현문)

"有錢道眞語, 無錢語不眞.(유전도진어, 무전어부진)
돈 있는 자는 도를 말해도 말 그대로 되고, 돈 없는 자는 말을 해도 진실되지 않게 된다." (증광현문)
돈이 많은 사람은 앞에 서고 적은 사람은 뒤로 간다. 앞에 선 사람은 군장이 되고, 뒤에 있는 사람은 신복(臣僕)이 된다." (증광현문)

돈으로 법과 관리들도 살 수 있다. 그리고 돈이 없으면 아무리 무구하고 위법행위가 없어도 소용없다.

"衙門八字開, 有理無錢莫進來. (아문팔자개, 유리무전막진래)
관청의 팔자 대문이 열려 있어도, 이치만 있고 돈이 없으면 들어가지 말라." (증광현문)

다른 한편, 돈이 있는 자는 남보다 앞에 서고 군장이 되는 한편, 돈 없는 자는 뒤에 서고 신복(臣僕)이 된다고 3세기 중국 서진(西晉) 때 노포(魯褒:?~?)는 그의 저서《전신론(錢神論)》에서 갈파한다.

"錢多者處前, 錢少者居後 (전다자처전, 전소자거후) 處前者爲君長,
在後者為臣僕(처전자위군장, 재후자신복)"

(전신론)

"官尊名顯, 皆錢所致 (관존명현, 개전소치)
벼슬이 높아지고 이름을 떨치는 것도 다 돈 덕분이다"

(전신론)

"是故忿諍辯訟시고분쟁쟁송, 非錢不勝비전불승 ; 孤弱幽滯고약유체,
非錢不拔 비전불발 ; 怨仇嫌恨원구혐한, 非錢不解비전불해 ;
이런 까닭에 분쟁과 쟁송에 있어서도 돈이 아니면 이기지 못한다. 홀로
쇠약하여 벼슬이 없어서 민간에 거주할 때 돈이 아니면 일으킬 수
없다. 원수가 지거나 이웃과 원한이 있어도 돈이 아니면 풀 수가 없다."

(전신론)

노포에 따르면 돈이 있어야 신하도 모이고 군사도 모인다고 한다.

"오직 공방(돈) 뿐이다. 그러므로 임금에게 재물이 없으면 신하가 오지
않고, 군대에서 상을 주지 않으면 군사가 움직이지 않는다.
(唯孔方而已(유공방이기)! 故曰 (고왈) : "君無財, 則士不來 (군무재.
즉사불래) ; 軍無賞, 則士不往.(군무상, 즉사불주)" (전신론)

노포는 속담을 인용하여 돈은 귀신도 부린다고 말하였다.

"돈은 귀가 없지만 귀신을 부릴 수 있다(錢無耳, 可使鬼 전무이, 가사귀)"

또한 돈은 만병통치약이라고 한다.

"돈은 죽은 것도 능히 살릴 수 있고 산 것도 죽일 수 있다 死可使活(사가사활). 生可使殺(생가사살)"

"생사와 부귀는 돈에 달려 있다.(死生無命, 富貴在錢 사생무명 부귀재전) (전신론)

돈은 관리만이 아니고 심지어 귀신도 부릴 수 있다. 중국속담에

"유전능사귀추마(有錢能使鬼推磨): 돈이면 귀신을 부려 맷돌도 돌릴 수도 있다"

또한 돈은 귀신도 부린다는 전가통신(錢可通神)라는 고사성어가 있는데 이는 당(唐)나라 때 장고(張固)가 지은《유한고취(幽閒鼓吹)》의 일화에서 유래한다:

당나라 때 장연상(張延賞)이라는 관리가 있었다. 그는 경서를 많이 읽어 정치에 능통하였고 벼슬길은 매우 순탄하게 잘 나갔고 조정대신들이 칭찬을 마다하지 않았다. 그가 하남 부윤으로 재직하고 있을 때에 고위층이 연루된 큰 사건을 맡아 부하들에게 10일 안에 조사를 끝마치라는 엄명을 내렸다. 그런데 이 사건에 연루된 사람들 중에는 전직 고관과 지방 유지를 비롯하여 황제의 친척들도 있었다. 다음 날 누군가 그의 책상에 3만 관의 돈을 뇌물로 놓아두고 더 이상 사건을 추궁하지 말라는 청탁 쪽지가 책상 위에 있었다. 장연상은 크게 노하여 더욱 조사에 박차를 가하라고 명령하였다. 그러자 그 다음 날에는 5만 관이, 다음 날에는 10만 관의 뇌물이 그의 책상 위에 놓여 있었다. 그래서 장연상

은 그 사건을 무마시켜 버렸다. 이 사건이 거의 잊혀질 무렵에 부하가 그에게 영문을 묻자 10만 관이라는 돈은 귀신과도 통할 수 있는 액수이다. 이를 거절했다가는 내게 화가 미칠까 두려우니 그만두지 않을 수 없다.(錢至十萬, 可通神矣. 無不可回之事, 吾懼及禍, 不得不止.)라고 대답하였다고 한다.

전가통신(錢可通神)은 전가통귀(錢可通鬼), 전가사귀(錢可使鬼), 전능통신(錢能通神)이라고도 한다.

당조 현종 때의 명재상 장설(張說, 667-730)의 《전본초(钱本草)》(돈 약물)에서 돈을 약에 비유하였다:

> "돈은 맛이 달고 아주 뜨겁고 독이 있지만 그것은 기아, 한기, 및 가난, 곤액(困厄)의 우환을 치료하는데 좋고.(善療飢寒困厄之患 선요기한곤액지환) 즉각 효과가 나타난다."
>
> (立驗입험)

돈에 관한 몇 가지 중국 속담을 보자.

금전비만능(金钱非万能):돈은 만능이 아니다

화기생재(和气生财):웃는 얼굴이 재물을 가져온다

金钱如粪土脸面值千金(금전여분토 검이치천금) :
금전은 흙과 같지만 얼굴은 천금의 가치가 있다.

인궁딘육친(人穷断六亲):사람이 가난하면 친척도 끊는다.

요득부험상주(要得富险上做) :부를 얻고자 하는 자는 리스크를 감수해야 한다

有钱一条龙 无钱一条虫(유전일조롱 무전일조충):
돈이 많은 자는 용과 같고, 몬 없는 자는 벌레와 같다

범려

범려[范蠡, ?~?]는 중국 춘추시대 말기의 정치가로서 월나라 왕 구천을 섬겼으며 오나라를 멸망시킨 공신이었다. 이후 오나라를 떠나 제나라로 가 재상에 올랐다. BC 494년 월(越)나라 왕 구천(句踐)이 오(吳)나라 왕 부차(夫差)에게 패하였을 때 구천을 따라 오나라에 노부로 종사하였다가 그의 지략으로 목숨을 건져 구천과 함께 월나라로 귀국하였다. 당시 오나라 부차에게 미인을 보내 부차를 주색에 빠지게 했던 절세미인 서시와 범려의 사랑이야기는 유명한 일화로 남아있다. 이후 범려는 구천을 상담(嘗膽)하게 하고 월나라를 부흥시켜 20여 년 뒤 오나라를 멸망시켰다. 그러나 범려는 어려울 때가 아닌 맹주로서 구천을 더이상 섬길 수 없는 군주라고 생각하여, 가족을 데리고 떠나게 되는데 범려는 월나라를 떠나면서 그의 친구에게 토사구팽(兎死拘烹)이라는 글귀를 남겼다고 전한다. 월나라를 떠난 범려와 그의 가족에 대한 행적에는 여러가지 설이 많지만 모두 불확실하다. 제(齊)나라로 갔다는 설은 범려가 이름을 치이자피(鴟夷子皮)라 고치고, 두아들과 함께 해변(海邊)을 일구어 농사를 짓고 살았으며 거부가 되었다고 전한다.

범려

제나라에서는 그의 현명함을 듣고, 재상(宰相)으로 삼았다. 하지만 얼마 뒤 재물을 모두 친지·향당(鄕黨)에게 나누어 주고 재상자리를 버리고 떠났다고 한다. 당시 교통·상업의 중심지였던 도(陶:山東省 定陶縣)로 가서 도주공(陶朱公)이라 칭하고 상업에 종사하였다. 범려는 장사로 다시 거만(巨萬)의 재산을 모았다고 전해진다. 치이자피나 드주공이 그와 동일인물이었는지는 의심스러우며, 사마 천(司馬遷)이 이전(異傳)을 모아서 그의 전기를 지어 낸 것이다.

범려는 전통적인 중국 의술을 판매하면서 약방을 경영하여 거만(巨萬)의 재산을 모은 결과 후대의 민간 재신(財神)의 원형 중의 하나가 되었다. 그는《경상보전(經商寶典)》의 저자로 알려져 있다.《경상보전(經商寶典)》은 범려의 재부어록(財富語錄)을 읽기 쉽게 풀이한 책이다. 그렇지만 그 책은 아마도 후대의 작품일 가능성이 매우 크다.

도주공은 부자들 중에서 돈에 관한 그의 견해에서 독특하다. 그는 돈을 이해한 자는 그것이 짐이 되면 그것을 버리려 할 것으로 믿었다. 그것은 목적을 위한 수단이지 너무 진지하게 취급되어서는 안 된다. 그럼에도 불구하고,그것은 원리들에 따라서 다루어지고 획득되어야 한다. 그의 12가지 황금률은 다음과 같다:

- 사람들의 성격을 아는 능력. 경험으로부터 성격을 파악해야 한다
- 사람을 다루는 능력. 전망을 미리 속단해서는 절대 안 된다.
- 사업에 집중하는 능력. 삶과 사업에 명확한 초점을 갖고 이리저리 기웃하지 말라.
- 조직되어 있는 능력. 비조직화된 제시는 호소력이 없다.
- 적응 능력. 빠르게 대응할 수 있게 충분히 조직되어 있어야 한다.

- 신용 통제 능력. 빚을 갚게 해라. 빚을 반드시 걷어야 한다.
- 사람들을 사용하고 배치하는 능력. 피고용인들을 그들의 잠재력을 발휘할 수 있는 방식으로 사용하라.
- 표현하고 파는 능력. 고객들에게 재화의 가치에 관해 교육할 수 있어야 한다.
- 구매 능력. 물품 구입에 최선의 판단을 하라.
- 시장 기회들과 위협들을 분석하는 능력. 지역과 추세에 따라 잘 팔리는 것들을 알아야 한다.
- 예에 의해 배우는 능력. 명확한 규칙들과 기준들을 가지라. 좋은 관계들을 확보하기 위해 그것들을 준수하라.
- 사업 선견을 가지는 능력. 시장 추세들과 사이클들을 알라.

12개의 황금 안전지침:

- 인색하지 마라라. 효율성을 비인간성과 혼동하지 말라.
- 망설이지 말라. 기회들을 추구하는데 자신을 가지라. 시간은 본질적이다.
- 과시하지 말라(허세를 부리지 말라). 인상을 주기 위해 과소비하지 말라.
- 거짓말하지 말라. 진실은 사업의 유일한 기초이다. 그것이 없다면 누군가는 다치게 된다.
- 빌려준 돈은 기일 내에 찾아야 한다. 걷지 않으면, 유동성이 타격을 입는다.
- 가격을 자의적으로 내리지 말라. 이것은 가격 전쟁을 촉발하여 결국 누구나 다 손해 보게 된다.
- 군중 심리에 휩쓸리지 말라. 기회들이 진짜인지를 확인하고, 광기의

일부가 되지 말라.

- 경기 사이클에 반하여 행동하지 말라. 가격이 떨어지면 그 후에 오를 것이고, 그 반대도 참이다.
- 고루한 자가 되지 말라. 뒤처지지 말고 앞으로 나가라. 새 것들을 객관적으로 검토하라.
- 신용에 의거해 과다 구매하지 말라. 신용은 맘껏 지출하라는 면허증이 아니다.
- 저축을 적게 하지 말라.(준비금을 많이 쌓아 두라) 경기가 안 좋을 때, 돈을 가진 자는 확장하지만 없는 자는 문을 닫는다.
- 한 제품을 무조건적으로 승인하지 말라. 당신의 행상들이 표준적인 운영 규칙을 준수하고 있는지를 확인하라.

무진장: 사상 최초의 전당포(은행)

중국에서는 당나라 때에 사상 최초의 전당포가 불교 사원에서 생겨났다. 이 무진장이라고 부르는 전당포는 일종의 은행이었다.

중국에서 남북조시대[南北朝時代] 5세기 말부터 승려와 비구니는 속인들과 마찬가지 방식으로 정부로부터 토지를 받기 시작했다. 그 관행은 7세기에 공식화되어 균전제(均田制)의 일환으로 8세기까지 계속되었다. 9세기 중반에 그 절정기에, 사원 인구는 전 인구의 1%밖에 안 되었고 사전(寺田)은 경작지 전체의 2%를 차지하였지만 농산물의 10%를 생산했다.

불교사찰의 토지의 또 다른 원천은 보시[布施]였다. 윤회를 믿는 신도의 관점에서 볼 때, 종교 공동체에 기부하는 것은 장래에 더 나은 환생을 보장하기 위해 공덕을 쌓고 업을 축적하는 가장 효과적인 방법이다. 그 래서 사원들은 가장 강력한 후원자인 황실, 그리고 부유한 평신도들로 부터 많은 토지를 기부 받았다. 사전은 원래 사탑을 건립할 때 신도들 이 자신들의 전답을 보시하여 생겼다. 여기에 현세구복적인 신앙이 일반화되면서 보시는 더욱 많아졌다. 사찰은 개간에 투자하기도 했다. 사찰은 또한 종종 지역사회 구성원을 위한 대출기관이었다. 토지가 종종 저당으로 잡혔고 그래서 채무 불이행 시에 사원들은 그 토지를 소유하게 되고 토지 보유가 늘었다. 또한, 사원들은 다른 대지주와 마찬가지로 하층민 계급의 토지를 사들이기도 했는데, 이는 불법이었음에도 불구하고 일반적인 관행이었다. 사전(寺田)에서 파생된 부(富)는 이 세기 동안 많은 수의 승려들을 부양하고 다른 경제 및 재정적 활동으로 흘러들어가는 주요 수입원이었다.

7세기부터 9세기까지 가장 수익성이 높은 산업적 사업은 수력 돌조각 압연기와 착유기[搾油機]였고 부유한 가문과 사찰들은 이 사업의 소유권을 쥐고 있었다. 이러한 경제적 자산은 임대할 수 있으며 소작료가 부과될 수 있었다. 사원은 보시, 땅에서의 수확, 그리고 융자로부터의 이자 등 다양한 출처에서 곡물을 받았다. 사찰은 잉여 곡식을 팔았다.

5세기 말에 사찰창고(사고(寺庫))가 설립되었다. 그것들은 승려와 비구니 물품, 성물, 불경과 원고 및 곡식 등 여러 가지 물건을 저장하는데 사용되었다. 불교가 점점 부유하고 강력한 가문 출신을 끌어 모으고 개종시키면서 사찰들은 그들에게서 대량으로 귀중한 선물과 보시를 받았다. 이러한 공물과 보시로 들어온 물품들은 옷과 음식 같은 스님과 비구니의 단순하고 즉각적인 일상생활의 필요성을 충족하고도 많은 양이 남았다. 사원들은 이 '보물'을 쌓아두기 시작했다. 불법은 사원들에게 사찰 수리, 경전 인쇄 및 자선 활동과 같은 종교적 목적을 위한 이유로 잉여 보시물품을 판매하거나 대여할 수 있는 권한을 부여했다. 여기에서 무진장[無盡藏]이 출현했다.

무진장이란 양과·질적으로 엄청나게 많다는 것을 뜻하는 말이다. 불교에서는 덕이 광대하여 다함이 없음을 나타내는 말로 쓰인다. 한자어를 직역하면 '무진(無盡)'은 다함이 없다는 뜻이고 '장(藏)'은 창고이므로 '다함이 없는 창고'라는 뜻이 된다. 신행의 제자인 신의(信義)가 장안의 화도사(化度寺)에서 신도가 기부한 시주와 희사한 보시금을 무진장(無盡藏)에 자본금으로 적립했다고 한다. 무진장은 불교에서 이자(利子) 놀이를 행하는 일종의 전당포 같은 금융기관이다. 이 무진장에서 서민들에게 낮은 이자로 돈을 대출해주고 그 이식으로 사원의 유지비에 충당했다. 무진장의 맹아는 북조의 승기속僧祇粟 제도, 혹은 양 무제의 무진장 설치에서 찾아 볼 수 있다. 양 무제는 13개의 무진장을 설치하고 방생 보시에 이용하였으며, 이러한 무진장은 당대 삼계교의 구제 사업의 무진장원과 관계가 있고, 모두 사회 구빈사업이었다. 또 이것들과 관련하여 사원에서 질고(質庫)의 설비가 세워져 서민 계급의 금융적 필요에 부응하기도 했다. 형주(荊州(湖北省)) 장사사(長沙寺)의 사고(寺庫)가 그런 예이다. 무진장은 많은 사찰에 세워졌는데, 가장 유명한 두 사원은 화도사와 복선사(福先寺)였다. 그런데, 당대 화도사의 무진장원은 완전히 삼계교[三階教]의 교의로부터 나온 독특한 것이다.

삼계교란 중국의 신행(信行: 540~594)이 일으킨 불교의 한 종파로 신행은 남북조 혼란기를 여러 나라가 다투는 혼란과 무질서를 말법시대로 규정하고 이를 타파하는 교설을 내세웠다. 《대방광십륜경》과 《대집경》등의 경전에 근거하여 정법(正法)을 일계, 상법(像法)을 이계, 말법(末法)을 삼계로 구분하고 일계와 이계에 있는 사람들은 깨달음을 얻기 쉬우나 세상이 어지럽고 탁한 삼계에 드는 사람들은 깨달음을 얻기 어려우므로 독특한 방법에 의지해야 한다고 주장하였다. 모든 사람들을 차별하지 않는다는 보경사상을 설파하였다.

화도사 무진장원의 목적은, 천하의 가람 수리와 천하의 빈궁자 구제 그리고 삼보공양(三寶供養)을 위한 것이었다. 이 제도가 당시의 사회로부터 지지를 받아 성행하여 그 재원이 증가함에 따라 구제사업도 효과를얻었기 때문에, 측천무후는 이를 동도(東都) 낙양(洛陽)의 대복선사(大福先寺)에 옮겼던 적도 있다. 더구나 장안을 중심으로 한 지역만이 아니라 멀리 하북성(河北省) 등에서도 금융을 신청함에 있어 그 대부 방법이 간단하고 편리하여, 빈궁자 금융은 무이자로 대부되는 순전한 구제사업이었다고 알려졌다.

신행의 교도인 신의(信義)가 아마도 당나라 초기에 무진장을 설치한 사람으로 여겨지고 있다. 삼계교의 발달과 무진장의 성공은 큰 관계가 있다고 생각된다. 단 인도의 불교 교단에 있어서도 불탑 공양을 위해 혹은 사원 수리를 위해 신도로부터 재물을 받아 사고(寺庫)에 두고 이를 빌려주고 이자를 받는 관행을 무진재(無盡財) 혹은 무진물(無盡物)이라 하였다고 한다. 중국에서도 송대 사원의 장생전(長生錢), 장생고(長生庫)가 성행하였고 그 폐해가 있었던 적이 있다. 무진장은 방대한 토지, 많은 수의 노비, 방앗간, 착유기 및 새로운 토지개간에서 파생되는 사원부의 보고였다. 사원들은 그것을 돈 대출과 전당포 확장을 위한 자본으로 사용했다. 전형적인 차용인은 주로 봄에 묘목이 필요하고 가을에 이자를 붙여서 그 돈을 갚을 것을 약속하는 근처에 사는 농부들이었다. 여행 숙소, 학교, 병원, 오락 시설과 같은 사원의 다른 많은 역할과 마찬가지로 무진장의 경제 및 재정 기능은 다른 경제적 또는 상업적 기관이 부족할 때 특정 사회적 필요를 채웠다.

불교사찰들은 그들이 받은 보시를 유통시키고 그로부터 이익을 얻었다. 대 사찰들은 시장에 상점과 전당포를 세웠다. 그렇지만 사찰의 경제력이 너무 막강하여 국가 경제에 대해 위협이 되었기 때문에 AD 713에

그곳들과 그들이 속한 종파가 몰수당했다. 삼계교(三界教)는 금지되었다

돈의 본성은 신용

돈은 "가치"를 갖는다. 그래서 돈은 재화와 용역을 "살" 수 있다. 돈의 가치는 도대체 어디서 나오는 것일까? 돈의 재료 물질 즉 금이나 은 같은 돈-물건이 돈에게 가치를 주는 것일까? 아니면 돈은 그 돈의 재료가 아닌 다른 어떤 것 때문에 가치를 갖는 것일까?

Charles Goodhart는 돈이 가치를 갖는 이유에 대하여 2가지 주요 관점이 있다고 본다. 하나는 금속주의자들로서 돈은 그 돈의 재료인 금속의 본질적 가치 때문에 가치가 생긴다고 보는 관점이고 다른 하나 증표주의자들은 돈은 돈-물건의 가치가 아니라 그 위에 쓰여진 증표 때문에 가치를 갖는다고 본다.

증표주의자(Cartalist) 입장에서 주화가 금, 은, 구리 등 귀금속으로 되어 있기 때문이 아니라, 국가(주권)의 표시가 찍혀져 있기 때문에 돈이 되고 가치가 생겨난다. 즉 돈은 국가의 신용을 대표하는 하나의 증표에 불과하고 돈에게 가치를 주는 것은 결국 국가의 신용이다.

다른 한편 상품화폐주의자들 즉 금속주의자 입장에서는 통화의 가치는 제1차적으로 그 통화를 뒷받침 하는 물질 즉 그 재료의 본질적 가치에 의존한다. 돈의 가치도 기원도 국가의 신용과는 무관하며 돈은 민간 부분에서 자생적으로 발생했고 주로 물물교환에 필연적인 거래 비용을 극복하기 위해서 시장에서 진화했다고 주장된다. 대표적인 금속주의자들에는 :아리스토텔레스, 존 로크, 제본스, 멩거, 폰 미제스 같은 사람들이 있다. 증표주의자들로는 화폐국정설을 주장한 크납(Georg Friedrich

Knapp)를 비롯하여 케인즈와 포스트-케인즈주의자들이 대표적이다.

한계효용학파의 창시자 중 한 사람인 칼 멩거(Carl Menger)는 만일 재화나 물건들을 현재의 구매가에 또는 그 가격보다 다소간 낮은 가격에 편리한 때에 언제라도 주어진 한 시장에서 용이하게 처분될 수 있으면 다소간 판매 가능(saleable)하다고 부른다면, 상품들 사이에는 이 점에서 명백한 차이가 있다고 본다. 멩거는 사실상 상당한 정도의 분업과 시장의 발달을 전제로 하고 있다. 그렇지만 돈이 없는 상황에서 과연 상당한 분업과 시장이 발달할 수 있었는지는 아주 의문스럽고 그는 그런 역사적 예도 전혀 제시하지 않는다. 순전히 이론적인 사변이다. 분업은 다른 사란의 분업을 전제조건으로 한다. 한 사람이 구두를 많이 생산해 보았자, 다른 사람들은 분업을 하지 않고 신발을 손수 제작하고 있다면, 그 전문 구두공은 굶어서 죽게 될 것이다.

많은 경제학자들과 역사학자들은

1) 물물교환의 심각한 거래비용
2) 교환수단으로서의 귀금속의 여러 장점들 (내구성, 휴대성, 분할 가능성 등)

에 주목하였고 경제학자들은 이 연관성을 사용하여 민간 부문에서 각 개인이 자체적으로 거래비용을 최소화하려고 추구하는 과정에서 자생적으로 화폐경제로 진화하는 방식을 보여주는 모델들을 구성해왔다. 그렇지만 그러한 과정을 거쳐서 돈이 발생했다는 역사적 실증적 증거는 전무하다

물물교환에서 상품화폐로 돈이 진화했다는 가설에는 쉽게 해결되지 않는 이론적 약점들이 있다.

1) 가공되지 않은 귀금속은 그 가치를 알기가 아주 어렵다.

2) 가공된 경우라도 보석상에게 갔을 때 진위 입증 비용은 상당히 비싸다. -보석상이 거짓말 할 수도 있고, 보석상이 그 가치를 올바르게 판정한다는 보장도 없다.

돈은 그 입증 비용이 낮을 경우에만 돈으로 작용할 수 있다. 그런데, 주화 위에 그 질을 보증하는 낙인이 찍혀 있으면 그 입증 비용은 극적으로 낮아진다. 그래서, M－팀(금속주의자)은 귀금속의 특성+주조 기술 발달로 민간 부분이 화폐시스템을 진화시킬 수 있었다고 주장한다.

그러나, 이것은 역사적 사실과는 일치하지 않는다. 사실상 거의 대부분의 경우에 조폐는 정부나 공공 부문이 담당했다. 설령 민간부문이 조폐를 하는 경우에도, 정부는 정밀도 기준을 정하고 지대를 받아갔다(시뇨리지 seigniorage).

여기에는 본질적인 이유가 있다.

1) 조폐소(화폐 주조소)에는 귀금속 재고가 있어야 한다.

그러면 그것은 도둑이나 도적의 호시탐탐 노리는 곳이 된다. 그래서 보호가 필요한데, 그 보호자는 그 지대를 가져간다.

2) 주조된 주화에 포함된 귀금속의 진짜 가치를 입증하는 비용이 크다. 그 주조인은 그 주화의 질이 언제나 유지된다고 주장할 것이다. 그렇지만, 빠르고 즉각적인 이윤을 취하기 위해서 금속 물타기를 할 강력한 인센티브가 항상 존재한다.

그래서 강력한 정부가 존재하면, 주화의 질이 일정하게 유지되고, 반면에 약한 정부가 들어서면, 그 질은 하락한다.

피해보상(속죄금, wergild), 신부 값, 종교 공물 등을 위한 지불수단으로서의 돈의 초기의 역할, 정부의 재정적 기초를 촉진시키는 역할 때문에 정부는 화폐화 과정, 예를 들어, 주조를 통한 순도 보증, 주화의 중량 보증 등을 주권 국가의 동량으로 만들었다. 고대 앵글로색슨족의 관습 전문가인 그리어슨에 따르면, 폭력은 폭력을 불러왔기 때문에 초기 화폐의 가장 중요한 기능 중의 하나는 속죄금(wergild) 즉 가해자(의 친족)가 피해자에게 보상하는 금액을 정하는 것이었다. 이 관행은 사람들 사이의 다른 관계(신부값, 노예)에도 퍼졌다. 법과 질서, 계약집행, 알맞은 태도들 같은 기반제도가 우선적으로 확립되어 있어야 즉 정부가 있어야 시장과 돈이 작동할 수 있다. 강한 왕과 성공적인 화폐개혁은 역사적으로 밀접한 관계가 있다. C-관점에서는 강한 정부의 붕괴는 주화의 소멸 또는 주화 질의 악화 및 물물교환으로의 퇴행으로 이끈다. M-관점에서는 민간 부문이 화폐균형을 확립하여 거래비용을 낮추면, 물물교환으로 퇴행할 그런 메커니즘은 없다.

그러나, 일본에서는 정부가 955년에 주화 주조를 중단했을 때에 쌀과 직물(천)은 흔히 교환수단으로 사용되었다. 10세기 말에는 화폐 유통은 없어지고 경제는 물물교환 경제로 퇴행했다.

유럽에서는, 로마 시대에는 모든 주화는 정부의 회계에 기반하여 주조되었다; 정부의 재정적 필요가 주조 화폐량과 화폐유통량을 결정하였다. 로마가 야만인들에게 정복당하자, 정부와 주화 주조소는 더 약한 단위들로 분열되었다. 정부가 더 약하고 덜 안전하게 되자, 그들의 통화들도 질은 낮아지고 물타기 되고 상업에서 잘 받아들여지지 않게 되었다. 그 사이에 대부분의 상업적 관계들은 물물교환으로 퇴행했다. 샤를마뉴와 그의 아들인 루이 경건왕 전까지 이 퇴락은 멈추지 않았다. 안정되고 강한 정부가 나타나기 전까지는 정부는 고품질의 주화를 확립할 만큼의 충분히 긴 시간적 지평선과 필요한 통제를 제공할 수 없다. 동시에 화폐의 창조로 일반 국민의 거래 비용이 크게 축소될 뿐만 아니라 정부(권부)의 재정적 위치도 더 편해지고 혜택을 보았다.

화폐학자들은 최초의 주화들은 리디아에서 기원전 7세기 중반에 생산된 것으로 본다. 그 주화들은 호박(금과 은의 천연 혼합물)으로 만들어졌고 일정한 중량을 가졌지만, 금의 비율이 아주 높았다. 이 주화들은 용병들에게 지급하기 위해 도입되었다고 쿡(Cook)이 주장했지만, 나중에 크레이(Kraay)는 납세수단을 창조하기 위해서 용병들에게 지급할 주화를 주조했다고 수정했다.

금속주의자들과는 대조적으로 돈의 신용 이론은 신용과 부채 관계에서 화폐의 기원을 찾는다. 그 이론에서 시장은 화폐의 기원에서 부차적이거나 심지어 화폐가 생겨날 적에는 존재하지 않는다. 신용이론에서는 필요한 최소한의 것은 채무자와 채권자 사이의 양자 관계라는 사회적 관계이다. 돈이 무엇보다도 계산단위로 생겨났다고 보는데 이는 신용과 부채를 측정하는 수치가 필요했기 때문이다. 돈의 가치 기능의 저장 또한 중요할 수 있는데, 한 사람은 다른 사람의 부채 형태로 부를 저장하기 때문이다. 반면에, 교환수단의 기능은 처음에는 별다른 역할을 하지 않았다고 본다. 실제로, 시장이 활성화되지 않은 상태에서도 사람들은 신용과 채무관계를 맺을 수 있고 사실상 역사적으로 그런 관계를 맺어 왔다.

돈은 인간 사회의 기본적인 제도이고 거래 비용을 낮추는 또 다른 하나의 상품이 아니다. 돈은 신용을 수반한다, 왜냐하면 그것은 사회 전체와 각 구성원 사이의 빚이기 때문이다. 공통적인 소속감을 불러온다는 면에서 돈은 국가와 비슷하다. 돈은 인간관계가 추상화로 가는 역사적 발전을 통해서 다른 형태의 국가주권과 분리되었다. 이 과정에서 돈의 속성들이 따로 생겨났다. 계산단위 제도는 초기 제국들의 중앙집권화와 더불어 생겨났다. 계산 단위는 공물과 재분배의 순환을 조직하는 도량형 공간을 확립했다. 두 번째 단계는 민간 빚과 수호자인 국가에 대한 빚이 분리되면서 발생했다. 국가 힘의 정초되면서 소아시아에서 주화가 발명되었다. 이런 우월한 형태의 추상적인 돈에서 가치는 중량과 분리되었다. 비개인적인 신뢰가 우세하게 되었다. 신뢰와 권위 간의 이 변증법은 아테네와 로마 제국의 화폐 시스템에서 예시된다.

본질적으로 돈은 사회적인 피조물인데 그 어떠한 사회적 끈도 없는 독립적인 개인들이라는 사회보다 먼저 존재하는 주체들의 자생적인 물물교환거래에서 돈의 기원을 설명하려는 시도는 증명되어야 할 것을 미리 전제함으로써만 가능하다. 이미 돈이 존재하고 널리 받아들여질 때에만 개인들은 돈을 보유하는 것이 합리적이다. 그러므로 돈의 본질은 교환수단에서 출발할 것이 아니라 계산단위에서 출발하여 찾아야 한다. 오래 전에 슘페터는 돈은 경제 패러다임을 근본적으로 분열시키는 대못과 같다고 말하였다. “오직 2가지 화폐설이 있다. 상품설과 신용설이다. 바로 그 본성에서 그것들은 양립불가하다.” 그러므로 모든 돈은 신용으로 이해하는 것이 최선이다.

사회는 집합적인 전체와 그 구성원들간의 관계들의 집합으로 가장 잘 이해할 수 있다. 이 관계들에 관한 가장 일반적인 전제들은 인간 활동들의 분업이다. 노동 분업이 아니라 활동 분업이다. 노동은 아주 추상적인 개념이고 돈을 전제로 한다.

인간 활동의 분업은 사회라고 불릴 수 있는 영구적인 집합적인 집단의 생존에 필수적이다. 이 가설에 따르면 생산은 교환보다 논리적으로 선행한다. 순수한 교환경제는 없다. 생산이란 사회 구성원들이 사회 구성원들의 능력을 계발하고 그들의 협동을 조정하고 전반적인 단합을 유지하는 모든 물질적 또는 비물질적 활동을 말한다. 물체만이 아니라 믿음, 상징의 생산도 사회의 생존에 필수적이다.

자본주의 조절이론의 창시자 미셸 아글리에타(Michel Aglietta) 교수는 만일 인간 활동의 관계에서 돈의 일반적 정의로 이끌 수 있는 관계를 "교환"이라고 부른다면, 그것들은 사회(집합적 전체)와 그 구성원들 사이의 상호적인 빚이라고 주장한다. 모든 인간 활동은 사회로부터 자원들을 취해야 되고 따라서 사람들은 사회에 빚을 지게 된다. 다른 한편 인간 활동의 산물들은 사회에 대한 잠재적 청구(claims)라고 볼 수 있다.

아글리에타는 만일 교환이 상호적인 빚이라면, 돈이란 사회가 그 구성원들에서 받은 만큼 그들에게 돌려주는 것을 말한다고 잠정적으로 정의내릴 수 있을 것으로 본다. 부족사회들에서는 상호적인 빚은 선물 대 선물이라는 형태를 취했다. 프랑스의 사회학자이자 인류학자인 마르셀 모스(Marcel Mauss)는 그의 대표적인 논문인 "증여론"에서 사실을 그것이 포함되어 있는 사회전체와 맺는 관계에서 고찰하면서 사실을 그들의 사회적 용법에 따라 이해했고 '총체적 사회적 사실(fait social total)'이란 핵심 개념을 구성했다. 모스의 증여 및 교환의 체계는 호혜성을 전제로 하고 있는 것으로 자발적이며 의무적이라는 점을 강조했다. 로마인, 힌두인, 유럽인들에게서 행해지는 교환의 관습도 설명하면서, 그는 주어야 할 의무, 받아야 할 의무, 되돌려주어야 할 의무를 수행하는 것은 동서고금을 불문하고 사회를 유지시키고 결속시키는 중요한 힘이었고 결국 증여는 일종의 선물이면서 그것을 받는 자에게는 사회에 되돌려주어야 하는 갚아야만 하는 빚이었다.

교환들이 물물교환이 아니라 상호적인 빚들로 정식화되면, 매매와 지불 간의 구분이 중요해진다. 전통적인 사회들에서 빚들은 다른 빚들로 대체된다. 그 어떠한 구성원도 빚에서 자유롭게 될 수 없다. 그 링크를 자르고 빚을 상환하는 행위로서 정의되는 지불은 없다. 그런 일이 발생하려면, 인간 활동의 중요성이 몰인격적인 추상적인 방식으로 평가되어야 한다. 사회적 추상화는 사회가 그들의 교환을 "계산" 즉 사회적 가치라고 부르는 순수한 숫자로써 표현할 수 있는 단계에 도달했을 때에만 가능하다. 그러나 가치를 계산하는 관행은 계산단위라는 제도 덕분에만 가능하게 되었다. 계산단위는 사회의 중앙 권위 즉 주권 국가가 정하는 공공재이다. 인도-유럽 세계에서 돈의 전신에서 돈으로의 이행에는 근동에서의 수메르와 바빌론 제국이 한 몫 했다. 그러므로 돈의 정의는 다음과 같이 확정할 수 있다: 돈은 사회가 받은 만큼 그 구성원들에게 국가가 설치한 계산단위로써 측정되는 사회적 가치의 형태로 돌려주는 것을 말한다. 그러므로 돈은 일종의 빚이다.

돈의 청구권 이론에 따르면 교환은 하나의 공통된 계산단위로 표현됨으로써 전체로서의 사회에 의해 매개되는 상호적인 빚이다. 짐멜은 돈의 청구권 이론을 다음과 같이 강력하게 분석했다:

"돈은 사회에 대한 청구권에 불과하다. 말하자면 돈은 지급인의 이름이 명기되지 않은 환어음이다."

그러나 짐멜은 한층 더 나아가서 고대에는 정성적인 것이 사회적 계층과 위계를 지배했지만. 그와는 반대로 돈은 인간 활동의 다양성을 계산단위로 표현되는 균질적인 양으로 변모시키는 사회적 작용소이다. 돈은 점점 더 많은 활동들이 추상적 가치에 의해 지배되어 가는 기나긴 역사적 과정에서 기원하고 발달되었다. 합리성이란 구체적인 것들을 수치로 환원하고 가치를 극대화할 요량으로 경제적 행동을 지배하려는 계산일 뿐이다. 활동들을 추상적 가치로 환원시키는 요소들은 본질적으로 계산단위로 표기된 가격 목록과 빚 계약들이다. 이 요소들은 사회와 그 구성원 간에 상호적인 빚이 무엇이고 어떻게 갚아져야 되는지를 이해하는 방식을 명시한다.

빚 계약들은 지급인의 이름이 알려진 청구권이다. 그것들은 사회에 유용할 것이라고 그 생산자들이 희망하는 활동들을 수행하는 데 요구되는 자원들을 모으게 해주는 방향으로 돈의 흐름을 통제한다. 가격 목록들은 이런 희망을 화폐로써 표현한다. 그것들은 통용되는 계산단위로 표기되고 사회가 그 타당성을 입증해 줄 것이라고 믿는 개별 구성원들의 약속에 대한 척도이다. 그러므로 돈은 사회의 시멘트이다. 그것은 생산의 필요성에 의해 분리된 활동들을 함께 연계한다. 빚 발행과 지불 시스템은 사회를 함께 묶기 때문에 사회적 응집의 결정적인 메커니즘이다.

영국의 외교관이자 경제학자인 인스(A. Mitchell Innes)에 따르면, 상업에 관련된 통념적인 오류 중의 하나는 근대에 들어서 신용이라고 불리는 장치가 도입되었고, 이 장치가 알려지기 전에는 모든 구매들은 현금 즉 주화로 지불되어었을 것이라는 주장이라고 한다. 사실은 그 반대가 참으로서 과거에는 주화들은 오늘날보다 훨씬 더 작은 그 역할만 했다.

주화의 양은 너무나 작아서 왕실과 그 영지의 필요를 충족시키기에도 충분하지 않았고, 그래서 소액 지불을 위해서 정기적으로 다양한 종류의 토큰들을 사용했다.

아담스미스는 스코틀랜드 마을 못과 뉴펀들랜드의 마른 대구가 돈으로 사용된다는 주장을 했지만 인스는 이 두 가지 경우에, 아담 스미스가 상품화폐라고 생각했던 것은 사실은 신용이라고 주장한다. 수세기 동안 교역의 주된 기구는 주화도 민간 토큰도 아닌 탤리(tally, 부신(符信))였다. 개암나무 막대기로서 채무자의 이름과 거래 날짜가 그 막대기의 양쪽에 쓰여지고, 막대기는 반으로 쪼개지는데 그 날짜와 이름은 그 부신의 양쪽에 다 나타난다. 그 쪼개는 것은 밑바닥 1인치 정도에서 끝나기 때문에 한 반쪽이 다른 반쪽보다 더 길다. 긴 것은 "스톡" 이라 불리고 채권자가 갖고, 짧은 반쪽은 채무자가 갖는데 "스터브"라고 하여 구매자 즉 채무자가 갖는다.

아주 고대의 부신들이 고고학자들에 의해서 다수 발굴되었는데 아주 먼 원시시대부터 교역은 그 어떠한 "교환수단"으로써가 아니라 신용에 의해서 행해졌음을 의심의 여지가 없지 보여주는 증거이다. 고대 로마에서 돈으로 쓰이던 부정형태의 동 덩어리(Aes Rude)나 표면에 동물 등이 그려진 동의 판금(Aes Signatum)의 특징은 거의 예외 없이 그 모든 조각들은 그 금속이 여전히 뜨거워서 부서지기 쉬울 때 의도적으로 부수어졌다는 것이다. 끌이 그 금속 위에 놓여져서 가볍게 때려지고 난 후에 끌을 치우면, 그 금속은 망치로 쉽게 부수어졌다. 한 쪽이 다른 쪽보다 일반적으로 훨씬 더 작았다. 이것은 채무자와 채권자가 반쪽씩을 고대 부신이었음에 틀림없다고 인스는 주장한다.

고대 바빌로니아에서는 "계약 판(contract tablet)" 또는 "수바티(shubati) 표들"이라고 불리는 상업 기록들이 가장 흔하게 발견되는데 "수바티"는 "받은"이라는 의미이다. 가장 오래된 것은 기원전 2000-3000년 것으로서 굽거나 햇빛에 말린 점토들인데, 그 모양과 크기는 보통의 비누 케이크와 비슷하다. 다수는 "쉐(she)"로써 거래들을 기록한 것들이다. 쉐는 고고학자들에 의해서 일종의 곡물로 이해되고 있다. 그 표에는 곡물의 양, "수바티"라는 단어. 곡물을 준 사람의 이름, 받은 사람의 이름, 날짜, 그 수령자의 도장 또는 왕이 수령인일 경우에는 그의 "사서" 또는 "하인"의 이름이 적혀 있었다. 이러한 판들이 만들어진 빈도, 만들어진 재료의 내구성, 은행 역할을 한 것으로 알려진 신전에 보존되어 관리되었다는 사실, 그리고 특히 비문의 성격으로부터 그것들은 중세 부신(탤리) 그리고 현대의 환어음에 해당하는 것으로 판단될 수 있다. 즉 그것들은 구매자가 구매하면서 판매자에게 주는 부채에 대한 단순한 인정이며, 그것들은 통상적인 수단이었다는 것이다.

그러나 아마도 그들의 본성에 대한 더욱 설득력 있는 증거는, 그 판들 중 일부가 소위 말하는 것처럼 꽉 끼는 점토 봉투나 "상자"에 완전히 봉인되어 있다는 사실에서 찾을 수 있을 것인데, 그것은 판 자체를 검사하기 전에 깨져야만 한다. 이러한 "상자 판"에서는, 상자 표면 위에 글이 새겨져 있고, 동봉된 판에도 같은 내용이 반복된다. 그렇지만 밀봉된 판에는 수령인의 이름과 도장은 찾을 수 없다. 상자를 파기해야만 만질 수 있는 내면의 판에 거래의 본질적인 특징들이 반복된 것은, 다른 사례들과 마찬가지로, 부정직한 손에 넘어간다면, 그의 판이 부정적으로 조작될 위험으로부터 채무자를 보호하기 위한 것이었다는 것은 자명하다. 이러한 "상자 판"은 분명히 채무자의 소유하는 단순한 기록으로서 의도된 것이 아니라, 서명하고 밀봉하여 채권자에게 발행된 것이라는 의심의 여지가 없다. 빚을 갚으면, 그 판을 깨는 것이 관례였다고 전해진다.

서양 중세에 대다수 거래는 현금이 아니라 신용으로 행해졌고 그 신용을 증명하기 위해서 나뭇조각이나 상인들은 부신(符信, tally)들을 들고 정기시장으로 가서 그들 상호간의 신용과 빚들을 해소했는데 이것이 정기시장의 주요 기능이었다고 인스는 본다. 유럽에서 가장 유명한 정기시장은 프랑스의 상파뉴와 브리였다. 빚들이 지불되는 일반적인 청산소는 pagamentum이라고 불렸다. 정기시장들은 panegyris(축제)라는 이름으로 고대 그리스에서도 열렸고, 로마에서는 눈디내(nundinae, 九日場)라고 불렸다.

어떤 정기시장들에서는 오직 빚과 신용의 해소만 행해지기도 했지만, 대부분의 정기 시장에서는 소매업이 활발하게 이루어졌다. 유럽의 정기시장들은 교회들 앞에서 열렸고, 성자들의 이름을 따라서 그 이름이 불렸고, 그 성자 축제가 열릴 때이거나 즈음에 정기시장도 같이 열렸다. 암스테르담에서는 부스는 교회 정면에서 열렸다. 종교 축제와 빚의 해소가 모든 정기시장들의 기원이었고, 거기에서 이루어진 교역은 나중에야 발달한 것이었다. 종교와 빚 갚기의 연관성은 신용이 아주 고대부터 있어왔다는 추가적인 증거이다.

인스에 따르면 의무의 신성함은 모든 시대만이 아니라 모든 단계의 문명들에서도 모든 사회의 기초로서. 미개인들에게 신용은 알려져 있지 않고 단지 물물교환만이 이용되었다는 관념은 근거가 없다고 한다. 그에 따르면, 신용은 구매력이고 신용 그리고 신용만이 돈이다. 금이나 은

이 아니라 신용이 모든 사람이 찾는 단 하나의 재산이고, 그것을 획득하는 것이 모든 교역의 목표이다. 채무자로서 우리는 우리의 채권자에게 그가 진 빚을 인정하는 증서를 건네줌으로써 그에 대한 의무(빚)를 면제시키도록 할 수 있다는 것이 교역의 원시법이다. 신용과 빚이 항상 창조되고 서로에 대해서 면제함으로써 없어지는 것이 교역의 전 메커니즘을 형성한다. 채무자에게 금, 은 또는 다른 그 어떠한 상품으로 빚을 갚게 하는 법은 있은 적이 없었다; 마찬가지로 채권자가 금이나 은괴로 빚을 받으려고 강제하는 법은 없었다. 신용의 가치는 그 뒤에 금, 은 또는 그 어떠한 다른 재산의 존재에 의존하는 것이 아니라 오직 그 채무자의 "지급가능성"에만 의존하고, 그것은 다시 빚이 만기가 되면 그 채무자가 그의 채무를 털어버릴 정도로 다른 사람들에 대한 충분한 신용이 있는지에만 의존한다.

따라서 인스에 따르면 돈은 정부가 빚졌음을 증명하는 일종의 차용증서이다. 그것은 정부가 채권자에게 주는 일종의 부신이다. 정부 부신들은 정부의 채권자들에게 무슨 가치가 있는가? 정부는 법으로 어떤 사람들을 정부의 채무자가 되게 한다. 이러이러한 재화를 수입하는 자는 정부에게 빚을 졌다고 선언한다. 또는 토지를 소유하는 자는 그에 비례해 정부에 빚을 졌다고 선언한다. 즉 국민은 정부에게 빚을 져 있고 정부는 과세하여 그 빚을 갚으라고 요구할 수 있다. 그러므로 정부의 채무자가 된 사람들은 정부가 진 빚을 나타내는 부신을 비롯한 차용증서를 보유한 자들을 찾아야 한다. 그래서 그들에게 상품을 팔거나 용역을 제공하여 그 부신들을 확보해야 한다.

통념에 따르면 중세 영국 재무부는 금이나 은을 받고 저장했다가 지불하는 곳이지만 인스는 실제로 영국 재무부가 하는 일은 부신들을 발행하고 받으며, 스톡과 스터브를 비교하여 정부 채권자들과 채무자들을 청산하고 반환된 부신들을 취소하는 것이었다고 말한다. 사실상 그것은 정부 신용과 빚을 청산하는 곳이었다. 부신들이 돈으로 쓰인 것이었다. 결국 돈은 신용이다.

인쇄술

중국이 인쇄술을 발명하다

중국이 세계에 공헌한 또 다른 발명으로 종이와 묵의 발명에 기초하여 발전한 인쇄술을 들 수 있다. 고대 인쇄술은 크게 조판인쇄술과 활자인쇄술로 나누어 발전하였다. 수당 시기에 발명되었다고 전해지는 조판인쇄술은 고대 돌이나 도장에 글을 새기는 석각(石刻) 방식에 근거한다. 이것은 목판에 좌우가 뒤바뀐 문자를 양각(陽刻)하여 그 위에 먹을 바르고 종이를 덮어 탁본하는 방법이다. 중국에 현존하는 가장 오래된 조판인쇄물은 당나라 함통(咸通) 9년(868)에 인쇄된 『금강반야바라밀경(金剛般若波羅蜜經)』으로, 글자의 조각기술이나 인쇄수준이 상당히 높은 것으로 보아 당나라 때 이러한 조판인쇄가 이미 널리 보급되었을 것으로 추정된다.

보편적이고 지속적인 수요를 지니고 있는 책의 경우 목판인쇄가 보다 효과적일 수 있으나, 많은 종류의 책을 간행할 때에는 그다지 경제적이지 못하였다. 이 경우에는 하나의 서적만을 인쇄할 수 있는 목판을 만들기보다는 '움직이는 글자[活字]'를 만들어 한 번뿐 아니라 여러 번 사용하는 것이 보다 경제적이었다. 이에 새로 고안된 것이 활자인쇄인데 활자인쇄는 글자꼴을 만들어 판(版)에 배열한 다음 활자의 표면에 먹물을 칠해서 종이에 찍어내는 것을 말한다. 송나라 인종(仁宗) 경력(慶曆) 연간(1041~1048)에 평민 출신인 필승(畢昇)이 조판인쇄술의 불편함을 개선하고 보완하는 과정을 거쳐 경제적이고 실용적인 활자인쇄를 발명했다. 필승은 금속활자가 아니라 점토를 재질로 선택하여 활자를 제작하였다. 하지만 진흙으로 만든 활자는 잘 부서지고 일그러져 이후 그다지 실용화되지 못하였다.

진흙활자 이후 활자의 재료로 선택되었던 것이 나무였다. 필승 역시 이미 나무활자 인쇄를 구상하고 있었지만, 나무활자는 나뭇결에 편차가 있고 물을 많이 먹어 활판을 짰을 때 고르지 않다는 점 때문에 제작하지는 않았다. 이러한 나무활자 인쇄의 단점은 13세기 말 왕정(王禎)에 의해 보완되었다. 왕정은 중국 원나라의 농학자로서 1313년에 중국에서 처음으로 남, 북 중국의 종합적인 농업기술서인 《왕정농서(王禎農書)》22권을 펴냈다. 이 책에는 농작법과 재배법, 농기구에 관한 이론이 그림 273폭과 함께 자세히 서술되어 있다. 왕정은 직접 나무활자를 제작하여 『농서(農書)』의 간행에 이용하였다.

왕정이 발명한 활자인쇄 원리는 먼저 점토 위에 활자를 반대로 새긴 후 불에 구워 단단하게 한 다음 활자판을 만들어 그 위에 배열하고, 활자판 위로 접착 성분의 밀랍을 발라 고정해 인쇄하는 방법이었다. 다른 내용을 인쇄할 때는 기존 활자판의 활자를 떼어내어 재배치하여 활용할 수 있어 그 속도가 이전보다 훨씬 빨라졌다.

인쇄술과 서양의 발흥

우리는 주로 구텐베르크가 1436년에 인쇄기를 '발명'했기 때문에 더 창의적이 되었다. 어떤 사람들은 그가 사용한 대부분의 기술들이 다른 사람들에 의해 발명되었기 때문에 그가 실제로 금속활자 인쇄기를 발명하지 않았다고 주장한다. 그의 주된 공헌은 단지 기존 기술을 결합하여 새로운 비즈니스 모델에 적용한 것이었다. 그는 다른 사람들이 야금, 활자, 종이, 인쇄기, 잉크, 책 바인딩, 글자, 그리고 문해율 등의 개별적인 영역에서 이루어진 몇 가지 개선들을 활용하는 방법을 알아내어 완전히 새로운 종류의 출판 산업을 일으킨 최초의 사람이었다. 그러한 기술들을 새로운 패키지로 한데 모은 그의 영리함을 제외하면, 그의 주된 기술 혁신은 작았다: 금속활자에 더 잘 붙는 잉크의 개선된 공식과 그가 독자적으로 재발명했을지도 모르는 더 잘 움직이는 활자를 주조하기 위한 그의 매트릭스였다. 구텐베르크는 도금장이이었기 때문에 그의 기술 더 나은 활자를 개발하기에 아주 적합했다.

활자는 단어와 문장을 만들기 위해 틀에 배열된 별도의 금속 조각에 알파벳의 각 글자를 주조하는 것이다. 그렇게 해서 같은 글자 뭉치를 모든 페이지에 대해 모든 종류의 단어들을 조합하여 빠르고 저렴하게 재배열하여 인쇄할 수 있다. 이전에, 유럽 인쇄들은 목판이나 다른 재료에 각각 상이한 페이지들 전체를 힘들게 조각해야 했다. 인쇄할 수 있도록 한 페이지를 준비하는데 며칠이 걸릴 수도 있었다. 반면에 활자를 쓰면 사전에 주조된 글자들을 빠르게 재배열하여 한 시간 안에 새로운 페이지의 텍스트를 제작할 수 있었다.

예를 들어, 개교한 후 215년 후인 1424에 케임브리지 대학 도서관은 여전히 총 122권의 장서만을 보유하고 있었다. 각 장서는 평균적인 농장이나 포도밭과 같은 가치를 가지고 있었다. 시장 가치로 볼 때, 그들의 도서관은 122개의 농장에 상당하는 책을 소유하고 있었다. 그리고 종이 혹은 양가죽은 훨씬 두껍고 수필 글자가 현대 인쇄물 글자보다 훨씬 크기 때문에 그들의 책에는 현대 서적만큼 많은 정보가 담겨 있지 않았다. 예를 들어, 성경은 한 권으로 묶기에는 너무 무겁고 비용이 많이 들기 때문에 72권의 개별 책들로 나누어져 있었다. 그래서 우리는 아직도 그것들을 성경의 장들이 아니라 성경의 책들이라고 부르고 있다. 성서 한 권은 72권 이상의 별도 책들을 모아놓은 전집이었다. 종이와 인쇄술의 획기적 향상을 이룬 지 반세기가 지나도, 완전한 구텐베르크 성경은 종이에 인쇄하면 약 30파운드, 양피지에 인쇄하면 거의 50파운드에 달하는 무게가 실렸기 때문에 그 모든 정보를 한 권의 책으로 취급하는 것은 여전히 거의 불가능했다. 1500년에는, 케임브리지와 같은 부유한 도서관이 선택할 수 있는 1만 5천 권의 책이 인쇄되었고, 가격이 너무 많이 내려서 책들은 아마도 30배 더 저렴해졌다.

인쇄산업은 최초의 근대적 제조업으로서 호환 가능한 부품(활자)을 이용한 최초의 자본집약적 대량생산 형태였고, 생산량을 획기적으로 늘리고 비용을 절감하는 제조업의 능력을 보여주는 첫 사례였다. 그럼에도 불구하고, 그것은 평균적인 생활수준에 미미한 영향 밖에 끼치지 않았기 때문에 산업혁명과 연관되지 않는다. 대부분의 사람들은 너무 가난해서 단 한 권의 책도 소유할 수 없을 정도였다. 그리고 적어도 90%는 문맹이었다. 책은 구텐베르크 이전과 이후 모두 항상 GDP의 1%도 안 되는 미미한 비중만 차지했다. 산업화가 대부분의 사람들이 옷, 음식, 연료와 같은 것에 쓰는 물건들의 가격을 낮추기 전까지는 일반인들에게 영향을 주지 않았다. 산업화는 약 1800년이 되어서야 그런 필수품 가격을 낮추기 시작했다.

《총, 균, 쇠》에서 재러드 다이아몬드는 유라시아가 나머지 세계를 정복한 이유를 지리적 요인으로 설명한다. 그는 인간 사회 사이의 힘과 기술의 차이는 주로 다양한 정의 피드백 고리에 의해 증폭되는 환경적 차이에서 비롯된다고 주장한다. 풍토병에 대한 저항력 발전 같은 문화적 또는 유전적 차이가 유라시아인들에게 유리하게 작용한 이유는 이러한 이점이 사회와 문화에 미치는 지리적 영향 때문에 발생했다고 주장한다.

이언 모리스는 《왜 서양이 지배하는가》에서 물론 지리적 이유가 결정적이었다고 주장하면서 사회 발전을 측정하기 위한 네가지 지수 즉 에너지획득, 조직화/도시화, 전쟁수행능력, 정보기술을 사회발전지수의 양적인 척도로 제시한다. 그에 따르면 서양은 지리때문에 지배하는데 사회발전지수에 따른 서양 혹은 동양의 지배 교차가 일어나는 이유 중 지리가 주요한 이유이다. 즉, 지중해시대-양쯔강/황허강의 대운하 시대-대서양 시대를 통해 18세기 이후 서양이 우위를 유지하고 있다. 저자는 장기고착이나, 단기 우연이 아닌 가능성의 측면에서, 중국이 태평양을 거쳐 아메리카에 도착하는 것 보다 서양이 대서양을 거쳐 아메리카를 발견할 가능성이 훨씬 높았다고 한다.

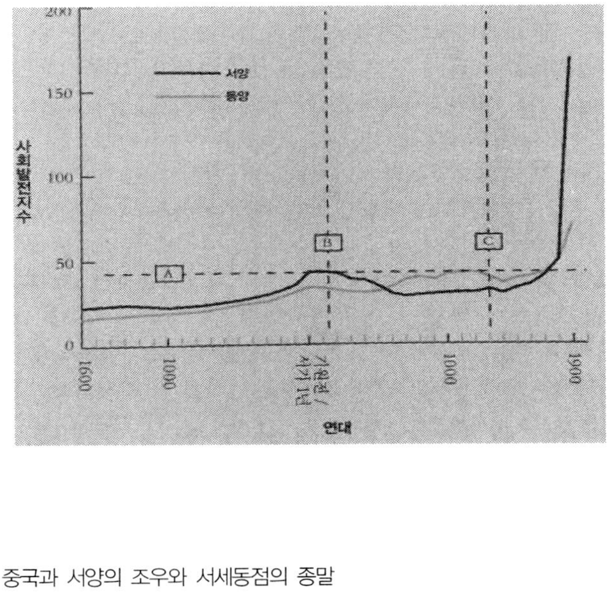

여기서 우리는 정보기술에 주목하자. 정보기술에서 가장 중요한 것은 아마도 문자 그리고 그 문자를 쓰고 읽을 줄 아는 능력의 광범위한 보급으로 인한 지식과 정보의 전파일 것이다. 이 요인이 유럽이 아시아 문명을 누르고 올라섰을 뿐만 아니라 제한적으로나마 정복한 이유를 설명하는 데 도움을 줄 것이다. 특히 인쇄기는 유럽이 중국을 예속할 수 있었지만 그 반대는 아닌 이유를 설명한다.

인쇄기가 효율적으로 작동하려면 알파벳이 필요했다. 인쇄술이 유럽 사회에 혁명을 일으키기 시작한 지 거의 500년이 지난 1900년대 초가 되어서야 인쇄술은 중국에서 도약하기 시작했다! 복잡한 중국 한자들은 활자 수가 너무 많아져서 너무 번거로웠고, 1800년대 후반부터 인쇄판면에서 잉크 화상을 고무 블랭킷에 전사하여 종이에 인쇄하는 방법. 원색 분해 된 필름판을 오프셋 인쇄기에 장착시켜 인쇄하는 방법인 평판인쇄(平版印刷)가 활자를 대체하기 시작했다. 평판인쇄가 더 쉽고 가격이 더 저렴했기 때문이었다. 그것이 그 때까지 중국에서 왜 활자 인쇄가 도약하지 않았는지를 설명해 줄 수 있다.

복잡한 중국 한자는 활자보다 조판인쇄에 더 적합했다. 평판인쇄를 하더라도 중국 한자는 알파벳을 사용하는 언어에 비해 조판이 느리고 인쇄가 어려웠다. 1970년대에 중국 한자로 인쇄하는 것이 마침내 알파벳 문자 값싸고 생산하기 쉬운 컴퓨터 시대가 도래하기 전까지는 중국이 경제적으로 도약하지 않은 것은 우연이 아닐 것이다. 사실, 아시아 사회는 문서에 서명하기 위해 여전히 도장을 활자처럼 사용한다. 그래서 사람들은 그것을 인쇄하는데도 적용했을 것이라고 생각하겠지만, 결코 성공하지 못했다.

구텐베르크의 금속 다이로부터 활자주조는 균일하지 않은 크기라는 잠재적으로 치명적인 문제를 극복하기 위해 문자 타인기(打印器)용 강철, 다이용 황동 또는 청동 합금(철로 대체된 라이터), 금형의 경우 납, 활자용 주석-아연-납 합금 등 많은 야금학적 개발에 의존했다. 구텐베르크의 인쇄기는 와인과 올리브오일을 만드는 데 사용되는 나사 프레스[압착기]에서 유래한 반면, 그의 잉크는 기존 잉크에 대해서 오일 기반으로 개선되었다. 중세 유럽이 3천 년의 알파벳 발달로부터 물려받은 알파벳 문자들은 한자 인쇄에 필요한 수천 개의 한자 활자와는 달리 몇십 개의 글자 활자만 주조하면 되기 때문에 활자 인쇄가 아주 저렴하고 손쉬웠다. 1100년대에 중국이 인쇄를 발명했을 때 혁명을 일으키지 않았다. 구텐베르크의 인세기 혁신 후에도 여전히 중국 사회에 혁명을 일으키지 않았다.

기본적인 라틴 알파벳은 모든 것을 쓰는데 26자만 필요하다. 대문자, 문장 부호, 달러 기호 같은 공통 기호에는 거의 사용되지 않는 글자를 합해도 70자 정도에 불과하다. 그래서 초기 활자는 10×10 행렬로 나누어진 상자에 정리할 수 있었다.

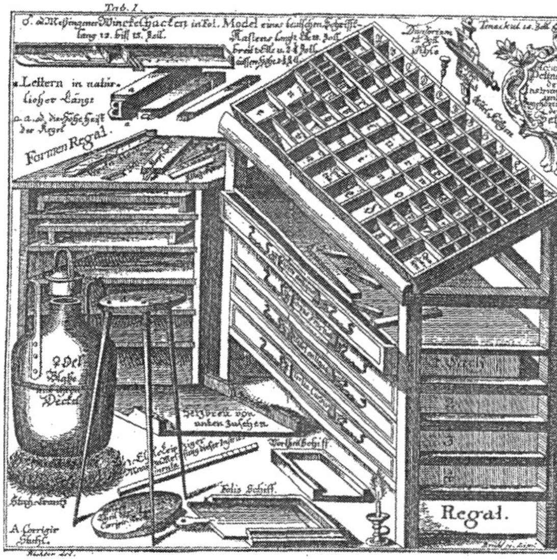

한자 체계에서, 수천 개의 문자를 저장하는 데 30배 이상의 작은 상자가 필요했을 것이고 그래서 활자는 30배 이상 더 비싸게 될 것이었다. 중국의 값싼 노동력과 수많은 한자용 활자를 사용하는 것이 더 어려운 점을 감안할 때, 그들은 나무 판에 각 페이지를 손으로 직접 조각한 다음 손으로 힘겹게 누르는 목판 인쇄를 사용하는 것을 선호했다

일본은 이 규칙을 증명하는 예외일 수도 있다. 선진 인쇄기는 중국보다 일본에서 훨씬 일찍 시작되었고, 그것은 부분적으로 그들이 글쓰기를 위한 알파벳 시스템을 채택한 때문일지도 모른다. 예를 들어, 일본 인쇄는 1590년에 예수회가 개발한 로마자화된 각본에서 처음 시작되었다. 예수회 체계는 결코 대중화되지 않았지만 일본인들은 또한 활자에도 적응할 수 있는 46자를 가진 히라가나라고 불리는 그들만의 표음 '알파벳'을 개발했다. 그것은 일본이 중국이 발전한 것보다 더 많은 문해율과 인쇄 산업을 발전시키는데 도움을 주었을지도 모른다.

인쇄기는 표음문자 체계를 확산시켰고, 그들은 이미 중국식 표의문자를 사용하는 강한 전통을 발전시킨 곳을 제외한 전 지구를 점령했다. 표음 알파벳과 음절은 언어의 음이 단어보다 훨씬 적기 때문에 활자를 이용한 인쇄에 있어 중국 한자에 비해 큰 장점이 있었다. 일부 중화 문화권 나라들도 한자를 채택했는데, 특히 일본과 한국은 모두 후에 표음문자 시스템을 개발했고, 이것이 중국보다 경제적으로 더 빨리 발전하는 데 도움이 되었을 수도 있다.

인쇄술은 곧 수많은 사람들에게 읽고 쓸 수 있는 능력을 가져다 주었다. 특히 새로 표준화된 자국어 인쇄는 사람들의 의식 자체를 바꾸어 놓았고, 세계의 작은 구석인 서유럽을 여러모로 세계를 정복하는 문화로 바꾸어 놓았다. 널리 분산된 인쇄술과 그에 수반되는 서적 시장, 새로운 학교, 그리고 읽고 쓰는 능력의 증가는 새로운 형태의 의식인 책 의식을 불러일으켰다.

콜럼버스는 어렸을 때부터 열성적이고 폭 넓은 독서를 한 1세대 항해사 중 한 명이었다. 그의 책장 위에는 마르코 폴로의 여행기가 놓여 있었다. 그는 항해 중에 어려서부터 글을 읽고 쓸 줄 아는 지리학자들이 만든 지도를 들고 다녔고, 유럽 전역에 널리 인쇄된 천체력을 들고 다녔다. 이 표들은 고대 그리스 과학과 수학으로 가득한 책장을 가진 헝가리-이탈리아 수학자에 의해 만들어졌다. 그러한 정보는 불과 몇 십 년 전만 해도 다소 열악했을 분만 아니라 훨씬 더 이용하기가 어려웠다.

소국인 포르투갈이 아시아의 광대한 고대 해상무역로를 쉽게 정복함으로써 빠르게 문해율이 증가하고 있는 서유럽인들은 16세기 초가 되면 해군 문제에서 엄청난 우위를 보여주었다. 정확한 차트와 천체력을 사용하는 장교들은 항해와 전투에서 모두 유리했다. 서유럽인들은 20세기 초 일본이 러시아를 상대로 승리할 때까지 세계 해양에서 완전히 논쟁의 여지가 없이 해군력에서 우위를 유지했다. 그때에는 일본인들은 인쇄업을 시작한 지 오래되어 아주 학식이 풍부한 국민을 가지고 있었다. 18세기 영국의 상인, 장교, 공무원들이 지상에서 조차 실질적으로 그들 모두는 어린 아이들 때부터 글을 읽고 널리 읽혀온 사람들로서 훨씬 더 크고 진보된 인도와 같은 고도의 문명을 정복하고 행정을 장악하는 것이 꽤 쉽다는 것을 깨닫고 있었다.

인쇄기가 보급된 직후, 서유럽에서 조직의 기초가 바로 바뀌기 시작했다. 중세 말기의 조직들, 심지어 왕실 및 교황 관료들과 초기 은행업들도 수십 명 이상의 직원을 고용한 적은 거의 없었다. 조직 규모는 던바의 법칙의 한계에 부딪쳤다. 16세기가 되면 스페인과 포르투갈의 식민지 기업과 관료들은 방대하고, 문해가 높으며, 잘 조율되었다. 장교단은 종종 군사 서적 교육을 받았기 때문에 다양한 고대 및 최근의 전투로부터 교훈을 얻을 수 있었다. 심지어 영국의 작은 제염업자조차 16세기 중반에는 300명의 인원을 고용하고 있었다.

책 의식 전에는 국가 언어는 없었고, 단지 종종 상호 이해할 수 없는 방언과 서유럽에서는 극소수만이 이해할 수 있는 라틴어만이 존재했었다. 책의 광범위한 보급으로 새롭게 통일된 국가에서는 "국어"가 탄생했고 이제 조직은 전례 없는 방식으로 조정하고 성장할 수 있었다. 같은 국어로 말하고 자란 훨씬 더 큰 집단의 사람들 또한 점점 더 비슷하게 보고 말하게 되었고 상호 신뢰가 훨씬 더 높아졌다. 국민 충성심과 전국적인 신뢰의 거미줄의 탄생이었다. 우리가 본능적으로 충성하는 "부족"은 크기가 엄청나게 커졌다. 이미 어느 정도 신뢰할 수 있는 "동일한 부족"의 집단은 관료제는 덩치가 커지고 전국에서 새로운 구성원을 모집할 수 있었다. 국가 정치와 군대는 전례 없는 방식으로 정치, 경제, 전쟁터 전략을 조정할 수 있게 되었다. 16세기는 주식회사가 처음으로 크게 성장하여 정부 및 정복뿐만 아니라 광업과 제조업에 종사하는 대규모 조직에 훨씬 더 많은 자본을 투자할 수 있게 되었다.

기초적인 아이디어들(기업법, 주식 지분 등)이 이미 상당 기간 유럽에서 사용되어 왔다는 사실로 볼 때 아마도 인쇄술의 발전으로 더 큰 조직을 형성할 수 있는 새로운 능력이 생겨나자 이런 발전이 이루어졌을 것이다. 16세기 초기의 영국 합자회사는 드레이크의 노략질 항해와 해군 활동 같은 군사원정을은 통해 자금이 조달되었다: 가장 유명한 회사는 영국의 동인도 회사였지만 아메리카의 많은 식민지들도 합자회사들이었다. 최초로 널리 거래되고 초기에 가장 성공적인 합자 주식회사는 네덜란드 동인도 회사였는데, 이 회사는 빠르게 성장하여 던바의 수(150명)를 훨씬 넘어 수천 명의 직원을 고용했다.

책의식은 거의 모든 직업을 바꾸었다. 직업에 관한 좋은 책들은 견습

기간 동안 전해지는 지식을 크게 증가시킬 수 있었고, 결국 견습제도의 종말을 가져왔다. 한편 유클리드 기하학과 같이 수학이나 과학에 관한 널리 인쇄된 책들은 다양한 직업에서 사용될 수 있는 지식을 주었고, 교육훈련은 종종 그러한 새로운 일반 지식을 가정하고 축적하기 위해 재구성되었다. 이것은 노동 생산성에 심대한 변화를 가져왔고, 인류를 맬서스의 덫에서 벗어나게 했고, 던바 법칙의 한계를 넘어선 조직 규모의 확대와 함께) 결국 산업 혁명으로 이동시켰다.

16세기 후반이 되면 영국 법체계에 사건들이 보고되는 방식을 획기적으로 개선되었다. 처음으로 사건들과 법령이 광범위하고 정확하게 인용되었다. 이는 판사, 변호사 심지어 일부 소송 당사자들도 일부 승려나 관료의 서재에 숨겨져 있는 두루마리 한 권을 찾을 필요 없이 처음으로 손끝에 법령과 사건들을 인쇄해 놓았다는 사실을 반영했다. 영국의 첫 위대한 오피니언 작가인 에드워드 코크 경은 이 시기로부터 유래한다. 결국, 인쇄된 법령과 판례법이 폭넓게 이용가능하게 되자 우리가 법을 해석하고 보는 방식은 근본적으로 변화했다.

고대중국과 고대그리스 과학과 철학의 유사점과 차이점

그리스는 추상적이고 형식적인 실체에 관한 철학을 발달시키고 설명적인 물리적 모델이라는 아이디어를 발달시켰다는 점에서 아주 독특했다. 그리스의 논리, 기하학 및 철학은 이후의 모든 서양 과학에 영향을 미쳤다. 기원전 550년경에서 200년 사이 고대 중국 사상은 모든 후기의 중국사상을 위한 기본 틀을 정했다. 유교와 도교 철학이 이시기에 발달되었을 뿐만 아니라 다수의 철학 학파들 - 유가, 법가, 묵가 같은 제자백가가 이 시기에 발달되었다. 시기적 동시성이 눈에. 뜨인다. “축의 시대” (카를 야스퍼스 Karl Jaspers가 만든 말)는 기원전 800~200년 사이의 시간이었다. 이 시기에 그리스, 중국, 인도, 히브리뿐만 아니라 이란의 보편종교적 사고가 시작되었다. 그리스와 중국 모두에서 기원전 500~200년 사이에 수많은 철학적 학파들이 형성된다. 중국의 공자, 인도의 부처, 그리스의 피타고라스는 BC 6세기경 동시대에 살고 있었다.

그 후 곧 그리스 소크라테스 이전 학자들은 소크라테스, 플라톤, 아리스토텔레스가 뒤따를 형이상학적 세계관을 발전시킨다. 중국의 "제자백가", 특히 유가(儒家)·도가(道家)·음양가(陰陽家)·법가(法家)·명가(名家; 논리학파)·묵가(墨家)·종횡가(縱橫家; 외교술파)·잡가(雜家)·농가(農家)도 그 시기에 만개했다. 그리스 소크라테스 이전 철학의 "공기" 또는 "무한"과 중국 철학의 기(氣)는 유사하다. 그리스의 제논(Zeno)과 중국 전국 시대의 정치가, 사상가 혜시(惠施, 기원전 370년?~기원전 310년?)는 비슷한 운동과 공간의 역설들을 발달시킨다. 중국과 그리스에서 둘 다 원소들과 힘의 이론으로 끝난다. 그리스에는 엠페도클레스의 4 원소 이론과 사랑과 투쟁은 아리스토텔레스가 계승했다. 중국에서는 음양 5행 이론이 있다.

그리스와 중국에서 철기의 개발과 새로운 형태의 전쟁으로 귀족 기사가 쇠퇴하고 농민군에 의해 대체되었고 소국들 사이의 갈등이 계속되었다. 새로운 형태의 대규모 군사조직의 개발은 사회 및 우주 조직과 구조에 대한 사고에 영향을 미쳤다. 이 기간 동안 주화가 도입되고 중국보다 그리스에서 더 광범위하게 상인계급이 발전하여 추상적 사고 습관을 조장하는 사회적 관행으로부터 실질적인 정량적 사고들이 사회에 퍼진다. 이전 질서의 사회적, 문화적 붕괴와 작은 국가의 갈등에서 그리스와 중국 모두에서 다수의 철학학파들이 나타난다.

또한 두 문명 모두에서 이 기간에 놀랍게도 광범위한 사변들과 논쟁은 커다란 통일 제국의 등장과 함께 축소되었다. 중국에서는 진나라가 기원전 220년경에 통일했지만 곧 한나라로 바뀌었고 그리스에서는 알렉산더 제국이 통일했지만 그의, 사망과 함께 322 BCE에 해체된다. 그러나 기원전 100년 즈음에 로마제국이 재통일하고. 같은 시기 후기에는 중국에서 하나의 학파 즉 유교가 지배적이 되었다. 그리스에서는 플라톤주의와 아리스토텔레스의 학파들과 윤리 지향적인 스토아학과 에피쿠로스 학파가 소크라테스 이전 학자들의 다양한 우주론적 추측들을 대체했다. 개념적 혁신과 광범위한 토론은 아시아와 서양 제국 모두에서보다 권위주의적이고 도덕적이며 신중한 철학으로 대체된다. 다양한 학파들은 독립적인 그리스 도시 국가와 중국의 작은 "전국"들과 공국들의 멸망하면서 쇠퇴하거나 사라졌다.

기원 후 1세기에 새로운 권위주의적이고 보편적인 제국들인 한과 로마에서는 무력한 개인들의 필요성에 부응하여 새로운 구원종교들이 등장했다. 근동의 기독교는 로마 제국에 퍼졌다. 불교는 후한시대에 인도에서 중국으로 들어와 220년경에 한이 멸망한 후에 퍼졌고 그것은 차례로 중국 고유의 대중적인 구원 종교인 도교의 제도화를 자극했다.

그러나 아마도 사회적 차이가 사고방식의 차이에 연관이 있을지도 모른다. 그리스의 도시국가들은 해양을 기반으로 한 광범위한 상거래와 무역을 발전시켰다. 중국은 주로 내륙의 농업사회로 남아있었다. 그리스인들의 항해는 기하학과 수학 계산에 중점을 둔다. 중국 사회의 농업적 특성은 계절적 및 우주적 순환에 대한 관심에 영향을 미치고 중국인들이 수학을 중시하지 않는 정신 상태가 부분적으로 여기에서 영향을 받았을 수 있다. 정치 통치이론에서 그리스인은 항해와 목축에서 가져온 은유를 사용하는 반면 중국인은 원예와 농작물의 재배에서 가져 온 은유를 사용했다.

그리스에서는 중국과 달리 정부가 경제의 큰 부문을 관리하지 않았다. 정부의 경제 관리는 묵가를 제외한 모든 중국 학파를 지배하는 일원론적이고 차별화되지 않은 실재 개념을 촉진했다. 대조적으로, 많은 그리스 학파들은 다양한 개별 존재들이 현실의 구조에서 역할을 하는 형이상학적 다원주의 이론을 강조했다. 데모크리토스 원자론, 피타고라스주의, 엠페도클레스의 4원소설과 사랑과 다툼의 원리 같은 사상들이 그런 예이다.

두 경우 모두 다양한 경합 학파들은 다수의 전쟁 소국가들과 병행해서 나타나고 번성했지만 소국들이 대규모 권위주의적 제국에 편입됨에 따라 논쟁이 줄어들었다. 그렇지만 중국과 그리스의 소국들은 달랐다. 중국의 소국들은 세계의 다른 곳과 비슷했지만 그리스의 도시국가들은 독특했다. 그리스의 도시국가들은 아테네의 극단적인 참여민주주의에서 그 중간에 다양한 과두지배 및 귀족정에서 극단적인 권위주의 스파르타에 이르기까지에 정치적으로 매우 다른 반면에 중국 소국가들은 서로 거의 유사했다

그리스 도시 국가들에는 도시와 그 주변 농지가 포함되어 있었고, 농민들과 도시 토지소유자들 사이에서 매우 치열한 투쟁이 벌어졌다. 그 투쟁에서 농민들은 재판소 및 정부에 대한 접근성에서 귀족들의 많은 특권들을 공유하게 되었다. 중국에서는 때로는 농민들의 반란이 있었지만 이것은 농민들의 권리나 지위 상승으로 이끌지 못했다. 중국의 한 국가

는 내부 갈등의 정도 측면에서 그리스 도시국가들과 유사하지만 전혀 전형적이지 않다. 그리스 도시 국가의 시민들의 상대적 평등은 등거리와 균형이라는 우주의 이미지를 이끌어 냈다. 사회적 평등(이소노미아(isonomia))을 위한 투쟁은 그리스의 정체성과 평등의 논리에 영향을 미쳤을지도 모른다. 그리스에서는 노예 제도의 부상으로 느예상태와 자유 사이의 명백한 대조가 이뤄졌다

많은 저자들은 그리스 문화의 매우 강하게 경쟁적이거나 는쟁적인인 성격에 주목했다. 이것은 올림픽에서의 경쟁 스포츠 그리고 시인과 소피스트들의 경합, 드라마 축제에서의 극작가들 사이의 경쟁, 철학적 정치적 담론 방식 등 모든 곳에서 나타난다. 그리스 스포츠는 개인적 경쟁을 강조했고, 중국 스포츠에는 거의 경쟁이 없었다 많은 것은 태극권(太極拳)이나 기공(氣功)과 같이 자기수양을 위한 운동이었다. 중국의 몇몇 경쟁적인 스포츠에서 경쟁은 거의 개별적이지 않았다. 레슬링과 같은 개인전을 포함한 스포츠는 중국에서 일찍 사멸했다. 심지어 개별적으로 경쟁할 수 있는 궁술조차도 의식적으로 차례로 궁수들이 쏘았고 개인이 아닌 팀이 승리하거나 패배했다. 한 가지 주요 경쟁 스포츠인 폴로(Polo)는 나중에 이란에서 도입되었다.

많은 그리스 국가에서 소작농과 토지 소유자 사이의 격렬한 정치적 투쟁에서 후대의 소크라테스 아테네의 민주파과 귀족 사이의 정치적 투쟁까지, 드라마와 운동대회의 경쟁까지, 재판정과 민회에서의 시민들과 소피스트들과 토론에 이르기까지 그리스문화는 극단적 집단 투쟁 및 개인투쟁의 성격을 띠고 있다. 이것은 극단적인 사변적 입장, 존재와 생성, 추상과 구체, 진리와 거짓, 문자 그대로와 은유적 언어, 철학과 시간의

강한 대립, 그리고 논리적인 정당화의 우선순위와 귀류법과 함께 그리스의 철학적 및 과학적 논증의 본질과 연결되어있다.

고대 중국 문화는 후기 중국 문화보다 논쟁의 정도가 훨씬 컸다. 그러나 중국철학에는 그리스 철학과 논리에 전형적으로 나타나는 날카로운 대립과 엄격한 논박이 결코 보이지 않았다. 중국 묵가와 명가(또는 논리학파 또는 소피스트들)는 논리와 엄격한 논박에 관심을 가졌던 유일한 중국 학파였으며 정확하게 제국이 천하를 통일하면서 소멸되었다.

고대의 3대 유학자 가운데 한 사람으로 공맹사상(孔孟思想)을 가다듬고 체계화했으며 인간의 본성을 근본적으로 악하다고 보는 성악설을 주장한 순자[荀子, BC 298년 추정~BC 238년 추정]와 중국 전한 때의 사상가로 《사기》의 저자 사마천의 아버지로 천문과 역법(曆法)을 주관하고, 황실의 전적(典籍)을 관장했던 사마담[司馬談 ?~BC 110]과 같은 전국시대 이후 중국 사상가들은 그들이 반론하는 철학자들 또는 학파들을 비판하는 스타일은 상대방이 틀렸다고 말하지 않고 대신에 그 상대방은 좁은 시각을 보였고 비판자 자신은 더 넓고 포괄적인 시걱을 가졌다고 말하는 식이다. 반대자들은 부분적 진실을 인정받았으며 완전히 틀린 것으로 비난받지 않았다. 순자는 예를 들어 묵가는 효용은 이해하지만 문화는 이해 못하고 사회 평등을 이해하지만 불평등이나 계급을 이해하지 못했다고 말한다. 노자는 수축을 이해했지만 확장은 이해 못했으며, 장자는 하늘을 알았지만 사람은 알지 못한다고 말한다. 사마담은 각 학파마다 장단점이이 있다고 주장한다. 도교 신자들은 맥락과 변화하는 상황에서 행동을 이해했지만, 의식과 사회 협약을 버리고 싶어 했다.

그리스 법정의 문화와 정치 집회에서의 토론 문화에서는 수사학과 논리를 포함하는 구두 논쟁 스타일이 발전되었고, 거기에서 비교적 동등한 논자들이 사건이나 이슈의 반대편과 토론했다. 중국에서는 철학자와 점쟁이들이 공작이나 왕의 궁정에서 자신의 의견을 제시하고 통치자의 승인을 얻으려고 시도했다. 따라서 프레젠테이션의 스타일과 논쟁의 범위는 한 편에서는 통치자에게 영향력을 행사하려고 하고 다른 한편에서는 대중집회를 설득하려는 시도에서 다르다.

춘추전국시대 에는 학자들이 설득하려고 시도할 수 있는 다양한 독립적인 제후들이 있었지만 제국 아래에는 학자가 설득해야하는 유일한 황실과 통치자만 있게 되었다. 이집트의 프톨레마이오스 통치자들과 나중에 그리스 학문이 중심이 된 이집트의 알렉산드리아의 로마 행정가들 치하에서 이것은 어느 정도 참이다. 프톨레마이오스 알렉산드리아 신전에는 민주파와 냉소주의자들은 금지되었고, 토론은 정치적 주제를 피했다.

그리스와 중국의 지적 교환 구조에 관한 최근의 연구는 철학의 유형에 대한 의사소통의 사회적 구조의 역할을 강조한다. 그리스 사상의 논쟁틀은 통치자에 대한 충고로서 중국 사상의 서면 형태와 대조된다. 그리스의 소규모 집회에서는 모든 시민들이 얼굴을 보며 구두로 의사소통했다. 그리스의 소피스트들은 올림픽 게임에서 자신의 견해를 제시했고 재판정과 민회에서 학생들을 모으기 위해서 자신들의 능력을 보여야 했다. 표음 알파벳 덕분에 그리스에서는 표의문자를 발전시킨 중국보다 문자 해독률이 훨씬 더 높았다.

중국에서는 춘추전국시대의 사상가 묵자(墨子, 470?~?391 B.C.)가 운명, 영혼, 음악, 장례식과 같은 많은 주제에 대해 유교의 견해를 명백히 비난한다. 기원전 4세기경의 중국의 신비론 · 철학자 장자(莊子)는 그리스의 소크라테스 이전 철학자의 그 어떠한 비판보다 더 긴 유교에 대한 비판을 포함하는 대화를 저술했다. 순자(荀子)에서 상대방 철학자마다 비판받는 구절과 다른 유학파가 도덕적으로 비난받는 구절들이 발견된다.

장자 천하(天下)편의 전반부는 추로지사(鄒魯之士), 즉 공자와 맹자를 따르는 사람들의 얘기와 육경(六經)에 관한 얘기, 묵적(墨翟)과 금활리(禽滑釐)를 거쳐 관윤(關尹)과 노자에 이르기까지 여러 학파의 사상적 특징을 해설하고 비평하며 후반부는 장자의 친구 혜시(惠施)의 학문을 해설하고 이것을 장자의 도와 비교하여 비판하는 글로 장자의 대미(大尾)를 장식한다. 사마담(司馬談)의 《논육가요지(論六家要旨)》에는 다양한 사상가와 학파에 대한 비판을 포함되어 있다. 이러한 점에서 볼 때 중국과 그리스의 비판과 논쟁 스타일의 대조에 대한 기존의 설명은 충분하지 않으며 거시적인 사회적 조건들을 고려하여 보완될 필요가 있다

중국과 그리스의 초기 철학에서 유랑 학자(유세객)들이 많았다. 중국에서 유세객들은 교사이거나 제후의 자문이 되기를 희망하는 사람들이었다. 그리스에서는 유랑하는 소피스트들과 의사들이 있었다. 이 유랑자들은 방대한 양의 기록물을 소지할 수 없으며, 자신의 언어능력과 기억에 의존해야 했다. 다양한 지리적 지역 및 관습에 대해 노출되었을 뿐만 아니라 예비 학생과의 지적 교류, 학자, 전문가, 귀족과의 지적 교류는 유랑하는 학자들을 자극했을 것이다.

나중에 두 문명 모두에서 궁정이나 연구기관에서 일하는 국가지원을 받는 학자들이 있었다. 이 학자들은 대규모 기록 및 문서에 의존할 수 있었다. 초창기 중국에는 궁정 점성가와 역사가가 있었다. 이 전문가들은 많은 양의 기록을 활용할 수 있었고 프리젠테이션 스타일은 유랑하는 학자보다 훨씬 역사적이고 기록적이었다. 중국의 전국시대에 유랑

학자들은 그들의 말과 논쟁을 갖고서 정주 점술가와 역사가들과 경쟁을 벌였다. 후대에 철학자들은 황실에서 황실의 천문 역법을 관장하거나 사가(史家)들로서 정주했다.

고대 그리스의 아카데미는 중국의 그것보다 더 잘 알려져 있고 아마 더 많았을 것이다. 플라톤(Platon)의 아카데미아와 더불어 당시 학문의 본산(本山)으로서의 역할을 하였던 아리스토텔레스(Aristoteles)가 철학을 가르치던 학교 리시움[Lyceum]이 대표적이다. 그리고 더 큰 규모의 알렉산드리아 박물관과 도서관은 유명하다. 중국에서는 순자가 참여했던 유명한 적하학궁(稷下學宮)이 예이다. 후기 단계에서는 그리스의 아리스토텔레스주의와 중국의 유교는 구전에서 서면 전통으로의 전환한다. 그리스 박물관과 알렉산드리아 도서관에서 학문 문화는 수사문화에서 기록문화로 바뀌었다. 중국의 한 제국과 프톨레마이오스와 로마 제국의 제국에서 비판적인 학문은 이제 경전의 자구(字句)에 관해 그 해석을 주로 하는 훈고학 [訓詁學]으로 대체되었다.

토론의 스타일을 강조하는 중국과 그리스의 철학적 및 우주론적 견해의 유사점과 대조에 관한 일반적인 설명들은 고대 그리스의 돈과 시장의 역할을 무시한다.

고대 그리스에서 추상화가 일어나게 만든 한 가지 중요한 요인은 7세기 그리스에서 주화가 일상적으로 널리 쓰이게 되었다는 사실이다. 수도 근처의 강에서 채금(採金)될 수 있는 리디아(Lydia) 왕국에서 기원전 7세기에 주화가 생겨났다. 리디아는 그리스의 철학과 과학이 기원전 6세기에 생겨났던 밀레토스(Miletus)와 피타고라스가 나타난 사모스 섬에 인접한 아시아의 지역에 있었다.

주화가 그리스 사상에 미친 영향은 리디아와 그리스 해안 도시 근처의 소아시아의 프리지아 왕 미다스 신화에서 볼 수 있다. 마찬가지로 B.C. 6세기의 리디아의 최후의 왕으로 큰 부자로 유명한 크로이소스 왕(560~546 B.C.)은 탈레스가 그리스 철학과 과학을 시작했을 당시 리디아를 통치했다. 중국 주화는 기원전 524년에 시작되어 소아시아 주화보다 1세기가 더 늦은 것으로 보인다.

불이 만물로 변하고 모든 것들은 불로 변한다는 사상을 "모든 것은 불과 불은 모든 것과의 교환이다, 마치 재화들은 금과 금은 재화들과의 교환이듯이." (B90)로 표현한 헤라클레이토스에서 주화가 철학과 세계관에 미친 영향이 극적으로 나타난다. 불은 헤라클레이토스에게 우주의 근원 후보였다. 헤라클레이토스에게 불은 돈과 같았다. 재화가 돈으로 돈은 재화로 변화되듯이 불은 모든 것들로 모든 것들은 불로 전환된다. 불은 만물의 근원이다. 마치 돈이 모든 재화의 근원이듯이. 헤라클레이토스의 비관적인 발언의 대부분은 새로운 돈을 벌어들인 신흥부자에 의해 전통적인 사회 질서가 전복되는 세태에 흔들리는 전통적인 귀족을 암시한다.

추상적인 수를 연구 대상으로 삼은 최초의 사람은 그리스 사모스 섬 출신의 피타고라스(BC 580년~BC 500년)로 알려져 있다. 그의 철학은 "만물은 수"라고 보통 표현된다. 아리스토텔레스에 따르면 피타고라스주의자들은

"수는 모든 것의 존재(본질)이다"(Metaphysics 987a 19)

"사물들은 수를 모방하여 존재한다" (987b 11)

"수들은 모든 다른 것들의 원인" (987b 24)

"사물 자체들은 수들"(1090a 2)

"물리적 사물들은 수들로부터 생겨났다" (1090 a 32)라고 주장했다고 한다.

당시 사모스 섬은 동부 에게 해의 상업중심지로서 밀레토스를 계승하여 화폐화되고 기술적으로 선진적인 곳이었다. 모든 제조품, 모든 농산물 심지어 토지도 화폐화 되어서 화폐 가치가 매겨지고 매매되었다. 막대한 양의 주화가 주조되었는데 크로톤의 피타고라스학파는 수많은 남부 이태리의 그리스 도시들을 통제하는 아마도 토지 귀족과 무산자가 반대하는 신흥 상업계급 출신들이 주종을 이루었던 것으로 보인다.

주화의 대량 유통과 경제적 삶의 화폐화로 추상이 구체보다 더 실재적이라는 사고방식이 생겨났다. 것은 많은 고대 철학의 기초였다. 피타고라스학파 철학은 질은 전적으로 배제하고 오직 양에만 초점을 맞추기 때문에 수들을 구체적인 것으로 간주한다. 그런데 사물들의 양적인 측면에만 관심을 갖는 것은 거래하는 사람들 특히 상인들이 주로 하는 일이다. 거래되는 물건의 모든 구체적 측면들은 사상되고 그것은 오직 그 가격으로만 가치가 평가된다. 다른 한편 주화의 가치는 그 주화를 구성하는 물질의 가치가 아니라 그 주화 위에 새겨진 숫자만이 그 가치를 결정한다. 그래서 역사상 처음으로 수가 사물 속에 내재하는 것처럼 보였다.

기원전 6세기에 전례 없이 화폐사치가 사회생활에서 보편적이 되었고 그리스인들은 의식적으로 또는 무의식적으로 돈이라는 제도를 자연에 투사하게 되었고 돈의 초월적 보편성을 모든 것에 투사했던 것을 보인다. 피타고라스 음악이론에서 비례에 대한 용어는 대부에 대한 이자를 계산하는 언어에서 가져왔다고 한다.

금속 주화만으로는 형식적인 용어로 세계를 이해하는 사회에 충분하지 않다. 그러나 또 다른 사회적 요인이 아테네에서 발생했다. 경제학자이자 인류학자 칼 폴라니에 따르면, 아테네의 아고라는 수집, 저장 식품뿐만 아니라 다른 재화들의 최초의 자유 시장이 있었다. 현대적 의미의 진정한 시장은 아테네에서만 일어난 일이다. 아고라가 소크라테스가 시민들의 신념에 대한 질문을 던지고, 개념의 정의에 대한 그의 탐색을 추구한 공공 공간이이라는 사실은 대단히 암시적이기도 하다. 완전한 경제적 의미에서 세계 최초 시장이 위치한 아테네는 이성, 철학 및 과학의 "서구"전통의 주요 도약으로 일반적으로 인정되는 지적 활동 및 토론의 중심지가 되었다. 추상적 돈은 모든 형이상학적 실체의 구조와 가치를 설명하는 추상적이고 보이지 않는 형태의 개념을 허용하는 모든 것의 "가치"의 담지자이자 교환 매개체가 될 수 있었다.

그러나 그들의 해적질 및 상거래에 참여뿐만 아니라 주화의 도입과 적어도 작은 규모와 지리적으로 제한된 시장을 갖는 작은 그리스 도시 국가의 독립과 개방성에도 불구하고, 그리스 지적 활동의 성질을 변화시킬 또 다른 사회적 영향이 성장하고 있었다. 이것은 노예제였다. 제산 노예제(Chattel slavery)는 5세기경에 크게 성장했다. 플라톤과 아리스토텔레스 시대의 노예들은 아테네 인구의 3분의 1이상을 차지했다. 노예는 시민권에서 제외되었다.

육체노동은 노예들에 의해 수행되었으며, 육체 활동과 기술은 노예의 영역으로 간주되었다. 이로 인해 엘리트는 철학, 천문학, 수학 및 논리(그리고 필요에 따라 의학)를 추구할 수 있었지만 물질과 관련된 활동과 지적 과학 철학적 연구 간의 접촉은 끊어졌다. 초기의 소크라테스 이전 철학자들은 물질의 본성, 우주의 근원에 관심을 가졌지만, 플라톤과 아리스토텔레스는 형태를 우선적으로 보았다, 형태들은 플라톤처럼 완전히 초월하던지, 아니면 최소한 더 중요해졌다.

고대 중국과 그리스는 기원전 6~3세기에 광범위하고 다양한 철학적 및 과학적 사변들을 제창했다. 그리스는 상대적으로 작은 도시국가들로 구성되었지만 중국은 소수의 작은 국가들을 제외하고는 큰 왕국이나 제국으로 조직되었다. 중국의 도시들은 후기 유럽 도시들에 비해서도 자치권이 없었으며 그리스의 도시들은 별개의 국가들이었다. 고대 중국은 거의 전적으로 농업에 중점을 두었고, 고대 그리스에서는 해적질과 무역이 훨씬 더 중요한 역할을 했다. 그리스는 도시 국가의 정부 형태의 범위에서 훨씬 더 분권화되고 다양했으며, 스포츠나 지적 논쟁에서 훨씬 더 개인주의적이고 경쟁적이었다. 그리스는 조기에 시작되어 화폐 개발에 있어 중국보다 더 나아갔다. 일부 설명에 따르면 아테네는 식량에서 최초의 진정한 자유 시장을 도입했다. 이러한 경제적 실재 추상화와 형식화는 그리스 사상에 의해 취해진 보다 형식적이고 추상적인 형식에 기여했을 수 있다. 그리스의 노예 제도는 생산과 노동의 중요한 원천으로 발전하였지만 중국에는 없었다. 이것은 중국에서의 광범위한 기술적 발전과는 달리 그리스에서의 기술적 발명 개발의 부족에 기여했을 수 있다.

02

중국 중세의 발전

법치와 법가

서양의 법치 사상

법치주의(法治主義, rule of law, nomocracy) 또는 법치란 법이 특히 개인과 제도적 행동에 대한 제약으로 간주될 때, 사회에서 법의 권위와 영향이 한 사회의 모든 구성원(정부 구성원 포함)들에게 공개되는 법률과 절차가 동등하게 적용되는 통치를 말한다. 법치는 공포되고 명확하게 규정된 법에 의해 국가권력을 제한·통제함으로써 자의적인 지배를 배격하는 것을 핵심으로 한다. 법치주의의 근원적 이상은 통치자의 자의에 의한 지배가 아닌 합리적이고 공공적인 규칙에 의한 지배를 통해 공정한 사회협동의 체계를 확보하려는 데에 있다. 사회 내 특정 세력이 다른 세력들을 압도할 만한 힘을 가지지 못한 상황에서 법의 지배는 부각되고 정치행위 주체들은 법에 의거해 갈등을 해결하려 한다. 사상적 연혁에 따라 법의 지배(Rule of Law)나 법치국가(Rechtsstaat) 원리로도 불린다.

이 문구의 사용은 16세기 영국으로 거슬러 올라갈 수 있으며, 17세기에 스코틀랜드의 신학자 사무엘 러더포드가 왕권신수설에 반대하는 논리로 그것을 이용했다. 존 로크는 사회에서의 자유는 정부 및 개인의 자유의 제약으로부터 자유로운, 모든 사람에게 적용되는 입법부에 의해서만 만들어진 법률에 따르는 것을 의미한다고 썼다. "법치"는 19세기 영국의 법학자 앨버트 다이시(1835년~1922년)에 의해 더욱 대중화되었다.

법치주의는 국회의원, 법 집행관, 법관 등 모든 사람이 법의 대상이 된다는 것을 내포하고 있다. 이런 의미에서 지배자들이 법 위에 있는 폭정이나 과두정치에 대조를 이룬다. 법치주의의 결여는 예를 들어 법을 무시하거나 무지할 때 민주주의와 군주 양쪽에서 모두 발견할 수 있다. 법치주의는 정부가 이를 회복할 수 있는 시정 메커니즘이 불충분하면 더 부패하기 쉽다.

현대적 의미의 법치주의 사상은 주로 서구에서 전개되었고 근대 이후 전 세계로 확산되어 많은 나라에서 통치 원리, 국가 원리로 기능하고 있다. 사무엘 헌팅턴은 《문명의 충돌》에서 법치를 다른 문명과 구별되는 서구 문명의 특성으로 파악한다.

그러나, 그 문구 자체는 아니더라도, 이 원칙은 고대 사상가들에 의해 인정되었다. 서양에서 고대 그리스인들은 처음에 최고의 정부는 최고의 사람들에 의한 통치라고 여겼다. 플라톤은 법 위에 있는 이상화된 철학자 왕이 통치하는 자애로운 군주제를 주창했다. 그럼에도 불구하고 플라톤은 그의 저서 《법률》(Laws)에서 "법이 어떤 다른 권위의 지배를 받고 있고 그 자신의 권위가 없는 곳에는 국가의 붕괴가 멀지 않다. 그러나 법이 정부의 주인이고 정부가 법의 노예라면 상황은 전도유망하고, 인간은 신이 국가에 퍼붓는 축복을 누린다."라고 첨언했다.

플라톤보다 더 나아가서 아리스토텔레스는 최고위급 관리들이 법을 지키고 섬기는 것을 넘어 권력을 휘두르게 하는 것에 단호히 반대했다. 즉, 아리스토텔레스는 법치를 주창하였다.

"시민들 중 어느 누구보다도 법이 통치하는 것이 더 옳다. 같은 원칙에 따라, 어떤 특정한 사람들에게 최고 권력을 두는 것이 유리하다면, 그들은 수호자, 그리고 법의 하인들로서만 임명되어야 한다."고 주장했다.

로마의 정치가인 키케로도 비슷하게 "우리는 자유로워지기 위해 모두 법의 하인이 되어야 한다."고 말했다. 로마 공화정 시대에 논란이 많은 치안판사들은 임기가 만료되면 재판에 회부될 수도 있었다. 로마 제국 하에서는 주권자가 개인적으로 면책이었지만 불만을 가진 자는 재무관을 고소할 수 있었다.

이 "법치"라는 용어는 AD 1500년 경에 처음으로 사용되었다. 1610년 영국 하원에서 제임스 1세에게 보낸 청원서에는 "법치"이라는 문구의 또 다른 초기 예가 있다.

"이 왕국의 폐하의 신민들이 이 왕국의 왕실 조상들과 왕들과 왕비들 밑에서 누려온 행복과 자유의 다른 많은 점들 중에서, 그들이 어떤 불확실하거나 임의적인 형태의 정부에 의해서가 아니라 이것 즉 모종의 법치에 의해서 인도되고 통치되는 것보다 더 소중하게 여기는 것은 없습니다."

1607년 에드워드 쿡[Edward Coke] 영국 법무대신은 《판례집 Reports》에서 "왕은 그 누구의 밑이 아니라 신과 법 아래에 있어야 합니다." 라고 말했다. 그는 국왕의 특권에 대해 관습법의 우위성을 주장하고, 1628년의 권리청원을 기초한 영국의 법관·법학자이다. 이 용어를 사용하고 원리 이론적 기초를 준 최초의 근대 작가 중에는 사무엘 러더포드(Samuel Rutherford, 1600~1661)는 그의 책 제목을 《법이 군주》(Lex, Rex) (1644년)라고 하였다. "법은 왕"의 라틴어 제목은 전통적인 공식

"왕은 법")를 전복하는 것이었다. 제임스 해링턴은 주로 아리스토텔레스의 정치학에 초점을 맞춘 《오세아니아》(1656년)에서 정부 형태 중 "사람 제국이 아니라 법의 제국"이 "법의 제국이 아닌 사람의 제국"보다 더 바람직하다고 썼다.

서양에서 "법치"는 깊숙이 진행되어 율사들은 지금 서양에서 막강한 영향력을 행사하고 있다. 법이 지배한다고 하지만 그것은 어디까지나 율사들이 해석하고 집행한다. "법치" 즉 "법의 지배"는 현실에서는 "율사의 지배"로 나타난다고 볼 수 있다.

프랑스의 정치학자이자 역사가이며 정치가인 토크빌은 《미국의 민주주의》(2권, 1835~1840)에서 "만일 미국의 귀족이 어디에 있느냐는 질문을 받는다면, 나는 주저 없이 그것은 공통적인 끈에 의해 단결되지 않는 부자들이 아니라 사법부 벤치와 변호사들이라고 대답할 것이다"라고 적었다. 그에 따르면 민주주의 정부는 법률가들이 정치적 힘을 갖는데 유리하다. 부자와 귀족들이 정부에서 배제될 때 율사들이 그것을 차지한다. 그들은 인민의 영역을 넘어서는 정보와 지혜를 가진 유일한 사람들이기 때문이라고 보았다.

중국 문명의 법치가 발전이 덜 되었다는 서구의 인식은 사실 무지와 문화적 편견에 바탕을 두고 있다. 중국에서 법치주의가 지배적이 되지 않은 것은 근대성을 거부해서가 아니라 원시성을 거부하기 때문이다. 유교는 사회질서 유지를 위해서 법과 처벌에 대해 그리 크게 의존하지 않는다. 법이 아니라 유교 의례(예기)가 문명적 행위에 대한 통제 문서로 작용했다. 유교적 세계관에서는 문명적 행동의 한계를 넘은 못된 자에게만 법치가 적용된다. 문명인들은 적절한 의식을 행할 것으로 예상된다. 오직 사회적 부랑아들만이 그들의 행동이 법에 의해 통제할 것으로 예상된다. 따라서 법치는 적절한 의식에 대한 자발적인 준수라는 문명 상태를 달성하기에 앞서 야만적인 원시성의 상태로 간주된다. 합법적인 것이 반드시 도덕적이거나 정당한 것은 아니다. "law"에 해당되는 한자어는 "법률(法律)"이다. 法라는 단어는 "방법"을 의미한다. 律이라는 단어는 "표준(기준, 전범)"을 의미한다. 즉, 법률은 사회에서의 체계적 행동 기준이다. 음악에 사용되는 음높이의 상대적인 관계를 물리적·음악적으로 규정한 기준을 중국어로 음률[音律] 이라고 부르기도 하다. 법률에서 律이라는 단어는 문명인의 사회적 행동을 측정하는 표준 척도를 의미한다.

법가와 중국의 법치

법치주의는 서구 학자들에 의해 근대성의 중심적인 특징으로 자주 선전되어 왔다. 근대화에 관한 그 척도에 따르면 법치가 기원전 2세기 중국의 첫 천하 통일의 기초였기 때문에 근대성은 23세기 전에 중국에서 일어났다고 볼 수 있다.

17세기 말 중국 제국은 '전제정치'의 표본으로서 영문학에 등장하는 한편, 때때로 그것은 질서와 도덕성, 선한 정부라는 이상 위에 오래 동안 확립된 법전으로도 칭송받아왔다.

완존(完存)하는 동아시아 최고(最古)의 법전은 당률소의[唐律疏議]로, 중국의 전통적 형법의 전형을 이루며, 고대법으로서는 탁월한 내용을 갖추고 있다. 7세기 중엽의 영휘율소(永徽律疏)를 737년에 이임보(李林甫) 등이 개수(改修)한 것이 현행본이다. 12편 502조로 되어 있으며, 법적 효력을 가진 관찬(官撰)의 주(소의)가 있고, 태·장·도·유·사(笞杖徒

流死)의 5단계 형벌체계를 가진다. 당나라를 건국하면서 수나라(581~618)의 이른바 개황률[開皇律] 법전이 임시로 채택되었는데, 그것은 624년 발표된 당 고조(高祖)의 무덕률(武德律)이었다. 중국 수나라 문제 때인 582년에 편찬한 개황률은 황제권 강화를 위한 법적 장치였다. 수문제의 연호, 즉 개황에서 이름을 빌린 이 법전은 12편 500조로 구성되어 있다. 12편은 명례(名例)·위금(衛禁)·직제(職制)·호혼(戶婚)·구고(廄庫)·천흥(擅興)·도적(盜賊)·투송(鬪訟)·사위(詐僞)·잡률(雜律)·포망(捕亡)·단옥(斷獄) 등이다. 개황률에 따른 제도 중 3성 6부제는 수나라를 이은 당나라에 영향을 주었을 뿐만 아니라 수나라 이후 중국역사는 물론 한국역사에도 큰 영향을 주었을 만큼 중요한 제도였다. 수나라의 중앙관제인 3성은 상서성(尙書省)·문하성(門下省)·중서성(中書省)이다. 그리고 상서성 아래 정책을 집행하는 6부는 이(吏)·호(戶)·예(禮)·병(兵)·형(刑)·공(工) 등이다. 이러한 수나라의 중앙관제는 남북조의 관제를 계승한 것이다. 반면 지방관제는 남북조의 지방분권체제를 버리고 중앙집권적인 방향으로 정비하였다. 즉 종래 주(州)·군(郡)·현(縣) 등 3층구조였던 것을 주·현 2층 구조로 바꾸었다.

수 문제 이래 보편적 질서의 확립이 급선무였었고 그를 위해 제일 먼저 필요한 일이 법체계, 특히 형법체계의 정비였다. 그래서 황제마다 법전을 반포했던 것인데, 태종의 정관률은 한 차례 법전의 완성으로 평가받는다. 고조의 무덕률까지는 기존 율령을 조금씩만 손보아 즉위 초에 서둘러 반포한 것이었는데 태종은 오래 갈 율령을 만들 필요를 절실하게 느꼈기 때문에 즉위 후 10년을 들여 정관률을 만든 것이다. 태종은 이에 그치지 않고 처남인 장손무기(長孫無忌)에게 더 세밀한 법전을 편찬하게 하여 자기가 죽은 후 당률소의(唐律疏議)가 나오도록 했다. 당률(唐律)은 여기서 완성된 것으로 볼 수 있다.

651년에 이른바 당고종 영휘(永徽) 2년에 영휘율(永徽律)이 반포된다. 이 법전은 12편에 500조를 포함했다. 첫 장은 주로 확정적인 성격을 가지고 있었다. 기본 패턴이 설명되었고, 5형10악(五刑十惡) 8의(八議)와 기타 법률 용어 自首, 過失, 累犯, 共犯, 時效가 설명되었다.

652년 당고종(唐高宗 (r. 649~683)는 구체적인 사건 처리 방법을 설명하기 위해 〈영휘율(永徽律)〉에 답변과 질문 방식으로 논평 편찬을 승인했다. 결과는 653년 발행된 '영휘율소(永徽律疏)' 라는 법전이었다. 송시대 宋 (960년~1279년)에는 고당률소의(古唐律疏義) "주석이 있는 구당코드"라는 이름이 붙었고, 후에 "고"라는 단어가 제목에서 삭제되었다.

그런데 당고조의 무덕률은 역사를 거슬러 올라가면 564년에 공포된 북주율(557~581)에 근거하였는데, 이는 이전의 덜 포괄적이고 덜 정교한 조위율(曹魏律, 220~265)과 268년에 공포된 서진율, 265~317)에 근거하였다. 그리고 더 거슬러 올라가면 중국 최초의 포괄적인 법은 중국을 최초로 통일한인 진시황제(기원전 246~210년 재위)가 편찬한 것이다. 진률(秦律)로 알려진 이 법률은 법적인 수단일 뿐 아니라 정치적 수단이었다. 그것은 법가[法家]의 정치 비전의 입법적 표현이었다. 그것은 새로운 통일된 사회질서에서 적절한 사회행동을 규정하기 위한 통일된 규칙을 제정하는 것을 목표로 했다. 그것은 귀족 특권층의 고대 정권에서 남겨진, 분열된 전통적인 지방 관행을 대체하려고 했고 사회적 계층 구조와 씨족 연계를 바탕으로 한 특수 관계에 따른 기득권층에 대한 유교적인 면책을 제거하려고 했다. 법가는 전국시대 제자백가의 한 유파로 그 계통을 이은 일군(一群)의 정치 사상가에 대한 총칭이다. 특히 유가(儒家) 사상과의 대립 · 항쟁 과정에서 발달하였으며, 전국시대의 전제적 지배를 지향한 군주에게 채용되어, 진(秦) · 한(漢)나라의 통일제국 성립을 뒷받침한 중요한 사상이 되었다. 《한서(漢書)》〈예문지(藝文志)〉에 의하면, 신상필벌(信賞必罰)의 질서 있는 정치를 주장한 장점이 있고, 오로지 형법(刑法)에 의거하여 때로는 육친의 정까지도 저버린 것이 단점이라는 평도 있다. 위(魏)나라의 문후(文侯)를 받들어 부국강병의 실적을 올린 이회(李悝:BC 455?~BC 395?), 진(秦)나라의 재상으로 국내개혁을 달성한 상앙(商鞅:?~BC 338), 저서를 통하여 진시황(秦始皇)을 감탄시킨 한비자(韓非子:?~BC 233), 진(秦) 통일제국의 기초를 구축한 이사(李斯:?~BC 210), 전한(前漢)의 중앙집권화에 힘쓴 조조(鼂錯:?~BC 154), 무제(武帝) 때의 유능한 경제관료 상홍양(桑弘羊:?~BC 80) 등이 법가의 대표자들이다.

법가 사상

법가는 아주 정확하지는 않지만, 춘추전국시대(기원전 453~221년)에 상당한 인기를 얻은 학파다. 법가들은 국내외적으로 치열한 경쟁으로 점철된 시대에 "부국강병(富國強兵)"을 달성하고 국내 안정을 보장하고자 했던 정치 현실주의자였다. 그들은 인간 즉 평민들과 엘리트들 모두가 영원히 이기적이고 부와 명성을 좇을 것이며, 그들이 도덕적으로 행동하기를 기대해서는 안 된다고 믿었다. 그와는 달리 실행 가능한 사회정치시스템을 고안하여 개인들이 국가, 즉 농업과 전쟁 등에 이익이 되는 방식으로 그들의 이기적인 이익만을 추구하도록 허용해야 한다. 이와 병행하여, 적절한 행정 체계로서 관료들이 계급과 명예의 혜택을 받을 수 있도록 해야 하지만, 또한 그들이 통치자의 권력을 전복하는 것을 막아야 한다. 두 제도 모두 통치자와 피치자의 개별적 도덕성에 무관심하다. 오히려 그것들은 법, 행정 규제, 명확하게 정의된 승진과 행동 규칙 등 비인격적인 규범과 기준에 기초해야 한다.

법가 사상가들은 이론적 수준과 정치적 실천가로서 중국 제국을 형성하는데 크게 기여했고, 그들의 사상 중 많은 것들이 중국의 역사를 통해 계속 채용되었다. 그러나 경쟁 학파들의 도덕적 담론을 조롱하며 동료 학자들에 대한 교만한 태도, 그리고 명백히 귀족에 반하는 언행 등은 제국 문인들 사이에서 엄청난 반감을 샀다. 중국의 두 번째 왕조인 한나라에서, 법가의 위신은 쇠퇴했고, 이 학파와 관련된 몇몇 문헌만이 그대로 남아 있다.

비록 "법가"라는 용어는 한대(漢 206/202 BC-220 CE)에 생겨났지만, "법가"로 불리게 될 여러 사상가들을 하나로 묶는 발상은 이미 이러한 학파의 가장 중요한 대표자로 여겨지는 한비자에서 유래한 것으로 볼 수 있다. 한비자(韓非子) 943장 정법(定法, 표준의 정의」)에서 한비자는 상앙(商鞅)과 신불해(申不害)의 사상을 종합하고 발전시켰다. 신불해와 상앙을 한 짝으로 하고, 거기에 한비자를 직접 추가하는 것은 한나라 초기부터 일반화되었다. 역사학자 사마천(司馬遷)은 이 세 사상가를 형명(刑名)의 가르침의 신봉자로 묶었다. 이 용어는 나중에 법가로 대체되었다. 신불해[?~BC 337 ?]는 전국시대의 한(韓)나라 학자이자 정치가이며 사상가로 재상(宰相)으로서 15년간 나라를 태평하게 다스렸다. 《사기(史記)》에 신자(申子: 신불해를 높여 부른 말)의 학문은 황로(黃老: 黃帝·老子) 등을 敎祖로 하는 道敎에 근거를 두고 형명(刑名: 전국시대 한비자가 주장한 학설로 형벌의 종류와 명칭)을 주로 하였다고 한다.

법가라는 용어를 처음 사용한 사람은 사마천의 아버지인 사마 담[司馬談], 기원전 110년)이다. 사마담은 《논육가요지(論六家要旨)》 ('6가지 사상학파의 본질'에 관한 에세이)에서 법가는 '엄격하고 자비가 거의 없으며 친족과 이방인을 구별하지 않고, 귀족과 평민을 구분하지 않으며: 모든 것은 기준(법)에 의해 결정한다'라고 적는다. 사마담은 법가들의 접근방식은 "계속 적용할 수 없는 일회성 정책"이라고 비판하면서도 법가가 "지배자를 존경하고 신민을 비하하며 아무도 [그의 책무]를 남용할 수 없도록 직급을 명확히 구분한다."라고 호평하기도 했다. 한 세기 후에 법가라는 문헌 범주가 만들어졌다. 《한서(漢書)》에서 유향[劉向]은 한나라 도서관(석거각(石渠閣))의 문헌 10권을 법가에 속하는 것으로 분류하였다. 그 당시 "법가"는 제국 도서목록의 주요 범주로 남아 있었다. 20세기 초부터 이 용어는 중국 초기 사상의 분류와 분석에 널리 쓰이게 되었다. 한 제국 황실 카탈로그에 실린 열 권의 "법가" 문서 중 여섯 권은 1천 년 전에 분실되었다. 두 권은 비교적 온전하게 우리 시대까지 살아남았고 다른 두 권은 몇몇 단편만 시간의 변천에서 살아남았다. 가장 초기의 책 중 존속된 문헌은 《상군서(商君書)》(상서(商書))로, 진나라를 융성시켜 중국 세계의 주도적인 지위로 올리는데 공헌한 개혁자 상앙에게 귀속되는 책이다. 그렇지만 전승과정에서 이 책은 적어도 5장을 잃어버렸다; 다른 몇 장은 심하게 손상되어 거의 읽을 수 없게 되었다 두 번째로 보존된 문헌은 한비자(韓非子)인데 한비가 지은 책으로서 그는 韓 나라 지배계층의 후손이다.

법가의 역사적 맥락

법가는 기원전 221년의 진 제국 통일 이전에 3세기 동안 중국에서 번성했던 제자백가들 중 하나일 뿐이다. 흔히 제자백가'의 시대로 지목되는 이 시기는 정치사상의 면에서는 유난히 꽃 피운 시대였다. 정치 문제에 대한 관심의 폭발은 우연이 아니었다. 그것은 심각한 시스템 위기를 배경으로 일어났다. 춘추전국시대는 주(周)나라의 정치구조의 점진적 해체가 두드러진 시대였다. 점차 주 세계는 경쟁 정치들, 각 정치 집단

내의 권문세족들 그리고 제후 사이에서 투쟁이 격심해졌다.

기원전 4세기에는, 개별 제후국들에서 어느 정도의 재중앙집권화가 이루어졌지만, 국가 간 전쟁은 더욱 격화되었다. 전쟁이 점점 더 유혈적이고 파괴적이 되어, 그리고 분쟁을 해결할 적절한 외교적 수단이 보이지 않자, 대부분의 사상가들과 정치가들은 "천하"의 통일만이 평화와 안정을 얻는 유일한 수단이라는 것을 이해하게 되었다. 어떻게 하면 이러한 통일을 이끌어낼 수 있을까, 그리고 어떻게 하면 천하의 만물을 안정화시킬 수 있을까 하는 것이 경쟁 사상가들에 다루는 중심 화두가 되었다. 법가는 이 질문에 대한 가장 설득력 있는 대답을 제공하였고 그것은 그들의 이념적 매력의 단 하나의 원천이 되었다.

위기와 유혈사태는 차치하고라도, 전국시대는 또한 지적으로 활동적인 개인들에게 기회가 넘쳐나는 시대였다. 그것은 새로운 출발과 각계각층의 심오한 변화로 특징지어지는 유달리 역동적인 시기였다. 정치적으로는 춘추시대의 느슨한 제후국들은 중앙집권적이고 관료화된 영토국가로 대체되었다. 경제적으로는 철기 도입으로 농업혁명이 발생하여 수확량이 높아져 황무지의 개발이 촉진되고 인구통계학적 성장을 가져왔으며, 경제적으로는 도시화와 상업화가 가속화되었다.

군사적으로는 석궁과 같은 새로운 기술과 농민 징집병들이 동원한 대규모 보병부대에 의해 귀족 전차 주도의 군대를 대체하게 되어 전쟁의 규모와 복잡성이 급격히 증가하게 되었다. 그리고 사회적으로는 청동기시대 대부분(기원전 1500~400년)에 주 세계를 지배했던 세습 귀족들은 훨씬 광범위한 선비(士) 계층의 도전을 받고 있었다. 이들은 혈통보다는 주로 자신들의 능력으로 자신들의 지위로 올라간 자들이었다. 이러한 심오한 변화들은 다양한 행정, 경제, 군사, 사회, 윤리적 문제에 대한 새로운 접근법을 필요로 했다: 오래된 진실은 재고되거나 재해석되어야만 했다. 다양한 새로운 질문들을 탐구하는 사상가들, 특히 법가들에게는 지금이 황금기였다.

경쟁하는 각 "학파"들은 국가의 기능을 향상시키고, 사회정치적 안정을 얻고, 천하에 평화를 가져오는 방법을 모색했지만, 다양한 대답들 중에서 법가의 제안들이 가장 실용적인 것으로 보인다. 이것은 결코 우연이 아니었다. 몇몇 주요 법가 사상가들, 특히 샹앙이 그들 시대의 주도적인 개혁가였다. 법가 사상가들은 행정 및 사회정치적 혁신의 선두에서 있었다. 그들은 과거의 규범과 패러다임을 가장 잘 떨쳐낼 준비가 되어 있었다. 그리고 그들은 대부분의 이념적 경쟁자들보다 더 실용적이고 결과 지향적이었다. 반면 전통문화와 도덕적 담론에 대한 무시하는 태도, 다른 교육받은 엘리트들 구성원들에 대한 매우 비판적인 자세, 그리고 그들의 두드러진 반-귀족적 태도로 인해서 각계각층에서 그들에게 상당한 적개심을 품은 자들이 다수였다. 장기적으로 볼 때, 사마담의 관찰은 맞는 것 같다: 법가들의 처방은 단기적으로는 매우 효과적이었지만 장기적으로는 훨씬 덜 매력적이었다.

철학적 기초

법가들은 중국에서 "사회가 어떻게 되어야 하는지가 아니라 어떻게 되어 있는가"에서 출발하는 최초의 정치철학자들이다. 실로 이것은 모든 제자백가 중에서 가장 실용 지향적인 학파였다. 법가의 목표는 "부국강병(富國強兵)"이었고 이는 향후 진나라의 천하통일의 발판이 되었다. 법가의 초점은 이 목표를 어떻게 달성할 것인가에 있었다. 따라서, 그들의 글은 일반적으로 공자(孔子, 기원전 551-479년)와 묵자(墨子, 기원전 460~390년)의 추종자들의 글에서 되풀이되는 하늘의 뜻에 대한 순응,

또는 도덕적 고려 같은 것이 결여되어 있었다.

진화론적 역사관

전국시대는 포괄적인 사회정치적 변화의 시대였고, 제자백가는 이 변화를 받아들여야 했다. 대다수는 시대조류의 틀 안에서 그것을 수용하려고 노력했다. 즉, 현존하는 정책의 어떤 혁신과 수정은 불가피하지만, 이것들은 현재의 사회정치 체제에 대한 급진적인 개혁을 요구하지 않으며, 과거는 여전히 지침이 된다는 것이었다. 법가는 전통적인 통치 방식을 기꺼이 포기하려는 의지가 훨씬 더 확고했고, 그들은 과거가 현재에 주는 시사점에 의문을 제기했다. 그들이 과거로부터 배우는 것을 지지하는 사람들을 두 가지 점에서 공격했다. 첫째, 과거에는 모방할 통일된 지배모델이 없었다. 둘째, 실질적으로 사회는 진화하며, 이러한 진화는 과거의 행동 양식, 제도, 그리고 심지어 가치마저 쓸모없게 만든다.

과거 모델과의 이별에 찬성하는 가장 잘 알려진 첫 번째 논거는 상군서 제1장에 제시되어 있다. 상앙은 다음과 같이 말한 것으로 인용된다.

"옛 교육이 같지 않았는데, 대부는 어떤 법을 말하는 것입니까? 옛 제왕들은 각자 다른 예절을 사용했는데, 어떤 예절을 따르겠습니까? 상고시대 복희씨, 신농씨가 세상을 다스릴 때는, 백성들을 교육만 하고 형벌을 가하지 않았습니다. 黃帝, 堯, 舜이 다스릴 때는, 죄를 범한 당사자만 처벌했을 뿐 연좌해 처벌하지 않았습니다. 周문왕, 周무왕이 다스릴 때는 각각 당시의 시대에 맞는 법을 만들고 예절을 정했습니다. 예절이나 법은 시대변화에 맞추는 것이고, 군대의 병기, 갑옷, 그리고 제사에 사용하는 기물들 역시 각각 사용하기에 편리하도록 바꾸는 것입니다. 옛날부터 세상을 다스리는 방법은 한 가지만 있는 게 아니고, 나라를 편안하게 한다면 굳이 옛 법을 따를 필요가 없다고 했습니다. 殷탕왕, 周무왕은 옛 법을 따르지 않고도 번영을 누렸고, 夏걸왕, 殷주왕은 옛 법을 바꾸지 않았는데도 멸망했습니다. 따라서 옛 법을 버린다고 무조건 옳지 않다고 하는 것은 잘못된 것이고, 옛날 예법을 따른다고 해서 무조건 옳다고 하는 것 또한 틀렸다고 할 수 있습니다."

한비자는 더 나아가 과거 모델들이 때때로 변화하고 있을 뿐만 아니라, 우리가 그것들이 무엇이었는지 정확히 확인할 수 없기 때문에 관련이 없다고 설명한다. 옛 전범들이 무엇이었는지에 관해서 의견이 각각이며, 공자와 묵자의 신봉자 등 고대의 권위를 주장하는 사람들은 현재 적용되어야 할 과거의 교훈이 무엇인지에 관해 간단히 동의할 수 없다:

"문제를 검토하지 않고 특정 지식을 주장하는 자는 바보이며, 확인이 불가능한 것에 의존하는 자는 협잡꾼이다. 그러므로 옛 왕들에게 의지하고, 그들이 요순 임금의 전범을 확실히 결정할 수 있다고 주장하는 자는 바보이거나 사기꾼이다."

역사에 대한 진화론적 견해와 특히 경제상황이 도덕적 가치를 바꿀 수 있다는 강조로 인해 법가들은 국가형성의 대안 모형 지지자들과 결정적으로 구별된다. 법가들은 모든 것이 변화할 수 있다고 암시한다: 사회경제적 상황이 변함에 따라, 인간의 행동도 변한다; 그리고 이것은 차례로 정치 제도의 적응을 요구한다. 상양은 다음과 같이 요약한다.

"세상의 정세가 바뀌면 다른 길을 실행해야 한다… 그러므로 백성이 무지할 때 지식을 통해 군주가 될 수 있고, 세대가 박식할 때 무력을 통해 군주가 될 수 있다."

법가 정치철학의 두 번째 기둥은 인간성에 대한 그들의 견해다. 법가들은 인간의 나쁜 점이나 선함이 선천적인 것인지, 아니면 모든 인간이 근본적으로 유사한 성질을 가지고 있는지에 대한 논의를 회피한다. 그들에게 중요한 것은 첫째, 압도적으로 많은 인간이 이기적이고 탐욕스럽다는 것, 둘째, 교육이나 자기-소양을 통해 이 상황을 바꿀 수 없다는 것, 셋째, 인간의 이기심이 위협이라기보다는 통치자의 자산이 될 수 있다는 점이다. "민중은 물이 아래로 흐르듯이 이익을 좇는다." 과제는 인민이 국가의 필요를 반대되는 것이 아니라 부합하는 방식으로 영광과 부에 대한 욕구를 충족시킬 수 있도록 하는 것이다. 상앙은 이를 달성하는 방법을 다음과 같이 설명한다.

> "대개 백성들은 농업에 종사하는 것을 고통스러워하고, 전쟁에 나가 싸우는 것을 위험하다고 여긴다. 그런데 농사의 고통과 전쟁의 위험을 알면서도 행동하는 이유는 오직 이익과 명예를 계산하기 때문이다. 백성들은 일상생활에서 이익을 계산하고, 전쟁에서는 명예를 생각한다... 나라 안에서는 백성들이 농업에 힘을 다하게 하면 토지가 황폐해지지 않고, 전쟁에 나가서는 백성들이 죽음을 무릅쓰고 힘써 싸운다면 반드시 승리한다... 따라서 부국강병의 공적은 군주가 자리에 가만히 앉아서도 이룰 수 있다."
>
> 상앙. 〈상군서〉 산지편.

백성은 부와 명성을 탐하고, 형벌을 두려워한다. 이것이 그들의 기본적 기질이다. 이 기질은 개조할 것이 아니라 제대로 이해한 다음에 조작해야 한다: "백성의 기질을 조사하지 않고 법이 성립되면 성공하지 못한다." 비록 그들이 이러한 것들을 "더 힘들고 위험하다"그 생각할지라도, 대중들이 국가에 이익이 되는 추구, 즉 농업과 전쟁으로 향하도록 유도하기 위해서는, 긍정적인 것과 부정적인 것의 조합을 확립해야 한다. 상앙이 주창하는 사회정치 체제 전체가 이 권고의 실현으로 볼 수 있다.

백성들을 탐욕스럽고 이기적인 존재로 보는 법가의 견해는 이러한 지적 조류에 예외적인 것은 아니었다. 그것은 순자(荀子(기원전 310년~230년)처럼 중요한 유교 사상가에 의해 공유되었고, 다른 많은 문헌에서도 명백하다. 그러나 순자와 다른 유교 사상가들과의 뚜렷한 구별되는 것은 법가들은 엘리트-지배자들 모두가 그들의 이기심을 극복할 수 있을 가능성을 일축했다는 것이었다.

결국 상앙의 개혁으로 진(秦)나라는 농전국가(農戰國家)로 전환할 수 있었고, 부국강병과 법치(法治)를 실현할 수 있었다. 이는 중국역사의 흐름을 완전히 뒤바꿔 놓은 일대 사건이었다. 진시황의 천하통일은 바로 상앙의 변법개혁(變法改革)으로부터 시작되었다고 해도 과언이 아니다. 그의 法治는 왕족과 귀족들의 어떤 특권도 인정하지 않았고 법 앞에서 만인은 평등했다. 그래서 상앙의 變法改革을 시작할 당시 귀족들을 중심으로 한 기득권층은 강력하게 반발했다.

법가는 세 가지 측면을 중시한다. 첫째는 통치자의 정통성과 그의 정책의 교조적 정통성에 바탕을 둔 세(권위)이다. 두 번째는 권력의 조작적 행사에 있어서의 술수(術)이고, 세 번째는 공적으로 공표되면 예외없이 보편적으로 적용해야 하는 법이다. 이 세 가지 측면은 법가들이 잘 다스려진 사회의 세 기둥으로 간주한다. 법치가 근대성의 특징이라면 기원전 3세기에 중국에 근대성이 도래했다.

좀 더 자세하게 법(法) 세(勢) 술(術)을 보면 법(法)은 일종의 원리로서 법전은 반드시 명확하게 작성되고 공표되어야 한다. 통치자 아래 있는 모든 사람들은 법 앞에 평등하다. 법은 복종하는 자에게 보상하고,

감히 위반하는 자에게는 그에 따라 벌을 주어야 한다. 따라서 취한 조치가 시스템적으로 예측 가능하다는 것이 보장된다. 게다가 법체계는 통치자가 아니라 국가가 운영한다. 이 법이 성공적으로 시행되면 약한 통치자라도 강해질 것이다.

술(術)은 일종의 방법, 전술 또는 기법으로서 통치자는 특별한 전술과 "비법"으로써 다른 사람들이 국가를 장악하지 못하도록 그것을 이용하여야 한다. 특히 중요한 것은 아무도 통치자의 동기를 파악할 수 없고, 따라서 어떤 행동이 그들이 승진하거나 세를 불리는데 도움이 될지 알 수 없게 하는 것이다. 단, 지배자도 법을 따라야 한다. 세(勢)는 일종의 정통성, 권력 또는 카리스마인데 권력을 쥐고 있는 것은 통치자 자신이 잘나서가 아니라 통치자의 지위 덕분이이다. 따라서 경향과 맥락 및 사실에 대한 분석은 실제 통치자에게 필수적이다. 한비자는 법(法)과 술(術)과 세(勢)를 중시했는데 이는 한비자가 최후의 법가이자 동시에 법가를 집대성한 법가의 거두로 불리는 이유이다. 한비자 이전의 법가에는 크게 3가지의 계통이 있었다. 신도의 계통은 세를 중시했고 신불해의 계통은 술을 중시했으며 상앙의 계통은 법을 중시했다. 한비자는 이 3가지 통치술 중 어느 하나라도 빼놓을 수 없다고 여겼다. 술은 군주가 신하를 부리는 술수이다. 군주는 적절한 신하를 뽑아 임용해야 하며 신하의 실적에 따라 상벌을 명확히 해야 한다. 군주가 신하를 제대로 부리지 못하면 국정은 온전히 운영될 수 없다. 법은 신하가 백성을 다스리는 규칙이다. 법이 엄정하지 못하면 나라가 어지럽다. 세, 술, 법을 적절히 병용하는 것이 치국의 요체이다. 법과 술은 군주의 수단이며 세가 없으면 수단을 부릴 힘이 없다. 한비자의 많은 부분은 술에 할애되어 있다.

"술수를 아는 선비(智術之士)는 반드시 멀리 보고 밝게 살피니, 밝게 살피지 않으면 사사로운 것을 간파할 수 없다. 법에 능한 선비(能法之士)는 반드시 강인함을 꾀하며 굳세고 곧으니, 굳세고 곧지 않으면 간사함을 바로잡을 수 없다.

그 신하가 명령에 미적거리면서 일을 좇으며 법을 어루만져서 관리를 다스린다고 하여 중인(重人:권세가)이라 말하지 않는다. 중인이라는 자는 명령 없이 멋대로 하고, 법을 이지러지게 하여 자신을 이롭게 하고 나라를 축내어 내 집을 편하게 하는데, 그 힘이 그의 군주에게 까지 이를 수 있으면, 이를 중인(重人)이라 말하는 것이다.

술수를 아는 선비는 밝게 살피니 받아들여서 쓰게 된다면, 또한 중인들의 숨은 뜻(情)을 간파할 것이다. 법에 능숙한 선비는 굳세고 곧으니 받아들여서 쓰게 된다면, 중인들의 간사한 행실을 바로잡을 것이다. 그러므로 술수를 아는 선비와 법에 능한 선비를 쓰게 된다면, 귀하고 중한 신하들은 반드시 줄 밖으로 밀려나게 될 것이다. 이러므로 술수를 알며 법에 능숙한 선비는, 더럽히는 것이 마땅한 사람들과 더불어 함께 있을 수 없는 원수가 되는 것이다. 더럽히는 것이 마땅한 사람이 중요한 일을 멋대로 하면, 나라 안팎이 그를 위하여 사용되어 질 것이다.

이로써 제후가 그에게 의지하지 않으면 일에 반응하지 않으므로, 적국까지도 그를 위해서 칭찬하게 된다. 모든 관료가 그에게 의지하지 않으면 업무가 진행되지 않으므로 군신이 그를 위하여 사용되어 진다. 낭중(郎中:벼슬이름)이 그를 의지하지 않으면, 군주를 가까이 할 수가 없으므로 좌우가 그를 위해 숨겨준다. 학자가 그에게 의지하지 않으면, 녹봉이 박해지고 대우가 낮아지므로 학자는 그를 위한 말을 하게 된다.

이 네 가지 도움은 사악한 신하들의 스스로를 꾸미는 수단이 된다. 중인은 '군주에게 충실하여 그 원수를 다가오게끔 하는 것'을 할 수 없으며, 그 군주는 '네가지 도움을 뛰어 넘어 그 신하를 살피고 간파하는 것'을 할 수 없다. 그러므로 그 군주가 더욱 더 가려질수록, 대신은 더욱 더 (권세가) 무거워 진다. (『한비자』 〈고분편〉)

유교정치론에 따르면 모든 신민의 본질적인 정치적 기능은 개인이 아니라 주권자로서 황제를 섬기는 것으로 황제는 정치질서의 유일한 합법적 의인화이자 정치영역의 주권자이다. 법가들은 모든 권력은 천자로부터 나오지만 이러한 권력에 대한 적절한 집행이 공정한 법체계 안에서만 이루어질 수 있다고 주장한다. 사람들은 그들의 의례적인 책임을 배워야 하지만, 동시에 좋은 공동체 안에서 광범위한 사회적 통제의 형태로서, 그들은 개개인의 개별적인 행위뿐만 아니라 서로의 행위에 대해서도 법에 의해 책임을 져야 한다. 그러므로 죄인을 구속하는 데 있어서 의례적인 의무를 태만히 한 죄인은 물론 친인척, 친구, 동료, 이웃에게도 처벌이 가해져야 한다. 개인이 공동체와 떼려야 뗄 수 없는 사회라면 당연한 일이다.

정부의 효율성과 모두에게 평등한 정의는 좋은 정치의 기본 규칙이다. 법가들은 국가의 행정을 세습 귀족이나 학식 없는 문인보다는 공적에 따라 임명된 관료들에게 맡겨야 한다고 본다. 아무리 급진적이더라도 사상은 본질적으로 문명화되고 고귀하다는 도교의 주장이 설령 타당하더라도, 사상이 억제되지 않은 행동으로 변질되면, 테러, 악행, 천박함과 파괴가 나타난다고 법가들은 주장한다. 사상의 자유는 법치주의에 의해 균형을 이루어야만 사상의 부패를 행동으로 억제할 수 있다.

사대부 계급은 유교에 조예가 깊은바 제국 체제에 충실한 포로로서 문화적으로 결속되는 반면, 그러한 경직된 사고방식으로 인해서 또한 역설적으로 유학자들은 객관적 문제 해결에 무관심하게 되었다. 따라서 유교는 그 본성상 확립된 질서를 궁극적으로 붕괴시키고 그러면 법가가 일정 기간 지배력을 얻게 되어 객관적인 조건에 더 잘 반응할 수 있는 새로운 정책과 법률을 세울 것이다. 그러나 시간이 지나면서 법가들이 정초한 새로운 체제에서 집권 엘리트들은 유교가 효용성이 크다는 이점을 발견하게 되고 그러면 보수적인 체제 공고화의 주기는 다시 한 번 시작된다. 일반적으로 안정과 꾸준한 쇠퇴의 기간은 법가 개혁을 통한 폭력적인 혁신의 기간보다 더 오래 지속되어 유교는 각 순환 후에 더욱 깊이 뿌리내리게 된다. 서구의 자본주의는 본질적으로 개인 자본 소유에 근거하여 재산권과 계급 구분을 정당화하는 법률 제도에 의해 뒷받침되는 봉건 제도다. 프롤레타리아트는 단순한 노동자가 아니라 재산 없는 계층으로 정의된다.

중국 문화에서 가장 영향력 있는 철학자인 원조 보수주의자인 공자는 인간이 현자 통치자 아래에서 조화롭게 살았다고 알려진 고대 서주(西周, 기원전 11세기~기원전 771년)의 이상화된 사회를 동경했다. 주나라가 노예제도에 근거한 봉건사회였다는 사실은 공자에게는 상관이 없었다. 이상주의자인 공자에게 인간 사회의 신분질서는 자연스럽고 공생적이었다. 만약 모든 사람들이 사회에서의 그의 특정한 신분에 따라 만족스럽게 자신의 의무를 수행한다면, 그리고 안분지족[安分知足] 한다면 모든 사람들은 사회생활이 이상적인 고도의 문명 상태로 변모함에 따라 혜택을 볼 것이다.

공자에게는 좋은 사회에서의 노예의 삶은 혼돈과 미개한 부도덕으로 점철된 사회에서의 영주의 삶보다 더 바람직했다. 폭력적인 사회 변화는 모든 제후들과 노예들에게 쇠퇴와 파괴를 가져올 혼란만 야기할 것이다. 그런 격변에서 환자는 질병과 싸우는 과정에서 죽을 것이다. 공자는 분명히 이 문제에 대해 어떠한 노예에게서도 의견을 묻지 않았다. 플라톤과 마찬가지로 공자도 도덕의 시대를 초월한 이상이 완벽한 현실을 구성하는 세계를 구상했는데, 완전한 실재에서 물질적 세계는 그것의 흠집 있는 반영에 불과하다.

공자에 따르면, 역사적 사실과는 극명하게 대조적으로 주나라 사람들은 진실하고, 현명하고, 선하고, 정의롭기를 열망했다. 그들은 사회적 의례의 의무를 꼼꼼하게 준수하고, 그러한 의례의 도덕적 내용을 명확하게 이해했다고 한다. 공자는 주나라 사람들이 고귀한 열망에서 그토록 비참하게 실패하거나 궁극적으로는 그 문명이 멸망한 원인을 결코 설명하지 않았다.

유교적 세계관에서는 주나라 멸망 이후 사람들은 타락해 왔다. 야만인의 중국 사회의 침입과 자연적인 쇠락의 결과 사회 질서가 무너졌다. 그러나 근본적으로 선하기 때문에 인간은 교육을 통해 구제될 수 있는데, 그 핵심이 도덕적인 예시이다. 그것은 상층 계급에게서 나올 것인데 이상적인 사회에서 가장 현명한 사람은 자연히 정상에 오를 것이기 때문이다. 그리고 그들은 도덕적인 행동의 본보기로 사회의 나머지 사람들을 가르칠 책임이 있다.

공자가 우상화한 주나라는 신화 속의 신 후직(后稷 농업의 신)을 조상으로 모셨다. 이 계보 주장은 역사적으로 사실적인 근거가 없었다. 그 신화는 이전 상나라(기원전 1600년~1028년)의 우월한 문화에 비해 야만적인 기원을 감추기 위해 주나라에 의해 발명되었다.

주공(周公)은 주나라 대업의 일등공신이며 노나라의 시조로 일컫는 주문공(周文公)이다. 주문공은 형인 주周 무왕을 도와 은殷나라를 무너뜨리고 주나라를 창업했으며 또한 형 주 무왕의 급작스런 죽음 이후 10여 세 어린 나이에 왕위에 오른 조카를 대신해 섭정으로 주나라를 다스렸다. 모든 권력과 신망을 한 몸에 받고 있어 사실 주문공은 왕이 되려는 마음만 있었다면 충분히 왕이 될 수 있었다. 하지만 그는 7년 간 어린 조카를 대신해 주나라의 기틀을 세우고 성인이 된 조카에게 왕권을 물려주고 미련없이 신하의 자리로 돌아간 인물이다. 또한 주문공은 기원전 1046년부터 기원전 221년까지 약 825년을 지속한 주나라의 통치시스템과 법전, 교육, 의례, 사상을 제정하고 시행한 정치가, 군사령관, 교육자, 과학자이며 유학자의 시조격인 인물이다. 그보다 500년 후에 주문공이 세운 노盧나라에서 태어난 공자는 자신의 롤모델로 주문공을 이야기했다. "내가 나이가 들어 이제는 꿈속에서라도 주문공을 한 번 뵈었으면 좋겠다"라고 흠모하며 '가장 이상적인 성인'으로 주문공을 꼽았다.

주문공은 중국 정치에 있어서 장자상속제를 바탕으로 한 세습 군주제 관행을 도입했다. 그는 죽은 왕의 바로 아래 동생을 왕위에 앉히는 상나라의 고대 부족 풍습에 종지부를 찍었다. 주문공이 세운 장자상속제의 원리에 기초한 세습 군주제는 이후 역사가들에 의해 원시 부족의 민족성에서 벗어나 근대적 정치 국가를 출범시킨 제도로 간주되어 왔다. 그것은 근본적으로 중국 문명을 발전시킨 공로를 인정받았다. 근대성은 민족국가에서 시작되었고, 중국에서는 그 전환이 그리스도가 태어나기 1천년 이상 전에 일어났다.

주문공은 중국 문명의 근간을 이루는 육예(六藝)를 주었다. 유가에서는 육예[六藝, 예(禮) · 악(樂) · 사(射) · 어(御) · 서(書) · 수(數)]를 말한다. 유교적 이상주의에서는 인간이 야생동물의 상태로 되돌아갈 수 없는 도덕성에 뿌리를 둔 문명에서 인간의 운명이 드러난다. 주공은 불과 7년이라는 짧은 섭정 기간 동안 봉건주의를 사회정치적 질서로 확립한 공로를 인정받았다. 그는 시간의 흐름에서 살아남은 정교한 윤리제도로 그것을 제도화했다.

이상적인 국가는 도덕적이고 자애로운 주권자/제국이 법보다는 예기에 근거한 도덕적 설득에 의해 통치하는 안정된 사회에 있다. 정의는 사회적 행동을 지배하는 시대를 초월한 도덕에서 나올 것이다. 인간은 법으로 규정된 처벌에 대한 두려움보다는 자신의 도덕적 인격에 대한 자존심에서 질서정연하게 행동할 것이다. 정의로운 정치질서에 충실한 유능하고 충실한 사대부들은 도덕적 내용이 없는 엄격한 법률적 규칙을 따르기보다는 도덕적 원칙에 따라 정부를 운영할 것이다. 군주의 행동은 《예기》에 의해 규정된다. 그가 살았던 춘추시대 이전에 존재했던 이상화된 봉건제도에 대한 향수를 느끼며 공자는 오래 전에 존재했던 고대 주 사회정치 문화의 회복을 갈망했다. 그는 자기 시대의 객관적으로 다른 현대 사회 현실을 혼란스러운 퇴화의 증상일 뿐이라고 일축했다. 공자는 사회적 혼란과 정치적 무정부 상태를 혐오했다. 그는 끊임없이 자신의 이상화된 도덕적 이미지에 현실과 불완전한 세계를 맞추려고 애썼다. 유교는 덕과 권력 사이의 인과관계에 맹신함으로써 인간이 지배하는 사회로부터 법률이 지배하는 사회로 진화하려는 중국의 주기적인 시도에 주요한 문화적 장애물이 되었다. 유교의 위험은 덕을 가진 자에게 권력을 부여하려는 목적이 아니라, 권력자를 덕이라고 칭하는 경향에 있다. 이것은 법이 일반적으로 권력자에 의해 약자를 지배하는 데 이용되기 때문에 법치로는 해결할 수 없는 문제다.

유교철학에서 정치적 사고의 기초가 되는 본질적인 생각에서 타락한 사람들은 선에 대한 타고난 잠재성을 회복하기 위해 억압적인 제도들의 통제가 요구된다. 공자에 따르면 문명은 인간 생활의 본질적인 목적이라고 한다. 문명을 발전시키는 것은 개별적으로나 집단적으로나 현자와 사대부인의 책임이다. 개화된 개인은 무지한 개인을 가르쳐야 한다. 교양 있는 국가는 야만족에게 문명을 가져다주어야 한다.

우월한 통치자는 덕망이 있는 사람의 자질을 길러야 한다. 그러면 그의 덕은 주위의 대신들에게 영향을 미칠 것이다. 그들은 차례로 하위계급의 다른 사람들에게 본보기가 될 것이다. 왕국의 모든 사람들에게 고귀하고 도덕적인 덕성에 스며들 때까지 말이다. 아래로 흐르는 도덕성 원칙은 강대국들과 약소국들간의 관계와 선진국과 개발도상국간의 문화 및 경제에도 적용될 것이다.

공자는 유물론자인 중국인에게 덕망 있는 자를 존경하고 높은 지위에 있는 자를 존경하라고 가르쳤는데 그물은 도덕적인 것으로 간주되었다.

중국어로 인간의 덕을 뜻하는 인[仁]이란 말은 '적절한 인간관계'를 뜻한다. 《설문 說文》에 따르면, 인은 '인(人)'과 '이(二)'의 두 글자가 합해서 된 것이며, '친(親)하다'는 뜻이다. 인[仁]이라는 단어는 인간의 다원성과 적절한 대인관계를 추구하기 위해 필요한 개념인 "인간"과 숫자 "2"를 결합하여 구성된다. 오륜의 의식을 행함으로써 각 개인은 자신의 사회적 역할을 분명히 이해하게 되고, 그러한 관계를 꼼꼼하게 규정하는 의례의 적절한 준수에 따라 각자가 자발적으로 행동하게 된다. 어떤 이성적인 사람도 5륜의 적절성에 이의를 제기하지 않을 것이다. 그것은 중국인의 의식에서 가장 불변의 문화적 정확성 고정이다. 이러한 관계는 중국 사회의 기본적인 사회 구조를 형성한다. 관계에서 각 구성원은 다른 구성원에 의해 합당한 고려와 특권을 누리는 동시에 다른 구성원에 대한 의례적 의무와 책임을 진다.

공자는 공자 이후 2천년 동안 인간은 본래 선하지만 문명에 의해 타락한다고 주장할 장 자크 루소(1721~28)의 사상을 이단적으로 생각할 것이다.

공자는 주공의 사상에 근거하여 자신이 편찬한 의례에 나재되어 있는 것처럼 인간의 행동을 다스리는 예기가 없다면 인간은 동물과 다를 바 없다고 주장할 터인데, 공자는 그런 상태를 경멸했다. 공자는 인간이 천성적으로 선하다는 것을 인정했지만, 루소와는 반대로 인간의 선함을 타고난 잠재력일 뿐 피할 수 없는 특성은 아니라고 보았다. 공자에게 인간의 운명은 선한 잠재력을 충족시키기 위해 야만에서 문명을 향해 자신을 끌어올리려는 노력에 있다.

법 현실주의

법치는 그럴듯한 말이긴 하지만 현실에서는 법을 제정하고 해석하고 집행하는 주체는 어디까지나 사람이다. 사람은 개인적인 편견과 신념 그리고 자기가 속한 정치경제 문화적 환경에서 알게 모르게 얻은 사고방식과 세계관 그리고 직접적인 이해관계나 인간관계에 의해서 영향을 받는다. 법이 지배한다고 보기보다는 사람들이 결국 지배한다. 율사들은 자신들의 사고방식과 이해관계 그리고 세계관이 있다. 율사들은 법을 해석하고 집행할 독점적인 권한을 가짐으로써 사회에서 견제받지 않는 권력자들이라고도 볼 수 있을 것이다.

재판에서 판결에 대한 학술적 분석은 역사적으로 다음과 같은 질문들이 중심적인 관심거리였다. 사법판결의 얼마나 많은 부분이 법적 추론에 기초하여 내려지는가? 판사는 해당 사건의 관련 사실을 파악한 후 법조문을 참고하고 판결하는 것인가? 아니면 사법 의사 결정이 단순히 사실과 법조문으로 구성된다는 주장은 단지 억측에 불과한 것이고 실상은. 법적인 규칙을 사용하여 사례를 결정하는 것이 아니라 또한 법률적 추론 규칙들을 사용하여 결론에 도달하는 것이 아니라 판사가 이미 내린 것일 수도 있다. 마음 속에서 이미 내린 결정을 정당화하기 위해서 단지 법규들만 이용하는 것이 아니라 판사가 법조문에 없는 정책 원칙에 의존하는 경우도 얼마든지 상상할 수 있다.

법형식주의는 판사의 판결은 법전에 나와 있는 조문을 문자그대로 판결에 적용한 결과라는 주장이다. 즉 판결은 주로 법조문에 기반한 활동이라는 견해이다. 법형식주의에서는 법외적적 규칙은 소송의 결과에 거의 또는 전혀 영향을 미치지 않는다. 판결은 형식적이고 기계적이며 누가 판결을 내리든 법조문을 따른다면 언제나 동일한 판결이 나올 것이다. 신법형식주의라는 용어는 때로는 판단이 규칙을 따르는 행위이거나 순전히 연역적이거나 논리적일 필요는 없지만 규칙에 묶이고 예측 가능한 것이라는 견해를 나타내기 위해 종종 사용된다. 법원은 거대한 삼단논법 기계이며, 법조항에 따라 기계적으로 연역한다. 본질적으로 판결은 합리적이고 논리적인 활동으로 법적인 교리, 원칙, 규칙을 연역적으로 사건의 사실에 적용하는 것이다. 이 견해는 적어도 미국에서는 강한 지지를 받지 못했다. 법현실주의자들은 그것을 허수아비 때리기 오류로 더 자주 사용했다. 그러나 미국 이외의 지역, 특히 유럽에서는 법형식주의가 항상 극단적인 것은 아니지만 판결의 중심이론이었다.

법형식주의는 법은 법률 과학 즉 법학(法學)이라는 관념을 지지한다. 이 사상 학파는 법률을 합리적이고, 완전무결하며 거의 기하학적인 연역시스템으로 간주한다. 연역으로서의 추론이라는 데카르트의 이상이 대세가 된 이후로, 법적 추론은 연역적 논리로 추앙되었다. 앵글로색슨의 법적 세계에서 블랙스톤(Blackstone)은 합리적인 과학으로서 법의 개념을 제기한 최초의 사람 중 하나였다 .이 견해는 궁극적으로 19세기에 우세하게 되었다. 20세기에 철학과 많은 사회과학에서의 분석적 실증주의의 등장으로 인해서 합리적인 과학이라는 법에 관한 견해가 공고하게 되었다. 이것은 대륙법적인 사고에서 특히 그러했다.

마침내 베버(Max Weber)는 법학에 대한 가장 잘 알려진 정의를 수립했는데 그에 따르면, 다섯 가지 가정이 합리과학을 대표한다.:
첫째, 구체적인 모든 법적 소송은 구체적인 "사실 상황"에 대한 추상적인 법적 명제의 "적용"이다. 둘째, 모든 구체적인 경우 법적 논리를 통해 추상적인 법적 명제에서 결정을 도출할 수 있어야 한다. 셋째, 법률은 실제로 또는 사실상 법적 명제의 "빈틈없는" 시스템을 구성해야 하며, 적어도 그런 무결점의 시스템인 것처럼 취급되어야 한다. 넷째, 법률용어로써 합리적으로 "해석할" 수 없는 것은 법률적으로 중요하지 않다. 그리고 다섯 번째로, 법률 제도의 "무결점"은 필연적으로 인간의 모든 사회적 행동의 빈틈없는 "법질서"로 귀결되어야하기 때문에 인간의 모든 사회적 활동은 법적 명제의 "적용" 또는 "실행" 또는 "침해"로 항상 보아져야 한다.

법이 합리적인 과학이라면, 완전무결한 법적 시스템에서 판사는 외부 규칙에 의존할 필요가 없다. 모든 경우에 대한 해결책은 법체계 내에서 찾을 수 있다. 판사는 논리 규칙, 주로 연역만을 사용할 것이다. 그러한 시스템에서 판사는 법을 만들지 않는다. 법적 체계가 이미 완성되었기 때문에 법을 만들 필요가 없다. 그것은 완전무결하다 .판사가 하는 일은 항상 거기에 있던 법을 발견하고 그것을 적용하는 것뿐이다. 이 견해에서 법관은 법의 해석자에 불과하다. 법형식주의를 지지하지 않은 많은 법학자들은 사법적 결정에 대한 이러한 관점을 기계적 법학이라고 부른다. 판사는 일종의 전문 사무원이다. 그에게 예외적인 경우를 제외하고는 즉시 준비된 법조문을 적용할 수 있는 사실 상황들이 제시된다. 그의 기능은 단지 올바른 조항을 찾아 사실 상황과 결합시키고 그 결합에서 다소간 자동적으로 나오는 해결책을 추인하는 것이다. 사법 결정의 전 과정은 학문적 논리의 형식적 삼단논법을 따르도록 만들어졌다. 주요 전제는 법령 속에 있으며, 사건의 사실은 작은 전제를 제공하며 필연적으로 결론이 뒤 따른다.

그러나 이러한 법형식주의 관점은 과연 실제로 판사들이 판결을 내리는 과정을 관찰하고 종합한 결과인가 아니면 단지 그럴 것이라는 막연한 추측에 불과한가 하는 의문이 생긴다. 가령 대법관 홈즈는 판결은 법조문을 그대로 따르는 것이 아니고 연역하는 것도 아니라 판사가 이미 내린 판결을 정당화하기 위해 법조문을 사용한다고 주장한 바 있다. 올리버 웬들 홈즈(Oliver Wendell Holmes, 1841~1935)는 미국의 법학자, 연방 대법원 대법관이다. 종종 미국의 가장 위대한 법사상가로 꼽힌다. 1902년부터 1932년 까지 미국 연방 대법원의 대법관을 역임했다. 대법관으로 활동하는 동안 간결하고 함축된 의견과 선출된 입법기관의 결정에 대한 존중으로 유명하며, 역사상 가장 많이 인용되는 미국 연방 대법원 판사이기도 하다. "그는 뉴딜 시대에 일반적으로 보수적인 법관 속에 있으면서 자주 진보적인 소수 의견을 진술하여 미국의 법 및 법학의 발달에 기여하였다. 또 자유주의자로서 기본적 인권의 옹호에 노력하고 '명백하고도 합리적인 위험이 현존'하지 않는 한, 언론의 자유를 제한하

는 것에 반대하였다. 프래그머티즘의 입장에서 구래(舊來)의 자연법사상을 타파하여 빼현실주의에의 길을 열었다

홈즈는 판관들의 판결들은 의식적으로나 무의식적으로도 결과를 지향하는 것이고 판관들의 출신 계급과 사회의 진화하는 관습을 반영한다는 신념을 이미 초기시절부터 갖고 있었고 평생 동안 이 신념을 간직했다. 근대사회에서 진화한 법은 피고인의 행위의 실질적 결과(material results)에 관심이 있다는 것이 그의 중심사상이었다. 그에 따르면 판관의 임무는 원고와 피고 중 누가 상해의 비용을 감당해야 되는지를 결정하는 것이었다.

홈즈에 따르면. 법률가들은 논리적 훈련을 주로 받고 유사성과 차이점 그리고 연역의 과정을 애호하고 사법적 언어는 주로 논리적 언어이고 논리적 방법과 형식은 확실성에 대한 염원을 채워주는 면이 있지만, 그 논리적 향식 뒤에는 아마도 그 법률가가 전혀 의식하지 못하고 따라서 발설하지 못하는 가치관과 세계관이 결정적으로 작용하고 있다고 주장한다.:

"논리적 형식 뒤에는 경쟁하는 입법적 근거들의 상대적 가치와 중요성에 대한 판단, 종종 발설되지 않고 무의식적인 판단이 있다. 그것은 진실이다. 그리고 그것은 그 모든 절차의 뿌리이자 신경이다.

어떠한 결론에도 논리적 형식을 줄 수 있다. 하나의 계약에서 언제나 하나의 조건을 함의한다는 추론을 갖다 댈 수 있다. 그렇지만 왜 그런 함의를 주장하는가? 한 공동체나 한 계급의 관행에 대한 모종의 믿음 대문에 아니면 정책에 관한 모종의 의견 아니면 간단히 말해서 정확한 양적 측정을 할 수 없는 그래서 정확한 논리적 결론을 정초할 수 없는

문제에 관한 당신의 어떤 태도 때문이다. 그러한 문제들은 모든 시대에 통용될 수 있는 결정들을 위한 수단이 존재하지 않는 곳이고, 그 결정이 주어진 시대와 장소에서의 주어진 집합체의 선호를 구체화하는 것 이상을 할 수 없는 곳이기 때문이다. 일반 공중의 마음의 습관이 약간만 변해도 우리의 법의 얼마나 큰 부분이 재고될 것인지를 우리는 깨닫지 못한다. 우리가 아무리 받아들일 자세가 되어 있다 하더라도 그 어떠한 구체적인 명제도 자명하지 않다. 심지어 허버트 스펜서의 "모든 사람의 그의 이웃의 자유를 침해하지 않는 한 그가 원하는 것을 할 권리가 있다"라는 명제조차도 그렇다."

(홈즈, 법의 길, Harvard Law Review 457 (1897))

홈즈는 법관으로서 법관들의 암묵적이고 잠재의식적인 가치와 감정이 법관의 판결에 가장 중요한 영향을 미친다고 말했다. 다른 한편 미국 독립선언문의 작성자로 알려진 토머스 제퍼슨은 도덕적 책임만을 제외하고는 그 어떠한 책임도 지지 않는 법관들은 법을 자기들 마음대로 해석하여 마치 일랍처럼 주무른다고 주장하였다:

"이 가설에 따르면 헌법은 법관들의 수중에서 단지 밀랍에 불과하다. 그들은 그것을 주물러서 그들이 좋아하는 모양으로 만든다. 정치에서의 영원한 진리의 공리로서 독립적인 정부 권력은 절대 권력이라는 것을 명심해야 한다.: 국민들의 각성하고 있을 때에는 단지 이론상으로만, 그러나 국민들의 감시가 느슨해지면 바로 실제적으로."

(토마스 제퍼슨, letter to Judge Spencer Roane, September 6, 1819.)

그래서 제퍼슨은 이 책임은 없으면서 자의적인 권력을 전혀 견제 받지 않으면서 휘두르는 법관들이 민주주의를 파괴할 씨앗으로 보았다.:

"우리 국가의 파멸의 씨앗은 법관들-무책임한 집단-의 힘 속에 있다. 그들은 밤낮으로 오늘은 조금씩 내일도 조금씩 마치 도둑처럼 소리 없이 전진하면서 견제와 균형이 무력해질 때까지 관할권을 확장한다. 그리고 우리가 결별한 정부처럼 부패하고 압제적이 될 것이다."

홈즈와 제퍼슨은 "법현실주의자"였다. 법현실주의란 1) 판사는 법적인 규칙을 따르기보다 소송에 대해서 이미 선호하는 결과를 갖고 있는데 그 바람직한 결과는 보통 정의의 개념, 소송 당사자의 속성, 이데올로기, 공공 정책 선호, 판사의 성격 등과 같은 법외적 근거에 기반한다. 2) 판사는 일반적으로 자신이 선호하는 결과에 대해서 타당한 법규를 발견할 수 있는데 법체계가 복잡하고 종종 모순되기 때문에 가능하다고 보는 관점을 가리킨다. 법현실주의는 통상 홈즈 대법관 또는 1920년대와 1930년대의 운동의 탄생에서부터 시작되었다고 여겨진다. 그러나 일부 학자들은 법현실주의가 탄생하기 전에도 미국에 많은 현실주의자가 있다는 사실을 알게 되었다. 19세기 중반의 저명한 미국 변호사 프랜시스 리버(Francis Lieber)는 사법 결정이 기계적인 경우는 아주 드물다는 점을 지적했다. 대신에 경험과 다른 많은 요인들이 결과에 큰 영향을 미친다.

마찬가지로, 형식주의자로 간주되는 법학자인 윌리엄 하몬드(William Hammond)는 이미 1881년에 판결에 대한 제약으로서의 법에 대한 다소 현실적인 태도를 표명했다:

"재판관이 대다수의 판례들을 인용하여 거의 모든 판결을 지지할 수 없으며, 반대 판결을 지지하기 위해 다른 다수의 법조문이 수집될 수 있다는 것을 알고 있다. 사례의 사실을 밝히기 위한 약간의 독창성만으로도 원하는 결론을 보장할 수 있는 규칙을 가져오기에 충분하다. 가장 정직한 판사는 자신의 견해를 정당화하는데 인용된 법조항이 종종 판결과 관련이 거의 없다는 것을 알고 있다. 아마도 그 판결에 대한 결론이 내려진 후에 그 법조문들을 찾아보았을 것이다. 그는 사건의 법에 대한 아름다운 에세이를 쓰겠지만, 결정의 실제 근거는 그것이 서술된 사실의 진술 아래에 숨어있다. 피상적인 일관성과 법의 확실성을 보존하고, 무심한 눈으로부터는 절대성과 정확성에 대한 완전한 결핍을 숨기는 것은 사실을 진술하는 힘이다."

아마도 실제는 법형식주의와 법현실주의 중간 어디쯤에 있을 것이다. 재판에서 법관들의 자유 재량권은 상당할 것이다. 저명한 경제학자 조지프 스티글리츠는 『불평등의 대가』에서 율사들은 초부자들이 법망을 피해서 지대 추구를 하는데 필수적인 역할을 하고 있다고 주장한다. 만일 "법대로"만 판결한다면 변호사들이 할 수 있는 일은 없을 것이다.

지대 추구자의 한 가지 목적은 법률과 규제들을 자신들의 이익이 되게 제정하는 것이다. 그렇게 하려면 변호사가 필요하다. 미국 정부가 1%의, 1%에 의한, 1%를 위한 정부라고 말할 수 있다면, 미국은 율사의, 율사에 의한, 율사를 위한 정부라는 말은 더욱 더 참이다. 미국의 44명의 대통령 중 26명은 변호사이며, 하원의원의 36%는 법을 배경 지식으로 가지고 있다. 그들(대통령과 의원들)이 변호사의 재정적 이익을 협소하게 추구하지 않더라도, 그들은 "인지적으로 포획"될 수 있다.

법적 구조는 개인과 회사가 나쁜 행동을 하지 않도록 하는 인센티브를 제공함으로써 경제를보다 효율적으로 만들 것으로 생각된다. 그러나 우리는 군비경쟁 하는 법제를 설계했다. 두 소송인은 서로 더 일류 변호사를 구하기 위해 열심히 노력한다. 즉 상대방보다 더 비싼 변호사를 사기 위해 더 많은 돈을 지출한다. 좋고 영리한 변호사는 비싸기 때문이다. 결과는 종종 소송이나 이슈의 진위나 옳고 그름보다 누가 더 많은 돈을 갖고 있는가에 따라 결정된다. 이 과정에서 소송뿐만 아니라 소송 결과에 영향을 미치려고 취해진 행동들에서 그리고 애초에 소송을 방지하기 위해 취해진 행동(즉 법의 왜곡된 설계)에서 자원의 막대한 왜곡이 있다."

그 결과 율사들이 힘이 막강해져서 자본(기업)들과 막상막하가 되었다고 스티글리츠는 말한다. 법치는 멋진 이상이긴 해도 현실에서는 잘 작동할 수도 잘 작동하지 않을 수도 있다. 아무튼 법치라는 개념과 실천은 율사들에게 막강한 힘을 실어주어서 그들에게 사회적 현실을 규정하고 변경할 권력을 주었다.

송대의 상업혁명과 기술발전

송나라(宋朝, 960년~1279년)는 중국의 옛 왕조로서 960년 조광윤이 오대십국 시대의 후주로부터 제위를 선양받아 개봉(카이펑)에 도읍하여 세운 나라이다.

송나라는 세계에서 처음으로 지폐를 발행하였으며, 최초로 상비 해군을 설치하였다. 이 시기에 화약이 크게 발달하였으며 나침반을 사용하여 정북의 방향을 정확히 알아낼 정도로 과학 기술이 발달하였다. 송나라는 북송과 남송 시기로 나뉘는데 북송(北宋), 960~1127)년까지인데, 수도는 개봉(開封)에 있었으며 중국 동부 대부분을 장악하였다. 허나 1127년 이후에는 송나라가 여진족이 이끄는 금나라에 밀려 남쪽으로 쫓겨 내려가 임안(臨安)(지금의 항저우)로 도읍을 옮기는데, 이때부터의 시기를 남송(南宋)으로 부른다. 이 시기 송나라는 강남 지방을 중심으로 번성을 누렸으며, 황하를 포함한 중원 지방은 잃었으나 여전히 막강한 경제력을 지니고 있었다. 이는 강남 지방의 거대한 인구와 생산력 높은 농지들을 기반으로 한 것이었다. 남송 시대에 송나라는 상대적으로 강력한 해군력을 가지고 있었으며, 야만족들의 침입을 막기 위하여 군대도 양성하여 힘을 길렀다. 또한 화약의 사용 등 가히 혁명적이라 할만한 군사 기술들을 개발하며 중국 무기술의 꽃을 피워냈다.

송나라 시기, 중국의 인구는 거의 2배로 증가했다. 송나라는 중국 중남부의 쌀 생산을 장려하여 곡물 생산량이 크게 늘었으며, 동남아시아에서 들여온 품종을 개량하여 전국에 기르도록 하여 식량생산이 크게 증대되었다. 북송시대에는 대략 2천만 가구가 살았는데, 한나라와 당나라의 2배에 달하는 수치였다. 북송 시대에는 약 9천만 명에 달하는 인구가 있었다고 추정된다. 이러한 급격한 인구 증가는 경제 혁명을 불러일으켰고, 도시가 성장했으며 통화 유통량 자체가 증가했다. 또한 돈줄을 틀어쥔 상인들의 힘이 늘어나며 중앙 정부가 경제에 미치는 영향력은 상대적으로 감소했으며, 그동안 귀족들에게 밀려 고위 관직에 오르지 못했던 유학자들이 점차 관직에 등용되기 시작하였다.

송대의 사회적인 분위기는 매우 역동적이었다. 시민들은 서로 모여 활발히 토론하고 값진 예술품들을 교환하였으며, 축제가 시시때때로 열리고 주점이 활성화되어 사람들 간의 교류도 늘어났다. 또한 목판 인쇄술이 발달, 문학과 지식의 전파의 속도가 매우 빠르게 일어났고, 그 외에도 과학, 철학, 수학, 건축학 등이 송나라 내내 번성하였다. 정이와 주희와 같은 대철학자들이 불교의 개념을 섞어 유교의 틀을 다잡았으며, 고전들을 새롭게 엮어 성리학의 핵심 개념들을 만들어냈다. 수나라 때부터 시작된 과거제는 송나라 시기에 더욱 그 역할이 커졌고, 이 과거제에 합격하여 임용된 능력있는 관리들은 점차 세습 귀족들을 몰아내고 조정을 관료제적인 성격을 띠도록 만들었다.

이 시기 당나라 시대부터 크게 발달한 괭이 등 농기구 바탕으로 점성도(占城稻)라는 안정성 있는 품종의 조도(早稻)를 도입해서 쌀과 보리의 이모작으로 확대했다.

경제 팽창. 송나라는 재정문제와 군사적인 약점이 특징인 반면, 학자들에 의해 '상업혁명'으로 일컬어질 정도로 경제도 확장되었다. 경제 확장은 주로 향상된 농업 기술, 주판, 화약, 그리고 새로운 인쇄 기술의 사용, 국내외 무역의 성장, 그리고 화폐 경제의 발전에 의해 추진되었다.

기술 발전. 송 시대에는 농업 생산성이 크게 증가했다. 중국 남부에서는 베트남 남부의 참파에서 현지 식물보다 더 빨리 자라는 새로운 쌀 품종을 도입함으로써 쌀의 이모작이 가능해졌다. 논에 대한 관개를 크게 개선하는 몇 가지 주요 관개사업이 실시되었다. 게다가, 더 상업화된 농작물들이 농사에 도입되었다. 예를 들어, 산기슭의 차나무 재배와 면화 재배는 농가의 소득에 기여했을 뿐만 아니라, 나라의 농업 자원을 다양화시키는 데 기여했다.

기타 발전. 한편 송나라 때 다른 기술 발전이 일어났다. 비단 짜기, 요업, 옻칠 생산 등의 전통적 기법이 더욱 발전되었다. 송 후기에 이르러 중국인들은 20세기까지 동아시아 사람들의 일차적 계산 장치가 된 주판을 사용하기 시작했다. 중국학자들도 폭발물에 화약을 사용하는 방법을 배웠는데, 이는 채굴 관행에서 특히 중요했다. 모든 기술 발전 중에서 인쇄술은 가장 중요한 발전이었다. 인쇄기술은 기존의 석재비석 기술에서 발전하여 돌에 촉촉한 시트를 붙이고 램프 그을음으로 표면을 문지

름으로써 검은 바탕에 흰색 글자가 새겨진 목판인쇄를 제작하였다. 11세기가 되면 중국인들은 목판에 활자를 배열하는 법을 배웠고, 따라서 현대 인쇄 기술에 여전히 적용되는 원리를 가진 이 기술을 발명했다.

허난 성 개봉은 북송 왕조(960~1125)의 도읍 역할을 했다. 무역 중심지로서의 개봉의 중요성은 급속히 커졌다.

개봉은 그 도시민을 위한 시장이었고, 주변 지역들의 중심지이자 시장이었고, 그리고 북남중국이나 외국에서의 더 먼 곳들을 위한 시장이었다. 개봉이나 그 위성도시에서 생산되거나 만들어진 것 외에, 다른 곳에서 나온 많은 제품이나 상품을 소비하거나 (때로는 가공 후) 수출했다. 초대 송황제는 쓰촨성(四川省)과 양쯔 삼각주의 노동자들을 이주시켜 직물 산업을 육성하였다. 개봉 시장 지역의 제철 및 철강 산업은 처음으로 소규모 및 다소간 계절적 운영을 보다 정교한 기술, 장비에 대한 큰 투자, 많은 수의 노동자에 의존하는 고도로 조직화된 기업들로 대체했다. 그 산업은 정부와 자본 자원이 풍부한 민간 철 장인들에 의해 발전되었다. 물론 여러 종류의 개봉 워크숍에서는 황실이나 고위 관료, 부유한 사업가나 다른 주민을 위한 사치품들을 생산했고, 그런 특산품들은 수출무역에서 자연스럽게 파악되었다. 남쪽의 차는 재수출에 중요한 품목이었다.

국내 무역. 역사적으로, 다양한 왕조의 중국 정부는 상인들을 경멸했고 상업 활동에 대해 정부는 제한을 가했다. 그러나 이러한 상업주의에 대한 경멸과 억제는 당나라 말기와 송나라 시대에 깨졌다. 민간 시장들이 전통적인 정부 시장을 훨씬 넘어 널리 퍼졌다. 다양한 특화 도시 상점들이 주요 거리에 늘어서서 번화한 길목을 가득 메운 머뭇거리는 구매자들과 보행자들을 유혹했다. 민간 무역의 발전은 상인들이 도매업자와 소매업자의 두 부류로 나뉘어질 정도로 진전되었다.

행상좌고(行商坐贾, 대형 도매상 또는 중개상)는 나중에 소매상들에게 팔기 위해 창고에 대량으로 농산품과 공산품을 쌓아두었는데, 그러한 소매상들에는 행상주번(行商走旛, 보부상)과 지역 상점 주인부터 각 도시의 지점망을 갖춘 대규모 점주까지 다양했다. 민간 무역의 전문화와 거래량 증가는 가격을 정하고 경쟁으로부터 회원들을 보호하는 상인 조직인 단행(团行 송(宋)대 동업조합 조직)이 필요하게 되었다. 가장 중요한 길드에는 소금, 곡물, 차, 실크 같은 기본적인 상품을 파는 상인들이 포함되어 있었다.

대외 무역의 성장. 국내 물물교환 외에도 송 시대 대외무역은 엄청난 성장세를 보였다. 외부와의 무역은 일찍이 한나라(기원전 206년~기원전 220년)부터 시작되어 육로를 통해 처음으로 행해졌다. 이때 중국인들은 중앙아시아, 서아시아, 지중해 지역의 상인들과 무역을 시작했다. 상인들은 카자흐스탄에서 장안으로 이어지는 일련의 노선인 실크로드(Silk Road)를 건너 신강과 고비사막을 횡단했다.

북쪽과 북서쪽에 있는 이웃 부족 국가들은 오래 전부터 비단이나 차 같은 제품에 대한 취향을 배양해 왔으며, 중국 상품에 대한 수요도 꾸준했다. 요, 서하, 금에 대한 군사작전이 계속 실패하면서 송은 땅과 수백만 명의 인구를 유목민 이웃에게 빼앗겼다. 이 외국인들은 중국 상품에 대한 수요를 더욱 증가시켰다. 상업적 무역과 이익으로 송 정부는 그들의 적들에게 막대한 공물을 지불하고, '오랑캐'에 대항하는 중국의 방어를 위해 스텝에서 말을 사들일 수 있게 되었다.

해상무역. 송 시대에는 육로무역이 해외의 노력으로 보완되었다. 한말기부터 인도, 중동과의 해상 무역이 존재했지만 송대에는 해상 무역이 급속도로 성장했다. 조선·항행 기술 향상은 해외 상업 활동을 도왔다. 송나라가 해양력을 정비하고 해상 무역을 장려하자, 점차 송나라의 해상 교역량은 늘어났다. 송나라 상인들은 바다 곳곳을 누비며 물건들을 싣고 오갔고, 송나라의 경제력도 함께 부강해졌다. 한편 이렇게 상선들이 많이 오고가자 해적들도 늘어나기 시작했다. 송나라는 이를 막기 위하여 상시적인 해군의 필요성을 인지했고, 결국 1132년에 처음으로 상설 해군을 창설하여 본부를 딩하이구에 두었다. 중국 선박들은 이제 돛, 노, 방수 횡격벽[隔壁](배가 침몰하는 것을 막기 위해)를 활용했다. 중국인들은 또한 그들의 배를 항해하는 것을 돕기 위해 나침반을 사용했다. 해양무역의 발달로 중국 동부해안과 동남부 해안은 국제무역과 대외연락 1차 지역이 되어 서북부 개척의 중요성이 현저히 줄어들었다.

서북부 지역은 점차 낙후된 배후지 지위로 내려앉았다. 남해안과 양지강 하류의 큰 항구가 몇 개 개발되었고 정부는 관세를 걷기 위해 세관을 세웠다. 특히 천주[泉州]는 중국의 차와 도자기 생산 지역과의 접근성이 편리하여 대표적인 항구도시로 부상했다.

대외 무역의 특성. 해양 무역의 발전은 중국의 번영을 잘 보여주는 것이며 중국이 세계 경제 생활에서 주도적인 역할을 했다는 것을 보여준다. 중국은 주로 공산품을 수출했다. 중국은 실크 원단과 도자기 제품들이 세계적으로 인정받았다. 한국과 일본에서는 중국 서적, 판화, 미술품 등의 수요가 많았다. 중국 구리 동전은 동아시아와 동남아시아 지역으로 운송되었다. 중국은 그 대가로 주로 내아시아에서 말과 가축 등 원자재와 향신료, 보석, 상아, 기타 사치품을 수입했다.

외국인 무역상. 이웃한 한국, 일본과의 무역은 한국 상인들이 주도했고, 이란과 아랍인들은 남·서아시아와의 무역의 상당 부분을 지배했다. 외국 무역업자들은 중국 도시들의 지정된 구역에서 그들의 관습법에 따라 생활했다. 예를 들어 서아시아에서 온 무역업자들은 이슬람교를 데려와 그들의 지역사회에 이슬람 사원을 세웠다.

화폐경제. 당나라와 송나라 말기에 중국은 화폐경제의 큰 확장을 경험했다. 중국 동전은 일찍이 동주 시대(기원전 771년~기원전 256년)에 사용되었으나, 이 화폐는 이제서야 정부 재정과 중국인들의 일상생활에 없어서는 안 될 역할을 했다. 송나라 시작 1세기 말에 이르러 현금은 황실 세수의 상당 부분을 차지하기 시작하였고, 정부 독점과 상세(商稅)로 얻는 수입은 농업세를 초과하였다. 남송 시대에는 현금의 세수가 곡물 및 섬유 수입의 세수보다 많았다. 이전에는 세금이 주로 농산물의 형태로 징수되었다. 돈의 사용 폭이 넓어지면서 동전에 대한 수요가 늘어났다. 송 정부는 이 통화에 대한 압력을 완화하기 위해 금과 은을 화폐 제도에 편입시켰다. 그러나 가장 중요한 진전은 지폐의 개발이었다. 동전은 장거리 상업거래에 비해 너무 거추장스럽고 부피가 컸기 때문에, 그러한 활동을 위해 다양한 지권과 지폐가 발명되었다. '비전'이라고 불리는 지폐의 한 종류는 먼 지역에서 산 물건에 대한 지불에 사용되었고 중국 자본에서 상환될 수 있었다. 송나라 때의 화폐경제 발전은 다른 나라보다 훨씬 앞선 수준에 이르렀다.

도시 중심지. 송대 상업적 발전으로 중국은 필연적으로 도시화가 일어났다. 12세기까지 중국은 각각 10만 가구 이상을 가진 52개의 큰 도시 현들을 가지고 있었다. 이러한 도심 속 문화는 세련되고 다양했으며, 생활은 흥미진진하고 사치스러웠다. 개봉과 항저우는 백만 단위의 인구를 자랑하며 세계에서 가장 거대한 도시들 가운데 하나였고, 도시의 시민들은 다양한 사교장들과 오락거리들을 향유했다. 도시의 학교와 사찰들에서는 교육과 종교 활동들을 할 수 있었다. 유흥업소는 도시 생활을 지배했다; 사람들은 많은 술과 찻집, 전문요리를 제공하는 식당 그리고 기녀들과 매춘부들이 딸린 집들에서 즐길 수 있었다. 도시에는 아예 유흥 지구가 따로 있었으며, 이 곳에는 연극 배우, 꼭두각시 인형가, 칼을 삼키는 사람, 뱀을 다루는 사람, 이야기꾼, 음악가와 가수, 주점, 휴식처 등이 있어 사람들에게 풍요로운 여가 문화를 제공하였다. 사람들은 이 곳에서 밥을 먹거나 차를 마시며 담소를 나누었고, 예술품들을 비평하거나 뒷소문을 서로 전하는 등 즐거운 시간들을 보냈다. 송나라 때에는 지역간의 교류가 활발하였기에 지역들의 특색적인 요리들도 빠르게 전역으로 전파되었고, 이 요리들이 다른 지역들의 것들과 결합되며 요리도 더더욱 풍성해졌다. 연극은 엘리트 계급이나 대중들 모두에게 인기가 많았으며, 당시 개봉에 있었던 4개의 거대한 연극장은 모두 각각 수천명에 달하는 인원을 수용할 수 있을 정도였다. 집에서도 즐길 수 있는 여가거리들도 많았는데, 사람들은 주로 가정집에서 바둑이나 장기를 두며 시간을 보냈다.

고도로 다양화된 도시생활이 만개했지만, 그 어두운 면도 이때부터 보이기 시작했다. 도시 빈곤과 구걸이 나타났다. 지역 유명 인사들의 후원을 받은 민간 자선 단체들은 불우한 사람들을 돌보기 위해 생겨나서 중국의 사회 복지를 주로 책임지는 전통이 되었다. 송나라 조정은 은퇴한 자들을 위하여 복지소를 만들었고, 공공 의료기관을 만들었으며 빈곤한 자들을 위한 공동묘지를 조성하여 주는 등 국민들의 복지에도 힘썼다. 송나라는 한나라의 본을 따 우편 제도도 확충, 제국 전역에 소식이 빠르게 전달될 수 있도록 하였다. 정부는 수 천명에 달하는 우편부들을 고용하여 역, 우편소 등에 배치하였으며, 이들을 효과적으로 계급을 나누어 편제를 확립하였다. 시골의 농부들은 자영농, 소작농, 지주 계급 등으로 크게 나뉘어 있었다.

중국 송대의 기술발전과 이후의 정체

중국의 송대의 기술발전

기술사에서의 최대의 수수께끼는 중국의 기술적 우월성을 지속하지 못했다는 것이다. 1400년 이전에 중국은 경이로울 정도로 기술적 발전을 거듭했고 많은 면에서 유럽과 비슷하거나 더 빠른 속도로 기술 혁신을 선도했다. 이 혁신들의 많은 것들이 직접적으로 수입되든지 아니면 또는 독자적으로 재발명 되는 형식으로 중국에서 유럽으로 흘러갔다. 중국의 기술적 업적들 몇몇을 요약하자.

1. 논농사 기술이 대폭 발전하면서 중국 농사에 혁명이 왔다. 논 농법 개량들 덕분에 남부의 벼 재배가 엄청나게 확대될 수 있었다. 치수 공사들(댐들, 배수로, 제방, 간척지, 벽들)을 통해서 물을 통제할 수 있게 되면서 토지들의 배수와 관개가 가능하게 되었다. 정교하고 복잡한 수문, 펌프, 양동이가 달린 물방아는 물의 흐름을 통제하고 토사(土砂)가 쌓이는 것을 방지하였다. 10~15세기 사이에 중국에서의 물 통제 프로젝트들은 7배나 증가한 반면, 인구는 기껏해야 2배 증가했다.

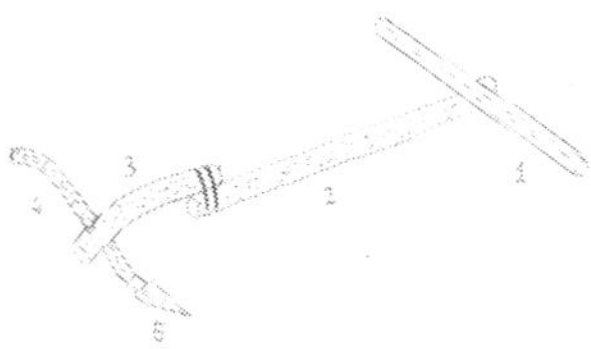

굵는 쟁기

원대 수차 풀무 송풍기 (왕정농서)

2. 긁는 쟁기는 기원전 6세기에 철 쟁기로 대체되었다. 철 쟁기는 흙을 갈아엎어서 고랑을 만들 수 있었다. 나중에 8~9세기에 철 쟁기는 논에서 쓰이도록 개량되었다.

3. 파종기(초파기), 제초기, 그리고 긴-이빨 써레는 송나라(960~1126AD)와 원대(1127~1367)에 도입되었다. 중국 농업에 도시 쓰레기, 진흙, 석회, 삼 줄기, 재, 그리고 강 토사 같은 새 비료들이 도입되었다. 곤충과 해충 통제에 화학적이고 생물학적 도구들이 아주 성공적으로 사용되었다. 그 당시에 농사 기술들을 다루는 수많은 논문과 수첩들이 발간되었다. 왕정(王禎)의 방대한 《왕정농서(王禎農書)》(1313년) 22권에는 농작법과 재배법, 농기구에 관한 이론이 그림 273폭과 함께 자세히 서술되어 있다. 그는 안후이성[安徽省] 정덕현(旌德縣)과 풍성현(豊城縣)의 장관으로 일하며 여러 업적을 남겼으며 농업기술에 박학하여 농기구를 직접 설계하고 제작하여 보급하였다. 이 책에는 수력을 사용하는 제분기와 방적기에 관한 설명이 주목을 끄는데, 장시성[江西省] 지역의 수전연마(水轉連磨)를 예로 들어 큰 축에 연결된 3개의 톱니바퀴로 9개의 맷돌을 동시에 돌릴 수 있음을 설명하였다. 활자에 관해서도 연구하였는데, 목활자가 주석이나 도자기로 된 활자

보다 성능이 뛰어나며 활자 수납에는 회전식 배자가(排字架)가 쓸모 있음을 밝혔다.

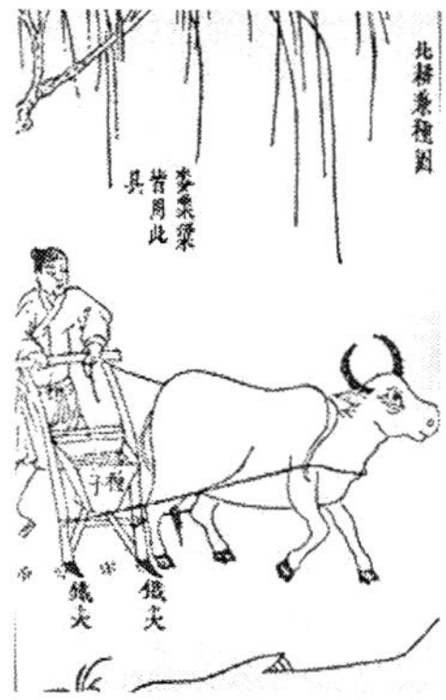

명대 송응성[宋應星]의 천공개물(天工開物)에 실린 파종기

4. 중국인들은 용광로의 사용에 있어 유럽보다 1500년 앞서 있어서 주철을 사용하고 선철로부터 연철을 정련했다. 주철을 만드는 것은 중국에서는 기원전 200년에 알려져 있었는데, 유럽에는 14세기 말에야 도달했다. 중세시대에 중국의 철 생산은 1인당 생산량으로 계산해도 유럽보다 훨씬 더 많았다.

   그러한 이것은 피스톤들을 사용하고 수력에 의해 구동되는 이중 풀무, 석탄 그리고 우월한 야금술 지식에 기인했다. 풀무란 쇠를 달구거나, 쇳물을 녹여 땜질 등을 하는데 부엌의 불을 지피는 데 이용되는 기구이다.

   중국은 또한 강철 생산에서 서구를 앞섰는데, 중국인들은 강철 생산에 금속과 비금속을 같이 쓰는 혼융(混融)과 산화 테크닉을 사용했다.

5. 물레는 중국과 서구에서 거의 동시에 -13세기- 나타났는데, 중국에서 훨씬 더 빠르고 멀리 진전되었다. 중국인들은 중앙 동력원을 실

을 방적하는데 사용하였다.

면에서, 중앙 동력원의 적용은 영국의 산업혁명이 되어서야 해결되었는데, 그러나 중국인들은 하그리브스의 제니 방적기와 비슷한 복식수동 방적기를 일찍부터 개발하였다. 정교한 방적 장비들은 더 일찍 왔다: 비단에서 복잡한 패턴들을 짜는 공인기(空引機)는 한 대(기원전 200년경)에 사용되었고 나중에는 면에도 사용되었다. 면은 기계식 조면기에 의해 조면되었다. 중세시대 말에 중국은 영국의 산업혁명과 아주 닮은 과정을 거칠 준비가 되어 있었던 것으로 보인다.

6. 중국에서의 수력의 채택은 다소간 유럽의 그것과 동시에 일어났다. 레이놀즈는 기원 후 3세기 전에 중국은 그 끝에 물을 받는 활송장치가 달린 축에 의해 상호운동을 일으키는 원시적 장치인 물 지렛대들을 주로 사용했다는 것을 증명했다. 기원 후 8세기에 중국은 이미 수력 트립해머를 사용하고 있었고 1280년에는 그들은 수직 수차를 광범위 하게 사용하고 있었다.

7. 중국인들은 시간 측정 기술을 서구에서 배웠다고 수세기 동안 생각되어 졌다. 이러한 견해는 니담과 그의 동료들에 의해 논박되었는데, 그들은 10-11세기 송대에 중국 시계 제작자들은 물이 빠져나가는 기제를 이용한 정확하고 교묘한 물시계를 제작했음을 증명했다. 시간 측정에서의 중국의 업적은 1080년 소송(蘇頌)의 유명한 시계에서 그 절정에 달했다. 12m 높이의 시계로서 시간만이 아니라 달을 비롯한 행성들의 위치 같은 천문학적 변수들도 표시했다. 이 기구들은 유럽이 1100년대 즈음에 제공할 수 있었던 그 어떠한 것보다 기계적 복잡성, 재료와 메커니즘의 숙달 정도, 측정의 정확성에서 훨씬 더 앞섰다

8. 중국의 해상 기술도 또한 인상적이었다. 중국은 960년경에 나침반을

발명했다. 조선과 선박 설계에서, 중국은 유럽보다 수세기나 앞섰다. 그들의 대양용 정크선은 1400년 이전 유럽의 최고의 선박들보다 훨씬 더 크고 훨씬 더 바다에 잘 적응되어 있었다. 그 중국식 범선은 화객운송용의 목선으로 선내에 많은 수밀구획(水密區劃)을 설치하고 선수에서 선미를 관통하는 종통재(縱通材)가 없는 것이 특징이다. 그 배들은 칸막이벽 조선이라고 불리는 테크닉을 썼는데, 물이 샐 때 가라앉는 것을 방지하기 위해 방수의 물에 뜨는 방들을 사용하였다. 그것의 명백한 이점에도 불구하고, 그 테크닉은 서구에서 19세기가 되어서야 채택되었다.

중국의 배들은 또한 15세기 중엽에 삼중 돛대 카라벨(triple-masted caravel)이 개발되기 전에는 그 어느 곳도 대적할 수 없을 정도로 조종하는 것이 쉬웠다. 3세기경에 그 정크선들은 사다리꼴 러그세일(trapezoidal lugsail)로 설치되어 서양의 큰 삼각돛(lateen sail)과 같은 식으로 바람에 대항하여 항해할 수 있었다. 중국인들은 또한 유럽보다 훨씬 이전에 선미재 키를 발전시켰는데, 이것은 중국의 배들에는 선미재가 없었다는 것을 생각하면 실로 놀랄 일이다.

9. 중국인들은 종이를 발명했다. 이것이 유럽에 도달하는데는 1000년이 걸렸다. 인쇄 역사에서 볼 때 목판인쇄술은 물론 중국이 가장 오래되었다. 필승은 중국 북송(北宋)의 경력연간(慶曆年間:1041~1048)에 활판인쇄술을 발명하였다. 그렇지만. 중국에서는 목판인쇄가 많이 보급되었기 때문에 그의 활자 인쇄는 그다지 발달하지 못하였다

10. 700~1400년 사이에 중국의 기술적 조숙성을 나타내는 많은 다른 예들이 나타났다. 자기는 당대(618~906)에 나타났다. 중국인들은 기원전 250년경에 근대적인 무득점(horse collar)을 개발했는데, 유럽에 건너오는 데는 1000년 이상 걸렸다. 성냥, 우산, 칫솔, 놀이용 카드

들은 다 중국에서 발명되었다.

명대 이후 중국의 기술 발전의 침체

그렇지만, 유럽의 르네상스가 시작될 즈음에, 중국의 기술혁신은 느려졌고 종국에는 완전 정지되었다. 중국의 경제는 계속 팽창했지만 그 성장은 대부분이 내부 상업, 화폐화 그리고 남부 지방의 식민화에 기초한 아담스미스 타입의 성장이었다.

1368년의 명 왕조의 건국에서 19세기 말까지, 중국의 경제는 점점 더 기술이 정체하는 환경에서 주로 인구성장, 삼림 벌채, 상업적 확장, 그리고 농업의 집약화를 통해서 팽창했다. 기술발전에 의한 경제성장이 아니었다.

최부(崔溥)는 조선 시대의 문신으로서 1487년 추쇄경차관으로 제주에 갔으나 이듬해 부친상을 당해 돌아오던 중 풍랑으로 중국 저장성 닝보부에 표류했다. 반년 만에 한양에 돌아와 왕명을 받고 《표해록(漂海錄)》을 썼다.

항저우 야간시장 (1609)

최부는 항저우에 처음 도착했을 때 "세인들이 가로되 완전한 별천지로다"라고 감탄하였다. "가옥들이 연하여 행랑을 이루고, 치맛자락이 연하여 장막을 이뤘으며, 저자에는 금은이 쌓여 있고, 사람마다 비단옷을 입었다. 그리고 외국 상선들과 큰 배가 빗살처럼 촘촘하게 늘어서 있고, 거리에는 주기와 기루가 가까이 붙어서 띠를 이루고 있었다."

기술사가인 모키르는 그의 저서 "부의 지렛대"에서 중국과 유럽의 차이점은 유럽에서는 자기의 이익에 해가 된다고 보이는 혁신을 사보타지할 만한 큰 힘을 가진 사회 집단이 없었기 때문이라고 본다. 첫째, 유럽에서는 기술 변화는 본질적으로 민간 이니셔티브의 문제였고, 지배자의 역할은 보통 2차적이거나 수동적이었다. 비군사적 기술에 대한 중요한 공헌이 산업 혁명 전 또는 동안에 거의 이루어지지 않았다. 아이디어 시장이 있었고, 정부는 이 시장들에 단지 하나의 소비자 또는 더 드물게는 하나의 공급자로서만 들어갔다. 둘째, 한 유럽 정부가 혁신에 대하여 적극적인 적대적인 태도를 취할 때마다, 그 정부는 경제적 (따라서 종국에는 정치적인) 서열에서 밀려 내려 갈 수 있었다. 더구나, 유럽 내에서의 이주의 가능성이 열려 있었기 때문에 창조적이고 독창적인 사상가들은, 만일 그들의 출생 국가가 충분히 관용적이지 않으면, 다른 곳으로 갈 수 있었다. 그래서 장기적으로 보면, 반동적인 사회들은 부와 권력의 경쟁에서 밀려났다.

가장 중요한 것은 관리들과 중앙 정부가 주도하는 기술변화는 정부의 승인에 의존한다는 약점이 있다는 사실이다. 정권이 진보를 지지하는 한, 진보는 계속될 수 있다. 그러나 정부는 그 스위치를 꺼버릴 수 있고 민간사업이 그 자리를 쉽게 메우리라는 보장은 없다. 중국에서 기술발전이 그렇게 오래 동안 지속되었다는 사실은 놀랍다. 그것은 국가가 기술적 변화를 촉진하는데 흥미를 잃었을 때 끝났다.

그러나 다른 시각에서는 기계를 이용하는 기술발전은 그 기계의 연료가 풍부할 때에만 가능하다고 본다. 에너지가 저렴하고 풍부하고, 반대로 인간 노동력이 비쌀 때에만, 인간 노동력을 기계로 대체하려는 인센티브가 사업가들에게 주어진다. 인력은 저렴하고 마음대로 쓰다가 버릴 수 있고, 에너지 비용이 비싸다면, 아무리 기계 기술을 이용하는 혁신이 일어난다 해도, 기계를 사용하는 비용이 인력을 사용하는 비용 대비 훨씬 더 비싸기 때문에 그러한 기술은 시장 경쟁에서 버틸 수가 없고, 사업가들은 그런 기술을 채택하지 않는다.

프랑스는 제지, 시계, 유리 그리고 섬유 등 많은 산업에서 새 기술로 선도했다. 프랑스 근대가 개발한 트랙터인 Cugnot's fardier(짐수레)는 기술적으로는 성공작이었지만, 너무 많은 연료를 잡아먹고 진흙 속에 내려앉았기 때문에 포기되었다. Vaucanson의 완전 자동화 된 명주 견직기(silk loom)는 엄청난 기술적 위업이었지만, 너무나 자본 집약적이었기 때문에 상업적으로 사용되지 못했다.

영국은 고임금과 저렴하고 풍부한 석탄 덕분에 산업혁명에 성공했을지 모른다.

중국의 자유방임 시장경제

아담 스미스적인의 해석에 따르면, 영국의 우월성과 산업화는 영국경제가 점점 더 자유롭고 공정한 경쟁에 의해 특징지어지고 영국정부가 점차 스미스의 논리에 따라 행동하는 경향을 보였던 과정의 절정으로 여겨져 왔다 그것들을 지지하는 사람들에게 산업화되지 못한 중국 제국의 곤경은 언제나 설명하기가 쉽다. 그들은 중국이 모종의 동양적인 전제정치를 특징으로 한다는 사실을 언급한다. 이 개념은 시작이 마르코폴로(Marco Polo)에게 거슬러 올라갈 수 있을 정도로 계통이 길다. 아담 스미스는 당대-1800년대에 중국이 가난하게 되었던 이유에 관한 이론을 갖고 있었다. 중국은 외국과 거래하지 않았기 때문에 그들의 아이디어들을 배우고 적응할 수 없었고 따라서 정체할 수밖에 없었다: 대외교역을 경시하거나 경멸하는 나라는 다른 법과 제도들로써 하는 사업을 할 수가 없다. 정체된 경제는 맬서스적인 인구 위기를 통해서 절박한 빈곤으로 향하게 될 것이라고 스미스는 생각했다. 인구는 계속해서 증가하지만 경제는 그렇지 못했다. 기술 진보가 없이 인구만 성장하면 경쟁은 곧 임금을 최저 수준으로 밀어 내릴 것이다. 그러한 최저 임금률에서 어린 아이들은 너무나 영양 결핍이어서 쉽게 질병의 먹이가 될 것이고, 여자의 몸의 지방 수준은 너무나 낮아서 배란은 들쑥날쑥 할 것이다. 1870년이 되면, 맬서스 위기가 닥친 것으로 보였다. 3억명 이상의 중국 인구는 평균 4에이커에 토지에 6명의 가족이 농사짓는 형편이었다. 당시 급진적 공화파는 미국의 해방노예 가족마다 40에이커의 토지에 한 마리 노새를 희망하고 있었다. 당시 중국의 평균 성인 남성의 키는 150cm보다 한참 작았다.

그렇지만 브리스(Vries)는 중국이 이 기간에 영국보다 훨씬 더 "스미스적"이었다고 주장한다. 즉, 중국 정부는 자국민에게 약간의 생계형 보험을 제공하기만 하고 나머지 분야에서는 손을 뗀 반면, 영국은 경제를 관리하고 산업화의 과정을 적극적으로 개입하는 상대적으로 크고 개입적이고 능동적인 정부를 가졌다. 영국이 명예혁명 이후에 제도들 (즉 재산권)에서 의미 있는 이점을 누렸다는 생각과 관련하여, 브리스는 또한, 영국의 산업화 과정에서 재산권의 변화와 근대 경제성장의 출현 사이에 구체적인 직접적인 연관성이 없거나 도약 직전과 도중에 이런 점에서 큰 변화가 보이지 않는다고 본다. 여러 측면에서 영국에서는 강화된 중앙정부가 국가이익에 기반하여 재산권에 간섭할 더 많은 권한을 확보했기 때문에 1688년 이후 영국의 재산권은 더 잘 보호되지 못했다. 일반적으로 서유럽의 역사에는 몰수의 사례가 없지 않으며 특허를 포함하여 잘 보호되고 확고한 재산권이 성장에 장애가 될 수 있음을 인식해야 한다.

영국의 1인당 세금은 중국보다 약 20배 높았다. GDP 대비 세금 비율은 GDP 데이터에 대한 선호하는 출처에 따라 달라지지만 영국에서는 세율이 훨씬 더 높았다 (측정값에 따라 3~5배 더 높음). 또한 이 전 기간에 걸쳐 영국에서 세금은 1인당 소득과 GDP의 비율에서 상승했지만 중국에서는 본질적으로 동일비율이었다. 마지막으로, 중국 정부는 이 기간 동안 결코 적자를 기록하지 않았다. 명예혁명 직후의 정부 부채가

GDP의 퍼센트로서 본질적으로 0이던 것을 알 수 있다. 거기에서 그것은 꾸준히 상승하여 나폴레옹 전쟁 이후 GDP의 거의 250 %에 달했다. 부채가 GDP의 100% 이하로 떨어진 것은 1850년 이후였다. 정부 관리들의 수에 비추어 볼 때 브리스는 1800년 중국이 2만~3만 명의 공무원을 보유하고 있다는 자료를 인용했다. 영국은 인구가 약 30배 더 적었지만 공무원 수는 같았다. 영국은 중국보다 GDP의 훨씬 더 많은 부분을 복지와 빈곤 구제에 사용했다.

이 기간 동안 영국에서 행해졌던 중상주의는 단순히 금 모으기에 매료된 결과가 아니었다. 영국 정부는 수입 원자재의 제조를 강화하는데 적극적으로 주력했고 그러한 목적을 염두에두 고 군대와 해군을 시장 개방에 사용했다. 이것을 하기 위해서 그것은 중과세했고 많이 빌렸고 많이 지출했다.

특허의 역사

특허라는 개념은 서양에 고유하다. 중국에서는 특허라는 개념이 없었고 이것이 중국에서 수많은 발명이 있었음에도 불구하고 그러한 발명들이 연쇄적으로 폭발하여 산업혁명으로 나아가지 못한 이유 중의 하나가 될지 모른다. 그런데 서양에서는 특허는 사실상 남의 나라 것을 도둑질하고 독점을 강화하려는 과정에서 기원했다는 사실은 역사의 아이러니라고 볼 수 있다.

발명에 대한 중국의 역사적 태도

지구상에서 가장 오래 지속된 문명으로서 중국인들은 오랫동안 예외적으로 창조적이고 창의적인 민족이었다. 중국인들은 십진법, 지진계와 나침반, 총과 화약, 목판인쇄, 활자인쇄, 종이, 도자기, 성냥, 주철 등 서양에 의해 재창조되거나 복제되기 훨씬 전에 수많은 효용성이 높고 신기한 것들을 발명했다는 것은 잘 알려진 사실이다. 이렇게 기술적이고 창의적인 기업의 역사에도 불구하고 중국의 지식재산권 전통은 거의 없다.

복제에 관한 중국의 초기 법은 고대 중국이 지적 생산품을 고려했던 방식을 드러낸다. 제국시대 초기에 중국 통치자들은 특정 작품의 복사를 범죄로 규정하는 법령을 선포했다. 집권 세력은 지적 생산물에서 재산과 같은 권리를 창출하거나 창조적인 활동을 장려할 생각은 없었다. 사실 복제된 작품이 고대 철학자들 중 한 사람의 글이나 민감하게 여겨지는 정부 작품, 춘화와 같은 금지된 자료가 아닐 때 복사는 지식 전파의 중요한 원천으로 여겨졌다. 게다가, 복사는 과거의 철학과 문화적 규범이 현재의 관행을 정당화하는 데 기여했던 사회에서 과거와의 귀중한 연결고리로 여겨졌다.

춘화와 같이 금지된 자료 또는 민감한 것으로 간주되는 정부 후원 작품을 제외하면, 고대 경전은 무단 복제로부터 보호되는 가장 중요한 작품이었다. 그러한 제재는 두 가지 목적을 위해 고대 작품의 보급을 정부의 통제 하에 두기 위한 것이었다. 첫째, 중국 지도자들은 순응과 사회정치적 안정을 유지하기 위해 대중, 특히 문인들을 통제하려고 했다. 둘째, 그들은 중국의 도덕, 사회, 법률 구조에 필수적인 이들 작품의 정확성과 정통성을 유지하기를 원했다. 지적 생산물에 대한 중국인들의 태도는 중국에서의 공맹의 유교 사고의 득세에 크게 영향을 받았다. 유교는 개인의 이익이 아니라 개인의 발전을 강조함으로써 개인이 상당히 중요하다고 여겨지는 문화를 만들었지만, 개인의 발전은 주로 사회에 대한 기여 때문에 중요했다. 창조적이고 창의적인 성취가 개인의 재산권의 주제가 될 수 있다는 생각은 단순히 그들의 사고방식과는 무관한 것이 아니라 본질적으로 그들의 정신적 세계상에는 아예 존재하지 않았다.

복제에 대한 중국의 전통적인 태도에 관한 대부분의 증거는 적어도 두 가지 이유로 기기나 제품보다는 저작들과 관련이 있다. 첫째로, 중국인들은 서양 국가들보다 수백 년 전에 목판인쇄 기술과 활자인쇄 기술을 가지고 있어서 글을 베끼는 것이 훨씬 더 쉬워졌다. 둘째, 이러한 태도의 증거는 중국 초기 역사가들과 그들 자신이 지식 엘리트들의 일원이었던 다른 작가들의 작품에서 발견된다. 이 엘리트들은 강력한 문학적 지향을 가지고 있었고 실용적인 물리적 혁신과 같은 일상적인 것들을 경멸했다. 초기 중국의 놀랄만한 발명성에 대한 역사적 기록이 분명히 있지만, 장치와 제품에 대한 기록은 주요 지식인들에게 우선순위는 아니었다. 그러나 사회에서 개인의 역할 같은 본질적인 것에 대한 뿌리 깊은 믿음–개인의 정신적 산물은 개인이 아닌 사회에 속한다는–이러한 믿음은 단지 저술들에게만 국한되지는 않았을 것이다.

지적 엘리트들에게 지배적인 이러한 태도 또한 비록 중국 문명이 수 백 년 동안 기술에서 세계를 지배했지만, 결국 15세기에는 서구보다 크게 뒤처진 비상한 현상을 설명할 수 있을 것이다. 서구에서 가술 발전이 가속화하기 시작하는 동안 중국에서 기술 발전은 거의 중단되었다. 중국 엘리트들이 사상에 대한 지배적인 영향력을 행사하면서, 실용적인 발명에 대해 경멸하는 태도로 인해서 중국 국민은 기술에 대한 흥미를 잃었다. 르네상스 시대 동안 서양에서 특허법이 등장하기 시작하면서 중국에서 유사한 법률이나 심지어 도덕적인 제한이 발달하지 않았다는 것은 놀랄 일이 아니다.

서양에서의 특허의 기원

초기 특허

특허의 가장 초기 형태는 기원전 500년 그리스 시바리스에서 1년 동안 새로운 접시들에 대한 독점권이 주어졌을 때라고 볼 수 있을지도 모른다. 일부에서는 이 특허가 길드가 존재했던 로마 제국에서도 유래했다고 주장하기도 하지만, 당시 길드들이 주로 사회적, 종교적 목적으로 세워졌기 때문에 그런 제도를 따랐는지는 불확실하다. 중세의 길드는 도시에 존재하는 시장 경제의 맥락에서 발전했다. 아마도 지역 밖에서 널리 명성을 얻었던 공예 지식을 보호하기 위해서 그런 지식과 기술의 독점을 유지하려는 태도가 발전되었을 것이고 그 결과 그들의 공예품의 상업적 가치는 커졌을 것이다. 길드 시스템은 견습생 제도를 따랐고, 이것으로써 공예의 기술 전달 과정이 용이해졌다. 따라서 그러한 독점은 개인이 보유하는 독점이 아니라 공동재산으로 볼 수 있다.

그 공예는 길드 안에서 발전하여 길드의 모든 장인들이 나누어 가졌다. 예를 들어, 베네치아 유리 제조업자들은 르네상스 시대에 유리 제조로 명성을 얻었다. 유리 제조 기술과 지식은 엄격하게 그 길드 구성원들에게만 제한되었고 세심한 통제를 받았다. 근무일, 견습생, 기술 사양, 유리의 품질, 사용할 재료에 관한 규정이 있었다. 그들의 공예에 대한 평판이 높아짐에 따라, 상업적 가치도 증가했고 그와 함께 그 공예품이 유럽의 다른 지역으로 수출되는 것을 엄격히 금지해야 한다는 것을 깨닫게 되었다. 따라서, 초기의 독점의 형태는 공동 재산의 형태로 나타났고, 지역과 길드에 국한되었다.

지배자들은 세수를 증가시킬 절실한 필요성이 있었다. 언제나 수입은 작고 지출은 컸다. 그렇지만 이미 과중한 세금은 신민들의 삶을 핍박하고 있었기 때문에 더 이상 증세는 현실적으로 어려웠다. 왕을 비롯한 지배자들은 외국인들이 그 영토 내에서 새로운 공예를 실천할 수 있도록 허용함으로써 새로운 산업을 일으켜서 새로운 수입원을 찾을 수가 있었다. 새로운 기술과 직업 독점을 보호하고 세금 우대조치를 취하면 독점적인 기술을 갖고 있는 외국인들을 끌어들이기 위한 유인책이 될 것이다. 그들에게는 일정 기간 동안 자신들의 기술을 실천할 수 있는 독점권을 주는 것이 당근으로 작용할 것이었다. 비록 특허제도의 기원이 이탈리아에서 비롯되었다는 것은 확실하지만, 그것이 베네치아에서 또는 플로렌스에서 시작되었는지에 대해서는 다소 모호한 점이 있다.

베니스가 첫 번째 특허법을 고안한 1474년 이전에 이미 극소수의 특허만이 인정되었으므로, 현대 특허법의 흔적을 베니스 특허법에서 찾을 수 있다. 그 목적은 외구의 발명과 기술을 도둑질하려는 것이었다:

"우리들 사이에는 기발한 장치를 발명하고 발견하는 재주가 있는 위대한 천재들이 있다. 그리고 우리 도시의 웅장함과 미덕에 비추어 볼 때 더 많은 그런 사람들이 매일 여러 지역에서 우리에게로 온다. 이제, 그러한 사람들이 발견한 작품과 장치에 대한 법률이 만들어져서, 그것들을 볼 수 있는 다른 사람들이 그것들을 만들어서 발명가의 명예를 빼앗을 수 없다면, 더 많은 사람들이 그들의 천재성을 적용하여 발견하게 될 것이고, 우리의 연방에 큰 효용과 이익을 주는 장치를 만들게 될 것이다. 그러므로 이 협의회의 권한에 의해 입법되어서, 이전에 우리 공화국에서 만들어진 것이 아닌, 이 도시에 어떤 새롭고 기발한 장치를 건설할 모든 사람은 그것이 사용과 운영이 가능하도록 완벽해질 때 그것을 우리 종합복지위원회의 사무소에 통지해야 한다.

우리 영토와 마을의 모든 다른 사람들이 10년 동안 특허권자(特許權者)의 동의와 허가 없이 말해진 것과 유사한 어떤 장치를 만드는 것은 금지된다.

그리고 만약 누군가가 이것을 위반하여 제작한다면, 전술한 저자와 발명가는 그를 행정관 앞으로 소환할 권리가 있고 위반자는 그에게 100개의 듀켓을 지불하여야 하고 그리고 그 장치는 즉시 파괴되어야 한다.

그러나, 그러한 기기와 기구를 가지고 사용하는 것은 정부의 권한과 재량권 안에 있지만, 그러나, 저자를 제외한 그 누구도 그것을 작동시키지 않는 조건으로써만 그렇다."

이 시스템은 신기성[新奇性], 신규 기기 등록, 독점권 기간, 특허 침해, 강제 면허 등의 개념을 구상하고 있다. 그 후 2세기 동안 특허 독점의 체계는 유럽 전역에 퍼져 나갔다. 그들 중에서 영국이 그 제도를 발전시키는데 두각을 나타내었다. 15세기 이전에 영국에서 전매특허증이 존재했고, 베니스에 존재했던 시스템의 영향 없이 전매특허증이 개발되었다는 기록이 있다.

영국 특허

독점법 이전의 영국 특허 관습은 잘 알려지지 않고 있다. 특허 독점의 필요성이 언제 어떻게 발생했는지를 이해하는 것이 중요하다. 그것의 시작부터 17세기까지 그것은 특권으로 간주되었고 관습법에 뿌리를 두고 있지 않았다. 영국에서 발행된 특허의 가장 초기 형태는 왕들이 그 지역에서 사업을 할 수 있도록 허가한 면허장(특허장, charters)과 유사했을 것이다. 칙허장(royal charter), 봉합 칙허장(勅許狀 Letters Close). 전매특허(Letters patent)가 있었다. 봉합 칙허장은 개인에게, 전매특허장은 대중에게 특허권을 주는 데 사용되었다.

당시에는 모든 지시사항과 명령들이 두루마리들에 기록되었다. 면허장 두루마리, 봉합 두루마리, 특허 두루마리들은 다양한 종류의 국가 문서들을 기록하는데 사용되었다. 기록에 의하면 특허 두루마리들은 1202년 이래 있어왔다. 블랙스톤은 다음과 같이 말하고 있다: "왕의 보조금 또한 공공 기록의 문제다. 이러한 보조금은, 토지, 명예, 자유, 프랜차이즈에 관계없이, 면허장 또는 (전매) 특허증 즉 공개 특허장에 포함되어 있다."

영국에서 길드 제도가 등장하면서 그룹 독점이 생겨났다. 이 길드들은 한 지역 내에서 특정 상품을 독점적으로 판매할 수 있는 권리를 얻었다. 아웃사이더는 그 지역에서 장사를 할 수 없었지만 길드의 멤버들은 서로 경쟁할 수 있었다. 국가가 허가한 독점권은 양질의 제품과 규제된 가격으로 이어지기 때문에 사람들이 받아들일 수 있는 것처럼 보였다. 이 길드들은 시의 통제 하에 있었다. 영업규칙, 물품 가격, 임금, 근로 조건은 길드에 의해 결정되었다.

이것은 영국 전체에 적용되지 않는 일종의 지역독점이었다. 그것은 비슷한 길드가 다른 곳에 존재했기 때문에 길드가 영국의 다른 지역으로 확장하는 것을 제한했다. 이는 특히 제조업의 확대와 교역 증대에 따른 국가 성장 측면에서는 장애물로 작용했다. 따라서, 지역적 현상이 전국화 되었고 집단 독점은 개별적인 독점에 자리를 내주었다.

제조업을 장려하기 위해, 왕권은 특정한 토착 발명품과 새로운 수입품에 특정한 특권을 부여하였다. 그 특권은 거의 독점권이나 마찬가지였고, 새로운 기술의 발명가나 그것을 도입한 사업자에게 보호와 프랜차이즈를 제공하였다. 그러나, 외국 장인들을 끌어들여 그들의 기술을 영업하고 현지인을 훈련시키기 위해, 왕권은 그가 이 공예기술을 현지인들에게 훈련시키는 제한된 기간 동안 다른 사람들을 배제하여서 독점적으로 그의 공예품을 판매할 수 있도록 그 장인들에게 특권을 부여했다.

블랙스톤은 다음과 같이 쓰고 있다. "왕실의 (전매) 특허권은 왕실의 정책을 추진하는 개인에게 특권을 부여하는 데 있어 중요한 도구였다. 그래서 왕권이 중세 말 왕국의 뒤떨어진 산업발전을 뒷받침하고 싶어 했을 때, 특허장 발행이 무역업자와 산업가를 영국으로 끌어들이는 데 중심이었다." (전매) 특허증은 14세기에 에드워드 3세 왕에 의해 허가되었는데, 그의 영역 내에서 그들의 직종을 기꺼이 실행하고 그의 백성을 훈련시키려는 특수 직종의 외국인들을 보호하려는 목적으로 행해졌다.

플랜더스의 존 켐페는 1331년에 영국에서 그에게 사업을 허가하는 특허장을 받았다. 헨리 스미스는 노르망디 유리를 적절한 비율로 판매할 뿐만 아니라 특허가 유지되는 기간 동안 다른 사람들에게 그러한 유리를 만들도록 지시하는 조건으로 1552년 특허장을 받았다. 그는 노르망디 유리를 20년 동안 생산할 수 있는 독점권을 얻었다. 이 허가에는 헨리 스마이스에 의해 허가되거나 허가된 사람 이외에는 어떤 사람도 유리를 생산할 수 없다고 명시했다.

왕권이 기존의 사업들의 단순한 개량에 특권을 주는 것을 자제했는데 그것이 기존 사업을 해칠 수 있다는 이유 때문에 그렇게 했다는 점은 흥미롭다. Bircot은 납 광석을 녹이는 방법에 대해 특허권을 거절당했다. 그것은 기존의 관행에 비해 개선된 것으로 여겨졌다. 이것은 몇 세기 동안 법으로 남아 있었다. 따라서 (전매) 특허증은 국가 내에서 알려지지 않은 새로운 사업이 극가에 도입되거나 발명 이전에 존재하지 않는 새로운 사업이 도입되어야만 허가되었다. 그러나 엘리자베스 여왕 정권 동안, 특허장은 잘 확립된 사업영역에 대해서도 인정되었다는 것을 알 수 있다.

엘리자베스 여왕

엘리자베스 여왕은 집권 초 외국인들이 영국에 새로운 제조 제품과 기술을 도입하는 것을 장려하기 위해 (전매) 특허권을 발행했다. 그녀의 정책은 외국인들을 끌어들였던 것 같다. 그러나 그녀의 통치의 후반부에서 그녀는 잘 확립된 직종에 대해서도 같은 시스템을 사용하여 특허를 부여했다. 특허권의 남용은 의회가 그러한 독점 행위에 대해 법률을 제정하도록 자극했다. 그녀는 그러한 (전매) 특허증이 더 이상 발행되지 않을 것임을 확약함으로써 그들을 가까스로 달래었다.

이 기간 동안 발행된 (전매) 특허증들은 특권 허가라기보다는 독점 보조금에 가까웠다. 비록 독점은 일반적으로 혐오스러웠지만, 왕국에 대해 이익이 됨을 증명할 수 있다면 그것은 불법이라고 간주되지 않았다. 왕관은 새로운 사업을 특허의 수령자에게 전가시킴으로써 새로운 사업을 도입해야 하는 책임을 회피했던 것 같다. 이에 앞서 신산업이 왕권의 통제 하에 들어오게 되면서 이전의 특권을 관리하게 되었다.

그녀는 집권 초기에 해외에서 수입된 상품들의 국내 생산을 촉진하기 위해 노력했는데, 이것이 다른 국가들에 대한 그녀의 힘을 증가시킬 뿐만 아니라 수익을 증가시키는 데 도움이 될 것이라고 생각했다. 이탈리아, 독일 등에서 우수한 대륙기술을 유치하기 위해서 그녀는 그들에게 그들의 생산물에 대한 완전한 보호를 보장했다. 특허 독점의 부여가 외국인들을 유인하는 가장 효과적인 방법인 것처럼 보였기 때문이다. 그러나 독점권 부여에는 조건이 붙어서 왔다.

새로운 산업은 정해진 시간 내에 도입되어야 했고, 새로운 산업의 잘 되면 특허는 계속 될 것이다. 새로운 산업을 도입하지 않으면 보조금 지급이 철회될 것이다. 아마도 현대판 특허업무는 엘리자베스 시대의 관행에서 나왔을 것이다. 게다가, 이 보조금은 수혜자에게 토착 장인들을 훈련시켜 기술을 연마시키도록 의무화했다. 이것은 분명히 지역 장인들이 새로운 기술을 습득하여 보조금 기간이 만료된 후에 채용할 수 있도록 하기 위해 사용되었다. 보조금 수령자는 위의 목적을 달성하기 위해 영국인 장인을 고용할 수밖에 없었다.

이 기간 동안 많은 특허가 외국인에게 부여되었다. 이탈리아인 자코부스 아콘티우스는 여왕에게 처음으로 독점권을 부여해야만 되는 이유를 들어 탄원했다고 한다. 1565년 특허가 주어졌다. 독점은 공익에 반하는 것으로 여겨졌지만, 그녀가 통치하던 초기에 사람들이 그것에 반대하여 나왔다는 기록은 없다. 독점권을 부여한 것은 그녀에게 완벽하게 작용한 것으로 보인다. 그러나 번창하는 사업들에 대한 무분별한 독과점 부여와 그러한 허가권 남용은 가격 상승을 초래했고, 이것은 그녀의 백성을 화나게 했다.

재위 동안 엘리자베스 여왕은 52건 이상의 특허를 부여한 것으로 기록돼 있다. 일단 다시에게 놀이 카드에 대한 그러한 허가는, 제임스 1세 통치 기간 동안 궁극적으로 1624년의 독점법으로 이끌었던 혐오스러운 독점에 대한 반대 운동이 생겨났다. 독점소송으로 더 널리 알려진 다시의 소송은 역겨운 독점에 대한 획기적인 소송으로로 여겨졌다. 엘리자베스 여왕의 (전매) 특허중 특허권 남용은 파문을 일으키며 온갖 잘못된 이유로 의회 의원들의 관심을 끌었다. 다시(Darcy)에게 카드 제조와 판매에 대한 독점권을 부여한 것은 기존의 불만을 부채질했다. 그녀는 현존하는 사업에 대해 독점을 부여되고 있는 것이 분명했기 때문에 더 이상 공익을 핑계로 자신의 행위를 은폐할 수 없었다.

일반적으로 "독점 소송"으로 알려진 다시 대 알린(Darcy v. Allin) 소송은 특허권을 왕실 특권이 아닌 발명가의 법적 권리로 본 최초의 소송으로 간주된다. 판사들이 왕실의 특권에 대한 언급을 피하려고 말장난을 일삼고 대신 발명가의 권리를 주장했다는 점은 흥미롭다.

그 사건의 논쟁은 훨씬 더 복잡했다. 법무대신이었던 쿡(Edward Coke)은 다시를 변론했다. 알린은 독점이 왕국에 존재하지 않는 사업을 증진시키는 데 도움이 될 것이기 때문에 새로운 사업을 왕국에 들여올 사람이 있다면, 게다가 그는 그것을 발명하려고 자신의 기지를 사용할 수 있기 때문에 그런 독점은 자격이 있다고 주장했다. 그러한 경우에 제한된 시간 동안 독점 특허를 부여하면 다른 사람들이 그 사업을 배울 수 있을 것이다. 그러한 독점은 그것이 영국에 도움이 되기 때문에 적절할 것이다. 그렇지 않다면 도움이 되지 않을 것이다.

아마도 독점법은 이런 논리들에 근거했을 것이다. 현대의 특허법을 보면 알린의 주장은 새로운 개념, 특허의 작용, 특허의 기간, 그리고 특허가 사회의 더 큰 이익을 위한 것이라는 주장과 관련이 있다는 것을 암시한다. 아마도 알린은 잘 확립된 사업이나 예술에 대해 특허 독점권을 부여해서는 안 된다고 제안할 작정이었다. 그는 스미스에 대한 첫 번째 독점 허가에서 제시된 본질적인 조건과 그녀의 집권 전반기에 엘리자베스 여왕이 뒤이어 허거헌 독점을 예로 들었다. 그는 왕권이 "자신의 책임과 근면"에 의해 "새로운 사업을 왕국으로" 그리고 "자신의 재주나 발명"을 통해 그 사업을 스스로 실천하는 방법을 "자신의 재주나 발명"하는 사람에게 백성이 그 사업을 하는 법을 배울 수 있을 때까지 합리적인 시간 동안 특허를 부여할 수 있다고 주장했다.

그는 다시의 특허는 "사람들로부터 만들고 파는 사업을 빼앗아서 한 사람에게 주는 것으로 불법적"이라고 주장했다. 따라서 그는 발명에 대한 특허증의 발행을 규제하는 법을 반복적으로 제안했다. 이러한 상황을 고려할 때, 그가 독점 허가에 대해 이의를 제기할 수 있었고 법원도 독점을 원하지 않았다는 것이 흥미롭다. 독점이 관습법에 따른 것인지 여부에 대해서는 어느 시점에서도 논의가 없었다.

쿡은 다시를 변론했지만, 후에 그는 그러한 독점인가가 사업의 자유와 관습법에 위배된다고 주장한다. 그는 그것이 위험한 혁신이며 법에 어긋난다고 비난했다. 그는 그것을 혐오스러운 독과점이라고 여겼다. 독점은 보통법, 법령, 신민의 자유에 반하는 것으로 보인다고 진술되었다. 이는 가격 인상, 상품 품질 저하, 고용 감소 등으로 그 왕국 내의 모든 백성뿐만 아니라 그 사업에 종사하는 모든 사람들에게 피해를 주기 때문이다.

1606년, 의회의 불만 위원회는 발행된 다양한 독점 특허로부터 구제해 줄 것을 청원했다. 제임스 1세는 독점권을 취소하기로 약속했다. 청원에 대응하여, 제임스는 바운티 북(Book of Bounty)으로 알려진 선언문을 발표했는데, 이 선언문은 독점권은 그 땅의 법에 위배되지만, 왕관은 새로운 발명품에 대한 보상권과 그러한 인가로 인해 가격이 상승할 경우 그것들을 철회할 재량권을 보유한다고 명시했다. 그것은 제임스가 독점 특허를 허가할 수 있는 힘을 유지하려고 필사적인 시도를 했다는 것을 암시한다. 바운티 북은 같은 방식으로 특허권을 계속 부여했기 때문에 거의 성과를 거두지 못했다. 그 문제는 눈덩이처럼 커져서 왕의 권력을 의심할 정도 되었다

615년 입스위치(Ipswich) 재단사 소송은 그것이 궁극적으로 독점권에 대한 법 제정으로 이어지기 때문에 왕실 특권 종식의 시작을 알렸다.

이 소송에서, 제임스 국왕에게서 입스위치에 그들의 서비스를 팔라는 허가를 받고 단체화 된 한 무리의 재단사들이 그 단체의 일부가 아니지만 그럼에도 불구하고 마을 내에서 그의 사업을 벌인 개인 재단사를 상대로 소송을 제기했다. 소송 보고서(case report)에는 다음과 같이 적혀 있다.

"국왕이 단체들을 만들 수도 있다는 법원의 동의가 있었지만, 그렇다고 그들은 모든 신민의 태생권인 자유로운 사업을 빼앗는 독점권을 만들 수 없다. 그러나 만약 어떤 사람이 목숨을 무릅쓰고 그리고 그의 재산이나 자산을 소비하여 새로운 발명과 새로운 사업을 왕국으로 가지고 왔다면, 또는 만약 어떤 사람이 어떤 것에 대한 새로운 발견을 했다면, 그러한 경우, 왕은 그의 비용과 노고를 보상하기 위해, 그에게만 일정 기간 동안 그러한 사업을 사용할 수 있는 특허장을 허가할 수 있다. 왜냐하면 처음에는 왕국의 사람들은 무지하고 그것을 사용할 지식이나 기술이 없기 때문이다: 그러나 그 특허가 만료되었을 때 왕은 그것에 대한 새로운 허가를 줄 수 없다. 왜냐하면 그 사업이 보편화되고 다른 사람들이 같은 사업에서 견습생으로 묶여 있어왔기 때문에 그러한 견습생들이 그것을 사용하는 것을 금지해야 될 이유가 없기 때문이다. 따라서, 왕관은 제한된 시간 동안 새로운 발명, 새로운 발견 또는 영토 내의 새

로운 사업에 대한 독점적 특권을 합법적으로 부여할 수 있다."

그 판결은 그러한 특허권 발행을 위한 교리적 원칙을 명시하고 있다. 그것은 독점에 대한 정당성을 분명히 제시한다: 그것은 새로운 산업의 도입, 영국인들의 사업에서의 훈련, 기존의 산업에 대한 어떠한 독점 특허도 발행할 수 없고 게다가 그것은 여전히 그 특허들을 왕실 특권으로 간주한다.

시계와 자본주의

중국 송나라의 천문학

천문 관찰은 중국 역사 전반에 걸쳐 매우 필수적이었다. 송나라 천문학자 한현부(韓顯符)는 북극성의 적경차(赤經差)률을 계산했다. 적경이란 천구상의 천체의 위치를 나타내는 좌표의 하나로서, 적도좌표에서 춘분점을 지나는 시간권과 천체를 지나는 시간권이 이루는 각을 말한다. 1034년 《경우건상신서(景佑乾像新書)》 (경우 시대의 밤하늘 신서)에서 밤하늘이 새롭게 관측되었다. 10년 후 주종(周琮)은 황도의(黃道儀, 관측기구)의 도움으로 28개의 전통적인 별자리(宿)를 모두 새롭게 관찰할 수 있게 된다. 왕안석의 동생 왕안례(王安禮)은 6세기에 수나라 관리인 유계재(庾季才)가 계산한 항성(恆星)의 위치를 조정하였다. 송 시대의 천문학적 계산은 14세기에도 여전히 사용되고 있었다.

마지막 정확한 관찰은 1105년 요순보(姚舜輔)가 수행하였는데, 그의 저서 『기원력(紀元曆)』에서 설명하였다. 이 모든 계산은 이미 매우 정확한 천문도와 천문표에 적어놓았다. 천문표란 별의 위치 등을 수치로 나타낸 표를 말한다. 소송(蘇頌)의 『신의상법요(新儀像法要)』는 북반구의 관찰자들이 남쪽 하늘의 별자리를 볼 기회가 없음을 보여준다. 소주(蘇州/장수에서는 1400개 이상의 별이 빛나는 하늘의 지도를 석판에 새겨 넣었다. 원 시대 『영대비원(靈台秘苑)안』 (영혼 테라스의 비밀 정원)에 송나라의 천문표가 보존되어 있다.

역법(,曆法)에 대한 새로운 계산은 송(宋) 기간 동안 20회 이상 수행되었다. 중국 서하, 요, 금나라의 나머지 세 제국도 마찬가지로 중국 월력 주기를 다시 계산했다.

혼의(渾儀, 태양, 달, 지구의 관계와 별과 행성의 움직임을 나타내는 모델)는 천체 관측에 가장 중요한 도구였으며, 북송 시대의 그러한 기구는 매우 거대할 뿐만 아니라 매우 정확했다. 또 다른 기구인 혼상(渾象)은 천체의 움직임을 지상의 관찰자 주위로 보여 주었다. 1092년 소송과 한공렴(韓公廉)은 혼천의(渾天儀)와 혼상(渾象) 그리고 시계 역할을 하는 수운의상대(水運儀象臺)라는 물로 가동되는 기계 시계를 제작하였다.

대표적 역법으로는 신종 이전까지 왕횡(王横)의 『숭천력(崇天曆)』, 그 후 북송 말까지 요순보(姚舜輔)의 『기원력(紀元曆)』, 남송 때에는 양충보(楊忠輔)의 『통천력(統天曆)』이 있었다. 북송 때 천상(天象) 관측을 위하여 하늘을 31구로 나누어 항성(恒星)의. 위치를 6번이나 관찰하였다. 양충보는 통천력을 만들었는데 송대(宋代) 경원(慶元) 5년(1199)에 사용한 역법으로 상원기년(上元紀年)을 사용하지 않고 29.530594일을 삭망월로 하고 365.2425일을 1회귀년으로 했으며 지구가 태양을 따라 1주도는 실제 주기와 비교하여 다만 0.0003일(26초)이 많고 현재 국제적으로 사용하는 그레고리력의 1년의 길이와 완전히 일치한다. 그레고리력은 1582

년에 이르러서야 로마교황 그레고리 13세(Gregorius XIII)에 의해 시작하였으므로 이는 통천력보다 383년이 늦었다. 통천력은 회귀년의 길이가 변화하는 것을 처음으로 역법에 적용하였는데 이는 천문학사상 중요한 발견이었다.

시간을 재는 다른 방법은 일종의 누각(漏刻) 즉 물시계에 의한 계산이었다. 연숙(燕肅)은 여러 개의 용기로 복잡한 메커니즘에 의해 물 손실 문제를 가장 먼저 해결하여, 연화루(蓮花漏) 라고 불리는 물시계를 제작하였다. 유명한 문집《몽계필담(夢溪筆談)》의 저자 심괄(沈括)은 또 다른 물시계인 부루의(浮漏儀)를 만들었고, 세 번째 모델은 손봉길(孫逢吉)이 만든 동호루전제도(銅壺漏箭制度)라는 휴대용 물시계가 있다.

심괄과 소송

송대의 팔방미인 과학자 심괄

심괄 (沈括; 1031-1095)

심괄(沈括; 1031~1095)은 중국 송나라의 박학다식한 과학자이자 정치가였다. 그는 수학자, 천문학자, 지질학자, 동물학자, 식물학자, 약학자, 농경제학자, 고고학자, 민족지(誌) 학자, 지도학자, 백과사전 편집자, 장군, 외교관, 수력학 엔지니어, 발명가, 한림학사(翰林學士), 권삼사사(權三司使, 시인 및 음악가였다. 그가 저술한 『몽계필담(夢溪筆談)』 26권과 『보필담(補筆談)』 3권에는 풍부한 과학적 기사가 실려 있다

1088년의 『몽계필담』에서는 심괄은 처음으로 항해에 쓰이는 나침반을 묘사했다. 유럽에서는 1187년에 알렉산더 네캄[Alexander Neckam]이 《도구에 관하여 De utensilibus》에서 처음으로 항해용 자석나침반의 사용을 설명했다.

심괄은 자석이 북극을 가리키는 것으로써 진북(眞北)이라는 개념을 발견했다. 그는 북극성(北極星)과 진북 간의 거리 측정에 의해서 자오선(子午線)을 개선하고 공중에 매달린 자침(磁針)을 실험하였다. 이것은 나침반을 항해에 더 유용하게 만든 결정적 단계였고, 아마 유럽에서는 그 후 400년간 알려지지 않은 개념이었다.

동료인 위박(衛朴)과 함께, 심괄은 매일 관찰을 하여 달과 행성들의 궤도를 추적하는 5년간의 프로젝트를 계획하였지만, 황실의 정치적 반대파에 의해서 좌절되었다. 천문학 연구를 위해서 그는 혼의(渾儀), 규표(圭表 관측용 기구), 선기옥형(璿璣玉衡)의 디자인을 개량하였고, 새로운 타입의 물시계를 발명하였다. 북두칠성의 제1성에서 제4성까지를 선기(璿璣), 제5성부터 제7성까지를 옥형(玉衡)이라 하는데 선기옥형은 천체를 측량하는 기구의 이름이다. 선기는 천체를 관측하는 데 쓰이는 기계를 말하며, 옥형이란 옥으로 만든 저울대를 의미하니 결국 선기옥형은

옥으로 만든 천체관측기를 뜻한다.

그는 내륙의 해양화석, 토양 침식 및 토사 퇴적에 기초하여 지형학[地形學]에 대한 지질학적 가설을 내놓았다. 그의 시대에는 건조한 북부 서식지에서는 자랄 수 없었던 지하에 보존된 고대의 대나무 화석을 관찰한 후에 그는 또한 점진적인 기후변화 가설을 제시하였다.

그는 물 밖에 나온 배들을 수선하기 위한 건선거[乾船渠]의 사용을 언급한 최초의 사람이다. 그는 상대적으로 새로운 발명인 운하 수문의 효과에 대해서도 글을 썼다.

비록 이븐 알하이삼(Ibn al-Haytham, 965~1039)이 최초로 암상자(暗箱子)를 발명했지만, 심괄은 중국에서 최초로 그보다 단지 몇 십 년 뒤에 암상자를 발견했다. 필승(畢昇 990~1051)이 점토에 글씨를 새겨 구운 교니활자(活字) 인쇄술에 관해서 심괄은 상세하게 묘사했다. 중국의 고대 전통을 따라서 심괄은 국경을 조사하면서 입체지도를 만들었다.

그가 발굴한 고대 노[弩]는 측량기로 판명 났는데 그것은 유럽에서는 1321년 전까지는 알려지지 않았던 기구였다. 그는 UFO에 관한 목격담도 기록했다. 그는 또한 고대 도교 및 유교 경전에 관한 해설서도 집필했다.

그의 천문학 업적을 살펴보자.

일식과 월식 현상은 기원전 4세기에 감덕[甘德]과 위(魏)나라 사람 석신(石申)이 관찰했고 석신은 달과 해의 상대적인 위치에 기초하여 일식(월식)을 예측하였다. 감덕은 초(楚)나라 사람으로 전국(战国)시대의 천문학자로서 세계에서 가장 오래된 별자리의 좌표를 제작했다. 저서로 《천문성점(天文星占)》 8권]이 있다.

한나라 무제(武帝 B.C. 107~87) 때 역리와 음률에 밝았던 사람인 경방[京房 (77~37 B.C)]과 장형(張衡 78~139)은 달빛은 단지 햇빛이 반사된 것에 불과하다고 주장했다. 경방은 기원전 1세기에 중국에서는 태양과 달이 평평한 것이 아니라 구형임이 오래 동안 받아들여져 왔다고 기술했다. 심괄도 일식과 월식을 이런 식으로 설명했고 천치들이 구형이어야 되는 이유를 설명하기 위해서 이것을 상세히 설명했다. 그렇지만 심괄이 지구가 둥글다는 이론을 지지했다는 증거는 없다.

천문관(天文官)이 심괄에게 태양 및 달의 모양이 구처럼 둥그런지 아니면 부채처럼 평평한지 물었을 때, 심괄은 달이 차고 기운다는 사실을 알고 있기 때문에 천체들은 구형이라고 설명했다. 장형처럼 심괄은 달을 은으로 된 구에 비유했다. 그것은 빛을 내는 것이 아니라 단지 빛을 반사할 뿐이다. 그는 햇빛이 기울면 달은 만월이 된다고 설명했다. 구형을 하얗게 분으로 칠하고 측면에서 바라보면 그것은 초승달 모양으로 보일 것이라고 주장했다. 그러므로 천체들은 구형이라고 그는 추론했다. 해와 달은 한 달에 한번씩 같은 편에 있다가 반대편에 있지만, 그들의 궤도가 약간 경사지어 있기 때문에 그들의 경로가 만날 때마다 일식이 일어나는 것은 아니라고 그는 주장했다.

심괄은 역행(Retrogradation) 행성이 태양과 반대 방향으로 이동하는 현상)을 포함하여 혹성운동의 편차를 설명하는 가설도 세웠다.

그의 동료인 위박(衛朴)은 평균태양[平均太陽, 천구의 적도를 평균 각속도로 움직이는 가상 태양]에 대한 옛 계산법은 겉보기 태양과 비교하여 부정확함을 깨달았다. 겉보기 태양은 가속 국면에서는 평균태양보다 앞서고 감속 국면에서는 뒤처지기 때문이었다. 심괄의 가설은 그리스-로마 전통의 주전원[周轉圓]과 비슷했다. 심괄은 달의 경로를 타원에 태양의 경로를 "나무 주위로 감아진 밧줄의 모양"에 비교했다.

위박과 더불어, 심괄은 행성 및 달의 운동을 5년간 밤마다 3번 위치를 기록하여 그 정확한 좌표를 점 찍으려는 계획을 세웠다. 심괄의 당대 천문학자들은 중국 당대(唐代)의 밀교승, 천문학자 일행(一行, 683~722)의 달 이론과 좌표(대연력(大衍曆))를 그대로 간직하고 있었지만, 그것은 350년이 지나면서 상당한 오차가 생겨났다. 심괄은 공간적으로 천체 운동을 설명하지 못했다고 옛 천문학자들을 비판했다. 그렇지만 그 자신은 행성이나 천체의 동력이 무엇인지 제시하지 않았다. 일행의 좌표가 부정확하다는 심괄과 위박의 주장에 관리들과 천문학자들은 기분이 상했고, 더구나 위박 같은 평민이 자신들을 능가하는 전문지식을 가졌다는 데에 분개하여 위박을 비방하였다. 위박과 심괄이 경표를 이용하여 그들이 틀렸음을 공개적으로 증명했을 때, 다른 재상들은 마지못해서 달과 해의 좌표를 교정했다. 그렇지만 그들은 위박과 심괄의 행성운동의 천문표들을 무시했다.

소송

소송(蘇頌, 1020년(천희(天禧) 4년)~1101년(건중정국(建中靖國) 원년))은 북송의 재상, 과학자, 수학자, 정치인, 천문학자, 지리학자, 의학자, 동물학자, 식물학자, 시인이었다.

황실에서 심괄의 정치적 라이벌 중 한 명인 소송은 1070년에 약초 전문 서적인 《도경본초》(圖經本草, 총 20권, 목록 1권)를 집필했는데, 이 책에는 식물학, 동물학, 야금학, 광물학에 관한 관련 주제가 포함되어 있었다. 이 책에는 에페드린을 약재로 사용하는 것을 포함하여 많은 약용 응용이 포함되어 있었다. 또한 그는 수운의상대의 설계 과정과 사용법을 설명한 《신의상법요》(新儀象法要, 총 3권)를 집필했는데 그 책은 현존하는 가장 초기의 천문도(天文圖)로서 이 성도[星圖, 지상에서 관측한 천체들의 위치를 평면인 지상에 투영시켜 그려 넣거나, 석판에 새겨 넣은 별과 별자리 즉 천문도]에는 소송의 또래인 다방면에 통달한 과학자 심괄의 천문 관측에 힘입어 해독된 북극성의 올바른 위치도 담겨 있다. 그 책의 광범위한 지도 제작과 삽화는 송 왕조와 요나라의 거란 이웃사이의 열띤 국경 분쟁을 해결하는 데 도움이 되었다. 1077년(희녕 10년)에는 요나라 주재 외교관으로 파견되어 거란의 과학 기술을 북송에 전파했다. 1088년(원우 3년)부터 1092년(원우 7년)까지 천문 기구에 시계를 겸해 설치한 거대한 자동 장치인 수운의상대(水運儀象臺)를 제작했다.

그러나 소송은 1088년에 수도 개봉에 세워진 기계 구동식 혼천의(渾天儀)를 가진 수압식 천문 시계탑으로 가장 유명하다. 소송의 시계탑은 유럽의 시계들에 적용되기 2세기 전에 탈진기 메커니즘을 사용하였다. 시계 제작의 가장 큰 과제는 탈진기(정확한 시간 측정을 위해 시계 축과 문자반의 움직임을 고르게 하는 장치)의 발명이었는데 바퀴의 출현 이래로 가장 위대한 인간의 발명품일지도 모르는 .탈진기를 발명한 사람은 아마도 725년 일행(一行)으로 추정된다.

소송의 시계탑은 또한 1092년 그의 《신의상법요》에서 요약된 바와 같이 세계에서 가장 일찍 알려진 무한 동력전달 체인 드라이브도 특징으로 한다.

수운의상대

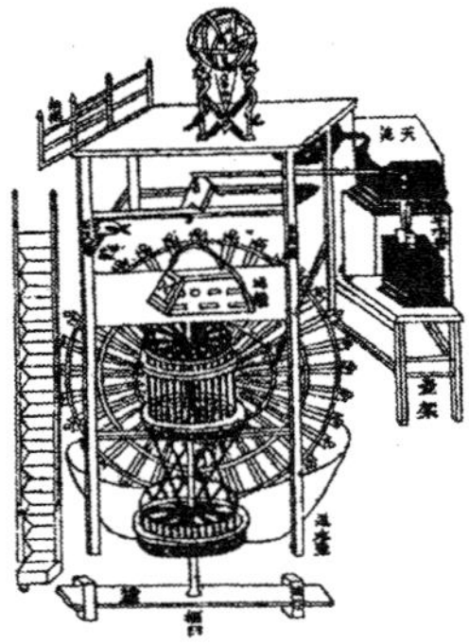

소송의 저서에 등장하는 수운의상대의 구조를 묘사한 그림

수운의상대(水運儀象臺)는 북송 시대 소송(蘇頌)이 제작한 대형 천문 시계이다. 세계 최초의 자동 시계이자 기계 시계로 여겨진다. 북송 철종 시대인 1086년부터 1089년 사이에 소송, 한공렴이 장형(張衡), 장사훈(張思訓)이 구상한 《의기법식대강》(儀器法式大綱)을 참고로 해서 제작했다. 북송의 수도였던 개봉부(開封府)에 설치되었으며 소송의 저서인 《신의상법요》에 수운의상대에 관한 기록이 전한다.

수운의상대는 혼천의를 운용하기 위하여 제작되었기 때문에 하나의 천문대와 유사한 기능을 갖고 있다. 가로세로 길이는 7m, 높이는 12m에 달하며 3층 규모를 띠고 있다. 시계탑 모양을 띤 의상대는 시간을 표시하는 주야기륜(晝夜機輪), 1,164개에 달하는 별의 위치를 표시하는 혼상(渾象), 꼭대기층에 설치된 노의 밑부분이 가리키는 별을 추적하는 렌즈가 없는 망원경인 혼의(渾儀)로 나뉜다. 의상대 안에는 정밀도를 높이기 위한 장치가 내장되어 있는데 24시간마다 생기는 2분의 오차를 줄인다. 꼭대기에 설치된 목각 인형들은 시계탑 안에 설치된 복잡한 기계 장치와 연결되어 있는데 종과 북을 쳐서 시간을 알려준다. 물로 가동되는 기계 시계는 청동 주물과 정밀 기어, 기어링, 작은 톱니바퀴로 구성되었다. 아랫부분에 천구가 있는 청동으로 주조된 혼천의는 관찰용 튜브를 통해 해와 달, 몇몇 선별된 별들을 볼 수 있게 해주었다. 소송의 위대한 업적은 이 에너지를 진자에서 기어로 조심스럽게 변환시키는 정교한 탈진기(脫進機)를 만든 것이다. 이는 시계를 만드는 과정에서의 핵심 개념으로 유럽에서는 13세기 후반에서야 알려진 기술이다. 이 기술은 기계적 탈진기의 선구자로써 훨씬 더 정확하게 시간을 알려주는 모든 기계적 시계의 제작을 가능하게 했다.

중국은 송대에 역법과 시계제작에 있어서 놀라운 성취를 했지만 이 시계 제작 기술은 후대에 잊혀져서 서양에서 들어온 시계를 보고는 신기한 장난감으로 여겼다고 한다. 시계는 서양에서 발달하고 대중화되었으며 루이스 멈포드에 따르면 자본주의를 발생시킨 주요한 요인이었다고 한다. 더구나 이 시계제작 기술은 19세기 영국에서 산업혁명이 일어나는 기술적 바탕이 되었고 일본에서는 명치유신 때에 산업화를 위한 기술적 토대가 되었다. 서양에서 시계가 발달하게 되는 과정을 간단하게 살펴보자.

베네딕트 수도원의 시계와 자본주의

사회학과 인류학에서 시간 규율이란 시간의 측정, 사회적 통화와 시간 측정의 의식을 지배하는 사회적, 경제적 규칙, 관습 그리고 다른 사람들이 이러한 관습을 준수할 것이라는 사람들의 기대에 주어진 일반적인 이름이다. 그 개념은 영국의 역사학자 톰슨(E. P. Thompson)이 1967년에 쓴 논문 〈시간, 노동규율 그리고 산업자본주의(Time, Work-discipline and Industrial capitalism)〉에서 처음으로 조어했다. 톰슨은 시간 규율이 산업혁명 후에 생긴 것이라고 주장했다. 그렇지만 일찍이 도시와 기술 역사가인 루이스 멈포드는 사실상 이 "시간 규율"은 중세 베네딕트 수도원에서 생겨났다고 주장했다. 멈포드는 현대 문명에서 기계는 중세 유럽 수도원에서 처음으로 지배적인 노동 형태가 되기 시작했다고 본다. 기계 문명은 기술적 도구일 뿐만 아니라 수많은 습관, 아이디어 및 생활 방식의 융합의 결과이다. 자연의 연구에 대한 정량적인 사고방식은 시간의 정기적 측정에서 최초로 적용되었다. 그리고 시간에 대한 새로운 기계적 개념은 부분적으로 수도원의 일과에서 생겨났다. 그 중에서 베네직트 수도원 특히 시토회가 주도적인 역할을 하였다. 사람들은 일상적으로 시간을 의식하게 되고 "시간은 돈"이라는 관념을 갖으며 시간을 아끼고 쪼개 쓰는 버릇이 생겨났다. 이러한 태도는 자본주의적 사고방식에 필수적이며 시계 자체는 일종의 기계로서 자본주의적 기계문명을 상징하는 면이 있다.

베네딕트 수도회는 성 베네딕트가 529년에 이탈리아의 몬테 카시노에 창립하여 전 유럽에 전파된 수도회의 일파이다. 그가 제정한 베네딕트 규칙은 수도원 생활의 지침서로 서구 문명의 융기에 커다란 영향을 미쳤다. 거기서 베네딕트는 육체노동을 의무 규정으로 정하고 있다. 그의 규칙서 48장에서 "게으름은 영혼의 적이다. 그러므로 형제들은 정해진 시간에 육체적 노동을 하고……"라고 규정하면서 노동을 존중하였고 매일 7시간씩 육체노동을 해야 한다고 하였다. 베네딕트는 노동을 신성한 것으로 보고 모든 수도사들을 향해 노동할 것을 명하고 있다. 그는 노동과 예배를 항상 병용케 해서 노동을 단순히 육체노동으로만 취급하지 않고 매일의 기도, 명상, 독경을 예배에 포함시켜 노동은 신성하다고 가르쳤다. 그것은 '기도하며 일하라'(ora et labora)로 집약된다. 그는 매일 해야 할 일을 규정할 때 세 가지를 장려했는데 전례기도, 독서 그리고 노동이다. 독서의 양은 하루에 4시간으로 규정했다. 수도사들은 이 시간에 성서 또는 교부들과 수도사들의 서적을 읽고, 성서를 암송했다. 베네딕트 수도원은 새로운 농사법과 수공업의 기술도 가르치면서 유럽의 농업 발달에 큰 영향을 끼쳤다. 베네딕트 수도원들은 대개가 그들이 정착하여 마련한 대지 위에 수도원을 설립하였는데 이로써 유럽의 농경지 면적이 급격히 증가하게 되었고, 부유층 계층의 노동을 천한 것이라 멸시하던 풍토 속에서 수도원은 지성과 영적 작업이 고단한 노동과 종합될 수 있다는 사실을 보였다.

베네딕트의 수도원 학교는 기독교 문서, 그림, 라틴 고문서를 필사하여 고대 문화를 유지 보존하였고 중세 서양 학문의 발전을 주도했다. 연대기를 남겨두어 이 시대를 아는 귀중한 역사 문헌이 되었으며 또한 큰 공동체의 공동생활을 위하여 큰 건물이 필요했으므로 그들은 건축기술을 발전시키게 되었다. 따라서 중세기의 큰 건물은 대체로 영주들의 성이나 각 도시의 성당, 아니면 수도원이었다.

베네딕트 수도회 중에서 시토회가 가장 유명하다.

시토회라는 명칭은 프랑스의 디종 근처 시토의 수도원에서 연유되었다. 시토수도회는 1098년에 베네딕토회(會) 몰렘 수도원 원장 로베르투스(Robertus)가 수도회의 엄격하지 않은 회칙 적용에 불만을 품고 베네딕토 회칙의 엄수에 뜻을 같이하는 수사 20명과 함께 원시수도회제도의 복귀를 목표로 창설한 혁신적인 수도회이다. 모든 수도원은 같은 관례와 규칙을 준수한다는 일체성의 원칙, 각 수도원의 수도원장은 시토에서 열리는 연례회의에 참석한다는 총참사회 원칙, 창설수도원장은 1년에 1회 소속 수도회를 방문하여 동일한 규율을 지킨다는 방문의 원칙 등 회칙과 규칙 및 질서가 확립되었다. 시토회는 개개의 수도원이 자치권을 가졌으며, 성무(聖務)와 정주(定住)의 의무를 준수할 뿐만 아니라 봉토에서 나오는 수입을 거부하고 단식·침묵·노동을 엄격히 지키며 토지경작을 했다. 도시의 세속적이고 상업적인 삶에서 나와서 자급자족 생활을 하려는 열망에서 시토회는 오지로 들어가서 새 삶을 꾸렸다. 시토회는 부자들로부터 큰 삼림의 중앙에 있는 가치 없는 필지들을 사들여서 나무들을 잘라내어 보리, 밀, 포도나무를 심었다. 그들은 농가경제를 실시했고 주변 땅을 착복하고, 새 농지에서의 농산물을 수확하고 십일조를 내지 않음으로써 엄청난 부를 획득하였다. 시토회는 유럽의 모든 숲들을 벌목하여 농지로 만들었고 이로 인해서 중세 최후의 농업부흥이 있었다. 그렇지만 그것은 중세 유럽의 처녀 토양을 고갈시키는 마지막 만세이기도 했다.

12세기에 전성기를 맞은 시토수도회는 유럽에서 지도적인 지위를 확보하며 스웨덴·포르투갈·스코틀랜드 및 지중해 동쪽 국가에까지 퍼져나가 수많은 수도원을 거느렸고, 발트해 연안 여러 나라의 그리스도교화에 공헌했다. 그러나 12세기 말부터 수도회의 성격이 변질되고 회칙을 따르지 않는 사례가 생겨나면서 수도회는 위기를 맞게 되었다.

시토회는 노동과 기도를 강조했다. 시토회는 베네딕트 교단의 일파였다. 베네딕트의 규칙들은 엄격한 시간 준수와 청빈한 생활들을 강요했다.:

"내 아들아, 매스터의 가르침을 경청하고 네 가슴의 귀를 기울여라.
사랑하는 아버지의 충고를 기쁘게 받아들이고 효과적으로 행해서
복종의 일을 통하여 불복종의 나태함 때문에 멀어진 그에게 돌아가라.

그러므로 너에게, 나의 말은 향해져 있다.-주 예수 그리스도, 진짜 왕을 위해서 싸우고 뛰어나고 막강한 복종의 무기를 잡기 위해서 자신의 의지를 포기하는 자 누구에게나."

(누르시아의 성 베네딕트)

베네딕트 수도원은 극단적 금욕주의를 강조하지 않았고, 엄격하지만 온건하였고, 질서와 행정을 강조했다. 그들은 하루 일과를 예배, 노동 성경공부로 나누어서 생활했다. 이로 인해 서방 수도원은 영성, 노동, 학문의 균형을 강조하게 되었다. 수도사들은 떠돌아다니지 않고 한 곳에 정주(定住)해서 생활했다. 수도사의 3대 서약은 청빈, 순결, 순종이었다. 베네딕트의 규칙은 외부 권위에는 전혀 구속을 받지 않고 완전히 자급자족하는 수도원을 목표로 하는 규칙들을 명시하였다. 그 규칙은 중세 서구의 수도원과 수도원 외부의 삶에 커다란 영향을 미쳤다. 그 규칙의 준수는 11-12세기 수도원 개혁운동의 핵심이었다. 그러나 시토회 창립자들은 그 규칙을 더 문자 그대로 실행하려고 하였다. 그들은 고도로 중앙집권적인 행정과 최첨단 기술에 기초한 경제 제국을 창조하였다. 그들은 물레방아만이 아니라 유럽 전역으로 제철기술을 전파하는데 중요한 역할을 하였다.

클레르보(Clairvaux) 시토 수도원의 베르나르는 수차를 찬미했다.:

"그러나 강은 도움이 필요한 그 누구도 망설이거나 거절하지 않는다. ;그리고 무거운 공이 축융사의 거대한 목재 해머 또는 발 모양의 블록을 번갈아 들어 올리고 내리는 것을 볼 수 있다. 그래서 그것은 그들의 노동의 가장 힘든 부분을 덜어준다.

....

그것은 무두질 공장으로 들어간다. 거기서 수사들의 신발을 위한 가

죽을 준비하면서 그것은 근면하게 힘을 쓴다. 그 다음에 그것은 개울들로 갈라져서 지정된 경로를 따라 주어진 의무를 하러 간다. 요리, 거르기, 돌리기, 갈기, 물주기, 또는 씻기. 그것은 절대로 임무 협조를 거절하지 않는다. 마침내... 그것은 쓰레기들을 끌고 가고 모든 곳은 깨끗하게 남긴다. 만일 우리의 옷과 우리의 식량의 덕을 보는 이 고마운 강이 우리를 위해 노동하지 않는다면 얼마나 많은 말들이 녹초가 되고 얼마나 많은 사람들이 팔들이 고달프게 되었을 것인가?"

중세 베르나르와 로마 시대의 안티파토루스는 모두 수차를 예찬하지만 그들이 살았던 사회들은 수차의 산업적 사용에 대해서는 확연히 다르게 반응했다. 고전적 세계는 수차를 제한적으로만 채택했지만 중세는 기계화에 전적으로 매진했다.

유럽 중세시대는 유럽 최초의 산업혁명으로서 인류사에서 발명이 폭발적으로 일어난 시대 중 하나였다. 자본주의적 회사들이 형성되었고 그것들의 주식들은 매매되었다. 기계류가 가장 급속하게 도입되었고 광범위하게 사용되었다. 기계는 인간 동력이 아닌 외부 동력으로써 작동되는 도구로 볼 수 있는데 서양 중세는 또한 에너지 혁명도 동시에 발생한 시기였다. 이 에너지혁명이 없었다면 기계혁명도 없었을 것이다. 에너지원은 주로 물과 바람을 이용하여 방아가 운행되었다. 방아는 곡식을 빻고, 올리브유를 짜며 가죽을 무두질하고 종이를 만들었다. 로마 시대에도 방아가 이용되었지만, 중세시대 방아사용이 극적으로 증가한 이유 중의 하나는 아마도 가톨릭교회의 노예 금지로 인한 노동력의 부족도 한 몫 했을 것이다. 다시 기계의 사용은 노예의 필요성을 줄였고 이는 다시 기계의 필요성을 증대시키는 선순환이 이루어졌다. 베네딕트 수도원인 시토 수도원이 이런 에너지혁명과 기계화에 앞장섰다. 유럽

각지에 우후죽순처럼 세워지던 수도원들은 모두 비슷한 설계를 기초로 하여 지어졌고 아주 비슷한 수력 에너지 시스템을 가졌다. 성 베르나르가 그의 수도사들에게 부과한 훈육들은 정기적인 일과 기도를 강조했다.

9세기 초부터 수력제분소는 곳곳에 세워지기 시작하여 그 사용이 극적으로 증가했다. 로브에서는 11세기에 14곳의 방앗간이 있었고, 12세기에는 60곳, 13세기에는 200곳이 넘게 되었다. 정복왕 윌리엄이 1086년에 그 유명한 둠스데이북 호구조사를 했을 때, 9250곳의 장원 중 1/3 이상이 1곳 이상의 방앗간을 갖고 있었을 정도로 방앗간은 광범위하게 퍼져 있었다.

다시 시계 이야기로 돌아가면 베네딕트는 매일의 신앙생활에 정시과(定時課), 하루 일곱 번의 기도 시간)을 부과했고, 7세기에는 사비니아노 교황(604~606)의 칙령에 의해 24시간 중에 수도원의 종소리가 7번 울려야 된다고 선포되었다. 이 정각 알림은 교회법 11시간으로 알려졌고, 그 수를 세고 정기적으로 반복할 필요성이 생겼다. 전설에 따르면, 낙추에 의해 작동되는 최초의 현대적인 기계시계는 10세기가 끝날 무렵에 교황 실베스터 II가 된 게르베르트(Gerbert)라는 수도사에 의해 발명되었다고 한다. 이 시계는 수차처럼 고대 로마 시대에서 직접 전승되어 온 것이거나 아니면 아랍계를 통해 서방으로 전파된 물시계였을 것이다.

서유럽에서 기독교의 수도원주의의 실천은 종교계의 구성원들이 관찰하는 시간 규율에 새로운 요소들을 도입했다. 성 베네딕트의 규칙은 표준적인 시간이라는 관념과 실천을 도입했다. 이것들은 일상적으로 행해지는 종교적인 일과이었고, 자연 현상과 거의 무관했다. 그래서 베네딕트 수도회는 초기 시계의 발명가이자 주요 소비자였다. 서유럽에서 기계식 시계의 발명과 그에 따른 기술적 발전으로 공공 시간 규율은 사회에 자리 잡았다. 중국과는 달랐다. 중국에는 소송의 수운의상대 같은 매우 정교한 물시계가 존재했지만 그러한 시계는 황실과 연결된 점성술사들이 사용하였다. 이 물시계는 상당히 컸으며, 정확한 시간 계측에 전문적으로 관심이 있는 사람들에게만 한정되었다.

영어 단어 시계는 "벨"을 뜻하는 프랑스 고어에서 유래되었는데, 이른 시계의 자명 기능이 중요한 관심사였기 때문이다. 시계는 비용이 비쌌고, 주로 귀족들의 집에서 사용되었다. 도시 거주자의 대다수는 시계탑에 의지해야 했고, 다이얼이나 종소리가 들리는 곳 밖에서는 시계 시간이 중요하지 않았다. 시계탑은 적어도 그것들을 듣고 볼 수 있는 사람들에게 하루의 시간을 정의했다.

수도원은 규칙적인 삶을 살았던 자리이며, 정기적으로 종을 치는 도구 또는 종을 치는 시간임을 종치기에게 상기시키는 도구는 그런 삶의 거의 필연적인 산물이었다. 13세기의 도시들이 질서 있는 일상을 요구할 때까지 기계식 시계가 나타나지 않았어도, 질서 습관 자체와 시간 순서의 본격적인 조절은 수도원에서는 거의 제2의 천성이 되었다. 현대 자본주의의 창시자로서 위대한 일하는 수도회 규칙은 일을 신성하게 여기고 실천했으며 시계의 규칙적인 집합적 박자와 리듬으로 일을 하는 습관을 정초하고 사회에 전파하였다. 시계는 단순히 시간을 추적하는 수단만이 아니라 사람의 행동을 동기화시키는 수단이다.

멈포드는 시계는 단지 인간들에게 시간관념과 시간 규율을 훈련시킨 것이 아니라 증기엔진이 아닌 시계가 근대 산업시대의 핵심기계라고 주장했다. 그는 시계는 기계의 전형적인 상징으로 본다. 오늘날에도 다른 어떤 기계도 그렇게 보편적이지 않다. 그에 따르면 시계 이전에 수차와 같은 동력기계 그리고 다양한 종류의 오토마타가 있었지만 그것들은 성전에서 대중의 경이를 깨우거나, 일부 모슬렘 칼리프의 공상을 드러내기 위해 발명된 기계들이었다. 그렇지만 시토회는 중세에 광범위하게 기계를 사용하고 있었다.

베네딕트 수도회는 왜 노동을 신성시 했고 실제로 그런 사상을 실편할 수 있었던 것일까? 그 역사적 과정을 살펴보자.

베네딕트 수도회의 일 윤리의 기원과 서구 중세 기계화에 미친 영향

구체적으로는 멈포드는 베네딕트 수도회가 고대에 개척된 인상적인 기술적 능력이 고대의 전통적 농경·제국주의적 방식에서 '거대기계' 방식으로 사회를 근본적으로 변화시킬 수 있는 잠재력을 마침내 실현할 수 있게 한 핵심 혁신이라고 주장했다. 따라서 수도원은 현대 기업 공장 그리고 보다 일반적으로 현대 서구 문화 그 자체의 원형이었고, 서구문화는 공장, 산업, 자본주의를 수용하고 촉진하는 생활 패턴에 그대로 맞추어져 있다.

수사(修士)의 하루에 도입된 순서와 규칙성은 - 모든 성무가 정해진 시간 간격으로 적절하게 연속적으로 수행되면서 - 정시과(定時課) (하루 일곱 번의 기도 시간)는 모래시계, 해시계, 그리고 결국 시계에 의해 시간 잡히고 페이스가 유지되었다. 수도원에서부터 이런 시간을 지키는 습관은 다시 시장으로 퍼졌다: 그래서 14세기부터, 한 마을 전체가 그 활동을 탑시계의 종소리에 맞추어 행해졌다.

따라서 멈포드는 두 개의 관련 명제를 주장했다: 첫째, 일과 기계의 조화로운 상호작용을 그렇게 선호했던 독특한 서구 사회 구조의 최초의 시작은 베네딕틴 수도원 제도의 혁신이었고, 둘째, 이 제도의 본질은 세속적인 사회로 옮겨져서, 기계-산업적 서구를 창조했다는 것이다. 기계식 시계를 생산한 중세 유럽은 스스로가 시계장치, 사회 기계로 변모했다. 수도원에서 발달한 정신적 습관은 그러한 복잡한 세상으로 나가게 되었고, 평민들의 광범위한 일상적 행동을 지시하게 되었다.

중세 초기의 유럽 전역의 베네딕트 수도원 중심지에서 종교적인 유토피아 사회 실험이 노동에 대한 새로운 태도로 스스로의 자급자족을 통해 세상과의 고립을 유지하려고 노력한 인위적인 사회와 결합했다. 로마가 멸망한 후 전문화된 지식과 기술의 마지막 보고로서, 이러한 수도원들은 또한 수사 생활의 목적이었던 종교적 헌신을 위한 시간을 여전히 유지하면서도 수도원 밖의 세계에 다양한 서비스를 제공하라는 요구도 점점 더 많이 받았다. 궁극적으로 기술적 진화와 그에 따른 사회적 변혁은, 멈포드가 인식했듯이, 영적 책임과 실천적 책임 모두를 충족시키려는 수도원의 필요성에서 촉발되었다.

많은 역사학자들은 베네딕트 수도원에서 육성된 노동의 가치에 대한 새로운 태도가 기계 혁신에 유리한 조건들을 육성하는데 필수적이라는 멈포드의 의견에 동의한다. 비록 옛사람들이 기술과 산업 혁신을 할 수 있는 잠재력을 가지고 있었다 하더라도, 육체노동 그 자체가 천한 것이고, 노예나 하급자 계층에만 적합하거나 또는 처벌로서만 적합하다는 엘리트주의적 관념 때문에 그러한 잠재력이 현실화 될 수가 없었다. 그러므로 노동력을 절약하는 기술을 위해 투자와 재능을 쏟을 수 있는 위치에 있는 부유하고 교육받은 개인들은 그 문제에 대해 신경쓰지 않았다.

반면에 기독교 특히 수도원생활은 노동 그리고 이를 보조하는 기술에 대한 이러한 멸시하는 견해를 노동은 도덕적 가치와 사회적 목적에 대한 헌신이라는 견해로 전환시켰다. 베네딕트 수사들의 노동과 근면은 가련한 자들에게 부과된 처벌이 아니라 더 높은 목적을 위해 자유롭게 부여된 신성한 것이었다. 이는 세상에서 신의 목적을 섬기면서 구원에 기여하는 기도의 한 형태였다. 그러므로 베네딕트 수사들은 일정한 시간은 일에, 다시 일정한 시간은 신성한 독서에 바쳤다.

성 아우구스티누스는 몸이 건강한 수사들은 일할 기독교적 의무를 지고 있다고 가르쳤다. 그는 더 나아가 게으른 손은 위험하며 신에게 바쳐진 노동의 수행은 수도사가 자유롭게 해야 할 중요한 규율의 한 형태라는 전통적인 명령을 확인한다.

그의 긍정적인 노동 윤리는 초대교회의 공주(共住) 생활 수도원의 창설자인 성 파코미우스(290경~346)에 의해 쓰여진 새로운 수도사 실험의 일상 규칙에 봉안되었다. 그것은 4세기, 5세기, 6세기에 이집트에서 몇몇 수도원 규칙들에서 반복되었다.

사실상 수도원 일 윤리가 태어난 곳은 4~6세기 동방 수도원의 은자적이고 수도사적 전통이었다. 은자는 어떤 격리된 장소에서 다른 사람들과 전혀 접촉하지 않은 채 묵상과 금욕주의에 의해서 개인적 거룩을 획득하기 위해 혼자만의 생활을 영위해 가려는 사람을 말한다. 최초의 수도사들은 혼자 사는 은자들이었다. 그러나 그들은 은자들처럼 혼자 살지 않고 대부분 금욕주의적 수도원 공동체를 이루어 살았다. 일반적으로 안토니(Anthony, c.251~c.356)는 수도원 운동의 창시자로 간주된다.

최초의 기독교 은둔자였고 수도원주의의 궁극적인 창시자인 이집트의 안토니는 갈대 돗자리와 바구니를 짜느라 바쁘게 손을 쓰는 버릇이 있었는데, 그는 이것들을 이 마을에서 빵을 벌기 위해 거래했다. 일은 안토니에게 세 가지 목적에 봉사했다. (1) 그러한 기본적인 노동의 반복적인 성질은 정신이 물질세계에서 벗어나서 영적인 영역으로 올라갈 수 있게 해주었다. (2) 그것은 안토니가 자신을 부양하여 평화롭게 고립되어 황야에서 살 수 있게 해주었다. (3) 노동은 가난한 사람들에게 자선으로서 잉여를 분배할 수 있는 가능성뿐만 아니라 유용한 상품들을 생산한다는 점에서 사회에 봉사한다. 안토니의 영웅적인 기독교 생활을 본받으러 이집트의 사막에 온 영적 추구자들은 이같은 신앙을 흡수했다.

이러한 행동들은 여유로운 공부와 기도의 모델이 곳곳에 자리 잡고 있던 동시대의 서방의 수사 전통과 뚜렷한 대조를 이룬다. 4세기 투르의 성 마르티노(St. Martin of Tours) 수사들이 행한 유일한 노동은 베끼는 것이었고, 이것도 젊은 수사들이 했고, 원로들은 전적으로 자유로웠다.

성 요한 카시아노(St. John Cassian, 360~435년) 같은 인물의 저술에서 나타난 동방의 수사 전통이 서방으로 옮겨진 것은 6세기 초였다. 그는 이집트 수도사들 사이를 여행하며 그들의 경건함과 삶의 방식을 묘사했다. 베네딕토와 알리우스 가이사리우스(Caesarius of Arles)는 둘 다 카시아노의 글을 읽고 동방의 모델을 그들 자신의 수도원 창립 규칙에 적용했다. 6세기경에는 베네딕트가 그 규칙들을 쓰고 수사들을 위해 기도하고 노동하는 삶을 설계할 때에는 "게으름은 영혼의 적"이라고 격언은 이미 오래된 격언이었다.

다행히도, 그들의 영웅적인 창시자인 사막의 아버지들의 보잘것없는 기원은 로마가 쇠퇴하는 동안 수도원에 숙련된 노동력이 유입된 것과 결합되어, 이 문제에 대한 잠재적인 해결책을 제공했다. 수사들은 모든 사람이 자유롭게 영적 생활의 주인이 될 수 있도록 하인의 노고를 자신들이 도맡았다. 그리하여 주인과 일꾼은 한 사람의 수사의 몸 속에서 하나로 융합되었다. 노동을 통해 수도원을 지원하는 이중의 책임을 받아들이고 개인적인 기도에 충분한 시간을 할애함으로써 수사들은 가장 적은 시간 안에 가장 많은 일을 완성할 수 있는 점점 더 효율적인 방법을 찾도록 동기를 부여받았다. 이것은 일이 기계의 순환을 따르고 일이 농촌 생활의 속도로 이루어지는 농장과 마을의 노동자들의 태도가 아니다. 수도원의 철저하게 인위적인 환경은 생활과 일하는 방법에 전례 없는 시도를 허용했다.

처음부터 수도원은 기술력의 보고였다. 예를 들어, 5세기 조가 팔라디우스는 파노폴리스 Panopolis의 300명의 파코미아Pachomia 수도사들을 묘사하고 있는데, 그곳에는 15명의 재단사, 7명의 금속가공인, 4명의 목수, 낙타 몰이꾼 12명, 축융공(縮絨工, 천을 바래고 다듬는 직공) 15명이 있었다.

모든 수사들은 어떤 형태의 공예나 노동에 종사하고 있었는데, 그것은 너무나 생산적이어서 그들 자신의 수도원의 필요뿐 아니라 지역 수녀들과 죄수들에게도 공급해 주었다. 이 모든 기술들은 어디서 온 것일까? 수사들이 사막에 도착한 후 이런 공예품을 연마했는지 의심스럽다.

이것들은 그들이 가지고 온 기술들이었고, 그들이 세속 세계에서 도망치기 전에 마을에서 연마했던 기술들이었다. 후기 로마 제국의 사회적 경제적 격변과 5세기 이후 세계 생활의 불안정성이 증대됨에 따라 많은 숙련된 장인(및 여성)들이 수도원 생활의 상대적인 안정을 찾도록 자극했을 것이다. 진입을 위한 금전적 선물을 제공할 수 없지만, 그럼에도 불구하고 숙련된 노동력의 제공은 수도원 공동체의 유지에 가치 있는 것이었고 따라서 환영을 받았다.

파노폴리스에서 수사들의 다양한 기술은 수도원의 조정된 산업을 시작하는데, 카롤링거 시대부터 살아남기 위한 가장 중요한 문서 중 하나인 성 갈로(550경~645). 스위스의 사도의 계획(Plan of St. Gall 그림 1)에서 노동의 조직을 조사하면서 더욱 풍성해진 그림이 있다.

수도원에서 육체노동과 정신노동의 분업이 어느 정도 있었음에도 불구하고 그들은 모두 중앙, 교회에서 만나 중세 사회 어디에도 존재하지 않는 협력적 노력의 정신으로 기도를 드렸다. 모든 수사들은 성(聖) 안토니오(250 ?~355 ?)의 지시 즉 신이 앞에 있다라는 믿음에 따라 행해지는 한, 자신의 노동이 종교 공동체의 유지에 귀중한 동시에 자신의 영혼을 구원하는데 효과적이라는 것을 알고 있었다.

수차 기술은 아주 일찍부터 서양 수도원들에 통합되었다

중세 시대에 걸쳐 수도원은 모든 종류의 풍부하고 생산적인 기술적 업적들의 밀집지역이라는 것이 증명되었는데, 이것만으로는 독특하지도 않고 놀랍지도 않다.

멈포드는 "시간 지키기와 시간 질서의 습관이 사람들의 마음을 사로잡은 것은 영원한 영혼의 복지를 제공하고자 하는 집단적인 기독교적 욕구를 통해서였다는 것은 아이러니한 역설이라고 제언했다. 그러한 습관들은 현재 자본주의 문명이 추종하는 습관이다" 그의 견해에 따르면, 신비주의자들의 가장 난해한 관심사는 서민들의 사고방식을 바꾸는 것이었고 어째든 그들은 시민들을 시간관념이 철저한 자본가로 변모시키는

데 도움을 주었다.

제분소는 많은 양의 제빵과 양조장을 유지하기 위한 실제적인 필요조건이었다. 카롤링거 사회는 팽창하고 있었고, 카롤링거의 군주들은 베네딕트 수도사들을 그 자원 관리에 고용했다. 그러한 수도원의 주변 지역에서 커진 마을들은 분명 그러한 유용한 장치들을 채택했을 것이다. 인구증가가 현대 산업에 기계화 동기를 부여하듯이 복잡한 기계화 노력에 동기를 부여한 것은 당시 성읍들의 팽창하는 인구의 필요를 충족시키기 위해 생산 수준을 증가시킬 필요성이었지 결코 고상한 목적이 아니었다. 방아로 구동되는 산업 기계는 할 수 있는 일의 양을 늘렸을 뿐만 아니라, 그것을 할 수 있는 더 큰 동력을 제공했다 기계는 인간의 근육만이 성취할 수 있는 것보다 더 많은 일을 할 수 있다. 이 기계들을 노동력을 절약하는 장치가 아니라 노동력을 제고하여 생산성을 높이는 장치였다.

많은 중세 수도원들도 이러한 역동적인 지적 분위기와 창의적 발명을 장려하는 세 가지 필수 요소인 교육, 재정 지원, 자유 시간의 혜택을 누렸는데, 이런 것들은 그 중 가장 평범한 사람들의 삶과는 거리가 동떨어진 현실이었다. 중세 수도사들도 엘리트 사회 구조의 후원을 받았지만, 계속 지원해 줄 귀족이 없었고, 수사들을 직접적으로 먹어야하고 입혀야 하는 부담으로 그들은 공학적 능력을 직접 지원하는데 집중했다. 그러므로 초기 수도원들의 고립은 산업기계가 번성하는 문화적 풍토 조성에 필수적이었다. 수사들이 초기에 세속 사회가 더 편안했다면, 그들은 그 사회에서 안락한 삶을 누리거나 일할 필요가 없이 지냈을 것이고, 혁신적이고 노동력을 향상시키는 장치를 개발할 필요성을 전혀 느끼지 못했을 것이다. 필요한 기계적 지식은 오래 전에 발견되었지만, 멈포드가 주장한 바와 같이, 마침내 이러한 유형의 기계가 출현하여 서구 사회의 필수적인 부분이 될 수 있게 한 것은 독특한 사회 혁신 덕분이었다.

유럽의 많은 지역, 특히 중세 초기의 수사들은 천문학, 연금술, 의학, 회화, 조각에 종사하는 유일한 유럽인들이었다. 이들은 양봉하여 꿀과 왁스를 수확하고 벌꿀주(~酒)와 양초로 만드는 등 특화된 공예기술을 유지했다. 과일, 견과류, 딸기류, 허브의 재배는 중세의 가장 아름답게 그려진 원고 일부에 잘 기록되어 있다. 아랍의 순수 알코올 발명이 서양에 도입되었을 때, 수사-원예사들의 노력 덕분에 전문농업과 증류에서 유래한 많은 독주(리큐어)와 아페리티프 [Aperitif, 반주] 형태로 유럽 식탁이 고급스러워졌다. 수사들은 기념비적인 건축이 부흥하던 초기에 참여했으며, 오르간, 주판, 아스트롤라베(과거 천문 관측에 쓰이던 장치), 혼천의, 렌즈 및, 시계를 제작하고 수선했다.

중세의 가장 저명한 과학자 -학자들 -나중에 실베스테르 2세 교황(999~1003)이 된 오리야크의 제르베르(Gerbert of Aurillac), 로저 베이컨, 알베르투스 마그누스 등은 수도원에서 작업했다. 전설에 따르면, 대알베르투스[Albert the Great]- 13세기 독일의 신학자, 대학 교수, 주교이자 성자- 는 그의 지식을 이용하여 예언 로봇을 만들었다. 알베르투스의 도미니크 교단의 수도사 중의 한 사람은 그의 방을 방문하여 문을 두드려서 들어오라는 말을 듣고 방으로 들어갔다. 그 수도사가 방 안에서 알베르투스가 아니라 사람과 닮은 로봇 즉 안드로이드[Android]가 그 노크에 응답했음을 알게 되었다. 그 안드로이드를 일종의 악마라고 생각한 그 수도사는 서둘러서 그것을 파괴했다. 알베르투스는 그를 꾸짖고 3만년 마다 일어나는 아주 희귀한 천체의 결합 때문에 그의 로봇을 창조할 수 있었다고 설명했다. 수사 문화는 물리적 공예품에서부터 민속문학에 이르기까지 과학, 기술, 그리고 전문적인 공예의 모든 면에서 진보를 지지하고 장려했다.

훌륭한 기술과 경이로운 실험의 전통이 많은 중세 수도원들에 자리를 잡았고, 이곳에서는 귀족이나 국가가 후원하여 학자와 발명가들이 번성할 수 있는 환경을 제공한 헬레니즘 알렉산드리아나 르네상스 이탈리아와 같은 시대들과 닮았다. 그러나 중세 유럽의 기계적인 사고를 가진 수사들은 천체 현상을 예술적으로 재구성하거나 복잡하고 신기한 장치들을 만들지 않았다. 베네딕트 사회 실험에 의해 제공된 특정한 동기 때문에 먹고사는 문제를 해결하고 노동 생산성을 제고하려는 목적으로 개발된 많은 진보된 기계들은 본질적으로 일상적이고 새로운 것 즉 물질적 재화의 생산에 맞추어져 있었다. 이 특정한 성향은 다른 곳이나 그 이전에 발견하기 어렵다.

중세시대의 음악 분수, 로봇 하인, 기계 동물, 인공 명금(鳴禽)에 관한 이야기들이 나오는데 그 대부분은 바그다드, 다마스커스, 콘스탄티노플, 그리고 카라코룸 같은 궁정들에서 디자인 되고 제작되었다. 그러한 자동기계들은 외국 지배자들이 중세 유럽에 선물로 준 것이거나 이 먼 지역들로 갔던 여행자들이 보고한 책들에서 언급되었다. 이러한 발명들은 인상적인 기계 공학 전통을 보여준다. 그러한 눈부신 기계적인 창조물들은 최고의 철학적, 미학적 열망에서 영감을 받았다. 이것들은 학문의 산물이었다. 자연철학의 원리를 설명하거나, 후원자를 기쁘게 하거나, 군중을 경외하려는 사람들에게 그것들은 아름답고 감탄할 만한 창조물들이지만, 그러한 장치들은 일반 서민들의 삶이나 사회 전체의 삶에 거의 영향을 미치지 못했다. 그 경우에 그러한 기법은 기본적인 제조 방법에는 거의 적용되지 않았다.

로마인들이 고대의 곡식을 방아로 갈았지만 여전히 수력을 이용하여 서구 산업사회를 시작한 여러 가지 복잡한 기계를 발전시킨 것은 베네딕트 수도사들이었다. 그리고 기계식 시계는 중세 교회와 수도원의 주변 환경에서 출현했다. 가장 오래된 시계가 14세기 후반에 솔즈베리 주교에 의해 설계되고 마을의 대장장이들에 의해 건설되었다. 멈포드에게는 이것이 완전한 사회적 변화를 일으킨 "열쇠 기계"였다.:

시계는 수도원 바깥으로 퍼져나갔다; 그리고 규칙적으로 종을 치는 것은 일꾼과 상인의 삶에 새로운 규칙성을 가져왔다. 시계탑의 종소리가 도시 존재를 거의 규정했다. 수도원 실험은 수도원, 그 구성원, 그리고 수많은 다른 수혜자와 부양가족을 먹여 살리기 위한 제조품의 원천을 생산하는 수단으로서 신뢰할 수 있는 산업기술의 체계적인 발전을 촉발하는 사회적 조건을 만들어냈다. 서구의 산업기술사회로의 전환에는 이러한 중세 수도원들에서 그 시작과 첫 번째 성공적인 시범운영이 있었다. 서양 산업사회를 만든 것은 시계 제조업자가 아니라 중세 수도원의 방아 제작자였다. 수도원의 시계는 시간 규율이라는 자본주의적 태오와 사고방식을 키우는데 공헌하였다.

시계산업과 산업혁명

중력-구동 기계식 시계는 서구 중세에서 나타난 자동화의 역사에서 가장 기념비적인 성취로 볼 수 있다. 기계식 시계의 발명은 나머지 발명들보다 더 뛰어난 발명이었다. 근동 및 극동에서도 예전에 해시계와 물시계를 알고 있었지만 기계식 시계는 서양. 중세의 수도원에서 최초로 발명되었다. 11세기에 중국에서 이보다 300년 전에 불교 승려가 발명한 메커니즘에 기반하여 송나라의 천문학자 소송[蘇頌]이 허난성 카이펑(開封)에 설치한 하늘로 오르는 계단이라는 뜻을 가진 티엔티(天梯) 천문시계는 당시에 가장 진보된 기계로 간주되었다. 그가 천문시계 제작에서 사용한 체인 형태의 탈진기는 가장 혁신적인 발명이었다. 탈진기란 쉽게 톱니바퀴로 일정한 진동을 가능하게 하는 부품으로 특히 시계와 같은 분야에서는 매우 중요한 역할을 한다. 이러한 탈진기의 발명은 곧 기계기술에 있어 다양한 응용과 발전이 이루어지는 바탕이 되는 것이었다. 그렇지만 소송의 시계는 일종의 전시용이었지 일반 사람들의 생활에는 전혀 영향을 미치지 못했다. 중국에서는 시계의 기술이 제국의 비밀로 유지되었고 소수의 과학자와 기술자만이 세부 사항에 알고 있었지만 유럽에서는 기술이 상대적으로 신속하게 확산되었다. 국가가 지적재산권 집행에 개입하지 않았기 때문이다. 유럽은 그 발전 도상에서는 지적 재산권에 대한 국가 보호를 제공하지 않았다. 그러한 기술 번성은 특허 또는 저작권법 없이 발생했다.

14세기에는 추시계가 유럽에서 매우 흔했다. 이 기술은 상당히 빠르게 확산되었다. 기계식 시계가 13세기 후반에 발명되었다는 증거가 있다. 물론, 시계의 축복과 함께 몇몇 저주가 왔다. 인생은 더욱 편제되었다. 매 시간 종소리가 울릴 것이다. 시간은 일출과 일몰의 사이클을 따르지 않았고 시와 분에 따랐다.

호이겐스는 추시계를 발명했다. 그것은 시간 측정의 정확도를 극적으로 증가시켰다. 추시계는 바다에서는 잘 작동하지 않았고 그래서 그는 1675년경에 균형 스프링을 발명했고 그것을 손목시계에 설치했다. 후크는 1660년에 독립적으로 균형 용수철을 생각해 내었다. 시계들과 손목 시계들은 산업혁명에 주변적이었지만 그것들은 대량 생산되었기 때문에 중요한 파급효과를 가져왔다 기어들로 구성된 움직이는 부품들은 설계되어야 하고 손으로 절삭되어야 했다. 후크는 이것을 할 기계를 최초로 설계했다. 그래서 시계 산업의 성장은 이런 기계들의 디자인의 꾸준한 개선으로 이어졌다. 그 결과, 저렴하고 정확한 기어들이 대량으로 생산되었다. 저렴한 기어들은 기계 디자인을 혁명적으로 바꾸었다. 기어들은 동력을 통제하고 방향을 잡으며 전달하는 레버와 벨트들을 대체했다.

손목시계 산업은 아크라이트의 성공과 랭커셔 면 산업의 성공의 열쇠였다. 아크라이트는 수력 프레임을 팔지 않았기 때문에 기업가들은 그것들을 조립해야 했다. 그들은 수십 명의 시계 제조공들을 불러 모아서 그 수력 프레림의 "시계 작업"을 시켰다. 영국은 고임금 때문에 국내 시계시장이 커질 수 있었다. 저렴한 고품질의 기어들이 랭커셔에 더 훨씬 더 많이 공급되었기 때문에 그 곳에서 면 산업이 기계화 되었다.

송대에 중국은 과학기술에서 놀라운 성취를 했지만 그 추세는 오래가지 못하고 그 후로 중국의 과학기술 발달은 정체되거나 후퇴했다. 도대체 무슨 일이 있었던 것일까? 서구는 중세에 과학과 기술에서 앞서 나가는 토대를 마련했다. 영국의 머튼학파와 프랑스 파리 대학의 뷔리당과 오렘 같은 스콜라학자들은 현대 과학의 기초가 되는 많은 개념을 정초하고 새로운 사고방식 특히 "수량화 광기"를 과학에 도입했다. 중국의 과학과 서구 과학이 이렇게 분기하게 된 근본적인 이유는 혹시 서구의 종교 즉 기독교가 결정적으로 작용한 것은 아니었을까? 이러한 의문에 대해서 자키와 뒤엠은 긍정적으로 답한다.

자키-뒤엠 명제

중국, 인도, 이집트 같은 고대의 위대한 문화들은 재능, 사회조직, 평화 등이 있었음에도 불구하고 왜 과학을 탄생시키지 못했던 것일까? 왜 유독 기독교 문명만이 지속적으로 진행되는 근대과학을 발전시킨 것일까?

자키-뒤엠 테제(Jaki-duhem thesis)에 따르면, 몇 세기 만에 죽어버리지 않고 지속되는 과학을 발생시키려면 그 문명의 지적 기후에서 다음과 같은 아이디어들이 있어야 한다.:

1) 과거, 현재, 미래를 분명하게 구분하는 점차적으로 수량화 할 수 있는 시간은 과학적 자연관을 촉진한다. 인과관계는 과학적 세계관에 필요하다. 유태-기독교 전통에서 이 아이디어는 과거의 어떤 특정 시각에 신이 무에서 우주를 창조하는 행위로부터 나온다. 그 다음에 시간은 현재에서 미래로 재림과 심판의 날이 있는 미래로 진행되어 흘러간다.
2) 자연현상을 설명하는 데 있어서 점성술 같이 사건들의 원인을 묘사하지 않는 의사과학적인 선험적인 "설명"은 피해져야 한다.
3) 자연에 관한 유기체적 관점은 과학을 방해한다. 이 아이디어는 우주를 살아 있는 생물로 본다. 탄생, 성장, 죽음, 재탄생의 순환을 반복하는 것으로 본다. 힌두교에서는 모든 것이 신이다.

"기독교 창조사상은 과학의 미래에 또 다른 결정적인 기여를 했다. 그것은 모든 물질적 존재들을 같은 수준에 두는데 있었다. 이교도 그리스 우주와는 달리 기독교의 우주에는 신적인 물체가 존재할 수 없었다."

[Stanley Jaki (2000), Christ and Science, p. 23]

4) 우주는 기초적으로 질서가 있다는 실재가 부정되면 과학이 발달할 수 없다.

"창조주에 대한 기독교 신앙은 자연을 생각하는 돌파구를 마련해 주었다. 오직 진정한 초월적 창조주만이 자율적인 법칙을 갖는 자연을 창조할 수 있을 만큼 강력하다고 생각할 수 있었다. 일단 그 법칙들 중 기본법칙이 공식화되면 과학은 스스로 발전할 수 있을 것이다."

[Stanley Jaki 상동, p. 23]

5) 천체는 살아 있다거나 신적인 것으로 생각되면 과학이 발달할 수 없다.
6) 과학이나 자연법칙을 완전히 부정하는 종교적인 사람도 없어야 하고, 종교적 진리를 완전히 부정하는 철학자/과학자도 없이 이성과 신앙이 균형을 맞추어야 한다.
7) 인간은 자연의 나머지 부분과 근본적으로 다른 것으로 마음을 갖고 있기 때문에 동물들과는 정량적으로가 아니라 정성적으로 다른 것으로 간주해야 한다. 유태-기독교 세계관에서는 창세기에 남자와 여자는 신의 형상으로 다른 동물들을 지배하도록 만들어진다.

(창세기 1:26-29)

"마지막으로 인간은 창조의 기독교적 도그마에서 신의 이미지로 특별히 창조된 것으로 생각했다. 이 이미지는 어떻게 해서든 신의 합리성을 공유하는 인간의 합리성으로 이루어져 있었다. 그러므로 인간은 자신의 합리성에 대한 반성을 통해 창조된 정신이 창조된 영역의 합리성을 헤아릴 수 있다는 확신을 그에게 주었다."

[Stanley Jaki, 상동 p. 23]

솔로몬의 지혜의 서를 보면 신은 인간에게 특별히 이성을 주었고 이로써 신의 이성을 파악할 수 있다고 말한다:

"그분은 나에게 만물에 대한 어김없는 지식을 주셔서 세계의 구조와

구성 요소의 힘을 알게 해주셨고
시대의 시작과 끝과 중간, 동지, 하지의 구분과 계절의 변화를 알게 해주셨으며
해가 바뀌는 것과 별들의 자리를 알게 해주셨고
동물들의 성질과 야수들의 본능, 그리고 요귀들의 힘과 인간의 생각, 또 각종 식물들과 그 뿌리의 특성을 알게 해주셨다.
만물을 만드신 하느님의 지혜의 가르침을 받아서 나는 드러나 있는 것은 물론 감추어진 모든 것까지도 알게 되었다."

(지혜서 7장, 17-21)

성 아우구스티누스는 그의 『신국론』(神國論, City of God))에서 "신은 모든 도량, 형태와 질서의 창조자, 모든 크기, 숫자 및 무게의 창조자이다. 그는 모든 자연의 근원, 모든 형태의 씨앗과 모든 씨앗의 형태와 씨앗과 형태 둘 다의 운동의 근원이다."이라고 말했다.

케플러, 갈릴레오, 뉴턴은 이 견해를 수용했다. 이것이 아인슈타인이 한 유명한 말 즉 그에게 가장 이해할 수 없는 것은 우주가 이해될 수 있다는 것이라는 말의 핵심에 있다. 그래서 그는 "신은 주사위 놀이를 하지 않는다"고 결론 내렸다.

피에르 뒤엠(Pierre Maurice Marie Duhem, 186~1916))은 프랑스 이론 물리학자 겸 과학역사가였다. 그는 소위 "뒤엠-테제"를 주장했다. 그 테제는 라틴 중세는 고대에서 17세기 전까지 과학의 점진적 진보에서 중대한(심지어 결정적인) 기여를 했다고 주장한다. 구체적으로 피에르 뒤엠 테제는 다음 명제들로 이루어진다.

(1) "신학 혁명": 뒤엠은 그리스 과학은 그 철학과 종교의 전제로 인해

서 일정 수준 이상으로 발전하고 진화하지 못하게 되어 있었다고 주장한다. 그리스 철학과 종교는 별들은 신적 본성을 갖고 있고 모든 물질에는 정령이 있다고 믿었기 때문이다.

"신학 혁명"이 발생한 후에야 코페르니쿠스의 이론이 채택될 전제조건이 만들어졌다. 중세의 과학 정신은 신플라톤주의와 점성술적 숙명론에서 벗어날 수 있었다. 교부들은 기독교 신학의 입장에서 고대과학의 진보를 막고 고대과학의 다산성을 소진시키는데 기여한 고대 그리스의 원리들을 공격하였다. 원질(原質)의 영원성 원리, 지상 생명에 대한 별들의 영향, 그리고 우주의 시간적 순환이란 전제들이 그런 장애물이었다.

(2) 1277년 단죄[Condemnation of 1277]: 중세 아리스토텔레스주의는 자연철학의 성숙과 전문화에 중요하긴 했지만, 고대 과학의 성취를 넘어서 과학이 더 한층 진전하기 위한 2번째 근본적인 전제조건은 아리스토텔레스 철학의 전제로부터 벗어나는 것이었다. 1277년의 금지령은 자연세계를 그리스(아리스토텔레스)의 숙명론에서 출발하지 않고 신의 절대적 힘(potentia Dei absoluta)에서 출발하도록 하였다.

그것은 13세기 파리대주교였던 텅피에가 파리 대학에서 주도한 219개 명제로 이루어진 단죄 조치를 말한다. 1200년대에 이르러 유럽의 대학들이 학문적 중심으로 크게 번성하기 시작하였는데, 대학들에서 아리스토텔레스의 논리학, 과학, 철학 저술이 교과과정의 핵심을 이루게 되었다. 하지만 세계는 영원하다거나 영혼은 육신이 죽은 후에는 살지 못한다는 점 등을 주장한 아리스토텔레스의 자연철학은 창조설과 영혼불멸 같은 기독교의 근본적인 믿음과 충돌할 수밖에 없었다. 1277년 1월 18일 교황 요한 21세는 텅피에에게 교서를 보내, 올바르지 않은 신앙으로 이끄는 오류를 발설한 인물과 작품의 목록을 작성해 교황청으로 서신을 보내라고 하였다. 이에 텅피에가 219개의 명제를 통해 단죄 칙령을 발표하였다. 1277년 3월 7일 텅피에는 16명의 신학교수들로 구성된 자문단의 도움을 받아 219개 명제에 대한 교육 금지 조치를 발표하였다. 해당 명제는 가톨릭 신앙을 거스르는 이교도들의 사상을 가르치기 때문에 만약 이 명제들을 가르칠 경우 파문과 같은 강력한 제제를 당할 수 있다는 칙령을 반포하였다. 이 칙령에서 이단으로 다루고 있는 사상은 대표적으로 점성술과 소요학파의 철학으로, 아리스토텔레스가 《생성과 소멸에 관하여》에서 부활에 대하여 불가능하다고 저술한 부분 등이 포함되었다

그 사고 모드는 현상에 대한 반례 및 "사고 실험"에 의한 합리화의 일반화에 유리하게 작용하였다. 이러한 이유로 뒤엠은 1277년의 금지령은 자연에 관한 근대과학의 탄생일이 될 수도 있다고 본다.

(3) 연속 테제: 물리적 이론이 그 위에 세워진 가설들의 선택만이 아니라 과학의 역사도 연속 원리를 따른다고 뒤엠은 주장한다. 즉 과학은 끊김이나 혁명 없이 점진적으로 연속적으로 진보한다.

(4) 갈릴레오의 14세기의 선구자들: 14세기 스콜라학자들 특히 파리 대학의 스콜라학자들은 발사체의 운동은 한 행위자에 의해서 움직여지지 않아도 계속 움직이는 이유에 대해 맞는 설명 그리고 자유낙하에서의 등가속도 운동, 위도방식[緯度方式]에 관한 이론의 발달, 무한 및 무한소 양의 존재 가능성, 공간 진공 가능성, 지구 회전 그리고 세계의 다중성에 관한 이론의 발달; 운동, 장소 및 시간에 대한 새롭고 명확한 개념들을 제시했다.

(5) 도밍고 드 소토 연관성: 1545년에 소토가 쓴 논문에는 스콜라 전통

에는 다음과 같은 정리들이 잘 알려져 있다고 기술되어 있다; 자유낙하 물체는 시간에 따라 가속된다. 수직으로 위로 던져진 물체의 운동은 등감속한다.; 그런 운동들에서 간 거리를 계산하기 위해서는 니콜 오렘이 증명한 정리(옥스퍼드대 머튼 학파가 개발한 평균속력 정리)를 적용해야 한다.

"도밍고 드 소토의 수수께끼"는 다음과 같은 의문을 말한다.

1) 소토는 어떻게 해서 등가속운동의 예로서 낙하운동을 들게 된 것일까? 더 나아가서 그는 이 순전히 수학적인 개념을 물리적 현실에 적용하게 되었을까?
2) 소토의 수수께끼는 갈릴레오가 소토 정리들을 알고 있었는지 여부와 어떻게 알게 되었는가 하는 것이다. "신학혁명"과 "1277년 금지령"은 효과적인 원인이 아니라 초월적 조건들이다. 초월적 조건들은 어떤 조건들 하에서 무엇인가의 출현을 가능하게 하지만 그것의 출현을 필연적으로도 직접적으로도 야기하지 않는 조건을 말한다.

피에르 뒤엠 테제의 5가지 하위 테제는 독립적이지 않다. 그것들은 따로 떨어져서는 실제 역사에 적용되지 않는다.

1277년의 금지령은 14세기 물리학에 대하여 일종의 "가능성들의 장"을 열어주었고 신학 혁명은 고대 그리스 과학의 막다른 골목을 극복하게 하는 수학적 자연과학에 유리한 세계상을 제공하였다.

예를 들어 이슬람은 신은 창조주이며, 자연에는 신적인 존재가 없으며, 인간은 신의 형상으로 만들어진다고 본다.

"이슬람교도들은 한때 다양한 지적 노력, 특히 수학과 과학에서 세계를 이끌었다. 그러나 이 '황금시대' 이후 그러한 쇠퇴가 있었기 때문에 이슬람 세계에는 그러한 자취가 거의 남아있지 않다. 이슬람 세계에서 알라는 과학을 죽였다"

이슬람은 어떻게 과학을 죽였나?

1. 그것은 이슬람교도들이 쿠란을 경배했기 때문에 사상의 개방성을 단념시켰다.

이슬람교도들은 신의 책을 가지고 있었기 때문에, 그들은 이교도들의 입력이 필요하지 않았다!

2. 그것은 신은 아무 것에도 얽매이지 않는다고 주장한다! 알 가잘리[Al-Ghazali]는 12세기에 매우 영향력 있는 이슬람 사상가였다. 그는 자연법칙의 개념 전체가 신의 주권에 대한 공격이라고 주장했다.
3. 자연계에 대한 조사를 위한 제도적 지원을 하지 않았다 그 당시 과학이 그것의 한 분과였던 철학은 이슬람 학교에서 아예 가르치지 않았다.
4. 그것은 많은 지식의 원천의 파괴를 조장했다. 예를 들어 칼리프 우마르 밑에서 병사들은 알렉산드리아와 페르시아의 도서관의 소장품들을 파괴했다.

그래서 과학은 올바른 물리학적 가정과 올바른 종교적 풍토가 필요했다.

- 그의 본성에 구속되는 전지전능한 신의 개념이 필요했다.
- 우리가 동의하지 않는 사람들로부터 배울 수 있다는 생각에 대한 종교적 지원이 필요했다.
- 과학 교육뿐 아니라, 우수한 재정 지원을 받는 대학이 필요하였다. 또한 새로운 과학적 조사와 과학자들이 서로 토론할 수 있는 기회들.

• 새로운 아이디어를 쓸 수 있도록 권장하는 환경이 필요했다.

중국은 왜 유럽보다 먼저 과학을 발달시키지 못했나?

중국은 고대와 중세에 경이적인 부, 인구 및 기술 진보를 이룬 문명인데도 왜 중국에서 과학이 먼저 탄생하지 못했을까? 종이, 화약, 나침반, 그리고 활자인쇄 모두 중국의 발명이다. 중국의 정교한 벼 재배는 중세 유럽의 농업보다 훨씬 더 생산적이었다.

중국의 철학과 종교에서 과학을 저해하는 형이상학적 개념들은 어떤 것들일까? 그 무엇보다도 영원한 순환이라는 개념이 확실히 있었다. 한 불교 승려는 기독교의 창조 도그마를 다음과 같이 공격했다:

"공간, 세계 그리고 존재는 그것들을 개별적으로가 아니라 총체적으로 고려하면 시작도 없고 끝도 없다. 그것들은 이런 광역적 관점에서는 영원하다. 그것들은 끝없이 진행되고 무한한 우주적 기간 동안에 형성되고 안정되고 몰락하여 무로 돌아가는 연속적인 과정을 거친다."

그런 아이디어는 단지 이 승려의 생각이 아니라 중국의 지적 삶의 본질적 부분이었고 불교와 도교[道教]에 의해 강화되었고 신유교 사상에 융화되었다. 하늘에서 나타나는 조화는 우주의 "정상성"의 지고한 구체화이지만, 이것은 중국인들에게는 더 높은 법칙의 결과는 아니었다. 도[道] 또는 모든 것을 아우르는 질서는 모든 것을 생산하고 모든 것을 먹이지만 그 어떤 것 위에서도 군림하지 않는다. 그것의 법칙은 말 없는 칙령이다. 장자에 따르면, 절대적 기원-창조는 없었다. 도 자체는 궁극적 실체가 아니다, 그것은 지고한 비-존재이기도하기 때문이다. "그것은 무극이기 때문에 그것보다 선행하는 것은 없다. 그러므로 사물들 이전에 무엇이 있을 수 있는가? 그렇지만 사물들은 계속적으로 발생되고 있다.

이것은 사물들은 자생적으로 자신들이 되고 있음을 보여준다. 그것들을 그런 것으로 야기하는 것은 없다"

신의 목소리가 없는 우주에서 인간이 자연 속에서 법칙과 진리를 찾을 지속적이고 강력한 이유는 남아 있지 않다

세계와 문명이 반복적으로 창조되고 멸망되어서 다시 창조되는 수천 년의 그런 순환을 받아들인 결과 무슨 문제가 생기는가?

그런 관점은 형이상학적 무기력함과 수동성을 조장하고 인간이 아무리 노력해도 그 노력은 무위로 끝날 것이라는 생각을 갖게 만든다. 그리고 그러한 순환적 시간관 때문에 주의 깊은 정확한 시간의 수량화(수를 이용한 측정)은 무의미하게 된다. 이것 다음에 저것(순서)이라는 관념이 약화되므로 사람들은 원인과 결과를 혼동하게 된다. 그렇지만 과학을 하려면 능동적으로 자연을 탐구해야 하고 시간을 정확하게 수량화해야 되며 원인에 관한 올바른 지식을 갖고 있어야 한다.

순서적인 감각이 결여된 따라서 원인과 결과라는 관점을 약화시키는 중국인의 시간관의 결과로 자키는 한 군주의 정치적 실패에 그의 사망시 사람들을 순장시키는 것을 전혀 과도하다고 생각하지 않는다는 사실을 예로 든다. 자키는 중국인들에게 원인과 결과는 문제되지 않는다는 위대한 프랑스의 중국학자인 M.Granet의 코멘트를 인용한다.

"중국인들은 인과관계가 아니라 그 순서가 거의 중요하지 않은 현현[顯現]을 중요하게 여겼다. 중국인들은 사물의 진행을 측정 가능하고 차후에 정리할 수 있는 현상들의 순서로 보지 않고, 감지할 수 있는 실재 속에서 오직 구체적인 징조만을 보았다. 그것들을 모으는 작업은 물리학자가 아니라 연대기 작가의 과업이다.:역사는 물리학의 자리를 차지한다."

그래서 중국 정신은 개념적 순환논법에 빠져 있다. "모든 것에는 순환적 성격이 있다는 확신은 사건들 간의 인과적 연관에 대한 중국인의 각성을 근본적으로 방해했다."

중국인들의 시간관이 그러했기 때문에 중국에서는 진정한 근대과학이 발흥할 수 없었다. 영원한 순환을 굳게 믿는 다른 문명들에서도 마찬가지였다. 순서적인 시간관념이 없었기 때문에 원인과 결과의 법칙을 발달시키고 적용할 수가 없었다.

과학 발달을 저해한 몇몇 중국의 의사-과학적 "설명들"

중국인들은 자연의 사건들에 관한 선험적 의사-과학적 '설명들'을 갖고 있었다. 가장 좋은 예는 음양과 주역이다. 음양은 모든 자연과 그 과정들에 스며있는 힘으로 보았다. 그래서 중국인들은 서슴없이 "날씨의 변화는 음의 고요함" 때문이라고 말했다. 자석들이 서로 끌리는 이유도 음양으로 설명되었고 태양, 태음 그리고 별들의 운동도 음양으로 설명되었다. 모든 중국의 사상학파에는 "보편적 합의의 원리는 보편적 명료성의 원리와 동일하다는 관념"이 깔려 있다. 실재와 잘 부합하는 자연법칙이라고 부르는 것은 중국 사상에서는 그럴듯한 설명 예를 들면 음양의 관점으로 대체된다. 음양은 쉽게 파악되고(명료), 그리고 사물의 뿌리로 가는 것으로 보인다(보편적) 그러나 외부 세계의 작동을 탐구하는 데에는 정확한 결과를 얻어야 한다.

비슷하게 주역은 점(占)을 치는데 매뉴얼로서 선, 삼선형(괘) 육망성과 같은 다양한 상징을 통해서 자연의 사건들을 해석했다. 이 주역을 통해서 자연 관찰(조짐)은 그 원인과 의미가 대번에 주어졌다.

비록 중국의 문화와 과학에 아주 심취했던 니담(Needham)도 다음과 같이 말할 정도였다.: "그렇지만 그들(한나라 학자들)은 주역에 돌을 매달아 바다 속으로 던져 버리는 것이 더 현명했을 것이다."

"음양보다 과학에 다 해로운 것은 없다. 천지에서 음양에서 벗어날 수 있는 것은 아무 것도 없다. 그러나 과학을 박탈한 것은 음양이 아니라 음양을 쓴 마음이다."

가장 널리 퍼진 의사 과학적 망상은 점성술이었다. 그것은 이슬람, 인도 심지어 기독교령도 그리고 중국도 당연히 전염시켰다. 황실에서는 다양한 "현자들"(점성술사, 천문학자, 그리고 기상학자들)이 다양한 조짐을 놓고 해석하고 황제를 비난했다.

자연의 법칙도 모르는 상태에서 그런 사건이 일어난 이유를 안다고 생각하여 음양이라는 형이상학적 실체를 가정하여 그것들이 자연과정을 결정한다고 믿는 것은 실상은 무지한 데에도 마치 알고 있다는 망상을 일으킨다.

물론 아리스토텔레스도 천체에 관하여 그리고 4원소 설에서 그런 망상에 빠졌다.

중국인들의 유기체적 자연관

중국의 과학발달을 저해한 또 다른 형이상학적 개념은 유기체적 자연관이다. 그것은 모든 자연을 하나의 거대한 살아있는 존재로서 탄생, 성숙, 그리고 사망이라는 순환을 영구히 반복하는 것으로 본다. 인간은 자연의 일부로서 동물들과 근본적으로 다른 동물이 아니라 비슷한 동물로 본다.

기원전 6세기에 노자가 설파한 도교는 자연을 "비인격적 의지를 갖는 모든 것을 감싸는 살아 있는 실체"로 보았다. 비록 도교는 자연의 기저에는 질서가 깔려 있다고 믿었지만, 자연을 신비스럽게 명상하고 관조했지 그것을 능동적으로 탐구하지는 않았다.

"爲學日益 爲道日損 損之又損以至於無爲 無爲而無不爲
위학일익 위도일손 손지우손이지어무위 무위이무불위
배움의 길은 하루하루 쌓아 가는 일이고
도의 길은 날마다 덜어내는 일이다
덜어내고 또 덜어내면 무위의 경지에 이르게 되고
무위에 도달한 자는 못할 것이 이다"

이런 무위의 태도는 자연의 힘 앞에 인간이 전적으로 약하고 무력하다고 보는 도교의 사상에 일부 기인한다.

자연을 방대한 단 하나의 자생적으로 행위하는 유기체로 보았기 때문에 중국인들은 근대적 의미에서 자연법칙이라는 관념을 발달시킬 수가 없었다.

자키가 묘사하듯이.:

"유기체적 세계관은 원초적 황금시대에 관한 향수병적인 갈망으로 가득 찬 마음 상태를 조장한다. 모든 것이 아무 노력 없이 이루어지는 목가적인 그런 세계. 그런 자생적인 꿈같은 조건에서 사람들은 자연을 건드리지 않고도 자연으로부터 모든 것을 얻고 권위와 법의 제약이라는 감도 없이 사회적 성향들을 실시한다."

간단히 말해서 영원히 순환한다는 시간관념과 거대한 유기체로 자연을 보는 관점은 단지 숲 속에서 자연을 수동적으로 관조하지 않고 시체를 해부하는 아리스토텔레스와 레오나르드 다빈치 같은 능동적으로 탐구하는 정신에 반하는 수동적 정신 상태를 조장한다.

중국인들의 자연법칙 개념

중국인들은 자연은 질서가 있고 실제로 존재한다고 믿었다. 그렇지만, 그들은 인격적 신이 정한 인간정신에게 합리적으로 이해가능하게 만든 자연법칙이라는 개념이 없었다. 중국인들에게 자연이 질서가 없는 것은 아니었지만, 합리적인 인격적 신이 정한 질서라는 개념은 없었고 따라서 인격적 신이 선포한 신의 자연법칙을 인간의 언어로서 묘사할 수 있다는 확신이 없었다.

정치나 경제적 원인이 아니라 이데올로기적인 이유로 중국에서 과학이 발달하지 못했음은 영국 철학자 화이트헤드가 지적했다.:

"중세가 과학운동의 형성에 크게 기여했음을 아직 말하지 못했다. 모든 결과는 아주 완벽하게 확정된 방식으로 그 선행하는 것들에 상관관계가 있다는 설명할 수 없는 믿음, 일반적인 원리에 대한 믿음. 우리가 유럽에서의 이런 사고경향을 다른 문명들의 것과 비교하면, 그것의 기원에는 유일한 하나의 원천밖에 없는 것으로 보인다. 여호아의 인격적 에너지와 그리스 철학자의 합리성과 더불어 신의 합리성에 대한 중세의 믿음에서 그것이 나옴에 틀림없다."

중국이 근대 과학적 통찰을 예견했던 곳에서조차 그 유망한 출발은 이어지지 못했다. 12세기 주자는 높은 산에서 발견되는 굴껍질 화석에 대해서 해저의 융기만이 그런 발견을 설명할 수 있다고 주장했다. 그러한 현상들을 숙고하면 "지대한 영향을 미치는 결론들"로 이끌 것이라고 그는 주장했다. 그러나 중국인들은 이 귀중한 관찰을 충분히 활용하지 못했다.

16세기 초의 중국의 대표 사상가인 왕양명은 자연에 관하여 무엇인가를 알아내려고 노력하는 것의 도로에 관하여 체념조로 말하였다. 그와 그의 친구는 대나무의 구조에 체현된 원리들을 알아내려고 수일간 전념하였다. 그들은 실패했다. 그 두 친구가 내린 결론은 이렇다.:

“그래서 우리 둘은 한 숨 지으며 사물들의 탐구에 요구되는 끈기가 부족하므로 우리는 현자도 군자도 될 수 없다고 결론내렸다. 하늘 아래 그 사물들을 탐구할 수 있는 자는 아무도 없음을 나는 알았다. 사물 탐구의 임무는 사람의 마음과 몸에 관해서만 행해질 수 있다. ”

마테오리치 신부의 경험담을 들어보자.

1595년에 그는 중국인들이 프톨레마이오스의 천문학을 모르면서도 2번의 월식을 정확히 예측하는 것에 감명을 받았다. 그러나 그 후에 그는 다음과 같이 적었다: “사실상, 만일 중국이 전 세계라면, 나는 의심할 나위 없이 나 자신을 제1 수학자이자 자연철학자로 부를 수 있을 것이다. 그들은 우스울 정도로 그리고 놀랄 정도로 아는 것이 거의 없고;; 그들은 도덕 철학과 강론의 우아함 또는 더 적절하게 말하면 스타일의 우아함에 몰두하기 때문이다.”

2년 뒤에 그는 다음과 같이 적었다.:

“중국인 식자들에 관해서 이것을 말하자: 그들은 [물리]과학이 전혀 없다. 오직 수학만이 학습되고, 그것에 대해 알고 있는 그 작은 지식마저도 기초가 없다; 그들은 그것을 사라센인들로부터 훔쳤다.

오직 왕의 수학자들만이 그것을 그들의 아들들에게 가르친다. 그들은 겨우 월식을 예측한다. 그리고 그것에서도 그들은 많은 실수를 저지른다. 모두 다 점(占)에 몰두한다, 그것은 가장 믿을 수 없고 완전히 거짓이다.

논리학을 포함하여 물리학과 형이상학은 그들에게 알려져 있지 않다. 그들의 문헌들은 전적으로 아름답고 스타일이 있는 작문들로 이루어져 있다. 그 모든 것은 인문학과 수사에 해당된다."

03

유럽의 계몽주의와 중국

계몽주의 시대의 유럽 지적 풍토는 세계주의적 시각을 갖고 있었다. 심지어 개별 작가들이 세계주의적인 의제나 철학을 명시적으로 지지하지 않았을 때에도 그들의 시각은 세계주의적이었다. 국경은 예전보다 덜 중요한 역할을 했고 시간이 갈수록 덜 중요해졌다. 18세기 지식인 세계는 다국어 세계였고 라틴어가 더 이상 우세하지 않았지만 여전히 널리 이해되었다. 서신교환, 방문, 외국 취업을 통해 유지되는 밀접하게 짜여진 통신망은, 파리와 에딘버러, 런던과 상트페테르부르크, 웁살라와 괴팅겐, 레이던과 토리노의 현자들을 연결했다. 라이프니즈와 볼테르는 그들을 도울 수 있는 멀리 떨어진 문명에서 세계에 대한 지식저장소에 추가할 수 있는 지식을 가진 유사한 사람들과 접촉하려고 했다. 한동안 능력주의 지배 엘리트인 중국 만다린들은 이상적인 대화 상대자로 보였다.

계몽주의는 보편적인 사업으로 착안되었다. 이 사업은 다극적인 사업이었다. 유럽의 주변부는 파리와 몇몇 다른 메트로폴리스에서 흘러나오는 지식만을 일방적으로 받아들인 것이 아니었다. 이성의 진앙지가 유럽대륙 곳곳에 흩어져 있었다. 북아메리카에 있는 영국 식민지는 계몽주의의 세계주의적 관점에 있어서 중심적인 중요성을 갖는다. 벤자민 프랭클린, 토마스 제퍼슨, 제임스 매디슨은 그 시대의 핵심 철학자들 중 일부이었다. 유럽의 계몽주의 열기는 리마, 캘커타, 바타비아, 케이프타운에서 창조적인 활동으로 만개했다. 1780년대에, 뛰어난 법학자, 언어학자, 그리고 지식인인 존스(William Jones) 경이 주도하는 벵골의 아시아협회는 그 당시 세계에서 가장 역동적인 여러 문화적 배경을 가진 학자 집단 중 하나를 형성했다. 1760년대 유럽에서 예수회가 억압된 후에도 예수회 선교사들 일부는 중국 황실에 머물렀고 그들은 그들의 전임자들이 라이프니츠 시대에 한 것처럼 유럽의 주요 지식인들과의 서신 교환 파트너들로 남았다.

그러한 채널을 통해 비유럽 세계의 정치 및 사회 조건, 풍습, 관습, 종교에 대한 지식이 유럽으로 유입되었다. 유럽에서는 아시아에 대한 지식이 분류, 평가, 보관되었다; 외국 물건들은 이름이 붙여지고 분류되고 전시되었다. 토착 분류법은 유럽 과학자들이 당시 개발하기 시작한 많은 시스템으로 흘러들어갔다. 18세기 지식인과 학자들은 전 세계에서 끊임없이 들어오는 자료의 흐름을 처리했다. 지식 문화는 먼 거리에 걸쳐 교차 수정되었다. 유럽 계몽주의는 이번에는 유럽 바깥으로 퍼져서 결국 대륙 유럽의 경계를 훨씬 넘어 영향을 미쳤다.

아시아, 미주, 태평양, 아프리카에서 온 보고서에 대한 식자 대중들의 관심은 그 어느 때보다도 강했다. 여행 문학이 홍수같이 쏟아졌다. 당시의 표준적인 여행기들은 거의 모든 학술 도서관과 군주의 소장품 진열대에 가득했다. 예수회 덕분에 일부는 중국까지 진출하기도 했다. 시대가 끝날 무렵, 베를린 지리학자인 칼 리터의 거대한 개인 도서관은 유럽의 국경을 넘어 세계에 대한 거의 완전한 유럽의 문헌을 담고 있었다. 예를 들어 18세기 말에 오스만 제국에서의 사건에 대한 대중의 관심은 너무나 컸다. 그래서 정보에 굶주린 신문 독자들을 위해 터키에 대한 두꺼운 어휘집이 발간될 정도였다. 18세기 중반에 글을 쓰고 출판하기 시작한 세대의 시야는 전 세계에 걸쳐 있었다. 이것은 유럽 지적 역사에서 전례가 없는 일이었다. 1777년 의회주의자, 정치철학자, 도덕적으로 인도와 관련된 논객인 에드먼드 버크는 윌리엄 로빈슨에게 이 시대의 역사적 걸작 중 하나인 그의 '미국사'를 읽는 것에 대해 고맙다는 말을 전하는 편지를 썼다

중국 특유의 전제주의와 학자 관리 지배

중국은 18세기 후반 전제주의에 대한 유럽의 담론에서 전혀 다른 역할을 했다. 중국에서는 인도와는 달리 구체제는 여전히 온전하게 남아 있었고 오스만 제국과 비교하면 서방의 영향력은 훨씬 덜 받았다. 당시에 식민지 지배는 고사하고 중국에 대한 군사적 개입에 대해 진지하게 반기는 사람은 아무도 없었다. 중국에 대한 논의의 정치적 차원에서 보면 그 당시 심지어 19세기 초에도, “동양” 정치 체제는 내부적으로 불안정해 보이지도 않았고, 외부로부터 군사적 위협에 직면하지도 않는 것처럼 보였다. 두 가지 독특한 중국의 특징이 명백했다. 한 편으로 그 곳의 제국 통치는 외국에서 수입된 제도가 아니라 2천년 된 토착문화의 산물이었다 1644년 이후, 만주국은 체제 안정을 위한 개혁을 도입하여 환관들이 휘두르는 과도한 권력 같은 구조적 결함을 없앴다. 한편, 이

긴 역사에서는 전설상의 3황오제(三皇五帝)부터 무력적인 진시황과 홍무제(洪武帝) 주원장[朱元璋] 그리고 명군 당태종[唐太宗 李世民]에서 청나라의 활동적인 황제들인 강희제, 옹정제와 건륭제가 있다.

18세기 초의 "친중감정"("Sinophilia")에서 18세기 말의 "반중감정"("Sinophobia")으로의 변화는 최근 서구의 중국 관련 문헌에서 수없이 확인되었다. 예수회만이 중국 정치체제에 대한 심층적인 설명을 제공했다.

중국에 관한 새로운 포괄적인 책은 1735년 예수회 신부 장 밥티스트 뒤 알드 (1674~1743)의 《중국지 Description geographique, historique, Chronologique, Politique et L'Empire de la Chine et de la Tartarie chinoise》였다. 뒤 알드는 중국을 여행한 적이 없었고, 그의 글은 기껏해야 무비판적인 것으로 여겨졌으며, 중국에 관한 이해를 증진시키기보다는 예수회를 하나의 제도로 옹호하려는 목적을 더 염두에 두고 있었다. 리치와 그의 추종자들의 보다 유능한 저술들보다 뒤 할드의 작품은 계몽주의 인물들이 사용하는 일차적인 자료가 되었다. 그의 그 중국 백과사전은 18세기 동안 권위 있는 자료로 남아 있었다. 긍정적이든 부정적이든 그 나라에 대한 모든 평가는 압도적으로 그곳에 수집된 자료에 근거한 것이었다. 17세기 이태리 출신의 모험가이자 세계 여행가인 카레리(Gemelli Careri, 1651~1725)를 제외하고, 어떤 민간 여행가도 중국에서 돌아오지는 않았지만, 대부분의 외교관들은 예수회가 그들에게 말한 것에 모든 정보에 의존하면서 궁정 생활의 외형적인 부분만을 흘끗 보았다. 명 말기에 예수회는 다소 익명의 정체적인 체계를 그려왔다. 격동적이고 피비린내 나는 왕조시대 종반이 지나자 이 예수회의 관점은 수정될 수밖에 없었다. 일단 혼란이 가라앉자, 강희, 옹정, 건륭의 3대 황제들은 황제의 인신에 황제직의 카리스마와 완벽한 관료주의가 결합되는 새로운 시대를 열었다.

뒤 알드의 저서에서는 실제로 중국에 관한 모든 문헌에서처럼 자의적인 권력을 휘두르는 군주는 찾을 수가 없었다. 이렇다 보니 중국 전제주의는 이란이나 오스만과 같은 방식으로 상상력을 자극하지 못했다.

프랑스 선교사 아미오(Jean-Joseph Marie Amiot, 중국명: 錢德明, 1718년~1793년)는 중국 황실에서 1736년(건륭 원년)에 건륭제와 황후인 효현순황후(孝賢純皇后), 그리고 11명의 후궁들의 초상화인 《심사치평도》(心寫治平圖)를 그린 예수회 신부이다. 그는 건륭제의 명에 의해서 원명원(圓明園)에 1747년(건륭 12년)부터 1759년(건륭 24년)까지 베르사유 궁전을 모방한 건물들을 설계하고 시공하는데 참여하였다. 이 무렵 그는 원명원 공사와 관련하여 황실 원림을 관장하는 직무인 정3품 봉신원경(奉宸苑卿)에 오른다. 1752년 아미오 신부가 들려준 다음과 같은 이야기를 보면 중국 황제는 전혀 전제군주가 아니었다. 그 이야기에 따르면 건륭제는 운하에서 배를 타고 어머니의 환갑을 축하하고 싶었다. 날이 밝자 뜻밖에 날씨가 싸늘해져서 수천 명의 중국인들은 물이 얼지 않도록 계속해서 물을 휘저으라는 명령을 받았다고 한다.

뒤 알드의 탄탄한 책은 몇몇 유럽 작가들 특히 프랑수아 케네 주변의 모든 프랑스 중농주의자들에게 영감을 주어 그들은 거기서 묘사된 시스템을 이상화하였다. 그들의 열정은 믿을 수 없을 정도로 설득력이 없었다. 그러나 1796년 크리스토프 마이너스(Christoph Meiners)가 중국의 전제주의가 세계에서 가장 나쁘다고 주장했을 때, 이것은 당시 중국에서 현명한 철학자-왕들의 유토피아가 마침내 실현되었다는 이전의 선언에 못지 않게 불합리한 것이었다. 주로 프랑스에서 18세기 후반에 행해진 중국에 대한 논쟁은 인도나 오스만 제국의 현대 유럽 논의보다 덜 구체적이고 현실에 기반하지 못했다.

인도의 토지 재산 문제와 같이 경험적 검증이 가능한 커다란 정치적 의의를 갖는 문제는 중국 문맥에서 누락되었다. 인도에서의 화제는 자국의 지식을 자국의 식민지 행정에 어떻게 적용할 수 있느냐에 관한 것이었지만, 중국에 대한 논의는 유럽이 중국으로부터 배울 것이 있는지에 대한 오래된 질문에 그대로 고착되었다. 19세기에도 이 문제는 단순한 긍정과 부정의 문제가 아니었다; 예를 들어 중국의 모델은 영국의 공무원 시험 도입에 일정한 역할을 했다. 그러나 계몽 절대주의의 국면에서 유럽 군주제가 공고화 된 후, 그리고 유럽 정치 이론에서의 사상들에서 가부장제의 중요성이 퇴색되면서. 중국 모델은 농업 예술과 정치의 도덕적 철학적인 기초와 같은 상대적으로 작은 분야에서만 관련성이 지속되는 것처럼 보였다.

18세기의 대 중국 논쟁이 끝날 무렵, 중국은 전제정의 명백한 사례로 간주되어서는 안 된다는 광범위한 동의가 있었다. 몽테스키외 자신은 이미 이 점에 대해 유보적인 입장을 표명했다. 예수회 신부들의 최종적인 판결은 프랑스 예술가이자 예술 및 문학 비평가인 아베 그로시에(Abbe Grosier)가 정확하게 중국의 공공행정을 묘사한 《General Description of China》에서 나왔다. 아베 그로시에는 폭정을 분류하는 구도를 훨씬 넘어 정치 이론의 큰 유형학적 개념을 완전히 무시했다 1790년대부터 외교 사절에서 중국의 정치 체제에 대한 근본적으로 새로운 정보가 나오지 않았다.

존 배로(John Barrow, 1764년~1848년)경은 보통 중국에게 매우 비판적이었지만 통상적인 부정행위(특히 부패)를 지적하는 것과는 별개로, 심지어 그는 전제정이라는 통념적인 딱지를 붙인 그들의 정치질서에서도 비판할 만한 것을 거의 발견하지 못했다. 그는 심지어 중국을 칭찬하기도 했다:

"언론은 영국처럼 자유롭고, 검열도 없었다. 전제주의는 남자들 간의 연대의 끈을 끊었을지 모르지만 적어도 그것은 나라에 오랜 평화의 시간을 선사했다. 비록 황제가 명목상 모든 땅의 소유자로 여겨졌지만, 중국의 농부들과 소작인들은 사실상 그들의 밭과 토지를 안전하게 소유하고 있었다. 시장은 자유로웠다; 독점은 거의 없었다. 어떤 봉건적 사냥과 어업 특권이나 그 밖의 귀족의 특권도 호수, 강, 바다에의 접근을 금지하지 않았다. 세금은 낮고 분별 있게 규제되었다"

사실, 배로는 중국 정체는 본질적으로 합리적이라고 생각했고 따라서 반대할만한 것을 거의 발견하지 못했다. 중국 정체에서 우럽을 가르칠 수 있는 교훈이 있을지도 모른다는 생각은 해보지 않았지단, 그는 또한 그것이 특별히 이질적이고 '동양적'이라는 것을 발견하지는 못했다. 대부분의 사람들에게, 그것은 심지어 꽤 견딜 만했다. 그러나 중국 제도상의 아주 실재적인 이중성을 더 명확하게 인식하고, 제국이 능력이 떨어지는 군주의 손에 넘어가면 한 사람의 권력 집중이 축복에서 저주로 변질될 것으로 보는 식견이 높은 사람들도 있었다.

대청제국(大清帝國)에게서 깊은 인상을 받은 중국에 대한 마지막 위대한 분석은 배로처럼 중국에 대해 근본적으로 비판적인 태도를 취했고, 중국의 좋은 평판을 더럽히는 자라고 예수회에 의해 비판받은 작가인 프랑스 사학자 요셉 데 구이그네스(Joseph de Guignes 1721~1800)에게서 나온다. 그는 유명한 동양학자의 아들로서 1784년 중국 사절단의 예수회 후계자인 라자리스트회(會) 수사들과 함께 처음 북경을 방문했고, 그 후 계속해서 중국 광둥(廣東)에서 프랑스를 대표하며 여러 해를 보냈다.

중국학자로서 그는 나폴레옹으로부터 중국어사전(1813년)을 출판하도록 의뢰받았고, 오랫동안 외교관으로 일했다. 구이그네스는 전제주의라는 개념을 피한다. 중국 정부를 다루면서, 그는 중국체제의 가장 두드러진 특징인 관료적 경영을 분석하는 데 초점을 맞춘다. 그의 분석의 중심은 황제가 아니라, 제국을 통치하고 통일성을 유지하는 대략 2천명의 강력한 고위 만다린 집단이다. 예수회 신자들이 항상 액면 그대로 받아들였던 가부장적 언사는 오직 그 기능성에만 이 비규범적 저자는 관심을 둔다: 신하들에 의한 황제 숭상은 끊임없는 세뇌와 선전을 통해 존속되어야 한다. 중국 정치 시스템의 성과—평화의 보존, 공공복지, 그리고 영토 보존은 전적으로 관리들의 질에 의존했고, 제국주의 센터의 주요 임무는 이러한 품질을 유지하는 것이었다. 구이그네스는 많은 저자들이 내세우는 좋은 법과 중국판 "고대 정체"는 충분하지 않으며, 중국을 통치하는 것은 지속적인 경계가 필요한 거대한 경영 과제라고 그 누구보다 분명하게 표현했다. 유교 윤리에 지불되는 모든 립서비스와는 달리 관리들은 구조적으로 부패했고 그들의 관할하에 있는 사람들을 폭압하는 경향이 있었다고 그는 말한다. 그러므로 국가의 기제를 잘 작동시키려면 강력한 중앙 권력이 필요했다.

학자 관리

베이컨과 니콜로 마키아벨리는 귀족이 존재하지 않는 정치체제를 전제정치의 주요 특징으로 삼았다. 그런데 중국 문명은 고도로 세련된 문명으로서 귀족 없이도 살아남을 수 있고 심지어 번영할 수 있다는 17세기의 통찰은 유럽인들에게 큰 충격이었다. 유럽인 자신들의 사회와는 전혀 다르게 구성된 사회가 번성하고 있으니 그 충격은 컸다. 청 치하의 중국에서는 정치적으로 무력하고 황제의 시혜에 전적으로 의존하고 18세기가 진행됨에 따라 더욱 무력하게 되는 만추의 "팔기군(八旗軍) 기인(旗人)"을 제쳐두면 귀족과 같은 것은 없었다.

팔기군은 청나라의 군사제도이자 사회 계급의 일종으로서, 여덟 가지의 다른 색깔을 가진 깃발 아래에 이루어진 군단으로 양황, 정황, 정백, 양백, 정홍, 양홍, 정람, 양람 등 8가지 군단으로 이루어졌다. 팔기군에 속한 사람을 기인이라 했으며 만주족이 주를 이루며 몽고족, 한족이 섞여서 편성됐다. 기인들은 일반 평민과 구별됐고 지위, 급여, 승진 등에서 우대를 받았는데, 청나라 엘리트 계급이었다고 할 수 있다. 기인들은 관직에 입문하고자 할 때 한인에 비해 문턱이 낮았으며 처벌을 받는 경우에도 그 처분이 관대했다. 게다가 팔기는 세습 신분이었다. 더구나 정부가 보장하는 녹봉 덕분에 빚을 내서라도 물건을 살 수 있었다.

그 이외에는 왕조의 권문세가도, 봉신도, 세습 특권도, 봉건 지대도, 대토지 소유도, 제국 권력 중심 밖의 궁중 사회도, 기사도의 코드도, 그리고 대영지도 없었다. 그럼에도 불구하고 1817년의 영국 아동 책에서 "중국 귀족의 9품제"에 대해 말했을 때 이것은 어느 정도는 말이 되었다. 관료적 계층 구조는 유럽 사회에서 귀족들이 수행하는 또는 어쨌든 프랑스 구체제 귀족 가운에 의해 수행되었던 많은 기능들을 충족시켰기 때문이다.

이것은 예수회 신부들 중 몇몇이 공유하는 견해였다. 예수회는 유럽 독자들에게 중국의 독특한 사회질서를 처음으로 소개했다. 예수회 신부들도 지적인 능력에 기반하여 정체성과 지위를 획득한 봉건시대 이후의 능력주의 엘리트였다. 따라서 중국인 "문인(文人)"은 예수회 신부들과 닮았다. 이들이 조정에서 마주친 관리들은 경쟁이 치열한 과거제[科擧制]에 대비해 다년간 고전을 공부한 학자들이었다.

명청대의 과거제도를 보면 동시(童試) · 향시 · 회시 3단계에서 실시되었다. 동시(童試) (현시, 부시) 과시(세시, 원시)를 거치면 생원이나 수재(秀才) 혹은 거자가 되는데, 그렇게 되면 상당히 인정받게 된다. 생원이 되면 지방학교에서 추천으로 국자감에 입학하여 관직이나 봉록을 누릴 수도 있고 더 상위 과정 시험에 도전 할 수도 있다. 그 뒤에 각 성에서 실시하는 향시에 응시, 합격하게 되면 거인(擧人)이 된다. 이 거인은 아주 희소하여 성 내에서도 드물 정도였다 거인부터는 신사층의 초 엘리트가 된다. 회시에 급제하면 자동적으로 등수만 정하는 전시를 치르고 진사(進士)가 된다. 만약 그가 회시에 합격한 후에 황제 앞에서 자신의 순위를 가르는 전시를 치루고 나면 그는 자동으로 진사가 되고 이 거대한 나라의 영토 행정과 황실에서의 몇 안 되는 관직 중 하나를 확보할 수 있는 자격을, 비록 결코 보장되지는 않았지만, 갖추게 된다. 그렇지만 이 욕심나는 관직들은, 마치 신사 칭호처럼, 비세습적이었다. 각 세대는 국가과거제도의 거대한 기구를 통과함으로써 그 가치를 증명해야 했다.

신사(紳士)는 중국 명나라와 청나라 시대의 지배계층을 가리키는 말이다. 신(紳)은 허리띠라는 뜻으로 공사, 진사같은 고급 학위 소지자나 전 · 현직 관리 등 고급 지식인들을 말하는 것이고, 사(士)는 일반적인 지식인 계층으로 신입 관리나 생원, 거인 같은 일반학위 소지자를 말한다. 과거를 통해 신사가 된 정도공생과 연납을 통해 신사가 된 비정도 공생이 있었다. '신사'라는 명청시대 고유한 사회계층은 과거제, 학교제, 매관매작제를 매개로 국가권력과 밀접한 관계를 맺고 있는 현직관료와 퇴직관료, 면직관료 등 관직과 직접 관련된 자들이었다. 신사는 명나라 중반부터 이갑제가 무너진 지방의 향촌 질서에 파견되어 지방의 유교 질서를 공고히 하는데 기여한다. 명 후기엔 지방의 지주 비슷한 특권계층까지 성장해 정부가 어르고 견제해야 하는 존재까지 성장했고, 청대에서도 이들을 무시할 수 없어 머리만 밀고 신사의 세력을 인정해주었다. 물론, 청나라 시대엔 신사 외에도 팔기군 출신의 만주족 기인이라는 또 다른 지배계층이 있었다.

유럽에서는 이러한 조건들과 비교할 수 있는 신분체제가 없었다. 기껏해야 그들은 교회 내에서 직업을 구할 대 그런 비슷한 직위 체계가 있을 뿐이었다. 그것들은 그 곳의 선교 창시자인 마테오리치(1615)와 1613년과 1637 25년 동안 중국 곳곳을 여행한 포르투갈의 선교사 알바레즈 세메도(1642)의 중국에 대한 놀랄 만큼 상세한 보고에 상세하게 설명되어 있었다. 세메도는 "관리"의 능력주의적 엘리트들을 "귀족" 즉 지적이고 심미적인 덕성의 귀족이라고 불렀다. 한 독일 작가는 1679년에 이 문제를 "그들(중국인)은 귀족을 사람과 연관 짓지 그의 혈통과 연관 짓지 않는다."고 말했다. 중국에 관한 최초의 위대한 근대적인 책에서 멘도자는 1585년에 만다린은 중국인들에게는 귀족과 같은 것이지만 그들은 문인이었고, 유럽에서는 별개의 두 가지 사회적 역할이 명나라 중국에서는 하나로 합쳐졌다는 것을 인지했다. 서양에서는 유례가 없는 제도가 이미 중국에서는 정착되고 안정적으로 오래 동안 시행되어 오고 있었다.

관리를 중국의 귀족이라고 말하는 사람들은 교육적인 목적으로, 당혹스런 외국 제도를 그들의 독자들에게 좀더 이해시킬 수 있게 하기 위해서, 혹은 중국 사회를 보편적으로 타당한 규범의 변형으로 보고 귀족이 없는 사회 질서는 도저히 상상할 수 없었기 때문에 그렇게 했다. 그러한 불안은 18세기가 가면서 가라앉았다. 더 많은 작가들이 중국의 사회 시스템의 독특한 구성을 인정했다. 이상적인 공동체를 찾는 사람들은 특히 중국의 관료 엘리트 계층과 사회 상류층의 결합을 승인했다. 이곳에서는 유럽의 초기 근대 국가의 발전에 수반되었던 옛 지주 귀족과 새로운 도시 관리 엘리트 사이에 분열이 없었다. 달리 말하면, 중국에서 물려받은 부는 국가 밖의 지위와 권력의 원천으로서 아무런 역할을 하지 않았다. 이 시스템은 매우 우아하고 거의 기하학적으로 만족스러운 설계로, 아래로부터 자격을 갖춘 후보자를 선발하는 경쟁적 제도의 극성과 위에서 이들을 배치하는 제국주의적 의지에 의해 완전히 정의되었으며, 특히 이 시스템은 특히 그 원활한 기능에 대한 명나라 말기의 환관들 같은 비합리적인 장애물이 제거된 후, 그 기능을 잘 수행하게 되었다.

무엇보다 17세기 서양의 지식인들은 중국에서 학식과 평생 학습이 사회적 성공에 의해 보상된다는 생각에 매료되었다. 사회질서는 자신의 운명을 개척할 수 있는 유일한 기회는 교육에 있게 구성되어 있었다. "중국인들의 운명은 전적으로 그들의 능력에 달려 있기 때문에, 그들은 공부에 평생을 바친다."고 17세기 말에 말해졌다. 18세기에, 유럽 관찰자들은 공공의 이익을 위해 진정으로 일하는 유능하고 부패하지 않은 국가 행정이라는 아이디어에 매료되었다. 주로 뒤 할드에서 그들의 정보를 끌어낸 저스티(Justi)와 케네 같은 역량 있는 작가들은 그 아이디어에 열광했다. 18세기 전반기의 중국 관료제는 아마도 세계에서 가장 훌륭하게 기능하는 제도였다; 따라서 그것의 이상화는 공상의 비행이 아니라 단지 현실로부터의 외삽일 뿐이었다.

중국 사상이 유럽에 미친 영향

시간이 지남에 따라 인쇄, 화약 및 선원의 나침반과 같은 다양한 중국 발명품이 동양과 서양간의 주요 여행자이자 상인이었던 아랍인을 통해 서서히 유럽으로 나아갔다. 그러나 17세기 이전에 중국의 순전히 지적인 영향은 미미한 상태였다. 아마도 유럽인들이 그 때야 극동 지역을 여행하기 시작했을 때였기 때문이었을 것이다.

중국-유럽 접촉의 새로운 시대는 1601년 유명한 이탈리아 예수회인 마테오리치(Matteo Ricci, 1552-1610)가 중국 수도 베이징에 도착하여 거기에 가톨릭 선교를 설립한 때부터 시작되었다. 다음 2세기 동안 예수회와 다른 가톨릭 교인들은 북경 황실과 긴밀한 관계를 유지했다. 1700년경에 그들은 약 2만 5천명의 중국인을 기독교로 개종시킨 것으로 알려졌다. 이 유럽인들은 고도로 교육받은 남성이었기 때문에 항상 학문에 프리미엄을 부여한 중국인의 존경심을 얻었다. 실제로 많은 사람들이 중국 정부에서 중요한 직책을 맡았다. 예를 들어, 천문관((天文官)은 1838년까지 기독교의 책임 하에 있었고 그들의 지역 거점으로 남아있었다.

이 유럽인들은 오래된 인상적인 문명에 매료되어 그들이 본 것을 자세히 기록하여 본국으로 전달했다. 그들의 서한은 대개 프랑스어 또는 라틴어로 쓰여 졌으며 유럽의 예수회 활동의 중심지인 파리에서 출판된 중국에 대한 일련의 많은 서적 자료가 이들에게서 나왔다. 그 중에는 《공자, 중국 철학자》 Confucius, the Philosopher of the Chinese (1687), 《중국의 설명》 the Description of China (1735), 4권, 34권의 긴 시리즈의 Edifying and Curious Letters;(1702~76) 13 권의 《중국 통사》 General History of China(1777~85). 16권의 《중국의 역사, 과학, 예술 등에 관한 회고》 Memoirs on the History, Sciences, Arts, etc., of the Chinese(1776~1814)가 있다.

이 글들은 유럽인들에게 이전보다 훨씬 더 상세하고 정확한 중국의 모습을 보여주었다. 그들은 중국과 중국적인 것에 대한 엄청난 열정을 낳았다. 열정은 18세기 후반에 절정을 이루었다. 실질적으로 이 열정은 그림, 건축, 조경 원예, 가구 및 새로 개발 된 도자기 및 칠기 제조 분야에 강력하게 영향을 미쳤다. 시누아즈리[chinoiserie]는 17세기 후반부터 18세기 중반경까지의 유럽 귀족 사이에 일어난 중국풍 취미의 총칭으로, 소위 바로크나 로코코 양식의 미술공예품에서 특히 많이 볼 수 있다. 그들은 중국 또는 동양풍의 이국적인 인물·풍경·문양 등의 장식 주제를 애호했으며, 그 범위는 실내장식·가구 ·도자기·직물·장식 등을 위시하여 널리 회화나 판화에까지 미쳤다. 또한 문학도 그 시대의 가장 유명한 지성인들에 대해 강렬한 인상을 남겼다.

이 중국에서 온 영향의 시기는 특히 중요했다. 유럽의 엄청난 정치적 지적 발효 기간에 그 영향은 유럽에 도착했다. 르네상스는 유럽인들에게 그들의 그리스와 로마의 고대 문명의 위대한 고전적 유산에 대한 새로운 의식을 가져 왔다. 이 새로운 아이디어에 감염된 사람들에게 중국은 강력한 자극을 제공했다. 중국에서 그들은 자신들의 것과 아주 독립적으로 일찍 진화한 위대한 문명을 보았다. 기독교 국가는 아니지만 유교에서는 자기 자신의 높은 도덕 시스템을 발전시켜왔다. 그리고 유럽과 달리 신권이 국가의 권위에 도전할 만큼 강력하게 되는 것을 허용치 않고 윤리 도덕을 발전시켰다. 게다가 중국의 황제는 외관상으로는 절대적 통치자였지만 유교의 가르침에 의해 사실상 제한을 받았다. 유교는 “국민은 국가에서 가장 중요한 요소이며 왕권은 가장 덜 중요하다”고 선언했다. 특히 중국은 정부가 유럽처럼 봉건 귀족의 손에 있지 않은 땅으로 존경받았다. 대신, 그것은 만다린 즉 학자 관리에 의해 관리되었는데, 이들은 일련의 국가 관리 시험을 통과함으로써 자신의 가치를 입증 한 후에 공식적인 위치를 얻었다. 17세기와 18세기의 중국이 정치적으로나 경제적으로나 여러 면에서 유럽을 앞서고 있었다는 것은 의심의 여지가 거의 없다.

이 시기의 중국 사상에 깊은 영향을 받은 유럽 사상가들 중에서 17세기에서 가장 눈에 띄는 사례는 독일 철학자 라이프니츠(Leibniz, 1646~1716)였다. 그는 역사상 가장 국제적인 정신을 가진 사람들 중 한 사람이었다. 그는 중국에 관해서 광범위하게 읽었으며, 그기에 살았던 예수회와 서신교환을 했고 유교 철학에 관해 글을 썼다. 그는 1697년에 작성된 편지에서 “나는 내 문에 공고해야 한다: 중국 지식 정보국(Bureau for Information of Chinese Knowledge)이라고” 썼다. 라이프니츠는 고대 중국 고전에 포함된 신비한 상징에서 자신의 수학 이론에 대한 지지를 발견했다. 또한 그의 철학과 특정 유교사상들 사이에는 놀라운 유사점이 있다고 보았다. 그러나 무엇보다도 그는 보편적인 새로운 문명을 창조하려는 꿈을 가지고 있었다. 그는 중국과 서양 문화에서 최고의 요소를 의식적으로 선택하고 가져옴으로써 보편문명을 창조할 수 있다고 믿었다. 이 꿈을 그는 1697년의 작은 책 "Novissima Sinica" 또는 "중국의 최신 뉴스"에서 다음과 같이 표현했다. "나는 우리가 중국에 선교사를 보내고 그들에게 계시된 종교를 가르치듯이 중국 선교사들이 우리에게 보내져서 그들의 자연 신학의 목적과 실천을 우리에게 가르쳐야 한다고 생각한다."

라이프니츠z의 제자인 볼프(Christian Wolff, 1679~1754)는 1721년 할레 대학에서 행한 강연에서 그는 개인의 행복과 국가의 복지가 성공적으로 조화를 이룬 중국시스템을 상찬했다. 그는 유교가 삶의 방식으로 충분하고 그것과 기독교 사이에 진짜 갈등이 없다고 주장했다. 그러나 중국의 마술에 걸린 계몽주의의 가장 유명한 지도자는 볼테르(Voltaire, 1694~1778) 였는데 그에게 공자는 모든 현자들 중에서 가장 위대한 인물이었다. 공자의 초상화가 그의 서재의 벽을 장식했다. 그는 중국을 통치자가 동시에 철학자(플라톤의 "철학자 왕")인 세계의 유일한 나라로 간주했다. 그는 토지의 20%를 소유한 신권이 없었기 때문에 중국을 칭찬했으며 선교사를 유럽에 파견하려 한 적이 없는 중국인의 종교적 관용을 다른 사람들에게 항상 자신의 종교적 아이디어를 강요하는 유럽식 습관과 대조했다.

1755년에 볼테르는 1735년 프랑스어로 번역 출판된 옛 중국 희곡에서 변용시킨 희곡 〈중국 고아〉를 제작했다. 원대 희곡 작가 기군상의 <조씨 고아>를 각색한 작품이다. 이 작품은 "5막의 공자의 도덕"으로 묘사되었는데. 루소(1712~78) 이론에 대한 답으로 쓰여졌다. 잘 알려져 있듯이 루소는 사람들이 자연으로 돌아가자는 운동을 주장했고, 예술, 과학 및 인간 사회제도들은 일반적으로 선량한 인간본성을 해치기 때문에 해롭다고 주장했다. 볼테르는 이러한 생각을 반증하기 위해 원래의 기원전 7세기경 배경을 바꾸어서. 칭기스칸의 몽골인들이 중국을 정복한 13세기로 그의 희곡의 배경을 설정했다. 이렇게 하는 그의 목적은 몽골족의 호전적인 야만성에 대해 중국문명이 마침내 어떻게 승리했는지 보여줌으로써 인간 예술과 문화의 우수성을 증명하는 것이었다.

볼테르는 기군상의 <조씨 고아>에서 두 가지 비극적 상황, 즉 은인의 아들을 살리기 위해 자신의 아들을 희생해야 하는 정영의 갈등과 친아버지의 복수를 위해 양아버지를 배신해야 하는 조무의 갈등 중 전자만 취하고 후자를 배제했다.

'조씨고아, 복수의 씨앗'의 배경은 중국 춘추시대 진(晉)나라다. 조씨 가문이 몰살된 해가 기원전 597년이니 연극의 무대는 2600여 년 전으로 거슬러 올라간다. 진나라 장수 도안고는 최고 권세를 누리는 조씨 가문에 적의를 품고 역적 누명을 씌운다. 9족(族)을 멸하는 반역연좌제에 걸려 조씨 가문은 하루아침에 형장의 이슬로 사라진다. 진나라 영공의 누이로 왕족인 조무의 어머니 장희 공주만이 그 피바람 소용돌이에서 유일하게 참형을 면한다. 장희공주 뱃속 태아가 바로 조씨고아 조무다.

조무는 태어나자마자 조씨 가문에 은혜를 입은 적 있는 시골의사 정영의 손에 맡겨진다. 정영은 갓 태어난 자신의 아들을 조무 대신 희생시킨다. 도안고의 환심을 산 정영은 자신을 아버지로 아는 조무를 도안고의 양아들로 들여보낸다. 20년 후 정영은 조무에게 도안고의 과거 만행에 대해 알렸고, 조무에 의해 도안고 가문도 9족이 멸족되는 멸문지화를 당한다. 조무는 가문을 복권시키고 권세를 얻는다. 기원전 403년, 진나라는 조(趙), 한(韓), 위(魏)로 나뉘는데, 이때 조나라 시조가 조무의 6대손 조적(趙籍)이다.

볼테르는 '중국고아'라는 희곡으로 각색하여 18세기 유럽에서 선풍적인 인기를 끌었다. 당시 유럽인들은 화해로 마무리되는 당시 유럽의 비극과 달리 비정한 심판으로 끝맺는 중국적 비극에 지대한 관심을 표했다. 볼테르는 프랑스 혁명 이전 11년 전에 사망했다. 나폴레옹 전쟁과 19세기 산업혁명이 뒤따르는 세계를 흔든 프랑스 혁명으로 유럽 사람들의 마음을 중국에서 멀어졌다. 유럽에서는 중국에 대한 열정이 사라졌다.

유교 특히 신유교(성리학)도 서양에 지대한 영향을 끼쳤다. 라이프니츠, 에머슨, 톨스토이, 에즈라 파운드 같은 인물들은 중국 사상과 유교에 심취했다. 그러므로 성리학에 관해 먼저 살펴보자

성리학

성리학[性理學]은 송명(宋明)시대에 학자들에 의하여 성립된 학설로서 도학(道學) · 이학(理學) · 성명학(性命學) 또는 이것을 대성시킨 이의 이름을 따서 정주학(程朱學)이라고도 한다. 북송(北宋)의 정호(程顥)는 천리(天理)를 논하였고 그 아우 정이(程)는 '성즉리(性卽理)(자연이 곧 원리)'의 학설을 폈으며, 그 밖에 주돈이(周敦頤) · 장재(張載) · 소옹(邵雍) 등이 여러 학설을 편 것을 남송(南宋)의 주희(朱熹:朱子)가 집성(集成) · 정리하여 철학의 체계를 세운 것이 성리학으로, 일명 주자학(朱子學)이라고도 한다. 한편, 이와는 달리 육상산(陸象山)은 '심즉리(心卽理)'를 주장하였는데, 이것을 왕양명(王陽明)이 계승하여 육왕학(陸王學)을 정립, 이것 역시 성리학이라 하나 대개의 경우는 성리학이라 하면 주자학을 가리킨다.

송명 유교에서 저명한 유학자들은 당대의 주요 쟁점에 대해 서로 엇갈

리고 서로 모순되는 견해를 가지고 있었으나, 철학적 어휘와 준거 경전에서 서로 많이 겹치는 담론에 참여하였다. 게다가 그들은 어떤 문제를 다른 문제들보다 더 중심적으로 다루는 경향이 있었다. 그 중에서도 우주에서의 통일과 질서의 원천, 인간 본성의 도덕적인 측면, 자신의 주관적인 생각과 감정이 어떻게 객관적이거나 덜 주관적인 윤리적 규범과 일치할 수 있고 또한 어떻게 해야 하는가에 대한 질문, 덕성을 수양하는 방법과 수단, 그리고 좋은 통치를 위한 제도나 인격의 종류에 대한 질문들이 가장 중요한 문제들이었다.

또한 그들이 의견 일치를 보는 부분도 있었다. 이 시기의 유학자들은 가족이 다양한 측면에서 도덕적 발달과 덕성의 표현에 대한 주요 거점이라는 데 동의하는 경향이 있었다. 그들은 또한 인간의 본성은 근본적으로 선하며, 덕을 위한 능력이 잘 형성되어 있고, 그러한 도덕적 능력은 출산과 양육의 보다 광범위한 과정과 심오한 방식으로 연결되어 있다는 견해를 공유했다. 대부분의 사람들은 공맹를 비롯한 유교 경전들이 옳다고 여겼지만, 이러한 경전의 권위에 얼마나 어떤 방식으로 의존해야 하는지에 대해서는 논쟁의 여지가 많았다.

성리학은 이(理)·기(氣)의 개념을 구사하면서 우주(宇宙)의 생성(生成)과 구조(構造), 인간 심성(心性)의 구조, 사회에서의 인간의 자세(姿勢) 등에 관하여 깊이 사색함으로써 한·당의 훈고학이 다루지 못하였던 형이상학적(形而上學的)·내성적(內省的)·실천철학적인 여러 분야에서 새로운 유학사상을 수립하였다. 그 내용은 크게 나누어 태극설(太極說)·이기설(理氣說)·심성론(心性論)·성경론(誠敬論)으로 구별할 수 있다.

역사적 맥락: 불교, 도교, 성리학

송·원·명 왕조의 대표적인 유교 사상가 대부분은 현재 다소 애매한 범위와 의미의 용어인 성리학자로 묘사되고 있다. 가장 넓은 의미에서 "신유교"는 중국에서 불교가 부상한 후 유교적 가치와 신념, 관행을 회복하기 위해 노력한 당 왕조(618~907) 이후의 사상가 및 실천가를 가리킨다. 좀 더 좁게 해석된 "신유교"는 그들의 철학적 기원의 상당 부분을 11세기 중요한 유교 집단에 속하거나 원조로 하는 사상가들의 하위집단을 가리킨다. 이 집단은 주돈이(1017~1073), 장재(1020~1077), 소옹(1011~1077) 등이 포함되었지만, 그들 중 가장 크게 영향을 미친 철학자는 정호(1032~1085)와 정이(1033~1107) 형제였다.

정씨 형제는 이정자(二程子)라고 불리는데 이정자는 유교 경전에서 암묵적으로 가정되었던 형이상학과 정신 수양의 기법을 명료하게 탐구하여 유교를 불교에 대한 직접적이고 더 가공할 경쟁자로 격상시켰고 따라서 이 집단에서 가장 영향력이 컸다. 자신을 이정자의 전통을 바탕으로 그 위에서 구축하는 것으로 본 성리학자들 중 많은 이가 도학(道學)으로 알려진 운동과 자신들을 동일시하였다. 도학은 송대에 와서 크게 일어난 정주성리학의 별칭이니, 북송의 주돈이(周敦頤)·장재(張載)·소옹(邵雍)·정호(程顥)·정이(程頤) 등 이른바 오군자(五君子)에 의해 창도, 전개되고, 남송의 주희(朱熹)에 의하여 집대성된 송학(宋學)을 말한다. 그러므로 선진(先秦)이나 한·당 시대의 유학은 도학이라 하지 않고, 송대에 이르러 새롭게 재구성된 유학을 일컬어 비로소 도학이라는 명칭을 사용한다

이 운동의 시발점에서의 목표는 문학적 성취에서 벗어나 형식 교육의

역점을 도(道)에 초점을 맞추는 것이었다. 명나라 말기의 몇 가지 주목할 만한 예외를 제외하고는, 송명시대의 유교 사상가들은 거의 모두 광의의 또는 협의의 성리학자들이었다. 그들은 여러 세대에 걸친 방치된 유교를 재정립하려 했고, 그것들을 제대로 된 교육의 중심 목표로 삼았다. 그리고 그들은 도를 올바른 교육의 중심 목표로 보았다. 그들은 11세기에는 정씨 형제를 포함하거나 정의 후계 및 가르침을 숭상하는 자들이었다.

당대에는 유교의 도덕적 전통이 붕괴되고 사회와 문화가 크게 변질되었다. 당고조 이연(李淵)을 비롯해서 대부분의 황제는 도교 신자였지만 7세기~10세기에 불교가 중국에 크게 유행했다. 도교 신자와 불교 신자는 때로는 갈등을 빚었다. 그러나 그것들은 일반적으로 혼합되어 합쳐졌고. 도가의 자연주의 사상과 불교의 고묘(高妙)한 심성철학은 특히 한당시대에 지식인과 민간에 이르기까지 넓고 깊은 영향을 끼쳤다. 공자와 맹자의 가르침을 불합리하고 정령 숭배적 신비주의와 불교, 특히 선(禪) 불교의 영향에 대해 방어하려는 몇 가지 예외-특히 한유(968-824) 같은 예외적인 사람들이 있었다. 선불교는 도교와 불교가 합쳐져서 태어난 사생아이고 그리고 참선이라는 것은 불교와 도교를 짬뽕하여 중국인들이 만들어 낸 독특한 수행법이었다. 송대 유학의 선구자들 또한 노장과 불교사상에 깊이 경도된 사람이 많았다. 그는 이 세 가지 상이한 세계관이 공존할 수 있다고 믿는 유학자들을 공격했다.

당 치하에서 사회와 경제가 타락함에 따라 불교 사찰 공동체는 과두 가족의 권력 중심지가 되었다. 중국 법은 오래 동안 장자상속제를 금지해왔으며, 강력한 토지 가문이 커지는 것을 막기 위해 자식들 사이의 재산과 부의 분할을 강요하고 여러 세대에 걸친 사업의 발달을 막으려 했다. 그러나 사찰 공동체는 일반적으로 세금을 면제받으며 무한정의 재산 보유 기간을 연장할 수 있었다. 따라서 권문세가의 야망을 가진 가문은 그들 자신의 불교 사찰을 세우고 그 사찰의 "공동체"에 광범위한 부와 재산을 "기부"했다. 사찰들은 사업을 운영하고 광대한 농경지를 소유했으며, 심지어 전당포 운영과 이자대금업을 운영하는 제1차적인 신용기관으로 기능했다.

14세기에 들어서면서 "송학[宋學]"이나 "주정장주학(周程張朱學)"이라고 불리는 도학파는 정부와 사회의 전반적인 부패에 대한 직접적인 대책으로 등장했다. 그들은 도교와 선불교의 가르침 그리고 유학자들의 이단에 대한 항복이 그러한 타락의 원인이라고 정면으로 비난했다 .신유학의 대학자인 주희는 11세기의 4명의 위대한 학자/정치가를 연구한 것을 바탕으로 이론을 세우면서 도교와 선불교 신앙의 부도덕하고 과학적으로 사기성 있는 노불(老佛, 도교와 불교)의 전제들에 치명적인 공격을 퍼부었다.

대부분의 도학자들은 유교를 불교와 도교와 경쟁하고 있는 것으로 보았다. 그들은 핵심 유교 교리와 관행이 불교와 도교와 양립할 수 없다고 생각했고, 후자의 두 전통이 전반적으로 중국 사회에 해로운 영향을 미치며, 도덕성의 전반적인 저하 그리고 가족 및 기타 사회적 유대관계의 해체가 그들 때문이라고 간주했다. 저명한 송명 성리학자들이 유교와 노불(老佛)을 구별하려고 꾀했음에도 불구하고 그들의 개념적 틀과 그들이 사용한 철학적 어휘의 상당 부분은 불교와 도교의 사상과 용어가 스며있는 보다 넓은 철학적, 종교적 담론에서 도출되었다. 그러한 용어로 유교적 관점을 형성하는 것은 유교적 관점을 학자들 사이에 널리 경청

되게 하고 퍼뜨리는데 도움이 되었다. 게다가, 많은 영향력 있는 송명 유학자들은 유교로 전향하기 전에 불교에 적을 두었었다. 결과적으로 불교와 도교로부터의 단절은 많은 사람들이 믿는 것만큼 깨끗하지 못했으며, 그들이 거부한 것뿐만 아니라 그들의 노불들로부터 무심코 채택한 것을 보는 것이 유용하다.

비록 성리학자들이 불교와 도교를 다른 전통으로 간주하여 다른 비판이 필요하다고 보았지만, 그럼에도 불구하고 그들은 두 가지 모두 공통적인 결함을 공유하는 것으로 보는 경향이 있었다. 아마도 대부분의 송명 성리학자들이 보기에 노불의 가장 큰 결함은 불교와 도교는 고통으로부터의 개인적 해방이 다른 목적과 가치보다 우선되어야 한다고 생각했고, 특히 인간관계와 애착에서 벗어나야 비로소 이것을 이룰 수 있다고 믿었다는 것이었다. 즉 도가와 불가가 그 개인적이고 초월적인 지향으로 말미암아 건실한 윤리 의식과 생활 규범을 방기한 무책임한 교설이라는 비판이었다. 도학은 인륜적 세속성과 개인적 초월성을 분리하지 않았다. 즉, '형이상(形而上)'의 높은 정신적 진리는 '형이하(形而下)'의 구체적 현실과 불가분의 관계에 있다고 보았다. 그러므로 아무리 고묘한 진리를 말하더라도 그것이 현실을 떠난 것이라면 오히려 공허한 것이고 따라서 노불이 바로 허무적멸(虛無寂滅)의 비현실적 도를 유포하고 있다는 것이다. 이와 같은 주장과 비판이론이 도학의 이기심성설(理氣心性說)로 전개되었다. 그들은 자신의 고통에서 해방을 다른 가치보다 우선시하는 것은 개인적인 이득(利)에 의해 동기가 부여된 이기주의(私)이며 일종의 규범적 이기주의를 지지하는 것으로 해석될 수 있다고 주장했다. 더 나아가서 인간관계에 필요한 욕망과 애착을 없애야 한다고 주장함으로써 불교와 도교는 초월적인 것을 위해 중요한 것을 희생시켰고, 종종 사후세계의 실증되지 않은 이론들(불교의 경우 열반, 도교의 경우 불사)에 의존하는 있을지 없을지 모르는 이득을 얻기 위해 더욱 명백하고 실현가능한 세속의 이익을 포기했다고 도학은 주장했다. .

일부 송명 성리학자들은 또한 연구, 성찰을 통해 더 잘 다루어지는 문제를 해결하기 위해 명상적 실천에 너무 많이 기대어 날뛰는 의도와 감정을 통제하려는 순진한 불교적 견해와 도교적 견해에 반대했다. 마지막으로, 이 시대의 성리학들 사이에서는 불교 형이상학이 사물의 궁극적 본질에 대해 근본적으로 잘못된 사고를 한다는 비교적 광범위한 합의가 있었다. 중국의 불교도들은 흔히 모든 현상적 사물의 공(空)이라고 하는 것을 강조했는데, 성리학자들은 그런 것들이 환상일 뿐이고 가치가 없다는 뜻으로 받아들였다. 이것은 왜 불교도들이 경이로운 세계를 초월하는 것을 목표로 삼았는지 설명하는데, 그 이유는 환상에서는 아무리해도 가치 있는 것은 도저히 얻을 수 없기 때문이다. 사실 이러한 특징화는 불교의 공의 교리에 있는 많은 미묘함과 변종들을 설명한다.

그럼에도 불구하고, 그리고 의심할 여지없이, 송명 성리학에는 불교와 도교의 영향을 받은 흔적이 있는 두드러지고 실제 그 영향은 근본적인 것이라는 견해가 있다. 하나는 인간 본성의 선함에 대한 성리학의 설명이다. 즉 人性本善(인성본선, “사람의 성품은 본래는 선하다) 라는 교설이다.

이 시기의 주요 성리학자들 중 다수는 인간 본성의 윤리적 성향은 태어날 때부터 잘 형성되어 있다는 견해를 지지하여, 덕을 기르는 일의 상당 부분은 주로 그 본성에 접근하지 못하게 하는 장애물, 특히 이기적이거나 자기중심적인 욕망과 다양한 나쁜 습관과 편견들을 회복하고 제거하는 문제였다.

(曰於其性則皆善也(왈어기성칙개선야) : 그 성품은 다 선하지만

於其才則有下愚之不移(어기재칙유하우지불이) : 그 기질적인 것을 말한다면 선으로 옮길 수 없는 지극한 어리석음이 있다)

이러한 철학자들은 자신들은 맹자에서 발견되는 인간 본성의 교리를 논증하는 것으로 보았지만, 사실 맹자는 인간이 처음부터 선천적으로 선하거나 잘 형성된 윤리적 성향을 가지고 있는 것이 아니라 인간이 선해질 수 있는 타고난 능력이나 잠재력을 가지고 있다는 사실 때문에 '인간 본성은 선하다'(性善)는 것이 사실이라고 생각한 것 같다.

우리가 선천적으로 잘 형성되어 있는 성향을 가지고 있다는 사상의 가장 유력한 근원은 중국 불교인데, 중국 불교는 오래 전부터 인간(그리고 모든 지각 있는 존재)이 항상 주변 환경에 잘 반응할 수 있는 잘 형성된 성향을 갖는 부처 본성(불성, 佛性) 부처 자궁(여래장, 如來藏)을 가지고 있다고 주장해 왔다. 여래장[如來藏]은 여래를 내장(內藏)한다는 비유적인 표현으로서 여래의 태(胎)를 가리키며 태는 태아를 의미한다. 인간은 본래 여래가 될 요인(여래의 태아), 즉 불성(佛性:)을 가지고 있다고 하는 가능성을 말한다. 원시불교 이래 자성청정심(自性清淨心: 마음의 본성은 본래 청정하다)이라는 사상도 비슷한 사상이다. 여기서도 잘 형성된 본성은 장애물을 제거함으로써 회복되거나 발견될 수 있는데, 그런 장애물은 불교도들에게는 사물에 대한 거짓되고 돌발적인 개념화의 결과로 여겨졌다. 성리학자들은 불교도들이 우리의 완벽한 본성이 막히는 상황을 묘사하기 위해 오랫동안 사용했던 많은 은유들, 흙탕물에 매달린 진주나 먼지로 덮인 거울 비유들을 사용하거나 개작하기도 했다. 가령

"有濁之多者(유탁지다자) : 많이 흐린 물이 있고
有濁之少者(유탁지소자) : 적게 흐린 물이 있다
淸濁雖不同(청탁수불동) : 맑고 흐림이 설사 같지는 않다 하더라도
然不可以濁者不爲水也(연불가이탁자불위수야) : 흐린 물을 물이 아니라고 할 수는 없다
如此則人不可以不加澄治之功(여차칙인불가이불가징치지공): 이와 마찬가지로 사람도 마음을 맑게 다스려 나아가는 힘을 기르지 않을 수 없는 것이다"

도학파들은 또한 사물들의 궁극적인 본질과 통일성을 설명하기 위해 오랫동안 불교 형이상학에서 사용되어 온 기술적 용어를 채택했다. 이 용어는 이(理, 패턴, 원리)이었는데, 불교 신자들이 때로는 공이라고 하고 성리학자들이 (혹은) 끊임없는 생명–생성(생생불식 生生不息) 이라고 표현하는데 그것은 생물의 연속성을 유지하기 위해 탄생, 성장, 생식이 조화롭게 작용하여 생명을 유지하는 체계로 이해되었다. 여기서 다시 성리학자들은 고전적인 유교 문헌에서 발견한 사상을 해명한다고 믿었지만, 사실 고전적인 성리학에서는 이(理)에 대한 언급이 거의 없었고, 심지어 그럴듯하게는 신유학자들이 제안한 것과 같은 형이상학적 뜻을 가지고 있는 것으로 읽을 수 있는 것은 거의 없었다. 불교와 도교 양쪽의 다른 주목할 만한 영향들은 명상에 대한 더 큰 관심과 금욕 또는 욕망의 제거를 자기 문화의 주요 목표로 보는 경향이었다.

일부 성리학자는 자신들을 도교나 불교에 비해 광범위한 욕망을 수용하는 것으로 보았지만, 상당 부분 주희의 영향으로 인해 많은 사람들이 허용 불가한 욕구로 본 것을 '계속적인 생명–생성의 패턴'과 일치하는

허용 가능한 욕망을 비교적 뚜렷하게 구분하였다. 그렇게 함으로써 그들은 아마도 고전적인 유림들이 의도한 것보다 더 넓은 욕망들을 배제했다. 이러한 영향들에 더하여 광범위한 공유 개념 체계, 기술적 용어, 철학적 문제들 및 유교의 송명 표현은 오랜 불교와 도교적 사고방식과 분리하기 매우 어려워진다.

이 북송파의 중심에는 성리학의 거의 모든 영역에 반영되는 그들만의 사고 체계를 개발한 정호와 정이 형제가 있었다. 정 형제는 모든 사물을 가족이나 육체와 같은 전체의 부분으로 생각하는 장재의 개념을 설명하기 위해 형이상학적 틀을 제시했고, 주요 덕성에 관한 정교하고 다면적인 도덕심리학을 발전시켰으며, 불교와 도교에 대한 유교 반대론을 닦았으며, 적절한 통치와 행정이라는 특유한 이론을 발전시켰다.

주희

지금까지 가장 영향력 있는 성리학 철학자는 주희(1130~1200)이다. 주씨는 도교와 선불교를 연구하고 시험한 지 10년이 조금 넘은 후에 유교에 이르렀다. 다른 많은 당대의 저명한 유교 사상가들과 마찬가지로 그도 정씨 형제의 열렬한 숭배자였고, 비록 때때로 그들의 견해 중 일부에 이견을 제기했음에도 불구하고, 그는 스스로 정씨 형제의 위대한 숭배자였고, 그들이 정립했던 놀라운 이론적인 토대 위에서 자신의 이론을 구축했다. 정호(程顥)는 주돈이(周敦頤)에게 배우고, 정성서(定性書)를 저술(著述)하여, 우주(宇宙)의 본체를 건원(乾元)의 기(氣)라 하고, 이(理)를 기초(基礎)로 하는 도덕설(道德說)을 주창하여 우주(宇宙)의 본성과 사람의 성이 본래(本來) 동일(同一)한 것이라고 하였고 아우 정이(程頤)는 처음으로 이기(理氣)의 철학(哲學)을 내세웠으며, 유교 도덕에 철학적(哲學的) 기초를 부여했다.

성리학의 이기설은 우주·인간의 성립·구성을 이(理)와 기(氣)의 두 원칙에서 통일적으로 설명하는 이론인데 이·기라는 말은 성리학이 성립되기 이전에도 있었으니, 《역경易經》(주역)에서는 천지만물을 음양 2기의 활동에서 성립된 것이라는 이·기의 개념이 있었다. 송대에 이르러 주돈이는 그의 《태극도설》에서 모든 근원인 태극이 2기를 낳고, 2기에서 수·화·목·금·토의 5행을 낳고, 5행에서 남·녀가 생겨 거기에서 만물이 화생(化生)하였다고 논하였다. 장재는 우주의 본체를 태허(太虛)라 하였고 그 작용으로서 음양의 2기가 있어 여기에서 천지만물이 만들어졌다는 기일원론(氣一元論)을 폈으며, 정호도 기의 통일체로서의 건원(乾元)을 내세웠으나 그의 아우 정이는 기의 세계에서 출발하면서도 기와는 별도로 이의 세계를 생각하여 이와 기를 확실히 구별함으로써 이기이원론(理氣二元論)의 단서를 열었다.

그의 시대에 주희는 정호·정이에게 유(儒)를 배우고 이기일원론(理氣一元論)을 주장한 장재(張載)처럼 이정자의 문하임을 주장한 많은 저명한 사상가들 중 한 명일뿐이었지만, 송나라가 끝날 무렵 그는 이정자뿐만 아니라 도학 전통 전체의 가장 권위 있는 대변자로 여겨지게 되었다. 그의 유교 경전 해석은 1313년 과거제의 기초가 되어 시간이 흐르면서 수백만 명의 관리 지망생과 유생들이 정독하게 되었다. 결과적으로 주희의 유교 전통에 대한 해석은 수많은 유학자들에 의해 정통으로 취급되어 왔고, 오늘날에도 유교의 많은 신봉자들에 의해 그렇게 간주되고 있다.

주희가 건드리지 않는 당대의 탐구 영역은 거의 없었다. 그는 그 어느 선구자보다 더 형이상학적 이원론인 이기이원론을 제창했는데 성리학의 이기론은 우주·인간의 성립·구성을 이(理)와 기(氣)의 두 원칙에서 통일적으로 설명하는 이론이다. 그 후 그는 그것을 인간의 본성부터 식물의 자연적 성향, 도덕적 지식의 획득에 이르기까지 모든 것을 설명하기 위해 사용했다.

주희는 북송의 주돈이, 장재, 정호・정이의 이론을 계승하고 심화・발전시켜 성리 철학을 집대성하였다. 그의 철학은 우주관으로서의 이기론(理氣論), 인간관으로서의 인성론(人性論), 그리고 도덕관으로서의 천리인욕론(天理人慾論)으로 이루어졌다. 이기론에서는 만물을 구성하는 요소는 기(氣)이고 기가 응집하고 흩어면서 우주와 만물이 생성된다. 기의 존재 근거라고 할 수 있는 태극(太極)을 이(理) 또는 무극(無極)이라고 하였다. 주희는 “아직 천지가 있기 전에 반드시 이(理)가 있었다. 리가 있으므로 천지가 있으니, 이(理)가 없으면 천지도 없다.”라고 하였다. 또 “이(理)가 있으므로 기가 유행하여 만물을 발육시킬 수 있다.”라고 하여, 이기(理氣)의 관계를 ‘이선기후(理先氣後)’로 보았다. 주희의 인성론에 따르면. 사람의 성은 본연지성과 기질지성으로 구분되는데, 전자는 인의예지(仁義禮智)와 같은 형이상(形而上)의 도덕적 본성이며 후자는 형이하(形而下)의 육체 및 오관(五官)의 작용으로 나타나는 본능적 본성이다. 주희는 본연지성을 리로 보고 이를 근거로 성즉리(性卽理, 자연은 원리)를 주장하였다.

주희는 기질지성에는 인욕(人欲)으로 인한 악(惡)이 개입될 수 있으므로 지속적인 주경정좌(主敬靜坐)의 노력을 통해 인욕을 제거하고 기질지성을 순화함으로써 인의예지의 본연지성을 회복하고 유지해야 한다는 점을 강조하였다. 이는 ‘존천리 멸인욕(存天理滅人欲)’라고 말해진다. 주희의 경학 연구를 보면 『대학』과 『중용』을 『논어』 『맹자』와 동렬에 놓고 존숭했던 이정(二程)의 학풍을 계승하여 사서(四書)를 자신의 철학 체계의 근간으로 하여 『대학』 『중용』의 주석서인 『대학장구(大學章句)』『대학혹문(大學或問)』『중용장구(中庸章句)』 『중용혹문(中庸或問)』등을 저술하였다.

에머슨과 성리학

미국에서는 유럽 계몽주의와는 완전히 별개로 중국의 영향을 받은 적어도 한 명의 19세기 사상가가 있었다. 그는 에머슨(Ralph Waldo Emerson, 1803~82)이었으며, 그는 유교고전의 많은 번역본을 열심히 읽었다. 인도는 초령(Over-Soul)에 대한 이론이나 세상의 비현실성과 같은 그의 중요한 아이디어 중 일부에 영감을 불어 넣었던 것은 사실이다. 그러나 중국에서 그는 진정한 신사에 대한 유교개념, 훌륭한 정부가 건전한 도덕적 기초에 기반해야 한다는 신념, 그리고 사회의 각 개인이 다른 개인에 대해 갖는 책임에 대한 강조를 받아 들였다. 이러한 아이디어는 오늘날에도 여전히 미국의 아이디어라고 불린다. 그렇지만 그것들은 중국에서 오래 전부터 표출되어왔다는 것을 깨닫는 사람은 거의 없다.

에머슨은 미국 사상가 겸 시인으로서 자연과의 접촉에서 고독과 희열을 발견하고 자연의 효용으로서 실리(實利) · 미(美) · 언어(言語) · 훈련(訓練)의 4종을 제시했다. 그의 사상은 선험철학주의(先驗哲學主義)라고 불린다. 그를 중심으로 조직된 '초월주의자 클럽'을 중심으로 하여 1836~1847년에 걸쳐 초월주의운동(超越主義運動)을 추진하였는데, 그것은 신플라톤주의, 독일 관념론, 동양의 신비주의의 영향하에서 정신을 물질보다도 중시하고 직관에 의하여 진리를 알고, 자아의 소리와 진리를 깨달으며, 논리적인 모순을 관대히 보는 신비적 이상주의였다. 시인으로서는 철학적인 시에 뛰어났고 동양 사상의 영향을 보여 주는 《브라마》《나날[日日]》 등의 작품이 유명하다. 초월주의자 클럽 중의 한 사람은 사회운동의 시도로 보스턴 근교에 있는 '브루크 농장'을 세웠는데, 이것은 일종의 공산적(共産的)인 '새마을'이었으나 그는 직접 관계하지 않았다. 에세이집 이후의 주요작품으로는 플라톤, 몽테뉴 등 6인의 위인(偉人)을 논술한 《대표적 위인론》(1850)과 유럽 여행의 인상을 기초로 한 《영국 국민성론 English Traits》(1856) 《처세론》(1860) 《사회와 고독 Society and Solitude》(1870) 및 2권의 시집(1847~1867) 등이 있다. 그 밖에도 10권에 달하는 《일기》(1909~1914)와 영국 여행 때의 강연을 모은《대표적 인물》(1849)이 있다.

《숲속의 생활》로 유명한 미국 사상가 겸 문학자인 헨리 소로[Henry David Thoreau]도 에머슨과 관계가 깊다. 소로는 하버드대를 졸업하고 콩코드로 돌아와 그가 어릴 적에 다녔던 공립 문법학교에 교사로 취직했다. 그의 수업 시간에 아이들을 통제하기 위해 체벌을 사용하기를 거부했기 때문에 그는 단지 2주 만에 그만두어야 했다. 말 안 듣는 아이들을 체벌하라는 압력을 받고 나서 그는 그 일을 즉시 그만두었다. 그 후에 경제 불황으로 일자리를 구하지 못하자 소로는 아버지의 연필 공장에서 일하면서 건축과 그의 독서에 대한 열정으로 연필을 개량하여 판매가 급증했다. 그래서 재정적인 여유가 생기자 그의 형과 함께 사립학교를 열었고 소로 형제는 학생들을 현지 밭, 숲 및 연못뿐만 아니라 신문사 및 총기 대장장이와 같은 현지 기업으로 자주 방문하여 그것들이 운영되는 방식을 가르쳤다. 학교는 곧 크게 평판이 나서 입학 대기자 명단이 생길 정도였다. 그렇지만 형 존이 병에 걸리자 더 이상 학교 운영이 불가능해졌고 그는 에머슨과 그의 가족과 함께 살기 위해 초대되었는데, 그의 집에서 소로는 방과 하숙을 대가로 잡일을 했다.

월든 호반의 소로의 오두막 터 1908년

1840년 대 중반, 소로는 "단순함의 실험"으로 월든 호반의 작은 오두막집에서 2년을 살면서 보냈다. 소로는 1845년 3월 월든 연못에서 자신의 오두막을 짓기 시작했는데 이 오두막은 월든 연못 북서쪽 해안의 에머슨 소유 토지의 가장자리에 지어졌다.

Thoreau Society 웹 사이트의 "삶과 유산"이라는 제목의 기사에 따르면, 소로 두 가지 명백한 이유로 월든에 갔다.

"그는 연못으로 이주 할 때 두 가지 주요 목적을 가지고 있었다. 첫 번째 책인 《콩코드와 메리맥 강에서 일주일》을 쓰면서 그의 작고한 형제 존에게 경의를 표하는 것이 하나이고. 하루만 일하고 나머지 6일은 초월적인 관심사에 바칠 수 있는지를 알아보기 위한 경제 실험을 실시하려는 것이 다른 하나였다. 그의 자연 연구와 월든의 글쓰기는 그가 연못에서 머물러서 시간이 좀 더 더 흐른 후에야 시작되었다. 그는 연못에서 무엇을 하고 있는지에 대해 궁금한 읍민들의 질문에 대한 반응으로 1846년에 월든을 강의로 시작했지만 그의 노트는 곧 두 번째 저서로 커졌다."

월든에 살면서 소로는 자연을 연구하고 그의 저널에 계속 기고하고 《콩코드강과 메리맥 강에서의 일주일》 초안을 탈고했다. 그는 집 근처에서 콩을 재배하고 목수, 석수 및 측량사로서 일하여 그 자신이 "재배하거나 만들거나 그것 없이는 살 수 없는" 것들에 대한 돈을 벌었다. 소로는 1847년 가을 월든 연못을 떠나 에머슨이 유럽으로 가 있는 동안 그 가족을 돕기 위해서 에머슨의 집으로 이사를 갔다. 소로는 월든 오두막을 에머슨에게 주었다. 에머슨은 다시 그것을 그의 정원사에게 판매했다.

에머슨은 뛰어난 사람이나 위인과의 친교가 사람에게 미치는 영향에 주목했다고 한다.

"친교(親交)는 사람들이 혼자서는 좀처럼 도달할 수 없는 도종의 격렬한 수행(遂行)에 불을 지른다. 여기에 교류의 용도가 있다: 위인과 함께 하면 위대해지는 것이 매우 쉽다; 현존하는 기준에 도달하는 것은 매우 쉽다;— 전에는 그렇게 암울하게 보이던 파도를 헤치고 한 연인이 그의 아가씨에게 헤엄치는 것처럼 쉽다. 열정의 이점은 어마어마하다. 그리고 결코 로맨스를 잃지 않는 한 가지 사건은 가장 행복한 교우를 허용하는 조건에서 뛰어난 사람들과 만나는 것이다."

(에머슨, 《사회와 고독》)

에머슨과 주희

성리학은 송나라에서 사대부[士大夫]의 지지를 받아 생겨났다. 사대부가 출현한 배경을 보면 통일국가인 한(漢)나라에 이르러 관리와 백성이라는 구별이 생기고, 관리의 지위가 세습화하자 사족(士族)이라 불리어 육조

(六朝)를 중심으로 한 귀족정치시대가 나타났다. 그러나 송(宋)나라 때부터는 세습귀족(世襲貴族)이 몰락하고 대신 과거(科擧)에 의한 관료계급이 형성되어 이들을 사대부·독서인(讀書人)이라 불렀다. 이 사대부사회에서는 학문과 더불어 고아(高雅)한 취미가 숭상되어 그들이 여기(餘技)로서 그리는 그림은 사대부화(士大夫畵:文人畵)라 지칭하여 직업화가의 그림보다 높이 평가하였다.

성리학의 가르침은 유교의 인간적, 사회적 도덕성을 보존하지만 도교는 자연적 나태함을 조장하고 불교는 평범한 가정생활과 사회적 관계에 필요한 인간의 의무를 평가절하 한다고 비판하였다. 동시에 성리학은 불교와 도교와 분명히 구별되는 윤리적 철학의 새로운 공식화에서 불교 형이상학과 도교의 우주론적 요소를 차용했다.

에머슨 시대에 4서(四書) 즉 논어(論語』, 맹자(『孟子』, 대학(『大学』), 중용(『中庸』)은 영어 번역본이 있는 유일한 유교 경전이었을 것이다. 에머슨은 중국 원문에서 번역된 사서를 읽었다. 에머슨이 주희의 논평을 포함하여 이들 경서를 읽었다는 바로 그 사실은 그가 주희의 성리학적 견해에 영향을 받았을 것임을 시사한다. 주희는 성리학의 철학적 체계를 종합한 학자로 유교적 전통으로 눈을 돌렸고 북송 시대에 발달한 성리학 사상을 불교와 도교 철학의 요소와 융합시켰다. 주희는 사서를 높이 평가했고, 인간성이 근본적으로 선하다는 신유교의 관점으로 논어를 해석했으며, 대학과 중용의 일부를 수정했다. 사서에 대한 그의 논평은 1314년부터 2004년까지 중국에서 관리 시험의 기초를 형성했으며, 일반적으로 그의 가장 중요한 저작으로 여겨져 왔다.

중용, 인간 본성의 선천적 선함, 성실함, 그리고 국가에 대한 인간 개인의 우월함 등을 포함하는 사서의 유교 교리가 에머슨에 미친 영향은《에

세이집 제2》에 실린 "경험", "성격", "태도" 그리고 "정치"와 같은 에세이에서 알아볼 수 있다. 《대표적 인물》, 《영국 국민성론》, 《처세론》등 그의 후기 작품 속 구절도 간접적이긴 하지만 4서의 영향력을 드러낸다.

주자는 『중용장구』에서 "하늘이 부여한 것을 자연(性)이라고 한다."라고 강조했다. 그는 이 글들을 통해 하늘(天)이 이(理)라는 사상을 발전시켜 그것을 천리(天理)라 불렀다. 천리를 통해 인간 본성의 선천적인 선함이 근본적이고 보편적인 토대를 부여받았다. 하늘의 명으로서 모든 인간의 마음 속에는 성(性, 자연)이 내재되어 있다는 것이 분명해졌다. 주희의 "성(性)"은 에머슨의 "내면의 신(God within)"과, 주희의 "성인(聖人)"은 에머슨의 "진정한 사람(genuine man)"과 같은 것으로 간주될 수 있다.

주희와 에머슨의 첫 번째 주목할 만한 유사점은 둘 다 인간 본성이 근본적으로 선하다는 관점을 가지고 있다는 것이다. 성리학은 학문에 의해 현자가 될 수 있다는 슬로건 아래 모든 사람이 현자의 이상적 상태를 실현할 기회가 있다고 하여, 인간을 도덕적으로 '학자'로 묘사하여 자기수양(修身)을 배우고 실천하는 데 큰 노력을 기울이게 했다. 에머슨도 마찬가지로 예수 그리스도만이 하나님의 아들로서 구세주의 특별한 초자연적이고 신비한 권위를 부여받고 있다는 정통 청교도적 교리를 부인하였다. 그 결과 에머슨에게 예수는 신과 인간 사이의 '중재자'일 뿐이며 인간 도덕의 이상을 실현한 위대한 종교 지도자였다. 에머슨의 '학자'는 도덕적 원칙을 충실히 따르며 피상적이며 이기적인 자아를 포기함으로써 본질적이고 보편적인 인간성을 추구하는 '진정한 인간'이다. 따라서 주희와 에머슨의 주목할 만한 유사성은 두 철학자가 모두 공자나 예수의 신성을 부정하며 학자의 역할을 크게 중시하고, 그들을 위대한 스승이자 인간의 도덕적 이상에 대한 구현으로 간주한다는 점이다.

2번째 유사성은『논어』「안연편(顔淵篇)」에서 공자가 제자인 안연에게 인(仁)을 실현하는 방법을 설명한 말인 주자의 극기복례[克己復禮 자기의 사욕을 극복하고 예로 돌아갈 것]과 에머슨의 '자립(self-reliance)'에서 찾을 수 있다. 신유교에서, 5가지 주요 덕목 인의예지신에서 이(理)는 본연지성(本然之性)을 지킨다. 이(理)가 기(気, 물질적 힘)에 의해 가려지고 억제되면 그것은 기질지성(氣質之性)이라고 불린다. 그러므로 인간이 애써야 할 것은 '물리적 본성'을 극복하고 천지(天地)의 '본성'으로 돌아가는 것 즉 복례이다. 이것은 인간의 모든 욕망을 통제하고 제쳐놓고 예절, 인간 사회의 공평한 도덕적 질서 그리고 천상의 원리로 되돌아간다 (존천리 멸인욕(存天理滅人欲)')는 뜻의 "신체적 본성을 변화시키는 것"(기질변화[氣質變化])이다. 주희에게 있어서 배움은 자기 자신의 마음에 도덕적 원리를 갖고(自得), 깊은 내적 만족감을 얻을 수 있도록 자기 자신을 향상시킴으로써 이루어져야 한다.

에머슨은 '자기 문화'라는 유니테리언의 교리에 많은 영향을 받아 사람은 자신의 마음의 정신적, 도덕적 성장에 대한 책임을 져야 한다고 설교하는 그의 독창적인 초월주의 "자립"사상에서 그것을 더 한층 발전시켰다. 에머슨에게 있어서 도덕적인 행위는 그가 하버드에서 행한 〈신학부 강연〉에서 내세웠던 것처럼 원래의 자기 자신으로 돌아가는 것에 있다. "자신을 포기하는 자는 그렇게 함으로써 자신에게 온다." 주희의 "원래 본성으로 돌아가는 것"은 따라서 에머슨의 "자신에게 되돌아가는 것"에 필적한다고 볼 수 있다. 더구나 주희의 극기복례와 마찬가지로 '자립'에 대한 그의 생각에서 개인의 영혼에 내재된 '내면의 신'을 전적으로 신뢰함으로써 보편적인 초령(超靈 over-sou)과 자신이 합일된다. 그가 에세이 "초령"에서 쓰듯이: "보라 나는 위대한 보편적인 마음 속으로 태어났다. 불완전한 나는 나자신의 완전을 앙모한다."

에머슨과 주희가 쓰는 언어에서도 그 유사성이 두드러지게 나타난다.

주희철학의 근간인 '본성(자연)은 원리'(性即理)라는 철학은 격물치지(格物致知) (모든 사물의 이치(理致)를 끝까지 파고 들어가면 앎에 이른다[致知])라는 교리(教理)에서 가장 뚜렷이 드러난다. 에머슨의 초월주의는 우주의 만물과 인간의 마음 사이의 유추와 "상응"의 개념에 뿌리를 두고 있다. 에머슨 사상과 주자학의 유사점 중 가장 큰 유사점은 인류의 선천적 타락과 초월적 절대적 존재의 신성한 은혜에 의한 구원과 같은 종교적 신조에 근거하지 않는다는 것이다. 두 사람 모두에게 덕과 밀접한 관련이 있다고 여겨지는 것은 종교적 신앙이 아니라 지성이다.

둘째, 주희의 '격물치지'에 대한 교리는 각 사물에 대해 특정한 이(理)가 있다는 가정에서 비롯된다. 이(理)는 도덕적 진리로서 언제나 물리적인 것인 기(氣)와 함께 발견되며, 결코 그것과 분리되지 않는다. 이는 기(氣)와 감정의 기능을 전면 부정하는 불교와 반대되는 것이다. 에머슨도 마찬가지로 자신의 저널에 다음과 같이 쓰고 있다.

"아아! 사실은 대단한 것이다. 영혼이 자연으로 넘어갔다." 여기서 사실은 비유적인 형태를 가진 물리적인 것으로 간주될 수 있다. 에머슨은 또한 특정한 물리적 사물 안에서 도덕적 진실과 지성을 추구하려고 노력한다. 따라서 에머슨과 주희가 각각의 물리적 사물에 대한 조사에서 출발하여 추상적이고 보편적인 "초령"과 태극(太極)을 추구한다는 면에서 현저한 유사성이 있다.

유교는 "이름에 대한 가르침"(名教)라고도 불린다. 고대부터 유교는 언어의 가치를 인정하고 그 기술의 습득을 미덕의 필수품목의 하나로서 간주했다. 이 점에서 유교는 불교나 도교와는 크게 다른데, 이 두 철학의 교리의 핵심은 '공'과 '무'이고, 언어에 대한 부정적인 시각을 갖고 있기 때문이다. 그러나 유교는 언어에 많은 중요성을 두면서도 언어 사용에 대해 부정적인 견해를 가지고 있는 것도 사실이다. 말은 인간의 마음속에 있는 것을 표현하는 수단으로서 도덕적인 행위를 통해 덕과 신뢰와 결부되어야 하기 때문이다. 그러나 말은 영향을 미칠 수 있는 큰 힘을 가지고 있다.

넓은 의미의 범위를 가진 도(道)는 고대부터 중국 사상의 중심 개념 중 하나였다. 원래 많은 사람이 걸어가는 길을 뜻하는 도(道)는 점차 평범한 사회생활에서 사람들이 지켜야 할 도덕적 기준의 의미를 갖게 되었다. 더구나 우주의 원리와 만물을 발생시키는 원인 같은 형이상학적 의미가 도(道)의 의미에 포함되었다. 주희는 우주의 원리의 발견을 '천도(天道)'로, 인간의 도덕적 기준을 추구하는 것을 '인도(人道)'로 여긴다.

에머슨도 마찬가지로 인간 개인의 의무감을 바탕으로 인간 윤리를 공식화하려고 노력했다. 그리하여 그는 종교를 신앙의 교리의 체계로 보지 않고 '인생론', 즉 삶의 행위에 대한 도덕적, 세속적 가르침으로 구성된 윤리로 보게 되었다. 따라서 에머슨의 "삶의 행위"와 주희의 도(道)는 유사하다. 윤리적인 관점에서 에머슨과 주희 사이의 첫 번째 유사점은 우주와 자연의 기초에 인간의 윤리를 배치한 것에서 볼 수 있다. 두 사상가는 모두 초월적 형이상학과 인간의 도덕과 윤리에 모두 적용될 수 있는 철학체계를 세우려고 노력했다. 에머슨의 '자연'과 주희의 '천지'는 모두 인간 도덕 표준의 기원으로 여겨지며 인간에게 지속적인 영향을 가하는 것으로 여겨진다. 주희에게는 도덕원리인 '진실성'((誠))이 전 우주를 끊임없이 지배하고 있다: "천지에서 모든 곳에 흐르는 것은 이 도덕원리만이다"

에머슨에게도 자연은 신의 영원한 발현이며, 자연의 궁극적인 목적은 '이성'에 각성하도록 초대함으로써 자연이 인간에게 가하는 도덕적 영향에 있다. 그의 책 《자연론》에서 그는 다음과 같이 말한다. "도덕적 법칙은 자연의 중심에 놓여 있고 주변으로 방사된다.…. 모든 개인에 대한 자연의 도덕적 영향은 그것이 그에게 보여주는 진리의 양이다." 따라서 에머슨의 '자연'은 신의 '계시'라는 주장과 주희의 '도(道)'와 '천지가 만물을 낳고 기르는' 천지화육(天地化育)과 직결된다. 두 가지 모두 만물의 연속적인 생성에서 삶의 원리로 간주될 수 있다.

윤리론에서 두 번째 유사점은 두 철학자가 모두 이 세상에서의 인간 중심의 윤리를 제시한다는 점이다. 에머슨은 사후 생명에 대한 칼뱅주의 신앙을 부정했고, 주희는 영혼윤회에 대한 불교 교리를 부정했다. 나아가 에머슨과 주희에게 죽음은 특별한 결정적 의미를 갖지 않고 단지 삶의 자연스럽게 전환되는 것으로 간주된다. 그들의 사고에는 타락, 죄, 구원, 부활같은 관념이 전혀 없다. 에머슨은 사람들이 천국이나 지옥에서 영원한 삶을 선고받는 신의 마지막 심판은 없다고 가르친다. 주희는 인간이 이 세상에서 선한 행위나 악한 행위에 따라서 저승에서 보상받지 않는다고 설교한다. 그들 둘 다 삶에 대한 긍정적인 관점을 취하면서 죽음을 맞이하는 데 중요성을 부여하지 않고 이 세상의 삶을 풍요롭게 하는 데 중요성을 부여한다.

세 번째 유사점은 에머슨과 주희 모두 다른 세계가 아닌 이 세계에서 보상의 교리를 발전시켰다는 것이다. 에머슨은 최후의 심판과 신앙에 의한 정당화의 교리를 부정했지만, "사람이 스스로에게 섭리를 만든다"는 보상 이론을 발전시켰다. 주희는 영혼 윤회사상의 교리를 거부하면서도 하늘은 선에 복을 주고 악에 화를 준다는 유교적 보상 교리를 여전히 지켰다. 그들의 교리에는 자연법과 윤리적 법칙의 상호관계를 인정하고, 원래 인간 속에 내재된 힘과 우주의 만물에 의해 도덕적 질서를 유지하려는 이들 법칙의 기능에 신뢰를 두려는 현저한 경향을 발견할 수 있다. 에머슨의 보상론이나 주희의 음양(陰陽)론 모두 이러한 자율적인 질서유지의 힘을 잘 설명하고 있다.

케네의 중농주의와 유교

계몽주의 시대의 대부분의 사상가들은 기존 군주제도를 계속 기꺼이 받아 들였다. 계몽주의의 중심인 프랑스에서는 루이 14세(1643~1715) 치하에서 절대군주제가 정점에 달했다. 그러나 그의 후계자 루이 15세(1715~74)의 치세는 부패와 심각한 사회경제적 고통을 겪는 시기였다. 따라서 많은 사상가들은 다양한 급진적인 개혁을 수행하여야만 군주제가 유지될 수 있음을 깨닫게 되었다. 그 결과, 소규모의 특권층이 아니라 국민 전체의 이익을 위해 통치할 계몽된 전제정을 창설하려는 것이 그들의 목적이 되었다. 그들은 중국의 예에서 그들의 이론에 대한 강력한 지지를 발견했다. 중국에서 유교는 절대 권력의 개념을 받아 들였지만 동시에 권력 남용에 대한 도덕적 제약을 설정했다.

그러한 생각을 표명한 사람들 중에 가장 두드러진 사람들은 "중농주의자들"로 알려진 프랑스의 정치경제학자 집단이었다. 그들은 프랑스 왕실 의사였던 케네(Francis Quesnay, 1694~1774)의 지도하에 1756년 직후에 생겨났다.

케네과 그의 동료 중농주의자들은 계몽된 정부는 "자연 질서"라고 부르는 특정 경제 및 사회 법칙에 따라 운영해야 한다고 주장했다. 이 자연질서의 기본은 최종분석에서 농업, 광업, 벌목과 같은 1차 산업 활동의 결과로 그 나라의 땅에서 나온 모든 부를 얻는 것이라고 그들은 믿었다. 제조와 교역은 단지 토지에서 파생된 원자재만 처리하기 때문에 이차적 활동이다. 따라서 케네와 중농주의자들에 따르면 제조업체와 상인은 유용한 기능을 수행하고 있지만 "불모"이고 비생산적이었다. 그러므로 국가는 농업과 같이 토지의 생산성을 향상시키는 모든 활동을 특히 격려해야 한다. 다른 한편으로는 관세보호를 제공하거나 중대한 사적 독점을 허용함으로써 "불모"의 제조업과 상업을 지원해서는 안 된다. 이는 분배의 자연적 과정을 방해하고 자연질서에 위반되기 때문이다. 국가의 수입은 국민의 부와 마찬가지로 궁극적으로 토지에서 비롯된 것이므로 공정한 형태의 세금은 토지의 생산력에 부과되는 단일 토지세뿐이라고 믿었다. 이 교리는 케네 시대의 프랑스에서 봉건 귀족들이 소유한 대토지 소유에 대한 공격이었다. 봉건 귀족들은 토지가 생산한 것의 경미한 부분만을 세금으로 납부했기 때문이었다.

중농학파는 또한 교육이 교회와 분리되어 보편적이 되어야 한다고 주장했다. 왜냐하면 오직 그 방법으로만 가능한 최고의 재능을 가진 사람들이 공공 서비스를 위해 발굴되어 교육을 받을 수 있기 때문이다.

이 아이디어의 대부분은 유교 정치경제 철학에서 발견되는 아이디어와 놀랍게 흡사하다. 수천 년 동안 중국인은 "인도"(정부 기관)과 "천도"(케네의 자연 질서) 사이에 완벽한 조화가 존재할 때만 좋은 정부가 있을 수 있다고 믿었다. 중국은 항상 산업과 교역이 미미한 부분을 차지하는 주로 농경 국가였다. 따라서 중국에서는 상업이 비생산적이며, 따라서 "부차적인 것"으로 간주되는 반면에 농업은 "주요한" 것으로 간주되고 집중적인 정부 지원을 받을 가치가 있다고 보았다. 이러한 이유 때문에 그들은 전통적으로 "사농공상"의 신분질서에서 상인을 사회적 사다리의 맨 바닥에 위치시켰다.

중국 정부는 사적 교역의 발전에 제한을 두기까지 했다. 여기에 중국 이론과 중농주의의 차이점이 있다. 케네와 그의 그룹은 정부가 교역을 장려하는 어떤 것도 해서는 안 된다고 생각했지만, 동시에 자유방임의 원칙을 믿었다. 무역은 정부의 제한으로부터 자유로워 질 수 있어야 한다. 그들의 교육 이론에서, 중농주의자들은 중국의 사례에 의해 분명히 영향을 받았는데, 유명한 과거시험제도는 신분이 아니라 교육에 기초해서 사람을 공무에 임용키는 것을 보장했다.

친경도(親耕圖) 옹정제 시기

중국에 대한 중농주의자들의 엄청난 부채는 케네의 책 『중국의 전제정치』(1767)에서 분명히 드러난다. 이 책에서 그는 진정으로 계몽된 독재정권이 의미하는 바에 대한 아이디어를 제시한다. 처음 7개의 장에서 그는 중국의 정치 및 경제 상황에 대한 그림을 그렸으며 중국에 대한 예수회의 저술에서 직접 그의 자료를 끌어냈다. 여덟 번째, 그리고 마지막 장에서 그는 위에 기술된 사상을 따라 자신의 이론을 발전시키며,

중국의 예와 직접적으로 연결시킨다.

케네가 가장 크게 열광한 관습 중 하나는 매년 봄 중국에서 황제가 봄맞이제사(迎春祭)로 행하는 친경(親耕) 의례인 친경제적(親耕帝耤)이었다. 〈예기(禮記)〉에서 기원을 찾을 수 있는 친경의례는 고대 중국에서부터 시작된 의식으로 조상 숭배 정신과 권농의 기능을 같이 겸하는 통치자의 중요한 행사였다. 친경의 의식은 행사 전에 농사를 처음 가르친 고대 신농씨(神農氏)와 후직(后稷)을 선농단(先農壇)에서 제사하는 것으로부터 시작하였다. 신성한 토지를 경작하는 의식은 중국 농부들이 봄 재배를 시작할 시기를 나타내었다. 1768년에 케네의 영향력이 최고조에 달했을 때, 이 고대 의식은 루이 15세의 아들에 의해 농업에 대한 정부의 자비로운 관심의 증거로 작은 쟁기 모델을 사용하여 프랑스 왕실에서 상징적으로 수행되었다! 그 다음 해에는 오스트리아의 요제프 2세(1741~90)Joseph II 황제에 의해 이 행동이 반복되었는데, 이번에는 실물크기의 쟁기로 진행되었다. 그의 추종자들에 의해서 "유럽의 공자" 라고 불려지는 케네가 중국 의식의 모방을 고무시킨 것은 놀라운 일이 아니다!

중농주의자의 가장 유명한 추종자 중 한 사람은 1774~1776년 프랑스 재무 총감인 튀르고(Turgot, 1727~81)였다. 1765년에 북경의 예수회가 교육을 받도록 프랑스에 파견한 젊은 중국인 2명이 곧 돌아온다는 말을 들었을 때. 이 중국인들에게 튀르고는 중국의 경제 및 사회적 여건에 관한 52개의 질문을 던졌다. 그들이 중국에 도착한 후 그에게 답신할 것을 요청한 답변을 통해 그는 프랑스 정부의 개혁에 유용하게 사용될 수 있는 정보를 얻길 희망했다. 이러한 질문의 실용적인 성격을 보면, "중국에는 많은 부자가 있는가?" "대출금 이자를 받고 사는 사람들이 많이 있는가?" "어떤 종류의 사람들이 중국의 고위 관직을 보통 채우고 있는가?" "1년 동안 사람이 쌀을 얼마나 소비하는가?" "중국에서는 일꾼의 보통 일당 임금은 얼마인가?"와 같은 질문들이었다. 그러나 불행하게도 그의 질문에 대한 대답은 결코 답신되지 않았다.

튀르고는 재임 중 중농학파의 교리를 실천에 옮기기 위해 열심히 노력한 유능하고 성실한 사람이었다. 그러나 이러한 교리는 중국과 같은 농경 경제에 매우 적합하지만 근대 자본주의 체제가 이미 개발되기 시작한 프랑스의 경우 부적절한 것으로 판명되었다. 튀르고에 대항한 부패와 반동의 세력은 너무 커서 그는 사임해야 했다. 프랑스를 위에서부터 개혁하려는 그의 시도는 실패했다. 그러한 시도는 몇 년 후 아래로부터 격렬하게 이루어졌다. 그것은 1789년 프랑스 혁명이었다.

중농주의자들이 교리의 실제 적용에 실패했지만, 후기 경제 이론에 대한 영향은 강했다. 이러한 영향은 특히 현대의 고전적 경제 저작 '국부론'의 저자인 아담스미스(1723~90)의 생각에서 분명하게 드러난다. 따라서 중농주의자들은 근대 서구 정치경제학의 창시자들 하나라고 말할 수 있다. 그리고 보편적 교육의 필요성에 대한 그들의 주장에서, 그들은 19세기에 서구 민주주의에서 표준적인 관행이 되는 운동에서 앞장섰다.

서양의 공무원 채용제도와 중국의 과거제

프랑스 대혁명 이후 중국에 대한 유럽의 열정이 사라졌지만 매우 중요한 실질적인 유산이 남았다. 이것은 현재 많은 서방 국가에서 널리 퍼져있는 현대 공무원 제도다.

중국의 과거시험 제도는 기원전 165년에 문관 후보자가 황제에 의해 도덕적 우수성 시험을 받기 위해 중국 수도로 불려 졌을 때 시작된 것으로 보인다. 한문제는 주(州)에서는 한 명의 수재(秀才)를, 군(郡)에서는 인구에 따라 일정 수의 효렴(孝廉)을 추천케 하여 수도에서 시험을 치러 관리에 임명하는 찰거제(察擧制)를 실시했다. 220년 위나라 때는 이를 한층 발전시킨 구품중정제(九品中正制)가 시행됐다. 구품중정제는 출신 가문과 상관없이 개인의 재능과 품성에 따라 관리를 선발코자 하는 취지였다. 이후 수세기에 걸쳐 시스템은 관리가 되기를 바라는 사람은 거의 누구나 정부 필기시험을 통과하여 자신의 가치를 증명해야 할 정도가 되었다.

시험은 수천 개의 작은 벽돌 방이 있는 3면이 벽으로 둘러싼 금지구역에서 치러졌으며 마을 집과 같이 직선으로 배치되었다.
향시에서 시험장은 공원(貢院)이라고 하며 각 성의 성도에 상설 건물이 있다. 공원은 딱 한사람만 들어갈 수 있는 크기의 독방(호사)이 벌집처럼 수천, 수만 개가 모인 곳으로, 그 한 칸 한 칸이 마치 마구간같은 형태로 연속해서 늘어서 있기 때문에 전체적으로 엄청나게 넓은 대지를 차지한다. 각 방에는 탁자와 의자가 있었고 초조한 후보자를 수용했다. 부정행위를 방지하기 위해 모든 예방 조치가 취해졌다. 응시자는 공원에 들어가기 전에 검색하고 시험이 진행되는 동안 조심스럽게 감독되었으며 끝날 때까지 퇴거가 허용되지 않았다. 각 시험은 일반적으로 며칠 지속되었고 믿을 수 없을 정도로 어려웠다. 예를 들어, 1889년 베이징에서 시험에 응시 한 14,000명 이상의 후보자 중 300명이 조금 넘는 사람이 통과했다. 그러나 성공에 대한 보상은 나라를 통치하는 관리의 명예로운 계급에 들어가는 것이었다.

그러한 체계와 같은 어떤 것도 고대의 다른 위대한 문명들 사이에 알려지지 않은 것으로 보인다. 유럽의 대학에서는 1702년 전에는 필기시험이 전례가 없는 것으로 보인다. 정부가 실시한 공무원 시험은 그보다 상당히 늦은 시기였다. 그러므로 중국 과거시험이 17세기와 18세기 중국에 대한 서양 문학에서 반복적으로 묘사되었고 볼테르와 케네 같은 사람들 사이에서 강렬한 존경심을 불러일으킨 것은 놀랄만한 일이 아니다.

프랑스에서는 최초의 공무원 제도가 혁명 직후인 1791년에 설립된 것으로 보인다. 그러나 10년 후 사라지고 1840년대에 다시 설립되었다. 그것의 초기 역사에 대해서는 거의 관심을 보이지 않았지만, 프랑스 역사에 대한 몇몇 저술가들은 그것이 중국의 본보기에 기원을 두고 있다고 주장한다.

영국 공무원의 기원은 더 잘 알려져 있다. 18세기 동안 많은 영국인들이 중국 시험 제도를 칭찬하는 글을 썼다. 몇몇 학자들은 잉글랜드도 중국 시험 제도와 비슷한 것을 채택하도록 촉구했다. 1806년에 영국 동인도 회사가 이러한 방향으로 첫 걸음을 내딛었다. 그 해에 회사는 런던 근처에 소규모 대학을 설립했다. 이 대학의 목적은 영국에서 관리하는 인도 행정 서비스를 위해 회사 직원을 훈련시키는 것이었다. 그 당시 영국 왕실을 대신하여 회사가 인도를 관리했다. 이 대학을 설립하기 위한 제안은 중국 광동에 있는 동인도회사의 무역 사무소 직원들로부터 나왔다. 따라서 특정한 예비자격을 가진 남성을 공공행정직의 후보 대상으로 하는 원칙이 수립되었다.

다음 수십 년 동안 많은 영국인들은 영국 자체에서 보편적인 공무원 제도를 수립하기 위한 논거로서 중국의 모범을 언급했다. 그들 중 가장 끈질긴 사람은 통역관 토머스 메도우스(Thomas Taylor Meadows, 1815~1868)였다. 그는 영국의 상해 주재 외교관으로 재직한 재능 있는 남자였다. 1847년에 그는 행정부와 대영 제국 연합 정부의 개선을 위한 견지에서 모든 영국인에 대한 공공 서비스 경쟁시험제도를 촉구하기 위해 "중국 정부와 중국 사람들에 관한 산만한 메모Desultcry Notes on the Government and People of China"라는 책을 출판했다. 거기에서 그는 중국 제도를 묘사하고 "중국 제국의 오랜 지속은 전적으로 재능과 자질을 가진 남성의 선발로 구성된 훌륭한 정부에 기인한다."라고 주장했다.

그러한 공개성명은 결국 영국 정부로 하여금 이 문제에 대한 조사위원회를 만들도록 유도했다. 1883년에 이 위원회는 의회에 "공무원 조직"이라는 보고서를 제출했다. 이 보고서는 후보자들의 일반적인 지식을 테스트하기 위한 준비를 위해서 중앙 심사관위원회를 설립할 것을 권고했다; 이 시험은 정기적으로 치루어져야 하며 모든 사람들에게 열려 있어야한다. 정부 서비스에서의 승진은 정실 대신 능력을 기반으로 해야 한다. 이 모든 것들은 수세기 동안 중국 체제를 통치한 원칙이었다. 이 보고서는 의회에서 심한 공격을 받았지만 1855년 영국 최초의 공무원위원회가 창설되었다.

영국의 모범은 의심할 여지없이 미국에서 유사한 공무원 제도의 설립에 한몫했다. 그럼에도 불구하고 중국의 영향력이 분명하다. 예를 들어, 로드아일랜드의 쟁스(Thomas A. Jenckes)가 1868년 미국의 공무원 제도를 창설해야 한다고 의회에 처음 권고했을 때, 그 주제에 관한 그의 보고서는 중국의 공무원에 대한 장을 포함했다. 같은 해 에머슨은 중국에 관심이 있었고 보스턴에서 중국의 대사관 방문을 기념하여 연설했다. 그는 중국의 시험시스템을 칭찬하고 쟁스의 제안을 채택할 것을 촉구했다.

그러나 영국과 마찬가지로, 오래동안 엽관제도[獵官制度]에서 개인적인 이익을 얻은 많은 사람들은 그 새로운 아이디어에 강하게 반대했다. 일부는 후보자의 적합성을 결정하기 위해서 시험을 사용하는 것이 중국적이고 외국적이며 따라서 "비미국적"이라고 항의했다. 결과적으로 1883년이 되어서야 국회에서 마침내 그 제안이 통과되었다.

오늘날 공무원 제도의 원칙은 사실상 모든 민주국가에서 받아들여지고 있다. 점점 더 많은 사람들이 정치적 편애보다는 개인적인 능력 때문에 공무에 들어간다. 그 결과, 한 세기 전에 너무나도 일반적이었던 많은 정치적 부패가 사라졌다. 공무원 제도는 의심의 여지없이 서구에 대한 중국의 가장 귀중한 지적 선물 중 하나다.

중국이 서양 문학에 끼친 영향

중국에 대한 언급은 17세기와 18세기의 불문학과 영문학에 풍부하다. 특히 18세기에 중국 테마를 사용하거나 중국의 방식으로 쓰여 진 많은 이야기가 나타났다. 사실, 중국 유행은 일반적으로 가상으로 유럽을 여행하는 가상의 중국 현인인 주인공은 본국의 친구들에게 여행하면서 그가 본 것을 설명하는 "중국 편지Chinese Letters"로 알려진 완전히 새로운 형태의 문학의 발전으로 이끌었다. 이 문학적 형식은 유럽 문명에 대한 모든 종류의 예리하고 재미있는 비판을 표현하는 데 교묘하게 사용되었다. 유럽과 중국이 자주 비교되기 때문에 따라서 우리에게 주어진 중국에 대한 18세기 유럽 작가의 태도에 대한 묘사는 우리의 흥미를 끈다.

최초의 "중국 편지"는 1739년에 특정 프랑스 작가가 쓴 것으로 보이며 그 후로 수십 년 동안 프랑스와 영국에서 수많은 모방이 뒤따랐다. 《웨

이크필드의 목사》의 저자인 올리버 골드스미스(Oliver Goldsmith, 1728-84)는 이 기법을 사용하는 가장 유명한 작가였다. 1759~60년에 쓰여 지고 2년 후 《세계의 시민 The Citizen of the World》(1762)으로 재발행 된 그의 중국 서신은 중국에 대한 상당한 지식을 보여준다.

우리는 이미 볼테르가 자신의 희곡인 《중국 고아》 (1755)로 중국 연극을 사용한 것을 보았다. 같은 중국 연극은 다른 나라에서도 성공을 거두었다. 이 책은 1741년에 영어로 번역되어 1748년에 이탈리아어로 번역되었으며, 독일에서 가장 위대한 시인 괴테의 미완성 비극인 엘페노르(Elpenor) (1783)에 영감을 불어 넣었다. 아마 괴테가 그것을 끝내지 못했던 이유는 그가 그 희곡을 고대 그리스라는 환경에 넣으려고 했기 때문일 것이다. 또 다른 희곡인 투란도트(Turandot)는 중국과 근동에서의 문화적 영향을 혼합한 유럽의 외양을 한 흥미로운 예다.

그 이야기는 베이징에 사는 잔인한 중국 공주의 이야기다. 투란도트는 다탄인(人)에 대한 복수를 위하여 자기에게 구혼하는 젊은이들에게 3가지 수수께끼를 내어 풀지 못하면 누구와도 결혼하지 않기로 맹세했다. 그리꼬 실패한 모든 구혼자는 사형에 처하였다. 그러나 그녀는 아름다워서 많은 사람들이 시도했지만 그 누구도 성공하지 못했다. 마침내 북경에 온 변장한 한 근동의 왕자 카라프가 나타나 그 수수께끼를 풀지만 투란도트는 그의 사랑을 받아들이지 않는다. 카라프는 그녀에게 "나의 정체를 오늘밤 안으로 밝혀내면 내가 죽고, 밝히지 못하면 사랑을 받아들여 부인이 되라"고 한다. 이때 카라프의 아버지 치무르와 카라프를 사랑하는 노예의 딸 류가 체포되어 왕자의 이름을 대라고 강요당하지만 류는 사랑하는 카라프를 위하여 스스로 목숨을 끊는다. 카라프의 열렬한 사랑에 감동되어 투란도트도 드디어 마음을 돌려 카라프의 사랑을 받아들인다.

이 이야기는 비록 그 배경이 중국이지만 정서적으로는 중국적이 아니며 사실 페르시아 이야기로 돌아간다. 1710년에 만들어진 프랑스의 번역본은 베네치아 극작가 카를로 고치(Count Carlo Gozzi, 1720~1806)에 의해 52년 후에 쓰여 진 이탈리아 희곡의 기초가 되었다. 다시 고치의 희곡은 독일의 위대한 시인 실러(Schiller, 1759-1805)의 1802년 독일어판의 기초가 되었다. 독일 작곡가 웨버(1786~1826)는 "중국 서곡"을 비롯한 실러 희곡에 부수적인 음악을 기증했다. 흥미롭게도 이것은 루소의 음악사전 Dictionary of Music (1767)에 수록된 중국 멜로디에서 파생되었다.

후대에 투란도트 이야기에서 영감을 얻은 몇 가지 연극과 오페라 중에서 가장 주목할 만한 작품은 푸치니(Puccini, 1858~1924)인데 그는 《나비부인-마담 버터플라이》와 다른 유명한 오페라 작곡가다. 푸치니의 작품은 불행히도 그의 죽음 이전에 완전히 끝나지 않았으며 사후 2년 만에 처음으로 공연되었다. 그러나 이후 그것은 몇몇 비평가들로부터 그의 가장 뛰어난 오페라로 평가받았다. 푸치니는 1920년 런던 여행 때 처음으로 중국 음악을 접하고 '투란도트'에 중국 멜로디를 사용했다. 중국에서 만든 뮤직박스(오르골)로 '황제 찬가'를 듣고 그 멜로디를 인용했고, 5음계 및 공(Gong), 탐탐, 종, 실로폰 등의 악기를 이용해 중국적 분위기를 냈다. 거기에서 그는 대중적인 중국 노래인 "초매俏梅"을 기반으로 한 메인 테마를 포함하여 몇 가지의 진정한 중국 멜로디를 사용한다. 이 노래는 이미 1804년 중국에서 존 배로(John Barrow)가 쓴 "중국 여행기(Travels in China)"라는 책을 통해 유럽에서 알려졌다. 그 저자는 1793년 공식 영국 대사관의 일원으로 북경을 방문했다.

19세기 서양 문학으로 전환 한 중국에 대한 가장 열광적인 애호가 중 한 명은 유명한 프랑스 시인인 테오필 고티에(1811~72)의 딸인 여류시인 쥬디스 고티에(Judith Gautier, 1850~1917)였다. 그녀는 중국을 직접 방문하지는 않았지만 중국어 가정교사에게서 중국어를 공부했으며 이국 취미에 끌려 극동(極東)의 시정(詩情)을 읊은 중국 방식으로 쓰여진 시집 〈경옥(硬玉)의 서〉(1867) 를 출판했다. 그녀의 책은 많은 사람들에 의해 읽히고 칭찬 받았다. 그 다음 해에 그녀는 원작 소설 〈황제의 용〉을 출판했는데, 그것은 아마도 중국배경, 그럴듯한 중국 음모, 중국 인물들을 가진 최초의 프랑스 소설이었을 것이다. 얼마 지나지 않아 미국인 소설가 브렛 하트(Bret Harte, 1856~1902)는 중국 문명이나 문학에 대한 지식이 전혀 없었지만 캘리포니아에 있는 그가 알고 있는 중국인에 대해 호의적인 편지를 쓰고 있었다.

톨스토이와 노자

러시아의 소설가이자 사상가로, 주요 작품으로《전쟁과 평화》,《안나 카레리나》,《부활》 등이 있는 톨스토이(1828~1910)는 중국 사상에서 큰 영향을 받았다. 중국에 대한 그의 관심은 거의 완전히 간과되어 왔지만, 이것은 아마도 부분적으로는 그의 널리 읽혀지는 소설보다는 그의 후기 철학 저술에서만 그런 영향이 드러나기 때문이었을 것이다. 그의 생애 마지막 30년 동안 톨스토이는 중국과 중국사상에 관한 30권 이상의 책을 읽었다. 공자와 노자의 말은 특히 그를 관심이 있었다. 사실, 노자는 "고대 현자들 사이에서 그가 가장 좋아하는 사람"이라고 말해진다. 그와 그의 추종자들은 중국 사상에 깊은 감명을 받아서 중국에 관한 9개의 기사와 팜플렛을 썼다. 이 중 대부분은 톨스토이 자신의 언론사가 문고판으로 출판했는데 1권에 몇 센트로 판매하기 때문에 가장 많은 수의 러시아 사람들에게 다가 갈 수 있었다. 80대에 그의 생애의 말년에 톨스토이는 "만일 어렸다면, 중국에 갈 것"이라고 외쳤다고 전해진다.

톨스토이의 유명한 비저항 교리는 기독교 교육에서 크게 영향을 받았다고 한다. 그러나 그것이 노자의 철학에 의해서도 상당한 영향을 받았다고 믿을만한 충분한 이유가 있다. 그리고 잘 알려져 있듯이 다시 그것은 그만큼 유명한 간디의 정치적 비저항이론에 영향을 미쳤다. 노자가 톨스토이의 철학에 미친 영향을 보자.

톨스토이는 세계적으로 유명한 작가일 뿐만 아니라 또한 새로운 종교관을 창조하려고 노력한 사람이기도 했다. 그의 정신적 업적은 기독교, 힌두교, 불교, 도교, 유교와 관련이 있었다. 1891년 레오 톨스토이는 자신의 사상에 중대한 영향을 준 인물을 들면서 공자, 맹자, 노자를 거명했다. 레오 톨스토이는 노자가 자신의 창조성에 미치는 영향에 대해 '위대하다'라는 단어를 사용하였다. 톨스토이는 1871년 스타니슬라프 줄리앙의 프랑스어 번역서에서 『도덕경』을 처음 읽었다. 1884년에 톨스토이는 〈『도덕경』〉 중 67장의 단편들을 썼다. 1884년에 톨스토이는 그의 친구이자 작품 편집을 맡았던 체르트코프(Vladimir c hertkov)에게 보낸 편지에서 다음과 같이 썼다: "나는 중국의 지혜로 매우 바쁘다. 나는 당신과 모든 이에게 이 책들에서 얻은 모든 도덕적 혜택들을 전달하고 싶다." 톨스토이는 〈『도덕경』〉을 최초로 러시아어로 번역한 사람이다. 그는 번역을 위해 프랑스어와 독일어 번역본을 사용했다. 톨스토이는 '도(道)'라는 개념이 '사랑'이라는 러시아 개념과 유사하다고 믿었다. '도

(道)-사랑'은 인간이 세계와 합일하는 더 높은 원리다. 그렇지만 톨스토이의 번역은 불완전했고 그는 가일층 더 큰 노력을 기울였다.

1903년 톨스토이는 그의 저서 〈매일매일 읽는 현자들의 사상〉'에서『도덕경』을 발췌 출판했다. 그리고 이 발췌물들은 그가 죽기 몇 달 전인 1909년에 출판되었다. 1910년 톨스토이에 의해 짧고 세심하게 편집된 노자의 64개의 어록들이 출판되었다. 이 책을 위해 그는 "노자의 가르침의 본질에 대하여"라는 제목의 짧은 글을 썼다. 이 책은 큰 성공을 거두었고 러시아에서 여러 번 다시 출판되었다. 톨스토이는 기본적인 도교에 대한 독특한 해석을 가지고 있다. 도, 무위자연(無爲自然), 음양, 천은 톨스토이의 도교연구에 가장 중요했다. '도'와 '무위'의 개념은 그의 저술 "도덕경과 진리의 서, 중국의 현자 노자"(1884)'에서 설명했다. '

톨스토이가 '도'와 '무위'라는 용어와 관련하여 한 해석은 다음과 같은 특징을 갖는다.

1) 1884년판에서는 '도(道)'라는 용어를 '신'으로 번역하고,『도덕경』의 첫 번째 구절인 도가도비상도(道可道非常道, 名可名非常名)를 톨스토이는 "이름 불릴 수 있는 신은 영원한 신이 아니다"로 번역했다.
2) '무위'(1893년)라는 글에서 "도(道)는 길이고, 덕, 진리로 되어 있으며, 도(道)에 대한 지식은 무위-비행동을 통해서만 얻을 수 있다"고 했다. 톨스토이는 다음과 같이 썼다: "노자에 따르면 모든 사람들의 화는 그들이 한 일, 그들이 하고 있는 일보다 하지 않는 일에서 발생한다"고 해석했다.
3) 〈매일매일 읽는 현자들의 사상〉 (1903)에서는 도는 마음이고 무위는 겸양 또는 심지어 완전한 겸양으로 해석했다;『도덕경』의 "도가도비

상도"는 이번에는 "이해할 수 있는 마음은 완전한 마음이 아니다"라고 바꾸어 번역했다.

4) '중국인에게 보내는 편지' (1906)에서는 "도(道)-이것이 진정한 자유로의 길이며, 인간 생활의 기본 법칙에 따른 활동이다, 무위는 당신이 당하고 싶지 않은 일을 하지 않는 것이다"라고 해석했다.

5) 1910년 책 '『도덕경』 번역'에서 톨스토이는 『도덕경』을 복음서와 비교하며, 『도덕경』을 요한의 첫째 편지와 비교한다. 그리고 '도-사랑'은 하늘과 그리고 하늘 자체와 신 자체와의 연결이며, 무위는 "몸이 원하지 않는 것을 하지 않는 것이다"라고 해석한다.

이리하여 톨스토이의 철학은 도교의 기독교 철학을 종합했다. 그것은 기독교 신학과 도교의 정신을 통합하여 도와 무위를 정의한다. 톨스토이는 "노자의 가르침의 본질은 기독교 교리의 본질과 같다"고 주장했다.

톨스토이는 영적 탐구를 하면서 신은 인격적인 신이 될 수 없다는 생각을 하게 되었다. 톨스토이는 1870년대에 신에 대한 이러한 이해와 관련하여 심오한 정신적 위기를 경험했다. 깊은 영적 위기를 벗어나게 된 것은 도교, 유교, 힌두교, 불교의 철학을 연구하는 것과 관련이 있었다. 이러한 철학을 연구함으로써 톨스토이는 위기를 극복한다. 노자의 사상은 그에게 정신적 평화를 가져다주었다. 그는 위기를 극복하고 그들의 저작들을 계속 연구할 수 있었다. 톨스토이는 노자의 사상이 가장 근본적이라고 믿었고, 도교에는 철학과 종교, 윤리가 융합되어 있다고 믿었다. 톨스토이는 노자의 『도덕경』을 연구함으로써 깊은 정신적 위기를 극복했다. 죽기 30여 년 전 그는 끊임없이 노자의 사상을 연구하고 있었다. 도(道)와 무위에 대한 그의 이해는 확실하게 변화해갔다. 말년에 톨스토이는 도교와 기독교를 종합했다. 그는 기독교와 도교가 신의 보편적 본질이고, 도(道)와 사랑은 동치이며, 기독교적 개념인 '겸양성'과 도교적 개념인 '무위'도 같은 것이라고 믿었다.

톨스토이의 《전쟁과 평화》에는 도교 철학의 요소가 포함되어 있다. 이 책은 어떻게 운명이 역사를 지배하는지 그리고 어떻게 사람들이 세상의 도도한 역사적 물결 속에서 자기의 소임을 다하려고 노력하지만 사건의 방향에 대한 통제력을 거의 갖지 못하는지를 묘사하고 있다. 도교의 원칙에 따르면, 누군가가 진정으로 통제할 수 있는 것은 마음뿐이다.

작품 속 운명 사상은 러시아 왕자 안드레이와 나폴레옹 보나파르트의 관계를 통해 보여지는데, 이 두 인물은 결국 자신들의 운명을 통제하지 못하고 역사의 힘에 끌려서 가게 된다. 안드레이는 보나파르트의 숭배자였으나 적이 되었고 아우스터리츠 전투에서 그를 죽이려 했으나 성공하지 못한다

톨스토이는 이어서 두 사람의 나중의 만남을 다음과 같이 묘사한다: "나폴레옹의 눈을 보면서 안드레이 왕자는 위세의 보잘것없음, 삶의 보잘것없음, 아무도 이해할 수 없는 삶의 의미, 그리고 여전히 더 큰 죽음의 무의미성에 대해 생각했다 살아 있는 자는 누구도 죽음의 의미를 이해하거나 설명할 수 없다." 도교의 관점에서, 막강한 프랑스 황제와 자랑스러운 러시아 왕자 둘 다 도(道)의 말들일 뿐이다. 그들의 위세는 환상일 뿐이다.

다른 한편 톨스토이가 음악은 단순히 즐기는 것 일뿐만 아니라 사람들에게 영향을 줄 수 있는 강력한 도덕적 힘으로 작용한다는 매우 유사한 이론을 발전시킨 것을 보면 아마도 음악에 대한 유교적 태도는 톨스토이에게 잘 알려졌던 것처럼 보인다.

한시[漢詩]가 20세기 서양에 미친 영향

오스트리아의 음악 작곡가인 구스타프 말러(Gustav Mahler, 1860~1911)는 시대를 풍미한 명지휘자였을 뿐만 아니라 작품으로 거대한 로만주의적인 9개의 교향곡을 남겼다. 그 중 거개가 성악적인 점에 특색이 있고, 《대지의 노래》와 《여윈 아이를 생각하다》 등의 오케스트라를 반주로 하는 성악곡도 대표적인 작품으로 꼽힌다. 사실상 한시가 그에게 영감을 불어 넣어 그의 가장 훌륭한 합창곡인 《대지의 노래》(1908)가 창작되었다. 이전의 어떤 작품과도 달리 동양적인 정조가 강하게 배어 있다 이 곡의 가사는 한스 베스지(Hans Bethge)의 중국 피리(Chinese Flute, 1907)의 여섯 편의 시에서 가져온 것으로, 중국 원본을 바탕으로 한 독일어 구절 모음이다. 1908~1909년에 작곡한 〈대지의 노래〉는 원래 교향곡 9번에 해당되는 교향곡 작품이었으나, 베토벤이 제9번 교향곡을 쓰고 죽었고 브루크너도 9번 교향곡을 미완성으로 남기고 죽은 것을 의식해서 9번이라 하지 않고 〈대지의 노래〉라고 명명했다.

송나라 시대 피리를 불고 있는 궁정악사들

《대지의 노래》는 총 6악장으로 이루어져 있다.

1악장 – "현세의 고통에 대한 술 노래"는 이백(李白)의 시 '비가행(悲歌行)'에 기초하고 있다. 내용은 백 년도 못 살 삶인데 무엇하러 욕심을 부리느냐는 것이다.

2악장 – "가을에 고독한 자"의 원작자는 누군지 확실하지 않으나 당나라 시인 전기(錢起)로 보는 견해가 있다.

3악장 – "청춘에 대하여"는 베트게의 시집에는 제목이 '도자기 정자'로 되어 있으며, 작자는 이백이라 하는데 원시는 확인할 수 없다.

4악장 – "아름다움에 대하여"의 원작자와 원시는 이백의 '채련곡(採蓮曲)'으로서 연못가에서 연꽃을 따는 처녀들을 묘사한 다음 말을 타고 못가로 달려온 젊은이들을 비추고 다시 연꽃 따는 처녀로 돌아간다.

5악장 – "봄에 술취한 자"는 이백의 '춘일취기언지(春日醉起言志)'를 원작으로 하고 있다. '봄이 왔다지만 그게 나와 무슨 상관인가, 술이나 마시련다'라는 내용으로 말하자면 1악장과 마찬가지로 술 노래이다.

6악장 – "고별(Der Abschied)"은 전곡 가운데 가장 긴 악장으로, 거의 30분에 걸쳐 연주된다. 이전 악장을 모두 합친 것과 맞먹는 길이이다. 이렇게 길어진 것은 원래 별개였던 두 시를 말러가 하나로 묶었기 때문이다. 하나는 당나라 시인 맹호연(孟浩然, 689~740)의 '숙업사산방시정대부지 宿業師山房時丁大不至'(베트게는 '친구를 기다리며'라고 옮겼다) 또 하나는 당나라 시인 왕유(王維, 699?~759)의 '송별 送別'(베트게는 '친구와의 이별'로 옮겼다)이다. 베트게는 이 두 시가 두 시인이 서로 주고받은 것이라고 단언했고, 말러 역시 이 주장을 그대로 받아들인 것으로 보이지만 실제로는 분명치 않다.

에즈라 파운드와 이미지즘

그러나 이시기에 가장 두드러진 것은 한시가 이미지즘(Imagism)으로 알려진 문학 운동에 미친 영향이었다. Imagists는 1909년에 새로운 문학 이론을 토론하기 위해 런던에서 모임을 시작한 젊은 영국 및 미국 시인 그룹이었다. 그들은 19세기 영시의 인위성에서 벗어나고 싶어했다. 그들은 운을 피하고 자유 구절로 썼다. 그들은 고상하고 모호한 언어 대신에 단순하고 일상적인 언어를 선호했다. 그들은 시를 가능한 한 명확하고 구체적으로 만들어 거의 모든 단어에서 가장 생생한 그림을 보여 주려고 했다. 이 운동의 목표는 ① 일상어의 사용, ② 새로운 리듬의 창조, ③ 제재의 자유로운 선택, ④ 명확한 사상(이미지)을 줄 것, ⑤ 집중적 표현을 존중할 것 등이다. 따라서 "Imagist"라는 이름을 사용했다. 1914년부터 1917년까지 그들은 자유로운 성격 때문에 문학계에서 논쟁의 폭풍우를 일으킨 4개의 Imagist 사화집(詞華集)을 출판했다.

프랑스 시는 이미지스트들에게 영감을 주었지만 그들 중 한 사람은 중국 한시[漢詩]를 이미지즘의 "양아버지"로 불렀다. 한시의 영향은 에즈라 파운드, 존 플레처(John Gould Fletcher, 1886~1950), 로우웰(Amy Lowell, 1874~1925)의 세 미국인의 경우에 특히 두드러졌다. 중국에 대한 이 세 사람의 관심은 놀랄 일이 아니다. 중국 한시는 조밀하고 생생한 그림 묘사와 구체적인 언어 사용과 같은 특성을 지니고 있기 때문이다.

1915년 파운드는 보스턴의 친구가 그에게 주었던 중국시의 거친 번역본을 바탕으로 한 캐세이 Cathay)라는 책을 출판했다. 이 책에서 파운드가 사용한 척도는 이후 거의 모든 중국시의 번역자가 따라했다. 플레처는 쥬디스 고티에의 〈경옥(硬玉)의 서〉 및 기타 중국 시의 번역본이나 번안을 열심히 읽었다. 이미니즘의 걸작 중 하나로 여겨지는 그의 블루 심포니(Blue Symphony, 1914)는 배경과 정신이 중국이다. 그리고 에이미 로웰 (Amy Lowell)은 형제인 퍼시발(Percival)이 한국과 일본에서 살았으며 1919년 래커 프린트(Lacquer Prints)와 다른 많은 시들에 대한 영감을 중국과 일본에서 찾았다. 1921년 그녀는 Fir-Flower Tablets《松花笺(송화전)》라는 중국시를 번역하면서 중국에 오래 살았던 에이스카흐(Florence Ayscough)와 공동 작업을 했다. 중국 시인들에 대한 관심에도 불구하고, 그들이 항상 중국 정신의 진정한 본질을 잡는 데 성공하지 못했다. 이것은 아마 그들 중 누구도 에이스카흐(Florence Ayscough)를 제외하고는 중국에 가지도 중국어를 알지도 못했기 때문일 것이다.

파운드는 잘 알려진 현대 시인이자 뛰어난 비평가와 번역가로서 미국 현대 시계의 주도적인 권위자로 칭송받고 있으며, 미국 문학의 이미지주의 시에서 인정받는 지도자이기도 하다. 파운드는 중국 문화에 대한 애정이 깊은 시인이라고 여겨진다. 그는 엄청나게 다양한 중국 고전시를 번역하고 출판하여 중국의 전통시를 서양 현대문화로 들여와 미국 신시 운동의 발전을 자극하였다. 그의 시들 중 상당수는 번역을 바탕으로 한 몇몇 중국 고전 시들을 재현한 것이다. 그는 일생 동안 끈기를 가지고 중국 문화를 연구하며 번역과 저술을 통해 서양에 전파한다.

파운드가 중국 문화에 관심을 갖게 된 이유를 살펴보자.

파운드의 눈에 삶은 비열한 개인적 억압이었고 서양문화는 무형적인 속박이었다. 그 결과 비틀거리는 서구 문명이 무너지는 것을 막고, 방향

없는 미국인들을 위한 방향타를 찾기 위해, 파운드는 역사를 뒤졌다. 그는 공자 안에서 구원자를 발견하였고, 그 시대에 서양의 병을 치료하는 약도 발견했다. 파운드는 공자가 야만적인 서양인을 계몽하고 문명화할 수 있다고 믿었다. 따라서 파운드는 대부분의 생애 동안 서방을 구하는 데 도움이 될 수 있는 하나의 신앙으로서 유교철학을 제공하려고 노력했다.

파운드는 젊었을 때 중국 미술과 접촉했었다. 그의 가족에는 고대 중국 예술품이 몇 개 있었고, 그가 펜실베이니아 대학에 있을 때 그는 많은 고대 중국 조각과 그림들을 우연히 발견하기도 했다. 그러나 정말로 중국화의 본질을 이해하고 그 덕을 보기 시작하게 한 것은 영국의 시인、미술사가이며 동양 미술의 권위자로 대영(大英) 박물관 동양부장을 지냈던 비니언(Binyon Robert Laurence, (1869~1943).)의 고대 중국화에 대한 강의를 듣고 난 뒤였다. 비니언은 20세기 초에는 중국 고대의 그림을 자세히 소개하는 강연회를 연 적이 있으며, 이 강연에서도 중국 고대의 그림을 다수 전시하였다.

중국 고대의 그림은 매우 유사하고 자유로운 붓놀림을 강조하며, 또한 렌더링의 분위기에 주목한다. 중국화는 구성에서 사람들은 항상 인물을 둘러싸기 위해 배경을 사용하는 것을 강조한다. 파운드는 이러한 회화 기법과 미학적 원리를 통해 많은 것을 배웠고, 후에 이를 자신의 시에 적용시켰으며, 특히 그의 단시(短詩) '지하철 정거장에서 In a Station of the Metro'에서 더욱 두드러진다.

"지하철 정거장에서

- 에즈라 파운드

군중 속에서 유령처럼 나타나는 이 얼굴들,

까맣게 젖은 나뭇가지 위의 꽃잎들."

이 시상이 떠올렸을 때, 파운드는 그 당시에 어휘를 추적하는 것이 아니라 "여러 화점"을 추적했다고 강조했다. 중국 회화에서 이러한 이른바 '점'을 흔히 사용하는 화법인 '미점(米點)'이라고 하는데, 꽃잎, 잎, 산이나 나무의 질감까지도 구성하는 데 쓰인다. 그리고 그의 구절 "까맣게 젖은 나뭇가지 위의 꽃잎들"은 중국화에서 젖은 오징어를 재현한 것에 불과하다. 분명히 그는 그림을 그리는 우리의 고대 중국화 기법을 모방했는데, 이 기법은 색소로 묵만을 사용했다.

게다가 중국화는 균형 잡힌 구성을 강조하고 있으며, 넓은 면적의 여백을 남겨두고 색조를 바꾸면서 분위기를 싸는 경우가 많다. "지하철 정거장에서"에서 파운드는 두 개의 이미지를 나란히 붙였는데, 하나는 역에 있는 몇몇 예쁜 여자와 그들의 아이들의 얼굴이고, 다른 하나는 젖은 검은 가지에 달린 꽃잎으로 그것들은 전자의 이미지를 나타낸다. 역과 역에 있는 다른 사람들은 여백이 되어 있었다; 그 여자들과 아이들의 얼굴만이 비스듬히 뻗은 나뭇가지의 꽃잎과 같았다. 그것의 아름다움은 깨달아야만 알 수 있지만, 말할 수 없는 것이다.

중국 고대의 그림은 예술적 개념에 주목하며, 예술적 개념은 전형적인 이미지와 영리한 구성을 통해 완성된다. 파운드의 관점에서 시의 본질은 이미지지만, 이미지는 수학적 방정식이 아니다. 사실, 그것은 형태와 분위기와 관련된 것이다. 이러한 담론을 통해 파운드가 고대 중국 화가들에게서 많은 미적 사상을 배운다는 것을 어렵지 않게 알 수 있다.

고전 한시는 엄격한 음수율(音數律), 곧 시에 쓰인 말의 일정한 음의 수(자수)와 음위율(音位律), 곧 문자를 놓는 규칙과 짝을 맞추어 지은 글귀인 대구(對句)를 이용하여 시에서 높은 수준의 간결성과 집중성을 만들어 낸다. 이 점에 영향을 받아 파운드는 단시를 쓰는 것을 주창했다. 그는 시는 너무 길게 쓸 필요는 없지만, 각각의 시는 사람들에게 깊은 인상을 주어야 한다고 믿는다. 따라서 그의 자작시는 몇 줄밖에 안 되는 수필이거나, 예를 들어 '지하철 정거장'에서와 같이 10줄 남짓한 단시들이며, 파운드 자신도 이 시는 중국 시의 영향을 받고 있다고 말한 적이 있었다. 파운드는 한시를 쉬지 않고 연구함으로써 한시에서 "시 예술의 최고 성취"를 발견했다고 흥분하여 주장했다. 아마도 파운드가 말한 것은 중국 고전시로부터 배운 요구(拗救) 즉 한시의 원칙을 벗어난 절구와 같은 표현 기법과 기술을 가리킨 것일지도 모른다.

파운드가 한무제(漢武帝) 유철(劉徹) 등 고전시를 번역할 때 중국 원시의 구문을 의도적으로 모방하고 절구, 전치사, 연결동사의 일부를 생략했다. 따라서 번역은 해석의 모호성과 유연성을 유지할 수 있다. 게다가 파운드는 그런 독특한 기술을 자신의 시에 응용했다.

중치(重置, superposition)는 중국 시의 또 다른 전형적 특징이지만 이 용어는 파운드에 의해 만들어졌다. 파운드는 이렇게 말한 적이 있었다. "이 상상주의 시는 이미지 오버레이의 한 형태, 즉 다른 생각에 대한 일종의 사고방식이다." 파운드의 후기 걸작 "캔토스"에서는 중첩이 더 복잡하다; 병렬, 중첩, 생략이 더 흔히 사용된다. 캔토스는 파운드가 산업화·도시화·대중의 시대에 질서가 무너지고, 사회적 분열, 경제적 쇠퇴, 그리고 정치적 불안정 속의 암울한 혼돈의 시대 상황에서 "종족의 안테나"로서 미래를 위한 새로운 언어를 탐구한 예술가의 모습을 보여준 작품이다.

예를 들어, 파운드는 한무제의 시 "落葉愛蟬曲(낙엽애선곡)"을 다음과 같이 번역했다.

실크의 바스락거리는 소리는 단절되고
먼지가 뜰 위로 흩날리고
발소리도 없고, 나뭇잎은
서둘러 무더기 속으로 들어가 가만히 누워,
그리고 그녀, 마음의 기쁨은 그들의 아래에 있다.
문턱에 달라붙는 젖은 나뭇잎.

落葉愛蟬曲(낙엽애선곡) 낙엽은 매미 울음소리에 슬퍼하네
羅袂兮無聲(라메혜무성) 비단 옷소매는 아~ 소리없고
玉欄兮塵生(옥란혜진생) 옥섬돌에는 아~먼지가 생기네
虛房冷而寂寞(허방냉이적막) 텅빈 방은 춥고 적막하고
落葉依于重扃(낙엽의우중경) 낙엽은 굳은 빗장을 의지하네
望彼美之女兮(망피미지녀혜) 아름다운 그녀를 어떻게 얻을 수 있을까?
安得感余心之未寧(안득감여심지미영) 마음이 남아 안녕하지 못하네

여기서 파운드는 마지막 두 문장을 삭제했고, 그 다음 네 번째 문장은 자연스럽게 '중첩된 이미지'가 되어 있었다. 그는 또 다른 특정한 이미지를 비교하기 위해 특정 이미지를 사용하여 몸과 은유적인 신체 사이의 연결 동사를 생략했다. 따라서, 파운드는 이미지를 선택하는데 있어서 그의 뛰어난 독창성을 보여주었다.

파운드는 한자에도 매료되었다. 파운드는 항상 한자를 사랑했다. 그러나 그가 정말로 진지하게 한자를 연구하기 시작한 것은 하바드 대학을 나

오고 1878년 일본동경대학에서 철학과 경제학을 가르쳤던 어네스트 페놀로사(Ernest Fenollosa, 1853~1908)가 쓴 중일 문화 연구의 노트를 종합한 데서 비롯되었다. 그의 연구 원고와 노트를 읽음으로써, 파운드는 한자는 종종 여러 개의 상형(象形) 부분들로 구성되어 있고, 그 자체의 여러 부분이 시의 매우 좋은 상징이라는 것을 알아냈다. 따라서 그는 "한자는 특별한 이미지인 경우가 많은 반면, 글자의 조합은 애니메이션 효과를 얻을 수 있는 경우가 많다"고 믿고 있다. 즉, 한자는 단순히 사실적인 그래픽이 아니다; 각 문자는 특히 공간구조가 있는 문자들은 상형문자로 볼 수 있다. 그것들은 파운드의 눈에는 참신하다. 왜냐하면 파운드의 눈에 상형은 멋진 시와 같기 때문이다. 따라서 파운드의 눈에 비친 한자는 단어가 아니라 간결한 시(詩)였다.

요컨대 파운드의 눈에는 한자가 시어(詩語)이며, 도처에 시 작문의 미학적 원리를 제시하고 있다. 시에서 문자물은 파운드에 의해 시의 이상적인 매개체로 간주된다.

시적이고 그림 같은 한자들에 영감을 받아, 파운드는 소용돌이에 대한 그의 시적 이론을 형성했고, 자신만의 독특한 글쓰기 방법–상형 방법을 확립했다. 그는 자신의 상형방법을 세 단어로 요약했는데, 즉 음악시(melopoeia)와 회화시(phanopoeia)와 형상시(logopoeia)였다. 파운드는 이러한 세 가지 글쓰기 방식 덕분에 형식과 소리의 아름다움을 이루었을 뿐만 아니라 그의 글에서 시의 의미를 더욱 풍부하게 해 전통 영시가 새로운 시대로 접어들게 되었다. 회화시(phanopoeia)의 목적은 시인에게 시를 한자처럼 시각적으로 표현해 사람들이 그 의미를 쉽게 이해할 수 있도록 하자는 것이다.

음악시(melopoeia)는 소리의 아름다움을 성취하기 위한 그의 방법이다. 멜로(Melo)는 노래를 의미하기 때문에 melopoeia의 의미는 노래로 창작하는 것이다. 파운드 사상의 시는 음악과 그림 사이의 예술이다. 시의 예술적 효과는 두 가지 방법으로 달성되어야 한다: 하나는 시각, 즉 선명한 그림이고, 다른 하나는 멋진 소리를 가리키는 청각이다. 한자의 조자(造字) 법칙에는 육서(六書:지사(指事), 상형(象形), 형성(形聲), 회의(會意), 전주(轉注), 가차(假借)가 있는데 이것은 형성(形聲)에 대응된다. 상형은 말 그대로 어떤 구체적인 사물의 형상을 본 뜬 글자이다. 지사[指事]는 형상 혹은 부호로써 추상적인 개념을 나타낸 글자이다. 형성자는 두 부분으로 나눌 수 있는데, 하나는 뜻과 연관된 글자인 형부(形符)이고, 다른 하나는 소리를 나타내는 글자인 성부(聲符)이다. 즉 형성이란 한쪽에서는 뜻을, 한쪽에서는 음을 빌리는 방식인 것이다. 회의(會意)는 뜻을 포함하는 두 글자 혹은 두 글자 이상을 합쳐서, 조합된 글자가 가지는 뜻들과 연관된 새로운 뜻을 가진 글자를 만드는 방법이다. 따라서 파운드를 비롯한 이미지스트 시인들은 시의 리듬을 메트로놈의 순서가 아니라 음악 구절의 순서에 따라 작곡해야 한다고 주장했다.

로고포에이아는 파운드의 세 번째 글쓰기 방법이다. 로고포에이아(Logopoeia)도 로고(logo)와 poeia(poeia만들다)에 의해 형성된 적당한 말이다. 로고의 원래 의미는 모양이나 형태인데, 로고포에이아는 물리적인 창조를 나타낸다. 사실 이 말은 파운드의 독특한 시적 형태를 형상화할 수 있는데, 이 시적 형태는 한자와 유사하며, 파운드는 이 구조를 소용돌이라고 불렀다. 소용돌이는 본질적으로 이미지에 기초한 새로운 결합합성이다. 그러므로 파운드는 시의 형태는 중첩 또는 한 점과 다른 점의 교차점이라고 생각했다.

파운드가 유교와 공자에 매료되었다는 것은 잘 알려진 사실이다. 파운드는 그 무엇보다도 유교에서 가장 많이 배웠다. 유교를 존중하기 때문에, 파운드는 유교에 대해 더 깊이 이해하기 위해 유교 고전을 번역했다. 그것은 그의 후기 창작에 큰 영향을 미쳤다. 전체적으로 파운드의 유교에 대한 언급은 대략 다음과 같은 영역으로 나눌 수 있다.

공자는 항상 사회질서의 중요성을 강조해 왔다. 그의 견해로는, 사회질서는 먼저 개인의 자기 수양에서 나왔다. 개인으로서, 우리는 먼저 좋은 사람이 되는 방법, 즉 자기 수양 방법을 배워야 한다. 수신[修身]이 끝난 후에야 보통 사람들은 가정을 잘 정돈할 수 있고 [齊家], 수신을 마쳐야 군주가 안전하게 자국을 다스릴 수 있다. 그러나 가장 근본적인 수신 원리는 질서와 인[仁]이다. 모든 사람만이 질서를 지키면 사회는 안전할 것이고, 모든 사람이 자비로운 마음을 가지고 있을 뿐, 사회는 조화를 이룰 것이다.

파운드는 자기 수신과 사회 질서에 대한 유교인의 생각에 동의했다. 캔토스의 13장은 조화와 질서라는 유교적 이상을 노래한다.

사람이 자기 안에 질서가 없으면,
그는 그의 주위로 질서를 퍼뜨릴 수 없다.
그리고 만약 어떤 사람이 그 안에 질서가 없으면,
그의 가족은 질서 있게 행동하지 않을 것이다.
그리고 만약 군주가 내면에 질서가 없으면
그는 자기 영토에 질서를 부여할 수 없다.

게다가 85장부터 끝까지 파운드는 캔토스의 여러 가지 관점으로 공자의 인 사상을 찬미했다. 말하자면 파운드는 유교를 현대 서구 사회의 어지러운 정신세계를 치료하는 좋은 약으로 여겼다.

파운드가 유교에 관심을 갖는 또 다른 이유는 파운드가 유교를 종교로 받아들이기 때문인데, 더 정확히 말하자면, 유교를 기독교의 해독제로 생각했기 때문인데, 이는 그의 시대의 질병에 대한 효과적인 치료법이 기독교에 없었기 때문이다. 그에게 공식 기독교는 추락이였고, 성경은 무력한 아기들에게 수 세기 동안 주입된 독이었다. 그러나 유교와 기독교는 치즈와 분필처럼 다르다. 왜냐하면 유교는 사회 속 관계의 중요성을 강조하기 때문이다. 그것은 사람들에게 가장 중요한 목표를 현실에 두라고 말한다. 또한 순종적인 기독교인이 아닌 자연적 본능에 근거한 자아 함양을 주창했다. 더욱이 유교에서는 사회적 책임과 개인 간의 협력을 강조한다. 파운드는 이 세상에 낙원이 있다면 그 낙원도 지구상에 있어야 한다고 믿는다. 인간의 의무는 지혜를 수동적으로 받아들이는 것이 아니라 공자처럼 적극적으로 사회에 진출하여 세상에 큰 열정으로 질서와 균형을 만들어 내는 것이다.

파운드도 유교 교육 사상을 높이 평가해 그의 시문에 많이 응용했다. 유교적 교육 사고의 핵심은 인간의 본성이다, 파운드는 이 점에 전적으로 동의했다. 파운드는 서양의 교육시스템에 대해 매우 불간족스러웠는데, 왜냐하면 그는 교육시스템이 인격과 인성을 억압해왔다고 생각했기 때문이며, 그것들은 또한 사람들로 하여금 전통을 잊게 만들었기 때문이다. 그가 공자의 교육사상에 관심을 갖게 된 이유는 공자가 학생들의 인성과 본능을 바탕으로 학생들의 지적 능력과 도덕심 개발을 강조하기 때문이다. 파운드는 유교적 교육사상이 좋은 것이라고 믿었다. 이런 좋은 교육적 사고가 한 나라의 문화와 윤리의 건강을 지키는 데 중요한 역할을 한다는 것은 놀랄 일이 아니다. 캔토스 13장은 현대 생활에서 유교적 교수법과 서구의 변덕을 채찍질하는 것을 표방한다.

파운드는 중국 문화에서 많은 것을 배웠다. 한편, 그는 그것들을 그의 글에 적용했다. 그러므로 우리는 그의 시에서 언제나 중국 문화의 흔적을 찾을 수 있다. 그 결과, 중국 문화는 파운드의 작품들 때문에 서양에서 잘 알려져 있다. 중국 문화가 에즈라 파운드에게 큰 영향을 미치고 있었으며 그의 삶에서 항상 주도적인 역할을 했다. 한편 파운드는 중국 문화, 특히 중국화, 한자, 시, 공자의 철학에서 많은 지식을 배웠고, 이를 인용하여 자신의 글과 번역에 응용했다.

아담스미스와 사마천의 자유방임 시장

경제학에서 가장 중요하고 유명한 문구는 분명히 아담 스미스 (Adam Smith)가 1776년에 《국부론》에서 '보이지 않는 손'이라는 개념을 도입한 문구다.

"자신의 농산물이 의도하는 가치가 가장 클 수 있는 방식으로 노력함으로써 그 자신의 이익만을 얻으려고 하며, 많은 다른 경우들처럼 그는 자신의 의도와 관련이 없는 이익을 촉진하도록 보이지 않는 손에 의해 이끌린다. 자신의 이익을 추구함으로써 그는 자신이 실제로 그것을 촉진하려고 할 때 보다 사회의 이익을 더 효과적으로 촉진한다."

이기적인 개인의 선택이 예상치 못한, 그러나 사회적으로 바람직한 결과로 이끌 수 있다는 아담스미스의 통찰은 현대 사상에서 획기적인 사건이다.

아담스미스는 영국의 정치경제학자·도덕철학자로 고전경제학의 창시자이다. 근대경제학, 마르크스 경제학의 출발점이 된 《국부론》을 저술하였다. 그는 경제행위는 '보이지 않는 손'에 의해 종국적으로는 공공복지에 기여하게 된다고 생각하였으며 세상사는 결국에 조화로운 질서로 귀착된다는 예정조화설을 주장하였다 그는 《도덕감정론》(1759)이라는 저서에서 인간행위의 타당성을 제3자적 존재로서의 '관찰자'에 의한 동감(공감) 여부로 고찰하였다. 1764~1766년 청년 공작 바클루의 개인교사로서 프랑스 여행에 동행하여 볼테르와 케네, 튀르고 등과 알게 되었는데, 특히 케네의 중농학파에게서 경제학상으로 큰 영향을 받았고. 귀국 뒤 《국부론》 집필에 몰두, 1776년 발표하였다.

《국부론》은 경제학을 처음으로 이론·역사·정책에 도입, 체계적 과학으로 이룩하였고, 그의 중상주의 비판은 당시의 영국의 자유통상정책으로 구체화되었다. 그는 중상주의를 비판하면서, 부(富)는 금은만이 아닌 모든 생산물이라고 규정하고, 중농주의 학파에서 농업만이 부의 원천이라는 입장을 배격하고 노동의 생산성 향상이 국민의 부의 증대라고 보아 생산에서의 분업을 중시하였다. 그는 개인의 이기심을 경제행위의 동기로 보고, 이에 따른 경제행위는 '보이지 않는 손(invisible hand)'에 의해 종국적으로는 공공복지에 기여하게 된다고 생각하였다. 그는 생산과 분배에는 자연적 질서가 작용하여 저절로 조화되어 간다고 하는 자연법에 의한 예정조화설을 설파하였다.

다른 한편, 스미스는.《도덕감정론》에서 자연적인 이기심에도 불구하고 제3의 입장에서 타인을 평가할 수 있는 공감 능력을 강조했다. 공감 능력을 바탕으로 다른 사람들을 관찰할 때 사람들은 스스로 자신을 일깨우고, 자기 행동의 도덕성을 인식하게 된다고 보았다. 더구나 사람들은 자신에게 공감해주는 외부 관찰자를 원하는 욕구를 지니고 있다. 공감 능력을 바탕으로 이루어진 사회관계가 도덕적 판단과 행동의 근원이라고 보는 셈이다.

시장에서 개인들의 이기적 행동에도 불구하고 결과적으로 조화가 이루어진다는 예정조화설은 다음의 유명한 문구에 잘 표현되어 있다.

"우리가 저녁 식사를 기대할 수 있는 건 푸줏간 주인, 술도가 주인, 빵집 주인의 자비심 덕분이 아니라, 그들이 자기 이익을 챙기려는 생각 덕분이다. 우리는 그들의 박애심이 아니라 자기애에 호소하며, 우리의 필요가 아니라 그들의 이익만을 그들에게 이야기할 뿐이다."

1776년에 《국부론》에서 소개 된 아담 스미스의 유명한 "보이지 않는 손"이라는 교리와 거의 동일한 교리가 위대한 한나라 사가 사마천(司馬遷 Sima Qian BC 145~87)의 쓴 《사기》에서 주장되었다. 사마천은 아담스미스와는 달리 "보이지 않는 손"은 가격 메커니즘에 의해 달성된다고 명시적으로 주장했다는 점에서 아담스미보다 한 발 더 나아갔다. 그들은 공통적인 철학적 토대 위에서 분석하였는데 사마천은 중국의 특징적인 일반적인 자발적인 자연 질서의 개념에서 시장의 자유방임을 유도하였다. 그 결과 그들은 이 개념을 비슷한 정치경제학 현안-정부 개입의 적절한 정도에 적용하여 유사한 결론을 도출했다. 그런데 흥미롭게도 아담스미스가 파리를 방문하기 얼마 전에 튀르고(A. R. J. Turgot)의 사신과 2명의 중국인이 예수회의 손님으로 파리를 방문하고 있었다. 우연의 일치인지 몰라도 아마도 아담 스미스는 튀르고를 통해서 사마천의 자유방임 아이디어를 전해 들었을지도 모른다.

아담스미스: 자연질서와 중상주의

예수회 선교사들은 16세기와 17세기에 중국에 도착하여 언어 기술과 과학지식으로 인해 황궁에서 중요한 직책을 차지하게 되었다. 라이프니츠(Leibniz)는 이 예수회 수사들과 두루 서신을 교환했으며 그들의 보고서는 광범위하게 배포되었고 읽혀졌다. 중국과 정원, 건축물뿐만 아니라 중국과 청동기 가구 및 장식용 물품류에 대한 "열풍"을 불러왔다. 경제 사상가들에게 잘 알려진 또 다른 결과는 청나라의 농본주의는 중농학자들에게 산업과 상업보다 농업이 우위이며 공업과 상업은 불모라는 사상이라는 영감을 불어넣었다

그러나 중국은 계몽주의 철학의 철학적 정치적 사고를 통해 18세기 유럽에 훨씬 더 넓고 깊은 영향을 미쳤다. 청왕조에 대한 예수회 보고서에는 경쟁적 시험을 치르어 선택된 학자들에 의해 세속적 기반 위에서 운영되는 광활하고 번성하는 제국이 묘사되었다. 청나라는 출신성분과 교회기관의 특권이 그 힘을 행사하지 못하는 선진사회였고, 합리적인 방향으로 조직되어 있었다. 중국사상의 도교뿐만 아니라 공식 유교에서도 발견되는 일반적인 자발적 질서('자연지도' 또는 '천지지도(天地之道)라는 개념도 계몽주의 철학에 크게 영향을 미쳤다

중국의 사대부 제도가 왕족, 성직자 및 귀족의 구체제에 반하는 결정적으로 중요한 대안적인 사회모델을 제공했듯이, 자발적인 "자연 질서"라는 중국의 개념은 그 체제의 신학적 버팀목에 대한 비판적 이데올로기적 무기와 대안적 정통성의 원천을 제공했다. 정치적 영역에서 이것은 "프랑스의 인간의 권리에 대한 보편선언"과 미국의 독립선언에서의 "자연" 및 "자연의 신"에 대한 언급과 같은 전형적 계몽주의 문서에서 분명히 드러난다.

근대 경제학의 탄생에서 자연 질서 개념의 핵심 역할은 경제학의 첫 학파의 이름에서 드러난다. "중농주의Physiocracy"는 "자연"을 의미하는 그리스의 "physis"와 "힘"을 의미하는 "kratis"에서 비롯된 것이다. 중농학파는 시민사회가 자연질서를 반영하고 국가의 적절한 관리를 위한 기초

를 제공하기 위해 연구될 수 있는 자연법칙을 특징으로 한다고 믿었다
《국부론》에서의 스미스의 주장은 다음과 같이 요약된다:

첫째, 스미스는 경제적 존재로서 인간의 주된 심리적 추진력은 자기이익의 욕구라고 가정한다. 둘째, 그는 자기이익을 위한 모든 개인적 노력은 역설적으로 사회적 선에 공헌하게 된다는 자연법칙의 존재를 가정한다. 마지막으로, 그는 경제를 위한 최선의 방책은 경제과정을 전적으로 놔두는 것 -자유방임, 경제적 자유주의, 비-개입주의이다.

스미스는 사실 중상주의를 목표로 겨냥했다. 중상주의는 국력을 강화하기 위한 정부의 개입을 주장하는 당대의 교리였다. 스미스는 자유방임의 슬로건을 처음 채택한 중농주의와 동맹을 맺었지만 다른 한편 중농주의자들이 농본주의에 도전하여, 산업과 상업의 공헌을 동등하게 강조하였다.

사마천:지연의 도와 중상주의
중국에서는 거의 2000년 전에 (1) 시마천이 "자연 질서"의 개념을 정치경제에 적용하여 (2) 가격 메커니즘으로서의 보이지 않는 손을 명시적으로 정식화 했고 (3) 한 왕조의 중상주의자에 의한 정부개입의 적절한 범위에 대한 현시대 문제를 다루려고 하였다.

가격 메커니즘에 대한 시마천의 설명은 "이것이 도와 일치하지 않는가?" 라고 질문함으로써 결론짓는다. 사마천의 『사기』 「화식열전」은 노자의 시장 없는 소국과민론을 비판하고 공자의 무위시장을 옹호하는 것으로 시작된다. 그는 이상국가를 사람의 이동과 물자유통이 두절된 아늑하고 안전한 소국으로 그리는 노자의 소극적 정치철학을 백성의 온갖 적극적 욕망을 무시하는 '외눈박이의 논변[眇論]'으로 규정한다. 사마천에 따르면

각지에서 나는 산물들은

“다 중국인민이 좋아하는 것들로서, 세속에서 몸에 걸치고 마시고 먹고산 사람을 받들고 죽은 사람을 보내는 도구들이다. 그러므로 농부를 대접하여 산물을 기르고, 산지기는 산물을 내고, 공인은 물건을 만들고, 상인은 이것들을 유통시킨다. 이것이 어찌 정령과 교시의 징발이 있어 그것들이 모이는 것을 기대하는 것인가? 사람들이 각자 알아서 제 기능을 맡고 제 힘을 다해 바라는 것을 얻는 것이다(皆中國 人民所喜好 謠俗被服飮食奉生送死之具也. 故待農而食之 虞而出之 工而成 之 商而通之. 此寧有政敎發徵期會哉? 人各任其能 竭其力 以得所欲).”

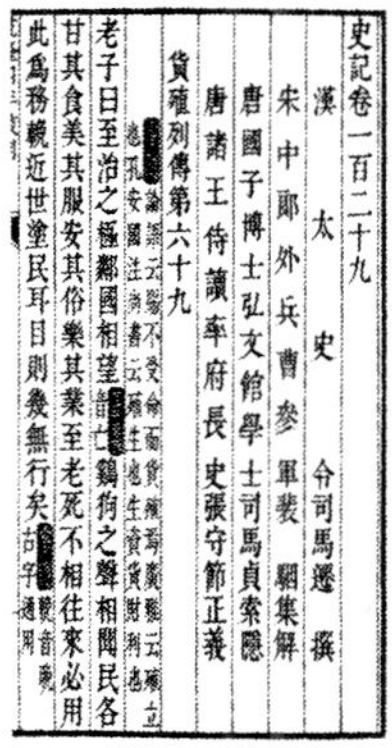

史記卷一百二十九
漢 太 史 令司馬遷 撰
宋 中郎外兵曹參軍裴 駰集解
唐 國子博士弘文館學士司馬貞索隱
唐 諸王侍讀率府長史張守節正義
貨殖列傳第六十九
老子曰至治之極鄰國相望 雞狗之聲相聞民各
甘其食美其服安其俗樂其業至老死不相往來必用
此爲務輓近世塗民耳目則幾無行矣

사기열전 권129. 「화식열전」
『사기』 청나라 판본(중국 북경사범대학 소장)

:“눈과 귀는 좋은 것을 보고 들으려 했고, 입은 맛난 야채와 고기를 먹으려 했고, 몸은 편한 것울 누리려 했으며, 마음은 권세와 능력으로 인한 영광을 자랑하려 했다. 이것이 인민의 습속으로 스며든 지 오래되어 아무리 미묘한 논리로 집집을 설득하려 해도 결코 교화시킬 수 없게 되었다. 따라서 가장 좋은 정치는 순리에 따르는 것이며, 그 다음은 이익으

로 이끄는 것이고, 그 다음은 가르쳐 깨우치려는 것이며, 그 다음은 가지런히 바로 잡으려는 것이고, 가장 못한 것이 인민들과 싸우는 것이다."

시마천은 개인이 이기적이고 물질적인 목적을 추구할 것으로 기대하는 것이 현실적이지만 자연 질서에 대한 올바른 이해는 이러한 이기적인 추구가 경제활동에 대한 정부개입의 필요성 없이 사회적으로 바람직한 결과로 이어질 것이라는 인식을 가져올 것이라고 주장했다. 공자는 경제 원칙으로 '무위이치(無爲而治)'와, '유위이치(有爲而治)'로 제시했는데 '무위이치'란 '하게 시키거나 못 하게 막는 강제 없이 백성들을 자유롭게 놓아두는 정치'를 말한다. 공자는 이 '무위'로써 오늘날 '자유방임' 개념을 말하고 있지만, 시장경제는 위력적일지라도 그 자체만으로는 불완전하므로 시장이 해내지 못하는 일들을 정부가 '유위이치'로 보완해야 한다고도 주장하였다. 사마천도 이 개념에 동조하였다. 그렇지만 사마천은 아담스미스보다 한 발 더 나아가서 가격 메커니즘을 제시한다. 시장의 운동과 물자공급의 조절도 '자연의 도'에 따라, 또는 '자연지험(自然之驗, 자연의 효험)'의 가격법칙의 수요 · 공급 메커니즘에 따라 저절로 이루어지기 때문에, 치자는 이를 가만히 따르기만 하면 된다고 본다:

"물건이 싸면 비싸질 징후고, 물건이 비싸면 싸질 징후다. 각자가 제 생업을 좋아하고 제 일을 즐기는 것이 물이 아래로 흘러가는 것과 같아서, 물건은 밤낮쉴 새가 없이 부르지 않아도 스스로 오고 구하지 않아도 백성이 산출한다. 이것이 어찌 도와 부합되는 바가 아니고, '자연지험'이 아니겠는가?(物賤之徵貴 貴之徵賤. 各勸其業 樂其事 若水之趨下 日夜無休時 不召而自來 不求而民出之. 豈非道之所符 而自然之驗邪?)"

인간의 본성적 욕망을 충족시키려고 백성들이 자발적 움직임으로 생산·유통·분배는 국가가 개입할 필요 없이 가격 메커니즘에 의해 저절로 이루어지므로 국가는 자유방임하면 된다.

아담스미스의 보이지 않는 손에 대한 개념을 중상주의라는 맥락에서 보아야하는 것과 마찬가지로, 사마천의 분석은 한무제에 대한 재정문제를 담당한 상홍양(桑弘羊)의 당대 정책의 맥락에서 보아야한다. 수입을 올리고, 규모의 경제를 확보하고 상인들을 상거래에서 농업의 보다 근본적인 활동으로 이끌기 위해 대사농 상홍양은 소금, 철, 포도주로 정부독점체제를 수립하고 쌀 때 사고 비쌀 때 팔아서 가격을 안정시키려고 균수관(均輸官)을 조직했다. 상홍양은 법가적 경제정책을 대변했는데 그는 조세를 주변화시키고 국가가 직접 시장에 개입하여 폭리를 취하고 상공업을 직접 운영하여 전매사업과 국영기업을 대폭 확대하여 민간 부문을 위축시켰다. 이로 인해 국영기업의 제품이 저질화되고 민간 상공업이 몰락하여 백성은 헐벗게 되었다. 반면, 국가와 관리들, 그리고 세도가들은 승승장구하여 사치에 빠지고, 국가창고는 썩어 문드러질 정도로 넘쳐났고, 국가는 금권주의에 침몰했다.

"최악의 종류의 [지배자]는 [백성과] 경쟁하게 된다." 라는 사마천의, 말은 정부개입에 대한 간접적 비판이다 게다가, 균수에 대한 그의 이전 장에서, 사마천은 또 다른 관리인 복식[卜式]의 발언을 기록한다. 상홍양은 무제를 이은 소제(昭帝) 치세에 처형된다. 한나라 정부는 이후 자유시장을 부정한 진시황과 한무제 때의 관치·국영경제의 난정을 타산지석으로 삼아 시장경제를 '무위이치' 정책으로 자유화하여 안정시켰다.

기원전 81년 사마천이 사망한 직후, 약 60명의 유학자들과 상홍양을 비롯한 정부 신료들 간에 정부전매사업에 대한 유명한 논쟁-염철질의(鹽

鐵質疑)'로 알려진 제국회의(帝國會議)의 대논쟁이 있었다. 유학자들은 농업의 우위를 강조하고 사물의 자연 질서를 유지하는 것과 같은 최소한의 정부 개입을 주장했다. 상홍양은 이 회의에서 소금, 철, 주류(酒類)의 국가전매를 근간으로 삼는 법가적 경제정책을 주장하여 이에 반대하는 유학자들과의 격렬한 논쟁을 벌였다. 그는 오직 한무제의 지원 덕택에 이 논쟁에서 승리를 거둘 수 있었는데 사실상 이 회의에서 상홍양은 소수파였고, 자유시장을 옹호한 유학자들은 압도적 다수파였다. 유학자들은 늘 자유시장을 옹호했다. 어쩌다 시장이 민생을 해치는 최악의 경우에도 시장의 부작용을 없애면서 동시에 시장의 자유로운 활동을 해치지 않는 규제 유형을 찾아보려는 '양가적(兩價的)' 정책을 추구했다.

아담스미스는 사마천에게 직접적으로 영향을 받았는가?

사마천과 아담스미스 주장 사이의 밀접한 유사점에 비추어 볼 때 유사한 사회정치적 맥락에서 공통된 철학적 전통이 생겨났을 수도 있지만 무언가 다른 직접적인 관계가 있을지도 모른다.

스미스는 1766년 2에서 1766년 11월 사이에 파리에서 버클루 공작(Duke of Buccleuch)의 가정교사로 보냈다. 《도덕감정론》의 저자이자 경험론 철학자 흄(David Hume)의 친구인 그는 중농주의자와 튀르고의 살롱에 따뜻하게 환영받았다. 튀르고의 저서는 중농학파와 자유방임학파를 잇는 교량역할을 했다. 중농학파는 그 이름이 나타내는 바와 같이 농업계급에만 생산성을 인정하고 순수입은 그들에게서만 발생한다고 주장하지만 튀르고는 상공계급의 생산성까지도 인정했다. 또한 토지소유자에 대해서도 중농학파와 튀르고 간에는 중요한 의견차이가 있다. 전자에 의하면 지주의 토지소유권은 신의(神意)에 의한 것이며 인위적인 법칙으로 인정되는 것이 아니라는 것이지만, 튀르고는 이것을 인간이 만든 제도에 의하여 발생한 것이며 다만 하나의 역사적 사실에 불과한 것으로 해석한다. 아담 스미스와 튀르고 사이의 경제사상의 유사성은 명백하다. 사실상 튀르고의 《부(富) 생산 및 분배에 대한 논고(Rejexions on the Production and Distribution of Wealth))》는 1766년 11월에 작성되었으므로 튀르고가 아담스미스를 접대하고 있을 때 작업하고 있었음에 틀림없다

묘하게도 아담스미스와 같은 시기에 파리에서 두 명의 중국인 방문객이 튀르고의 《부(富) 생산 및 분배에 대한 논고》를 작성하는데 자극을 주었다. 튀르고는 그 다음 달에 듀퐁(Du Pont)에게 보낸 편지에서 설명한 이유 때문에 《부(富) 생산 및 분배에 대한 논고》는 1766년 11월에 완료되었다.

"나는 당신을 마지막으로 본 이후로 많은 종이에 글을 썼다. 나는 내가 말한 두 중국인에 대해 몇 가지 질문을 마쳤으며, 그들의 목적과 의미를 명확히 하려고 사회의 작동과 부의 분배의 분석에 대한 일종의 개요를 앞에 두었다. 나는 그 안에 그 어떤 대수도 포함하고 싶지 않았고, 오직 경제표의 형이상학적 부분만 있다. 또한 나는 이 일을 완성하기 위해 다뤄야 할 많은 질문을 생략했다. 그러나 나는 자본의 형성과 이동, 돈에 대한 이자 등을 철저히 다루었다. 그것은 간략한 개요다."

《부(富) 생산 및 분배에 대한 논고》는 아담 미스의 《국부론》 이전에 경제학에서 가장 중요한 논문으로 자주 언급되었다. 그런데 이 논문이 18세기의 지식인들을 매료시킨 이 잘 알려지지 않은 국가인 중국에 관한 더 많은 정보를 제공하기 위해 파리를 방문한 2명의 중국인 학자들이

대답한, 중국에 관한 교리문답에 대한 부록으로 기원했다는 주장은 일부 중요한 논평가들에게는 우스갯소리로 들렸다.

그렇지만 튀르고가 경제적 문제를 두 중국인 학자들, 고려수(高丽殊)와 양덕왕(杨德旺)에게 제기하고 있었을 때, 그리고 이 질문을 그들에게 설명하기 위해 그의 《부(富) 생산 및 분배에 대한 논고》를 쓰고 있을 바로 그 때에 아담 스미스와 아주 긴밀하게 경제적 토론을 하고 있었다. 그러므로 스미스가 그 책의 내용을 잘 알게 되었고 표절했을 수도 아니면 자연스럽게 자기의 사상으로 그저 생각했을 수도 있다. 교육받은 모든 중국인은 사마천의 고전적인 《사기》를 알고 있었고, 튀르고와 경제에 대해 토론하면서 그 두 중국인 학자는 시마천의 「화식열전」을 언급했을 것이다. 사마천의 무위이치 사상은 튀르고의 자유방임과 아주 흡사하다. 우연의 일치라고 보기에는 정황이 너무 들어맞는다. 아마도 사마천의 무위이치라는 아이디어는 튀르고를 통해 아담스미스에게 전달되었을 수 있을 것이다.

《사기[史記]》는 사마천(司馬遷)에 의해 한(漢)나라 무제 때 쓰여진 역사서로 본격적인 저술은 BC 108~BC 91년 사이에 이루어진 것으로 보고 있다. 사기는 열전에 가장 많은 비중을 할애하였고, 신비하고 괴이한 전설과 신화에 속하는 자료는 모두 배제하고 주로 유가 경전을 기준으로 합리적으로 믿을 수 있다고 판단된 자료만 취록하였다. 또 열전의 첫머리에 이념과 원칙에 순사한 백이(伯夷)·숙제(叔齊)의 열전을, 마지막에 이(利)를 좇는 상인의 열전 「화식열전(貨殖列傳)」을 두어, 위대한 성현뿐 아니라 시정잡배가 도덕적 당위의 실천과 이욕적 본능 사이에서 방황하고 고뇌하는 생생한 모습을 제시하였다. 《사기》는 전설 시대부터 중국역사를 조망하여 진나라, 그리고 나중에 모든 왕조가 모범으로 삼은 한 왕조의 초기 부분에 관한 결정적인 기록을 제공한다. 그것의 간결하고 객관적인 스타일, 사실을 의견과 엄격하게 구분하는 스타일은 중국뿐만 아니라 일본과 한국에서도 역사서술의 모델이 되었다. 안전한 왕조에 오른 각 왕조는 전 왕조의 공식역사를 작성하는 학자 팀을 꾸렸고 그들은 스타일뿐만 아니라 구조에서도 《사기》를 근사하게 따랐다. 중국의 각 공식 역사에는 사마천의 방식을 따라 경제문제에 관한 장이 있었다.

이 공식역사는 단순히 기록이 아니라 정부를 운영하는 학자- 관료들에 의해 부지런히 연구되어야 하는 국정(statecraft)에 대한 가이드였다. 가격 메커니즘과 정부 개입의 적절한 역할(유위이치)에 대한 그의 견해와 농업과 상업에 대한 그의 현실적인 균형 잡기는 후속 세대의 사대부들에게 깊은 영향을 미쳤을 것이다. 마치 서구에서, 아담스미스 시대의 모든 관리들은 《국부론》을 자세하게 연구했고 경제정책의 개념과 실행에 적용한 것과 흡사할 것이다.

중국 왕조들은 진의 심한 개입과 그가 기록한 한 초기의 다양한 경제실험 후 극도로 제한적이고 자유방임 시장을 유지한 정부가 되었다. 정부를 운영한 사대부들은 항상 극소수였으며 수백만 명의 백성을 다스렸다. 이러한 상황에서 정부가 시장에 간섭하고 싶어도 그럴 여지는 거의 없었다. 경제활동의 대부분은 시장에 맡겨졌다.

사마천의 무위이치와 유위이치 사상은 중국 제국이 모든 제국 중에서 가장 인구가 많고, 성공적이며 지속적인 제국으로 번영하게 한 상업문화를 유지하는 데 중요한 역할을 했을 것이다. 그는 중국의 아담스미스로 간주될 만하다. 사마천은 실제로도 예수회 중국인 학자들을 통해서 계몽주의 철학과 아담 스미스의 자유방임주의를 자극하고 그 실례를 제공했을지 모른다. 아담 스미스는 중국의 아담 스미스라고 불려 져야 할 것이다.

아담스미스의 흥미로운 인용문들

아담스미스는 타인의 노동을 부릴 수 있는 힘을 권력이라고 본다. 이는 고전적 자유주의 전통을 충실히 따른 정의이다.

"홉스(Hobbes)가 말했듯이, 부는 권력이다. 그러나 큰 재산을 얻거나 상속한 사람이 반드시 민간 또는 군대의 정치권력을 획득하거나 계승받는데 성공하지는 않는다. 그의 재산은 아마 두 가지 모두를 얻을 수 있는 수단을 제공할 수 있다. 그러나 단지 그런 재산을 소유했다고 해서 반드시 그가 그것들을 얻는 것은 아니다. 그 소유가 즉시 그리고 직접적으로 그에게 주는 권력은 모든 노동에 대한 특정 지휘(command)를 구매하거나, 시장에 나와 있는 노동의 모든 생산물에 대한 권력이다. 그의 재산은 이 권력의 정도에 비례하여 더 크거나 적다. 또는 다른 사람의 노동의 양 또는 그것으로 그가 구매하거나 통수할 수 있는 다른 사람의 노동의 생산물에 비례한다. 모든 것의 교환가치는 그것이 그 소유자에게 전달하는 이 힘의 정도와 정확하게 같음에 틀림없다."

아담스미스는 국가-정부는 가진 자들의 재산을 보호하기 위해 제도화되었다고 본다.

"민간 정부는, 재산의 안전을 도모하기 위해서 설치된 한, 실제는 부자들의 가난한 자들에 대항하는 방어를 위해 또는 재산이 있는 자들이 재산이 전혀 없는 자들에 대항하여 방어하기 위해서 설치되었다."

아담스미스는 사업가들이 임금상승에 대해서는 불평불만의 목소리를 높이지만, 자기네가 버는 돈에 대해서는 그것이 아무리 많아도 함구한다고 말한다.

"상품 가격에 관하여, 임금 상승은 단리 이자처럼 작용하고, 이윤 상승은 복리 이자처럼 작용한다.

우리의 상인들과 주인들은 가격을 상승시키고 상품 판매를 줄이는 데 있어서 임금 상승의 악효과에 대해서 많이 불평을 늘어놓는다. 그들은 높은 이윤의 악효과에 대해서는 일절 말을 낳는다. 그들은 자신들의 이득의 사악한 효과에 관해서는 침묵으로 일관한다. 그들은 다른 사람들의 이득에 관해서만 불평한다."

아담스미스는 생산력을 높이는 분업을 찬미하기도 했지만, 다른 한편으로는 분업이 갸인에게 미치는 악영향을 우려하기도 했다.

"그 전 생애를 소수의 단순한, 그 효과가 언제나 똑같은 또는 아주 거의 똑같은 작업에 바친 사람은 난제를 제거하는 기법을 찾아내는 데 오성을 발휘하거나 꾀를 낼 기회가 전혀 없다. 그러므로 그는 오성이나 꾀의 습관을 자연스럽게 잃게 되고, 일반적으로 인간이 될 수 있는 최악으로 우둔해지고 무식해진다."

아담스미스는 사업가들은 모이기만 하면 가격 인상 등을 공모한다고 말한다.

"동종업계 사람들은 심지어 놀이와 기분전환을 위해 만날 때라도 그 대화가 국민에 대한 공모로 끝나지 않거나 어떤 경우에는 가격을 올리는 담합으로 끝나지 않는 경우는 좀처럼 없다"

아담스미스는 사업가들은 자기들의 이익을 위하서 법률이나 규제를 제안한다고 본다. 그러한 제안은 언제나 의심스런 눈으로 면밀하게 검토해야 된다고 그는 조언한다.

"[사업가]의 이해관계는 언제나 어떤 면에서 국민의 이해관계와 다르든지 심지어 반대이다. 이 집단들에서 오는 새 법이나 사업 규제 제안은 오래 동안 주의 깊게, 가장 의심스런 태도로 조사된 후에야 채택되어야 한다. 그 사업가 집단은 일반적으로 국민을 속이고 심지어 억압하려는 이해관계를 갖고 있다."

아담스미스는 보통 사람과 철학자 사이의 지적 능력의 차이는 선천적인 것이 아니라 교육과 직업의 차이로 본다.

"예를 들어 철학자와 보통의 짐꾼 같은 가장 상이한 개성(characters) 간의 차이는 선천적이기보다는 습관, 관습 및 교육에서 더 많이 나타나는 것으로 보인다. 천성적으로 철학자는 그 천재성과 성벽에서 짐꾼과 그리 다르지 않다."

아담스미스는 사업가들은 자신들은 단합하면서 노동자들이 단합하면 큰일 나는 것처럼 소동을 벌인다고 말한다.

"우리는 주인들의 단합(combinations)에 관하여 좀처럼 듣지 못한다. 우리는 빈번하게 노동자들의 단합(결사, 조합)에 관하여 듣는다. 그러나 이 때문에 주인들이 좀처럼 뭉치지 않는다고 상상하는 자는 그 주제만큼이나 그 단어에 관해 무식하다"

아담스미스는 제조업자들과 사업가들을 "우주의 주인들"이라고 불렀다. 이 우주의 주인은 모든 것을 독차지 하려고 한다고 그는 적는다.

"모든 것은 우리 자신을 위한 것이고 다른 사람들을 위한 것은 아무것도 없다고 허는 것은 세계의 모든 시대에 걸쳐 인류의 주인들의 사악한 격률이었던 것처럼 보인다."

아담스미스는 한편으로는 상품화폐설을 지지했지만 다른 한편으로는 국가가 지폐를 만들어도 가치를 갖게 된다고도 보았다.
"세금의 일정 부분을 특정 종류의 지폐로 지불해야 한다는 것을 제정하는 군주는 이에 따라 이 지폐에 일정한 가치를 부여할 수도 있다."

중국과 유럽의 역사적 분기 1500-2000

역사가들이 대청이라고 부르기 좋아하는 18세기의 청 왕조 시대에는 인구가 엄청나게 증가했다. 청나라는 약 1680년에서 1820년 사이에 대략 3배에 달하는 인구증가를 감당할 수 있었다. 청나라는 경제가 고도화되었고 따라서 삶의 수준을 떨어뜨리지 않고도 이러한 인구 증가가 일어났다. 정부는 충분한 식량을 생산할 수 없는 지역을 보조하거나 식량과 거래할 수 있는 다른 상품 생산을 권장했다. 또한 인구는 주로 농업 분야에서 다양한 기술 변화로 인해 증가했다. 청은 이 기간 동안 상대적으로 가벼운 세금을 부과하고 질서를 유지했으며 홍수 통제 같은 매우 기본적인 생존 서비스를 정부나 민간 사업자가 제공하는데 매우 뛰어난 수완을 발휘했다. 일부 인구 증가가 결국 문제가 되었지만 18세기에는 인구 증가는 여전히 압도적으로 축복으로 여겨졌다. 다른 한편 청나라의 가장 부유한 양자강 삼각주에서는 다양한 피임 방법을 의식적으로 사용하는 등 여러 가지 이유로 약 1770년에서 1850년 사이 인구 증가가 거의 없었다.

중국이 아들 선호 다자녀 가족이라는 통념은 하나의 신화이다. 중국에 관한 큰 신화 중 하나는 중국인들은 너무나도 필사적으로 아들을 갖고 싶어 하여서 그 결과 가능한 많은 아이들을 낳고 엄청난 대가족을 갖게 된다는 것이다. 중국인 가정은 아들을 아주 많이 원했지만 자녀를 돌볼 수 있는 능력이 제한되어 있다는 것과 다산이 장기적으로 그 아이들의 앞날을 향상하는 데 도움이 되지 않는다는 사실을 완벽하게 의식하고 있었다. 그리고 사실, 청대 후기의 중국인 여성 한 명당 출생률은 실제로 평균적으로 초기 근대 유럽보다 다소 낮았던 것 같다.

이 시기에 어떤 종류의 피임법이 시행되었는지에 관한 다양한 이론이 있다. 이것은 실제로 논쟁의 여지가 많고 재구성하기가 어렵지만, 우리는 이런 저런 방법으로 들은 출산을 억제 한 것처럼 보인다는 것을 알고 있다. 이것은 그들이 인구를 억제할 수 없었고 단지 홍수와 기근으로만 억제되는 맬서스 공포의 땅이라는 중국의 전통적 이미지와는 완전히 다르다. 그것은 전혀 사실이 아니다. 그리고 이것은 우리가 발견하도록 훈련된 것을 발견하게 된다는 것을 보여주는 좋은 예이다. 서양 교육을 받은 인구 통계학자들은 유럽에서 어려운 시기에 사람들이 결혼을 연기함에 따라 인구가 효과적으로 통제되었다는 것을 알았다. 그들은 이것이 전근대 사회에서 가능한 출산 조절의 주요 메커니즘이라고 생각했기 때문에 중국과 같은 사회를 볼 때 결혼생활 내에서 효과적인 출산 조절이 있을 가능성에 대해 전혀 생각하지 못했다. 따라서 중국을 바라보았을 때 결혼생활에 대한 접근이 유럽에서와 같이 경제적으로 규제되지 않았음을 알았다. 결혼생활의 평균 연령은 어려운 시기에도 늦춰지지 않는 것으로 보이고 여성들은 어쨌든 어려서 결혼을 한다. 그래서 그들은 중국을 "다산에 대한 통제가 없는 사회"이고 다산이 억제되지 않으면 인구 과잉 문제가 심각할 것이라고 말했다.

중국인들은 결혼 생활에서 다산을 통제하는 방법을 찾았는데, 그런 피임법은 많은 학자들은 현대의 화학적 기계적 피임법 이전에는 없었던 것으로 잘못 생각했다. 그렇지만 중국의 인구 증가는 선진적인 해안 지역이 아니라 변경에서 발생하였다.

홍량길

홍량길[洪亮吉]은 "중국의 맬서스"로서 맬서스보다 약간 더 이르게 인구론을 주장하였다. 그는 건륭(乾隆) 55년(1790) 진사가 되고, 편수(編修)에 올랐다. 그는《치평편》(治平篇, 제국의 통치 및 복지론)에서 인구 증가와 그것의 사회정치적 결과를 논한 것으로 유명하다. 거기에서 그는 맬서스와 같은 시기에 인구 증가에 관한 여러 문제들을 거론했다. 그는 사실 중국 중심부인 양자강 지역이 아니라 주변부에서의 인구증가르 목도하여 이론을 구성하였다.

홍량길의 시대는 중국 역사상 가장 급속한 인구 증가가 있었다. 옥수수 같은 신세계 작물이 도입되면서, 중국 인구는 1억(1651~1661)에서 3억((1790))으로 3배 증가하였다. 1791년에 건륭제는 증가하는 인구를 먹여 살릴 정도로 자원이 충분하지 않을지 모른다고 궁신들에게 걱정을 토로했다.

2년 뒤에 홍량길은 의언(意言)의 26번째 에세이인 치평편을 출간했다.

"인구는 100년 전보다 20배나 더 많다. 어떤 사람들은 경작할 들과 집을 위한 여유 공간이 있을 것이라고 시사한다. 그러나 그것들은 2배, 3배 또는 기껏해야 5배로 늘 수 있을 뿐이다. 반면에 인구는 같은 기간 동안에 10-20배로 증가할 수 있다. 그러므로 주택과 농지는 부족해지는 경향이 있다 인구는 언제나 과잉이 되는 경향이 있다. 게다가 몇몇 가구들이 독점가가 되어 간다는 사실 때문에 . 많은 사람들이 추위와 기아를 겪고 심지어 여기저기서 죽는다는 것은 결코 놀랄 일이 아니다. 어떻게 이 곤경을 타개할 수 있나? 홍수, 가뭄 그리고 역병이 그 문제를 완화시키는 방법이다."(https://en.wikipedia.org/wiki/Hong_Liangji)

홍량길은 정부가 세금을 조정하고 이주 그리고 사회 안전망을 늘리는 정책들로써 그 문제를 완화할 수 있을 것이라고 지적한다. 그렇지만, 그런 본질적인 구조적 딜레마를 해결하는 데 있어서 인간 정책의 한계에 관한 우려를 표명한다.

44살에 과거에 급제한 된 홍은 귀주성[贵州省]에 진사로 부임했다. 경사지고 심하게 침식된 석회석 지층인 귀주성은 가파른 협곡, 울퉁불퉁한 언덕, 그리고 긴 동굴들로 섞여진 습한 지역이다. 그 곳은 중국 본토 이주민이 몰려와서 원주민들을 내쫓고 있었다. 새로 온 사람들은 점점 더 고산 지역을 차지하고 있었고 옥수수를 심으며 가족을 시작하고 있었다. 홍량길은 그 붐이 언제까지 지속될지 의구심을 품었다.

"오늘날의 인구는 30년 전보다 5배 더 많다. 60년 전보다는 10배나 더 크다. 한 사람이 10실 주택과 100묘(亩(=68,000m^2)을 갖고서 결혼하여 3명의 성인 아들들을 둔다면, 그 8명의 사람들-4쌍의 부부는 부모의 농장에서 살게 될 것이다."

8명의 사람은 하인을 고용해야 할 것이다. 그래서 10명이 산다고 해보자. 10실 주택에 100묘의 농지로 그들은 겨우 살 공간과 먹을 식량을 마련하게 될 것이다, 물론 겨우 충분할 정도이다. 그렇지만 시간이 가면 손자가 생기고 그들도 결혼할 것이다. 노령자들은 죽을 것이다. 그러나 여전히 그 가족에는 20명 이상의 사람들이 있게 될 것이다. 주택 한 채에 100묘의 농지를 20명 이상의 사람들이 공유하면, 비록 그들이 아주 검소하게 살고 밀집되어 산다고 해도 그들의 필요를 충족하지 못할 것이다."

홍은 청나라가 중국 인구를 먹여 살리기 위해 새 토지들을 개척했다고 인정한다. 그러나 농지는 단지 2배 기껏해야 3~5배로 증가했지만, 인구는 10~20배로 늘었다. 그래서 농지와 주택은 언제나 부족하고 언제나 잉여 가구와 이여 인구가 있게 된다.

근면 혁명

거의 1800년 전까지는 중국인의 평균 기대 수명은 영국과 비슷했고 따라서 대부분의 유럽 대륙 사람들의 수명보다 높았다. 인구는 더 빠르게 증가했지만 신화와는 달리 중국 출산율은 1550년에서 1850년 사이의 유럽인의 출산율보다 높지 않은 것으로 나타났다. 이것은 중국의 사망률도 더 높지 않았음을 시사한다.

그리고 오랫동안 중국은 또한 비필수적인 종류의 소비에서 유럽과 대등하게 보조를 맞추었다. 소비에 대한 일부 측정치를 재구성하면 중국은 1750년경에 유럽에 대비 괜찮았고 양자강 델타 지역은 영국에 비해 상당히 괜찮았다. 합리적으로 좋은 추측을 할 수 있는 두 가지 비곡물 식품의인 차와 설탕에 관해 이것은 참이다. 소비에서의 중국의 우위는 아마도 놀라운 일이 아니다. 사실 아마도 두 번째로 큰 지출 항목인 의복 소비에서도 1750년경에 비슷한 패턴을 보인다. 전체적으로 중국은 유럽에 비견할 만했고 양자강 지역은 영국에 비견할 만했다.

무엇이 일어났나?

생태학적 차이

명백한 의문은 왜 이러한 유사성이 지속되지 않았나하는 것이다. 1750년에서 1900년 사이에 유럽의 생산 및 생활수준이 크게 좋아진 반면 중국의 곡물 소비는 실제로 다소 감소한 것처럼 보인다. 예를 들어 의복과 설탕에 대한 1900년대 수치가 1750년대에 대한 하한 추정치보다 낮다. 왜 그렇게 되었나? 어떻게 된 것인가?

그 차이의 대부분은 생태학적이었지만 단순한 의미에서 인구 중압이

유럽의 핵심지역보다 중국 핵심지역에서 더 심각한 문제를 야기한 것은 아니다. 적어도 중국의 가장 발달된 지역에 대해서는 이 이야기는 사실이 아닌 것처럼 보인다. 그리고 가장 진보된 지역은 또한 가장 인구밀도가 높은 지역이었다. 예를 들면 북중국과 영국의 건식 농경지에서 나온 질소 플럭스를 재구성하면 진실에 접근할 수 있다. 질소는 대부분의 초기 근대 농경에서 한계를 짓는 영양소이며, 다행스럽게도 대부분의 다른 영양소보다 그로 인해 일어나는 일을 재구성하는 것이 다소 쉽다. 그것들을 보면 1800년 경에 영국보다 중국에서 더 심한 토양 고갈이 일어날 이유는 없었다. 그렇다고 해서 반드시 중국에서 만사가 좋았던 반면 잉글랜드 농가가 위기에 처했다는 것은 아니다. 아무튼 중국과 영국의 농경지에서는 대차가 없었다.

자원 차이

18세기에는 고고학, 농업 수확량 데이터 및 점점 잦아지는 모래 폭풍에 대한 보고가 모두 서구의 심각한 토양 황폐화를 가리키고 있다. 초기 근대에 숲 면적은 극적으로 감소했다. 그러나 이 지표 중 상당수는 실제로 훨씬 빠른 인구와 경제 성장 속에서도 19세기에 안정을 유지한다. 언뜻 보기에 그 시기는 그럴 시대가 아니다. 더 많은 사람들이 있고 더 많은 자원을 소비할 경우, 상황이 상당히 악화될 것으로 예상된다. 그렇지만 서구에서 다른 중요한 지표는 안정화되었다. 동아시아에서 일어난 일과 비교해 볼 때 아주 대조적이다. 동아시아에서는 19세기에는 성장은 훨씬 느린 반면 그로 인해 생태는 악화일로에 있었다.

화석 연료와 증기기관

대답의 일부는 서유럽에서 연료사용이 화석 연료로 전환했다는 데 있다. 무엇보다 석탄이 있었는데, 석탄 1 톤은 1.5 에이커의 최고 품위 중위도 숲에서 지속 가능한 목재 수확량과 같았다. 그러나 중국의 석탄 매장은 핵심 지역에서 철도로 갈 수 있기 전에는 경제적으로 너무 먼 곳에 떨어져 있었다. 채굴 기술에서 혁신은 아무런 도움이 안 되었다. 더구나 장인들이 집중된 곳에서 한참 먼 곳에 광산들이 있었기 때문에 어쨌든 기술적인 혁신을 할 수가 없었다. 또한, 독신의 젊은 남자 집단에 대한 두려움에 근거한 광산에 대한 정부 정책의 비일관성도 도움이 되지 못했다. 중국인들은 여전히 작은 광산을 선호했다.

석탄과 증기기관은 중요했다. 그렇지만 그것들의 상호의존 관계도 아주 중요했다. 광산에서 물을 끌어내는 증기엔진이 없다면, 영국의 석탄 생산량은 세계 역사적 기준으로는 높은 1700년 수준에 머물러 있었을 것이지만, 1830년대의 생산량의 10분의1에 불과했을 것이다. 그리고 초기 증기엔진은 이 일을 수행하는 데 아주 좋았지만 그 밖의 많은 것들에는 좋지 않았다. 그것들은 부피가 크고 위험하며 극도로 비효율적이어서 에너지의 1~2퍼센트만을 실제 일로 사용했다. 그것들은 너무 비효율적이어서 연료가 사실상 무료인 광산 자체에서만 사용할 가치가 있었다. 석탄 비용의 대부분은 그것을 운송하는 비용이었고, 당신이 물가에 있지 않는 한 극단적으로 높았다. 사실 1800년에도 거의 모든 증기엔진은 여전히 탄광에 있었다. 광산에서의 사용을 위한 것이 아니었다면, 증기엔진은 더 개발할 가치가 있다고 여겨지지 않았을 것이다.

그래서 기술적 창의성은 이 획기적 기술에서 확실히 중요했지만 다소 우연한 상황의 조합도 중요했다. 석탄이 지표면에 많이 분포되어 있었고 석탄 매장량은 많았다. 영국의 목재 고갈로 인해서 연료가 부족해지자 사람들은 수년 동안 그것들을 사용하는 데 익숙해 있었다. 광산은 사람들이 쉽게 석탄을 지나서 더 깊게 파야할 때 물로 채워졌지만 연료에 굶주린 대도시에 쉽게 해상으로 도달할 수 있는 위치에 있었다. 원래의 스팀 엔진을 점차적으로 개선한 숙련 된 장인이 많았다. 그들은 결국 바퀴에 장착하고 공장에서 사용하며 세상을 변화시킬 만큼 안전하고 효율적으로 만들었다. 이러한 요인들의 조합이 없었다면, 초기 증기기관은 흥미롭지만 오히려 비경제적인 호기심에 불과했을지도 모른다.; 다른 시간과 장소에서는 그렇게 되었을 것이다. 더구나 런던은 고임금 경제였다. 임금은 비쌌지만 석탄은 매우 저렴했기 때문에 기계를 이용하여 노동을 절약하는 것이 자본가들에게 득이 되었다.

산업혁명(産業革命, Industrial Revolution)은 18세기 중엽부터 19세기까지 영국에서 시작된 기술혁신과 이로 인해 일어난 사회 경제적인 큰 변혁을 일컫는다. 산업혁명은 후에 전세계로 확산되어 세계를 크게 바꾸어 놓게 된다. 이 시기에는 수력 방적기, 자동 뮬정방기 등이 개발되었으며, 역직기 등도 발명되었다. 나중에는 정밀도가 높은 자동선반과 공작기계가 제작되고, 1830년 이후에는 기계에 의한 기계를 대량으로 생산하는 체제가 확립되었다. 이때부터 기계는 생산을 지탱하는 중요한 역할을 하게 된다. 철도와 증기기관차가 산업혁명 때 등장하는데 조지 스티븐슨이 증기 기관차를 발명함으로써 1825년 석탄을 갱도에서 뱃길까지 운반하는 목적으로 스톡턴과 달링턴을 오가는 철도가, 1830년에는 맨체스터와 리버풀을 오가는 철도가 개통되어 엄청난 성공을 거두었다. 그 후 이 성공에 자극받아 철로들은 영국 전역에 설치되기에 이르렀으며, 국내 시장의 확보는 물론 영국 산업자본의 대동맥 역할을 하게 된다. 후에 철도는 전 세계에 보급되었다. 본격적인 도시화도 이때부터 시작되었다. 공업화가 진행되고 농업생산성이 덩달아 제고되면서 농촌 인구의 대부분은 도시로 가게 되었으며, 이로 인해 도시 인구는 폭발적으로 증가했다.

산업혁명의 가장 근본적인인 특징은 그것은 기하급수적 성장을 지속적으로 가능하게 만들었다는 것이다. 반세기마다 아웃풋이 배증되어왔다. 이것은 다시 생활수준을 근본적으로 변모시켰고. 각 세대는 그들의 부모나 조부모보다 상당히 더 잘 살게 될 것이라는 확신을 갖게 되었다.

산업혁명 이전의 런던의 석탄사용 증가 추세를 보자.

석탄은 일종의 '안전장치' 기술로서 일정한 가격에 막대한 양의 에너지를 제공할 수 있는 에너지원이었다. 17~18세기 동안에 목재 연료 가격은 꾸준하게 그 상태를 유지했다. 영국 북동부 석탄이 지속적으로 더 많은 양이 런던으로 수입되었기 때문이었다. 1580년에 목재는 같은 열량에 대해 석탄의 2배 가격으로 팔리기 시작했고, 그 결과 연안 해상을 통한 석탄 무역이 촉발되었다. 석탄 무역은 런던이 충분히 커져서 목재 연료가격이 앙등되어 노덤버랜드의 석탄을 채굴하여 런던으로 선적하는 것이 경쟁력이 있게 되었을 때, 시작되었다. 그런데 영국의 도시화는 런던을 중심으로 하는 세제 무역이 팽창하자 인력이 부족해지자 전국 각지에서 런던으로 사람들이 몰려든 결과였다. 17세기에는 그 팽창은 유럽 내에서 이루어졌고, 양모에 기반했다. 18세기에는 대륙간 무역으로 발전했고 런던이 급속하게 팽창하면서 연료에 대한 수요도 폭발했다. 덩달아서 석탄 무역도 성장했다.

17세기에는 영국에서 석탄의 1/2이상이 주거 난방용으로 쓰였다. :그러나 목재에서 석탄으로 연료를 바꾸는 데에는 복잡한 디자인 문제들이 나타났다. 중세에는 방 중앙에 낮은 난로가 있었고, 연기는 지붕의 구멍으로 빠져 나갔다. 만일 석탄을 태운다면, 석탄 연기의 유황 매연 때문에 살 수가 없었을 것이고, 불이 꺼졌을 것이다. 효율적인 연소를 위해서는 석탄은 중세 주택의 열린 난로가 아니라, 작고 밀폐된 공간에서 행해져야 한다. 좁고 긴 굴뚝이 필요했다. 그래야 산소 공급이 늘어나고 연기를 집밖으로 내보낼 수 있기 때문이다. 작은 지역 내에 많은 집들이 건설되면서 석탄을 태우는 집들을 발명할 수가 있게 된 것이다. 석탄이 그 수요에 부응하기 위해서는 집의 구조가 변해야 했다. 영국에서의 수많은 주택 건설은 그러한 디자인 혁신이 이어날 수 있는 비옥한 토양을 제공했다. 필요는 발명의 어머니였다. 영국의 석탄 산업은 런던의 좁은 지역에 대규모로 집들이 재건축된 시기와 일치하여 융성하기 시작했다. :1700년에는 석탄은 이미 목재보다 더 중요해졌고 열에너지의 반 이상을 공급했다. 1800년이 되면 석탄은 영국의 거의 모든 열에너지를 공급했는데 이것은은 세계의 그 어떠한 다른 나라에도 없는 영국만의 유일한 현상이었다.

영국은 4가지 의미들에서 고임금 경제였다:

1. 환율에서, 영국에서 임금은 그 경쟁국들의 임금들보다 더 높았다.
2. 높은 임금은 다른 그 어느 곳보다도 더 높은 생활수준으로 직결되었다.
3. 영국의 임금은 자본 가격들에 비해서 상대적으로 높았다.
4. 북부와 서부 영국의 임금들은 에너지 가격 대비 예외적으로 높았다.

아시아와 비교하면 18세기 영국에서의 임금이 매우 높았음이 확연히 드러난다. 베이징, 칸톤, 일본 그리고 벵골에서, 노동자들은 하루 1~2그램의 은을 벌었는데 이것은 중부유럽 또는 동유럽의 임금의 반도 안 되었고, 북서유럽의 선진경제들에서의 일부분에 불과했다.

영국과 저지대의 정규 고용직 노동자들은 최저 생계비의 3-5배 소득을 벌었다. 그들은 그 여분의 소득을 더 좋은 식단(빵, 맥주, 훨씬 더 많은 고기) 그리고 18세기 "소비자 혁명"의 사치품들을 포함하는 더 많은 비-식품 소비재들에 지출했다. 그와는 대조적으로, 유럽 대륙 전체에 걸쳐 실질 생활수준은 극적으로 하락하여 후생비율은 거의 1이었다. 18세기에 플로렌스와 비엔나의 정규 고용노동자는 겨우 그들의 가족의 최저생계비만을 벌 수 있었다. 빵, 고기, 맥주 또는 사치품을 살 잉여는 없었다. 광동, 베이징, 그리고 일본에서의 노동자들의 후생비율은 18-19세기에 약 1이었다. 제조품에 대한 대중적 수요는 아시아 전역에 걸쳐 아주 제한되어 있었는데 소비자들은 생필품만 살 여력밖에 없었기 때문이었다. 다른 한편 런던과 암스테르담의 직공들은 최저생계비의 6배나 벌었지만, 이태리와 독일의 직공들은 단지 50%만 더 벌었다.

영국의 유별나게 높은 임금과 낮은 자본 및 에너지 가격들은 2가지 요인들 때문이었다.

1) 영국의 세계 경제에서의 성공, 부분적으로는 그것은 국가 정책의 결과였다.
2) 지리적 특성–영국은 방대하고 쉽게 이용될 수 있는 석탄 광상을 가졌다.

그러므로 석탄산업의 도약은 런던의 성장 때문이었다. 다시 이것은 국제무역의 성장 때문이었음으로, 영국의 석탄자원들의 이용은 땅 아래에 석탄이 풍부하게 존재했다는 사실만이 아니라 세계 경제에서의 영국의 성공의 결과이기도 하였다.

런던의 고임금 경제는 저렴한 석탄의 이용으로 이끌었지만, 역으로 저렴한 에너지가 이용 가능했기 때문에 고임금 경제가 지속될 수 있었다. 영국 경제는 에너지가 저렴했기 때문에 고임금을 지불하고도 국제경제에서 경쟁할 수 있었다. 18세기 말에 프랑스는 유리 제조에서 영국을 여전히 앞섰다. 그러나 프랑스인들은 버터와 야채는 거의 없이 수프만 먹었다. 그들은 고기를 먹을 때가 거의 없었다. 영국인들은 고기를 많이 먹었고, 맥주를 계속해서 마셨다. 그렇지만 영국에서의 고임금은 저렴한 에너지에 의해서 상쇄되었고 그래서 경쟁력이 유지되었다; 1770년대에 영국의 유리 생산에서 연료비용은 프랑스의 1/6에 불과했다.

영국의 고임금, 저렴한 에너지 경제는 기술변화의 속도와 성격을 결정짓는 중요한 인자였다. 도자기와 면직물 같은 아시아 무역 재화들을 모방한 제품 혁신들도 중요했다. 영국의 높고 상승하는 임금은 노동을 자본과 에너지로 대체하는 기술에 대한 수요를 유발했고 여기서 영국의 산업 과정은 다른 곳에서의 산업과정과는 갈라지게 되었다. 영국에서 노동이 자본 가격에 대비하여 가격이 오르면서, 노동을 자본으로 대체하는 것이 점점 더 바람직하게 되었다. 발명은 그것이 사용되었을 때만 사회적으로 유용하다. 만일 그것이 사용되지 않으면, 그것을 발명해 봐야 돈이 안 된다. 17세기 전반까지만 해도 대륙과 영국에서 노동 가격과 자본 가격의 비율은 비슷했지만, 1650년대부터 영국에서 노동은 자본가격 대비 점점 더 비싸졌다. 그래서 저렴한 자본을 이용하여 생산을 기계화 하려는 인센티브는 프랑스, 독일 또는 오스트리아보다 영국에서 훨씬 더 컸다. 또한 영국에서 노동임금은 연료 가격에 대비해서 훨씬 더 높았다. 연료 대비 높은 노동 비용 때문에 영국은 노동을 연료로 대체하려는 특히 강한 인센티브가 생겼다. 반대로 중국에서는 노동비용이 연료가격 대비 훨씬 더 낮았음으로 사람들을 부리려는 인센티브가 특히 강했다.

요소 가격들이 발명의 채택과 R&D에 영향을 미친 방식을 모델화 하자.

1. 기술 변화는 특정한 하나의 인풋 요소를 과도하게 절약하고 가장 비싼 인풋 요소의 곳의 비용을 줄이는 방향으로 일어난다.
2. 기술들은 사용될 때에만 발명할 가치가 있다.
3. 새 기술은 특정한 곳에서만 유용하지 모든 곳에서 가치가 있지 않다.
4. 고임금 국가들은 노동비용을 절약하기 위해서 노동 대비 자본을 더 많이 쓰는 기술들을 개발하는 것이 이익이다.
5. 시장이 컸음으로 R&D에 투자해도 이윤이 날 가능성이 높았고 따라서 더 많은 발명으로 이어졌다.

야금술 응용에서 증기기관에 이르기까지 산업혁명의 많은 기술들은 석탄에 의존했다. 이 기술들은 다른 투입 요소들에 대비할 때 석탄을 더 많이 사용했다. 영국의 제철 기술은 19세기 중반까지만 해도 프랑스와 독일에서는 비용 효과적이 아니었다.

18세기에 증기기관은 석탄이 사실상 공짜였던 석탄광산에서 주로 사용되었다. 그 결과 그것들은 주로 영국에서만 쓰였다. 석탄을 사용하는 기술은 프랑스나 독일이 아니라 영국에서 발명하는 것이 이익이었다. 석탄이 영국에서만 저렴했기 때문에 이 기술은 영국에서만 이윤이 남았다. 벨기에서도 그 기술은 이익이 되었지만, 벨기에 산업의 구모가 작았기 때문에 단위 아웃풋 당 R&D 비용이 너무 비쌌다. 면을 짜는 기계들도 산업혁명의 유명한 발명들이다. 그것들도 자본/노동 비율을 높이는 쪽으로 편향되었고 그래서 영국에서만 그것을 발명하고 사용하는 것이 이익이 되었다. 영국이 계속 더 멀리 앞서 나갔지만, 다른 나라들은 새 방법들을 여전히 무시했다. 이것은 기업가적 정신이나 공학자들의 실패가 아니었다. 그 새 기술은 저임금 국가들에서 사용되기에는 아직도 너무나 비쌌다,

유럽이 신세계에 의존할 수 있었다.

화석 연료 혁명과 함께 유럽 북서부는 토지가 풍부한 지역, 특히 신세계에서 수입이 급증함에 따라 이익을 얻었다. 의류, 섬유, 건축 자재 및 연료 맬서스의 유명한 4가지 필수품에 대한 수요가 증가함에 따라 모든 곳의 중심부는 중심부 제조품을 구매할 주변부와 거래함으로써 이러한 토지 집약적인 제품을 얻을 필요가 생겼다. 하지만 그것에는 한계가 있었다. 예를 들어 동유럽에서는 이동성을 막는 많은 장벽과 현금 경제 밖의 인구가 많아 외부 수요에 대한 대응이 상대적으로 적었다.

신세계: 주변부이자 시장

그러나 신세계는 반대 극단에 있는 유라시아 내의 그 어떠한 주변부와도 다른 종류의 주변부였다. 천연두 및 기타 재해로 인해 인구가 아주 극적으로 감소했다. 그리고 많은 노동력이 해외에서 구입한 노예로 대체되었다. 더욱이 신세계 노예들은 구세계에서 가장 혹사당하는 농장 노동자들보다 더 적은 생계유지 생산에 종사했다. 따라서 그들은 극도로 빈곤했음에도 불구하고 거친 옷감과 다른 제조업자를 위한 중요한 시장을 형성했다. 결과적으로, 브라질에서 미국 남부에 이르기까지의 환-카리브해 연안지역은 수입을 해서 자본 이득을 노리는 사업가들을 위한 대부 시장과 대량 소비재 시장을 가진 최초의 근대적인 주변부가 되

었다. 그래서 구세계 주변부와는 달리 신세계는 유럽에 대한 토지 집약적 수출을 위한 기지로 계속 확대되었다. 그와 함께 신세계의 광산은 유럽 북서부에 큰 인구 붐을 일으키고 제조업을 더 전문화하는 데 크게 기여했고 일차 제품 부족이나 농경지의 생태적 악화에 직면하지 않고도 더 많은 사람들이 소비할 수 있게 허용했다.

중국 외곽의 쇠퇴

한편, 중국 중부 지방의 적어도 일부 지역에서는 수공예품이 널리 보급되어 생활수준이 여전히 약간 올라갈 수 있었다. 그러나 그것은 양자강 델타 수준에 훨씬 못 미쳤고, 이제는 중국 집계에서 더 많은 비중을 차지하여 총체적으로 중국의 생활수준은 가라앉았다. 생태학적으로 19세기 중국에서는 상황이 악화되었다. 그러나 흥미롭게도, 인구 밀도가 높은 중심부에서 가장 많은 스트레스를 받았을 거라고 생각될지 모르지만 사실은 중심부가 아닌 주변 영역이 가장 큰 스트레스를 받았다.

북서부와 남서부는 심각하게 과도하게 벌목되었다. 중앙 양자강지대에서 과도한 매립은 범람에 대한 취약성을 증가시키고 있었다. 그리고 인구가 증가함에 따라 북부와 서부의 비 몬순 중부 지역에서 물의 수위가 급격히 줄어들었다. 18세기 후반의 보고서는 우물이 더 깊어지도록 우물을 다시 파야할 필요가 있음을 알리기 시작했다. 이것은 지하수면이 떨어지고 있음을 보여주는 좋은 지표다. 그리고 20세기 초반까지 이 지역의 호수 지역은 극적으로 축소되었다.

04
중국 현대사의 이해

이 장에서는 전반적인 중국 현대사를 다루는 것이 아니라 단지 일면적인 부분들 아편전쟁과 중국의 백년치욕 문화혁명과 현대 중국의 선거제도 같은 정치체제 및 기술관료제에 관해서 잠깐 일별해 보고자 한다. 중국 현대사에 관해서 진실을 찾기는 힘들다. 단지 기존의 통념과는 상당히 다른 시각으로 중국의 현대사를 보려는 하나의 시도이다.

아편전쟁과 중국의 백년치욕

중국은 1840년 아편전쟁이 터진 이후 1949년 중화인민공화국이 세워지기까지 약 100여 년을 치욕 속에 보냈다고 하여 이를 '백년치욕(百年恥辱)' 또는 '백년국치(百年國恥)'라고 한다. 중국은 그 기간 동안에 사실상 반식민지(半植民地)로 전락했다고 볼 수 있다.

백년치욕의 뿌리는 홍콩이 대영제국에 조약 항만으로 양도된 1839년부터 1842년까지 제1차 아편전쟁에서 중국의 패전으로 종종 거슬러 올라간다. 이 분쟁은 청나라가 군사적으로 우월한 국가들에 의해 패배한 후 중국에 부과된 일련의 불평등 조약에 따라 영토를 내주면서 19세기에 흔한 패턴이 된다. 영토의 상실과 함께 청 왕조는 제국 통치를 정당화하기 위해 사용되었던 '천명'을 잃은 것으로 보이며, 청조의 황혼기는 외부로부터의 침략과 내부로부터의 불화로 특징지어진다. 이러한 영토의 손실은 오늘날까지 지속되고 있는 중국의 영토 분쟁의 근거가 되었다.

아편전쟁

중국은 18세기부터 증가한 아편의 수입량으로 인해 여러 차례 아편 금지령(금연령)을 내렸지만 통하지 않았다. 임칙서가 아편을 몰수하는 등 강경하게 아편 무역 금지조치를 행했고 이에 영국 의회가 자본가들의 뜻에 따라 원정군을 파견하면서 아편 전쟁이 시작되었다. 영국의 군사력에 속수무책 당한 중국은 결국 불평등한 남경조약을 체결하였다.

거슬러 올라가면 16세기에 포르투갈인들은 약품 및 기호품으로서 대중국 아편 수출은 수익성이 높은 무역이라는 알게 되었고, 아시아 전역의 그들의 공장에서 아편을 생산하여 광동에 공급하기로 결정했다. 1729년에 옹정제는 청나라에서 아편의 새로운 오락적 흡연을 범죄로 규정했다. 1764년 벅사르 전투에 이어 영국 동인도 회사(EIC)가 아편 시장에 대한 구 무굴 황제의 독점권과 함께 세금 징수를 장악하게 되었고, 벵골 지방에서는 이 독점이 1793년 동인도 회사법을 통해 회사의 활동에 정식으로 편입되었다. EIC는 인도 전비와 영국 시장에서 중국 차에 막대한 수요의 결과로 2800만 파운드의 부채를 지고 있었는데, 이는 은화로 지불해야 했다. 이 불균형을 바로잡기 위해 EIC는 세금으로 납부될 수 있는 아편의 경매를 캘커타에서 시작했고 아편 거래로 수익이 급증했다. 동인도회사는 아편이 경매에서 무려 원가의 8배나 되는 가격으로 팔려 막대한 이익을 남겼으며 그중 약 40%는 인도정부에 아편세로 납부되었고, 상인들은 다시 여기에 많은 이익을 붙여 중국에서 판매함으로써 많은 이익을 남겼다 동인도회사는 중국 법에 의해 아편 수입이 사실상 금지된 점을 감안해 부분적으로 합법시장에 의존하고 일부는 불법거래를 활용하는 정교한 거래계획을 수립했다. 아편을 전혀 싣지 않는 영국 상인들은 칸톤(현재의 광저우(广州))에서 차를 신용거래로 사고, 캘커타에서 아편을 경매로 팔아 빚을 갚곤 했다. 그곳에서 아편은 영국 선박에 숨겨져 중국 해안으로 운송되었다. 그 다음 아편은 중국인 상인에 의해 중국으로 밀반입되었다. 인도에서 중국으로 밀반입된 아편은 공반토(公班土), 백토(白土), 금화토(金花土) 그리고 '작은 공반(空盘)' 등 4종이었는데, 마지막 것이 비싼 종류이었다.

아편 수요는 폭발적으로 증가했다. 1780년 무렵 약 1,000상자에 불과했던 아편의 수입량은 1830년에는 1만 상자, 아편전쟁 직전에는 4만 상자 정도로 늘어났다. 이것은 무게로 치면 거의 300만 톤에 육박하는 것이었다. 고위관료, 지주, 상인, 군인 등 지위가 높은 사람들에서부터 떠도는 유민층에 이르기까지 많은 사람들이 아편을 피웠다. 아편은 마약이기 때문에 한번 중독이 되면 쉽게 끊을 수 없어 죽을 때까지 피울 수밖에 없었다. 아편에 중독된 중국인들도 조롱의 대상이 됐다. 1896년 영국인이 펴낸 잡지에서도 중국인을 'Sick man of East Asia'라고 표현했다. 이것이 청말 사상가 양계초(梁啓超)에 의해 '동아병부(東亞病夫, 아시아의 병자)'로 번역돼 중국에 다시 소개됐다.

제1차 아편전쟁 진강전투 장면

중국은 여러 차례 금연령을 내렸으나 통하지 않았다. 영국은 산업혁명 이후의 무역적자를 해소하기 위한 방편으로 아편을 선택했다. 플래시 전투에서 승리한 이후 동인도회사가 인도의 벵갈 지방(방글라데시와 그 남쪽)에서 아편을 재배해 상인을 통해 중국 근해로 운반한 다음 몰래 중국에 파는 방법을 썼는데(삼각 무역) 1829년 말부터 쾌속 범선이 등장하여 항해시간이 짧아지면서 더 많은 아편을 밀수출할 수 있게 되었다.

마침내 도광제는 임칙서를 특사(흠차대신)로 파견하여 광저우(廣州)의 아편거래를 막게 했다. 임칙서는 외국인에게 남은 아편을 관청에 넘기고 다시는 아편을 판매하지 않겠다는 서약서를 제출하도록 고시했다. 그리고 임칙서는 외국상인들로부터 아편을 몰수, 석회를 뿌려 바다에 모두 흘려보냈다. 인도 정부가 영국을 대표하여 청에 선전포고를 하면서 전쟁은 시작되었다. 대포와 강한 해군을 갖춘 영국군과 재래식 범선이 대부분이었고 군사 장비는 240여 년 전에 주조된 낡은 것이었던 중국 군대는 상대가 되지 못하였다.

영국은 1842년 6월 상해를 점령하고 남경(난징)으로 진격했다. 1842년 8월 영국함대의 갑판에서 영국과 청나라 사이에 역사적인 '남경조약'이 체결되었다. 조약의 주요 내용은 다음과 같다.

1. 홍콩을 영국에 넘겨준다.
2. 광동, 하문, 복주, 영파, 상해 등 5개 항구를 개항한다.
3. 개항장에 영사를 주재시킨다.
4. 중국은 전쟁 배상금 1,200만 달러, 몰수된 아편 배상금 600만 달러 등을 3년 안에 영국에 지불한다.
5. 공행의 독점무역을 폐지한다.
6. 수출입의 관세를 정한다.
7. 동등한 지위에 있는 양국 간의 문서 교환은 동등한 형식을 사용한다.

이후 관세에 관한 내용, 영사 재판권, 최혜국 대우, 5개 항에서의 군사 정박권 등을 추가시키게 된다.

이 조약은 중국이 외국과 맺은 최초의 근대적인 조약이며 불평등조약이다. 광저우에만 제한시켰던 외국상인들의 활동은 확대되었고, 문제가 되었던 아편에 관해서는 언급이 없었다. 결국 아편무역은 계속되었다. 이후 중국은 미국, 프랑스 등 다른 서양 여러 나라들과도 영국과 맺은 조약의 내용과 비슷한 불평등조약을 맺을 수밖에 없었다. 1844년에는 미국과 망하조약, 프랑스와는 황포조약을 맺게 되고 중국대륙은 서구 열강에 의해 서서히 잠식되어가기 시작했다.

중국에서 아편이 광범위하게 퍼진 역사적 배경을 살펴보자.

중국에서의 아편의 역사

아편의 역사는 오래됐다. 기원전 4000년 스위스 신석기 유적에서 아편 종자가 발굴됐다고 한다. 아시아에 전래된 때는 분명치 않다. 기원전 139년 한나라 장건이 서역으로 간 때 흘러들어 왔다고 하기도 한다. 아부용(阿芙蓉), 앵속(罌粟)으로 불린 아편. 본초강목에는 "혈중기체(血中氣滯)와 기중혈체(氣中血滯)를 풀어 통증을 가라앉힌다"고 쓰여 있다고 한다. "아편이 없으면 의학은 절름발이"라고 외친 영국 의사도 있다.

중국에서 아편의 역사는 7세기에 아편을 약용으로 사용하면서 시작되었다. 역사적으로 보면 아편이 아랍 상인들의 상품의 일부로 당나라(618~907) 때 중국에 처음 들어왔다고 한다. 〈구당서〉열전에 따르면, "건봉 2년(667년) 불림(拂菻)에서 사신을 보내어 저야가(底也伽)를 바쳤다"고 되어 있다. 독일학자인 프리드리히 등의 연구에 따르면, "불림"은 "대진(大秦)" 즉 동로마제국이고, 그 중심위치는 개략 지금의 시리아였다. 앵속(罌粟)은 아랍 사신이 대당(大唐)에 가져온 선물이다. 중국에 들어온 후 수백년 동안 앵속은 보기 좋은 관상식물이면서 목숨을 구하는 양약이었다. '저야가'의 주요성분은 아편, 용연향(龍涎香), 축사(縮砂), 육두구(肉豆蔻), 육계(肉桂)등이다. 그 중 가장 중요한 성분은 아편이다.

당대의 여러 시에서 알 수 있듯이 아편 양귀비는 당나라 초기에 중국으로 유입되었다. 아편 양귀비에 대한 중국 문헌 중 가장 초기 설명은 곽진[郭震, 656~713]의 시 "미낭화(米囊花)"에서 찾을 수 있다. 실크로드를 따른 무역의 결과, 이 꽃은 중앙아시아로부터 중국에 도착하여 옹도(雍陶, 789~873)의 시와 장호[張祜, 785~849]의 시에서 보듯이 8세기에서 9세기 동안 쓰촨성, 장난성 등의 지역에 도달했다.

그럼에도 당대의 의학 자료에서는 당나라 의원들이 아편 양귀비의 의학적 성질을 알고 있었다는 증거가 보이지 않는다. 사실, 손사막(581~682년)과 같은 당대의 가장 유명한 의사들은 그 꽃에 대해 아무런 언급도 하지 않는다; 그 꽃 역시 《약성론(藥性論)》[약의 본질에 관하여], 《신수본초(新修本草)》《식료본초(食疗本草)》, 《식성본초(食性本草)》와 같은 당대의 가장 중요한 의서에는 나타나지 않는다. 당나라 때 중국으로 전해진 인도 약리학에 관한 불교 문헌에도 언급되어 있지 않다. 따라서 양귀비의 의학적 사용은 불교 문헌을 통해 그 시기에 중국에 도착한 인도 약리학의 수입품 중 하나가 아니었다는 추론이 가능하다.

그러나 당나라의 일부 북부 지방에서는 아편 양귀비를 의학적으로 사용했을 것으로 보이는 증거가 있다. 아편 양귀비는 당나라의 의학자인 진장기(陳藏器 678~757년)가 지은 의학서적 《본초습유(本草拾遺)》에 포함되어 있지만, 진장기는 그 꽃에 대한 의학적인 용도를 전혀 언급하지 않았다; 그는 단지 무명의 헤난 영천(嶺川 저자의 간결한 설명을 인용했을 뿐인데, 이는 그 꽃이 특정 지역사회에 의해 가치를 인정받았다는 것을 나타낸다. 양귀비는 아마도 음황[陰黃], 황달, 심두기통, 총심여자 같은 증후도 치료했을 것이다.

당나라가 쇠퇴한 후, 오대십국 시대(907~60)에 아편 양귀비의 식용과 약용이 더 명확하게 기록되었다. 초기의 송 역사학자 도곡[陶穀 902 or 903~970)이 지은『청이록(清異錄)』은 후기 당나라 궁정의 일상생활과 관한 필수적인 자료이다. 여기에는 이사원李嗣源 (867~933) 즉 명종(明宗)은 전쟁에 나가는데 거기서 그의 군대가 물자 부족에 직면했을 때 아편 양귀비가 어떻게 중요한 식량원으로 작용했는지에 관한 간략한 설명이 있다.

“명종이 국경에서 [전쟁에] 갔을 때, 그는 아무것도 낭비하지 않았다. 그래서 그가 그의 장군들과 부하들을 불러 [전쟁 문제들]을 의논할 때, 물 속에 끓인 아편 양귀비 씨앗으로 장식된 ‘법유탕(法乳湯)’ 한 잔씩이 모든 사람들을 위해 준비되었다.”

《남당식의방(南唐食醫方)》은 양귀비의 의학적 용도를 정리한 공식적인 약리학적 출처의 전통을 시작했고 이런 전통은 송나라에서도 계속되었다. 송나라의 《개보본초(開寶本草)》 [이방(李昉) 저]는 아편 양귀비에 대한 간결한 메모를 포함하였는데, 아편 양귀비의 씨앗은 주로 진사 중독(단석발동)을 치료하는 데 사용되었으며, 대나무 쥬스로 조리된 죽에 소비되었다고 기술하고 있다. 이와 유사하게 송 왕조의 첫 번째 공식 의서인 《태평경혜방(太平圣惠方)》에서 소갈열(消渴熱)과 특히 환자들을 ‘혼란된 정신 상태(심신혼란)’을 치료하기 위해 지시된 공식에서 양귀비는 주성분이었다. 이러한 아편에 대한 초기 설명 중에서 소송(蘇頌, 1020年~1101年) 이 《본초도경(本草圖經)》에서 설명한 것이 가장 영향력이 있을 것이다:

“아편 양귀비에 대해서는 고전들은 원산지를 말하지 않지만, 요즘은 많은 집들이 정원을 꾸미기 위해 사용하는 것을 곳곳에서 찾아볼 수 있다. 그것은 빨강이나 흰색일 수 있고 톡 쏘는 냄새를 가지고 있다. 그것의 과일은 병이나 화살촉처럼 생겼고, 작은 씨앗을 안에 저장한다. 그들은 기르기 어렵다. 그것들은 9개월 동안, 작년에 인공적으로 만들어진 땅에 심어져야 한다. 이런 식으로 경작하지 않으면 결코 발아하지 않는다. 과일이 노란색이 될 때까지 기다렸다가 골라야 한다. 기의 순환을 개선하고 열을 줄이기 위해 처방된다. 그것은 메스꺼움, 가슴의 가래,

그리고 신나바 중독을 치료한다. 죽으로 만들기 위해 대나무 즙으로 조리할 수 있다고 한다. 감기약으로 창자에 매우 좋다. 그러나 방광의 기(氣)를 변화시킬 수 있으므로 과도하게 섭취하는 것은 바람직하지 않다."

아편 양귀비에 대한 이러한 최초의 기록은 후대의 의사들에게 양귀비 꽃을 소개했고 중국 전통 약용의 토대를 마련했다. 그러나 이러한 전통이 반드시 통일된 의술로 되지는 않았다. 서로 다른 의서들이 서로 다른 질병에 대해서 것을 추천했기 때문이다. 유일한 예외는 《개보본초》와 《본초도경》과 같은 공식 약물 치료에서 기록된 진사 중독(단석발동(丹石發動))의 발병을 치료하기 위해 아편 양귀비를 사용하는 것이다. 반대로 구종석[寇宗奭]의 《본초연의(本草衍義)》20권에서 보여지듯이 초기의 다른 주요 의학 작품들은, 양귀비의 그 어떠한 의료적 응용도 무시했다. 마찬가지로 송(宋)나라 태의국(太醫局)이 엮은 공식 의서인 《태평혜민화제국방[太平惠民和劑局方]》에서는 아편 양귀비를 이용한 어떤 치료법도 포함되지 않았다. 이러한 상황은 남송시대에 급격히 변화되어 설사, 기침, 경련 등의 치료에 양귀비를 보다 통일적으로 사용하는 것이 그 시대의 의학 문헌에서 표준이 되었다. 이러한 변화는 11세기 후반에 아편 양귀비 소비가 불교 사찰에서 중국 전역에 걸쳐 확산되면서 시작되었을 가능성이 높다. 몇 가지 일화들을 보자.

1186년 중국 남송(南宋)의 대표적 시인 육유(陸游, 1125~1210)는 지금의 항저우의 일부인 엄주(嚴州)에 부임하게 게 되었다. 이디 61세가 된 육유의 은퇴 전 마지막 공작이었다. 그 몇 해 동안 그는 노년의 첫 징조를 경험하기 시작했고, 보통 겨울에 병에 걸리곤 했다. 요양 기간 동안, 그는 위안을 위해 시에 의지하곤 했다. 육유는 “지병 때문에 눈보라 치는 동안 시간을 보내기 위한 긴 노래(병고중우풍설작장가배비病故中遇風雪作長歌排悶)”이라는 제목의 시들 하나에서 겨울의 매서움에 대처한 자신의 경험을 묘사했다.

> “눈보라 때문에 외출이 불가능해서, 나는 쇠약해진 상태에서 회복하기 위해 창문과 커튼을 닫았다. 땅거미가 질 무렵, 나는 누워서 시의 규칙 속에서 추위를 피해 피난하는 동안 창문에 [바람]이 부는 소리를 듣는다.
>
> 손자는 쾌적한 이불을 펴고, 아들은 내게 비할 데 없이 따뜻한 초록색 펠트 한 조각을 권한다. 한가로운 가마솥 밑에 불을 지르고 떨리는 주먹으로 저어갈 때 서리가 내린 표면에 차나물 같은 [까래]가 생긴다. 불을 피우고 토란과 소금을 약간 넣고 아편 양귀비 육수에 꿀을 녹였다.”

병든 겨울의 가장 추운 날, 육유는 아플 때 아편 양귀비가 들어 있는 혼합물을 준비하곤 했는데, 1178년 복건성의 차와 소금 거래의 감독관을 지내면서 “호수와 산에 관한 모듬 노래(호산잡부湖山雜賦)”이라는 제목을 달고 어떻게 이 관행을 알게 되었는지를 기록하였다. 그가 이 지역에 머무는 동안 그는 오늘날의 중국 복건성(福建省)의 하문(厦门) 근처에 있는 매산사(梅山寺)와 같은 지역 불교 사찰을 방문하곤 했다. 절에 가는 길에 추운 날씨 때문에 그는 어쩔 수 없이 한 무리의 승려들이 거처하는 오두막으로 피신할 수밖에 없었다. 승려들은 육유에게 이 아편 양귀비 한 잔을 권했다. 몇 년 후, 그는 이 음료를 기억하고 겨울 동안 그의 고향인 산음(山陰)에서 그것을 준비했으며, 심지어 서재 벽에 그것에 대한 그의 감사를 기록(제서제벽題書齊壁)하기도 했다.

"우리는 돌아가면서 우리의 기분에 맞는 음악을 곁들인 이야기를 하는데, 그때 차가운 바람이 창문을 열었다. [솥에] 양귀비를 휘저으면서 나는 스님의 말씀을 듣고, 빗소리를 들으며 바나나를 심는다. 비밀 조리법을 [알고 있는 사람들]은 죽음을 두려워하지 않으며, 나는 영광을 위해 이 글을 쓰는 것이 아니다. 지배자는 이 방에서 (토론되는) 중요한 일을 알고 있는가? 가을 동안 이 벽들에 들어가는 사람은 거의 없기 때문에 그는 모른다는 것이 놀랄 일이 아니다."

이 비문은 육유가 어떻게 '비법'이라고 생각했고 나라를 통치하는 사람들에 의해 무시되었을지도 모르는 이 불교를 매우 좋아하게 되었는지를 보여준다. 이 음료는 최악의 겨울날들을 견디기 위한 육유의 가장 신뢰받는 치료법 중 하나가 되었고, 그는 그것을 "잡영(雜詠)"과 "겨울밤(冬夜)"과 같은 그의 시 몇 편에서 언급한다. 이 시들 중 가장 흥미로운 시들, 즉 "마을 이웃의 음식에 관한 노래 (희영향리식물시인곡戲詠鄉里食物示隣曲)" 라는 제목의 시에서 야채 몇 가지, 아편 양귀비가 의료적 특성 때문에 산음 주민들의 식단에 도입된 것을 묘사한다.

"과거에 (산음)은 수천 개의 탑이 푸른 언덕을 둘러싸고 있는 '신선들의 작은 섬'으로 불렸다. 주변의 모든 재산이 경이롭기 때문에 현지인들이 모두 부유하고 유명하다는 것을 알 수 있다. 이곳의 차는 북원(北苑)산 차와 거의 맞먹으며, 우리의 식단에 들어가는 약초와 묘독은 천상의 연단을 넘는다. …갈은 아편 양귀비는 수프를 장식하고, 축축한 헝겊으로 싼 산참은 느린 불에 볶는다."

이러한 설명으로 육유는 우리에게 중국 송나라 말기의 아편 양귀비 소비 상황을 자세히 알려 주었다. 마찬가지로, 많은 12세기 학자들은 아편 양귀비가 불교 사원에서 소비되는 것을 관찰한 후 양귀비의 약용에 대해 알게 되었다. 결과적으로, 이 문인들은 양귀비의 의학적 특성 때문에 양귀비를 그들의 식단에 포함시켰다. 장기적으로 이러한 관행이 보다 광범위한 공동체에 도달했는데, 산음의 경우에서 보듯이, 다양한 종류의 채소와 식물이 예방적 잠재력 때문에 지역 식단에 도입되었다.

더 넓은 의미에서 볼 때, 육유의 이러한 시들은 송나라 때 사찰에서 속세로 일정한 약리학적 관행이 전파되는 과정에서 불교 사찰들만이 아니라 관학 학자들도 큰 역할을 했음을 보여 준다.

이것의 초기 예는 소동파(소식蘇軾(1037~1101))의 시들에서 찾을 수 있다. 소동파는 1085년 장쑤성(江苏省) 상주(常州()에 있는 태호(太湖) 서쪽 연안의 작은 마을인 의흥[宜興]에서 아편 양귀비 섭취에 대해 알게 되었다. 관직에서 물러난 후, 그는 그 지역에서 취득한 작은 농장으로 옮겨갔는데, 그곳에서 그는 죽서사(竹西寺) 승려들의 환대를 즐겼다. 그는 "의흥으로 돌아온 후 내가 죽서사를 방문한 것에 대한 논평"(귀의흥류제죽서사歸宜興留題竹西寺)이라는 제목의 짧은 시 세 편으로 이 절에 경의를 표했는데, 이 중 두 번째 시에서는 다음과 같은 방법을 묘사하고 있다.

"스님들은 나에게 베토니 탕약을 마시라고 설득했고, 젊은이들은 아편 양귀비를 끓였다. 그리고 대나무 사이로 불어오는 서늘한 공기를 맞으려고 등나무 침대와 베개를 빌렸다."

이 시는 불교 사찰에서 의료 목적으로 아편 양귀비를 소비했다는 사실에 대한 최초의 증거다. 의흥의 승려들은 감기로 인한 설사를 치료하기 위해 송나라 때 또한 소비되었던 식물인 베토니(Stachys japonica)와 함께 아편 양귀비를 소비했다. 그 의학적 특성 덕분에 아편 양귀비는 중국 남부의 다른 불교 공동체들 사이에서 귀중한 약이 되었다. 우리는 "남화사의 장로 중변사(重辯師)에게 답신"(답남화변선사答南華辯禪師)이라는 제목의 소동파의 또 다른 시에서 이 것의 증거를 찾을 수 있다. 이 시는 소동파와 중변사(重辯師)의 서신의 일부분이다.

시에서 소동파는 무엇보다 소금에 절인 콩과 아편 양귀비 등으로 구성된 스님이 보내준 선물에 대한 고마움을 표현한다. 이러한 선물에 대한 이유는 소동파가 후이저우(惠州(혜주))로 이주한 이후 건강이 어떻게 악화됐는지를 되짚어 보는 중변선사에게 보낸 편지 중 하나에서 찾을 수 있는데, 그는 치질로 고통을 호소했다. 선사는 콩과 양귀비를 보내 소동파의 병을 완화할 수 있는 조리법을 마련했다고 하는데, 이는 이 광동사원의 승려들이 양귀비가 지혈로 인한 고통을 완화할 수 있다는 것을 알고 있었음을 나타낸다.

게다가, 그 출처는 아편 양귀비 소비가 어떻게 주변 사회로 퍼졌는지 보여준다. 불교 승려들이 방문했을 때 일부 가정에서는 이 양귀비를 준비하기도 했다. 강서성(江西省)의 경우는 훨씬 이전 시인 황정견[黄庭堅, 1045~1105]의 "류 선생의 은퇴 별장 옆을 지나다"(과치정둔전유공은노过致政屯田劉公恩廬)에서도 그런 상황이 보여진다. 이 시는 1080년, 황정견이 장시성 노산에 있는 류의지(1000-80)를 방문했을 때 쓰여졌다. 시초에, 황정견은 그 장소에 불교 승려들이 자주 드나들었던 경위와 유의지의 하인들이 그들을 위해 아편 양귀비를 끓인 경위에 대해 언급한다. 황정견의 시는 특정한 식습관이 사찰에서 속세로 전달에 있어서 일상적인 접촉이 하는 역할을 강조한다. 아마도 이러한 방식으로 의학적인 목적이나 단지 음료로서 아편 양귀비 소비는 11세기경 중국의 더 넓은 지역사회에 퍼졌을 것이다.

그럼에도 불구하고 송나라에서 아편 양귀비의 의학적 이용 보급에 중요한 역할을 한 사람들은 단지 불교 사찰들만이 아니었고. 이주민들도 이와 관련하여 중요한 역할을 했다. 예를 들어 12세기 저장성 후저우 지역에서 설사를 치료하기 위해 아편 양귀비 사용은 일반적인 관행이 되었는데, 쓰촨성에서 온 이주민들에 의해 이 지역에 유입된 후 이와 유사한 방식으로 특정 문인들은 절에서 농촌으로 아편 양귀비의 의료적 사용의 전파도 중요한 역할을 했다. 소동파의 동생이자 당송팔대가인 중국 북송 때의 문학자 소철(蘇轍, 1039~1112)의 설명에서 그러한 사실을 엿볼 수 있다.

1080년 노산을 방문했을 때, 소철은 지방 승려들이 경전을 읊을 때 아편 양귀비 씨앗으로 정제된 버터를 마시던 과정을 관찰하면서 중국 남부의 아편 양귀비 소비에 대해 알게 되었다. 그가 〈노산으로 다시 여행(재유노산再遊廬山)〉에서 설명한 것처럼, 하지만 그것은 그가 1104년, 공무에서 은퇴하여 영천으로 귀향한 후였다. 그 곳은 당나라 때 처음으로 양귀비의 의학적 사용이 기록된 마을 중 한 곳이다 그 때에는 소철은 이 작물의 재배가 중국 북부의 지역사회의 경제에 미치는 영향에 대해 더 잘 이해하게 되었다. 그는 "약초 묘목 심기"(종약묘種藥苗)라는 제목의 시에서 깨닫게 된 사연을 기록했다.

"지금 영천으로 은퇴하였으니 집이 가난하여 고기를 조달할 수 없다. 여름에서 가을로 계절이 바뀌면서 순무와 겨자가 아직 익지 않아 접시를 무디게 한다. 그러나 누군가가 나에게 아편 양귀비와 캐시아를 심음으로써 이 부족을 고칠 수 있다는 것을 보여 주었다. 이곳 영천의 많은 가정들이 아직도 이 사실을 모르기 때문에, 나는 이것을 설명하면서 약초 묘목 경작에 관한 시를 두 편 쓰기로 했다.

[나의] 정원사는 나에게 양귀비를 보관하는 것이 가능하다고 말했다. 그것의 캡슐은 작은 냄비처럼 생겼고, 그것의 씨앗은 기장처럼 작다. 밀과 함께 심고, 밀과 함께 성숙한다. 그것의 묘목은 봄 내내 생존하고 가을에 성숙한다. 그것들은 갈아서 우유에 넣어 '불교죽(佛粥)'을 요리할 수 있다. 노인이 기력이 약할 때, 그들은 많이 먹지도 마시지도 않는다. 그들은 고기를 소화할 수 없고 야채를 먹음직스럽게 생각하지 않는다. 아편 양귀비는 모르타르에 갈아서 물과 꿀을 넣어 끓인다. 그들은 입과 목 둘 다 유익하고 폐와 위를 돌본다. 3년 동안 은둔 생활을 한 후, 아무런 연락도 없이 불교 신자들은 결국 말하는 법을 잊게 된다. 그러나 이 음료를 한 잔 마신 후, 그들은 기뻐서 웃지 않을 수 없다. 지금 나는 영천에 왔으니, 노산을 여행하면서 [내가 본 대로] 한다."

소철의 시는 아마도 중국 농경 경제에 아편 양귀비가 포함된 것은 물론 불교 의료 관행을 보급하는 문인들의 역할에 대해 조명하는 가장 이른 유익한 자료일 것이다. 그 시는 어떻게 해서 허난성[河南省]의 양귀비 재배가 광범위하게 퍼지지는 않았지만 어떤 농부들, 즉 그의 정원사가 저장할 수 있는 작물로 아편 양귀비의 재배에 관심을 갖게 되었는지 보여준다. 그의 조언에 따라 소철은 아편 양귀비 재배에도 착수했고 영천의 다른 가족들에게도 양귀비를 재배하도록 장려했다. 이 시에는 불교 승려들의 방식으로 소비되면 그 꽃은 노인들을 돌보는 의료적 성질을 갖고 있다는 것을 지역사회에 알리려는 소철의 관심을 잘 보여준다. 이

시로, 소철은 장시성 불교 수도원의 일반적 관행이 하남성에 있는 특정 지역사회의 건강관리 관행으로 확산되는 데 기여했다

소철의 시에서 묘사된 사례와 유사하게, 양귀비는 이러한 습성이 불교 사찰에서 퍼지면서 양쯔강 유역을 따라 정착한 공동체의 지방 식단에 통합되었다. 주자지[周紫芝, 1082~1155]의 시에 기록된 것처럼 안후이 지방에서도 그랬다. 주자지는 송과 진의 경계에 가까운 회남의 의성에 살고 있었고, 그의 시에서는 이 전쟁으로 피폐해진 지역의 험악한 삶의 조건을 묘사하고 있었다. 이 시들 중 하나인 "앵속장성(罌粟漿成)"에서 주자지는 그 꽃이 어떻게 특히 기근으로 고통받는 가족들 사이에서 행운의 징조로 여겨지기 시작했는지를 묘사하고 있다.

"유씨의 집에서는 열 끼 중 아홉 끼는 고기가 없고 곡식 비축량이 부족하지만 아침은 씨앗이 무르익은 양귀비가 자기 집 담벼락 옆에서 많이 자라 자녀들에게 갑작스런 부를 가져다준다. 이것은 그들에게 가장 좋은 꽃무늬보다 꽃을 더 아름답게 만들어준다. 양귀비를 보자 가마솥을 돌려 요리하기 시작한다. 그들은 한 번 마시고, 맑은 버터가 그들의 입에 활력을 불어 넣는다. 그들은 다시 마시고 저녁 안개가 그들의 아침 배고픔을 덮는다. 비록 맛이 싱거워 보일지 모르지만 열매는 귀하고, 그 따뜻함이 간 노인의 비장을 회복시키는 데 도움이 될지도 모른다."

이 시는 안후이 지역의 가난한 가정들 사이에서 작물로서 아편 양귀비의 중요성이 증대되고 있음을 반영하고 있다. 그것은 또한 노인들의 소화기 질환을 치료하기 위해 사용되었음을 나타낸다. 이 가족들은 노산의 스님이 그랬던 것처럼 양귀비를 맑은 버터와 함께 먹었다. 또 다른

시 "양귀비 재배"(종앵속)에서 주자지는 이러한 연관성을 더 잘 보여준다. 이 시는 주자지가 집을 확장할 나무를 얻기 위해 대나구를 심는 것을 고려했던 그의 집 옆에 어떻게 약간의 양귀비 텃밭을 받았는지를 보여준다.

그러나 노인은 동네 농부와 이 선택지를 상담하던 중 야심찬 계획을 가진 그를 비웃으며 대신 아편 양귀비를 심으라고 주자지에게 권했다. 농부의 생각으로는 대나무가 충분히 커지기까지는 몇 년이 걸리겠지만, 아편 양귀비는 불과 몇 달 만에 자라서 스님의 죽을 만들기 위해 투명한 버터로 요리할 수 있는 씨앗을 제공할 수 있을 것이라고 한다.

결국, 그 시대의 문인들은 중국 남부의 지역사회가 어떻게 아편 양귀비를 기호식품으로 그들의 식단에 포함시킨 과정을 보여준다. 장시성 임천(臨川)에서는 사과(謝邁, 1074~1116)라는 지역 학자가 '앵속탕'의 쓴맛을 찬양하는 시를 썼는데, 마찬가지로 이미손(李彌遜, 1090~1153)이나 홍활(洪)活과 같은 후기 문인들도 논평에 대해 썼다. 아편 양귀비가 이런 식으로 소비된 지방 불교 사찰들은 양쯔강 유역의 미식에 양귀비가 통합되는 데 큰 도움이 되었는지도 모른다. 어떤 경우에, 그러한 미식가적 학자들은 또한 의학적인 기초를 가지고 있었을지도 모른다. 자소(紫苏)라는 시에서 장보(章甫 ?~1185)는 아편 양귀비 씨앗, 생강, 꿀을 섞은 두부를 언급한다. 장보의 시는 중국 남송요법의 일상적인 건강관리에서 식생활과 약물이 어떻게 얽혀 있었는지, 의학적 특성 때문에 지방 식단에서. 아편 양귀비가 어떻게 제자리를 찾았는지를 보여준다.

11세기 후반과 12세기 초반의 중국 문인들의 증언은 노인들 사이에서 아편 양귀비의 예방적 소비와 같은 의학적 관행이 어떻게 종교적이든 세속적이든 다른 사회 집단으로 옮겨갈 수 있는지를 보여준다. 위의 사례에서 중국 전역의 여러 공동체들이 서로 다른 불승이나 사찰과 접촉할 때 아편 양귀비를 식단에 포함시켰다는 것은 명백해진다. 이러한 보급은 결국 남송 때 양귀비의 약용에 있어서 중요한 변화, 즉 설사와 기침 치료에 양귀비를 응용하는 쪽으로의 전환으로 이어진다.

아편을 피우기 시작한 것은 명말청초, 1600년대인 것 같다. 너도나도 손을 대었고 청 옹정제는 마침내 1729년 아편무역을 금지시킨다. 뒤를 이은 건륭제와 가경제는 금연령을 내렸다. 그러나 밀수가 폭발적으로 늘어났다.

아편과 군벌

군벌[軍閥]이란 강대한 군사력을 배경으로 정치적 특권을 장악한 군인집단을 가리킨다. 중국에서는 당(唐)나라 때부터 군벌이 존재한 것으로 알려져 있으나, 중국의 전제왕조가 문관우월주의(文官優越主義), 정치와 군사의 분리를 원칙으로 하였으므로 청조(淸朝) 이전의 군벌은 예외적이며 일시적으로 존재하였다. 따라서 일반적으로 중국의 태평천국(太平天國)을 토벌하기 위하여 증국번(曾國藩)·이홍장(李鴻章) 등이 향용(鄕勇)을 모체로 하여 조직한 의용군인 상군(湘軍)·회군(淮軍)에서 군벌의 싹이 움텄다. 이어 신해혁명(辛亥革命) 후에는 토착지주의 무장(武裝)을 기반으로 각 지역의 특수성에 맞는 중층적(重層的)인 군벌지배체제가 출현했고 수많은 '토황제(土皇帝)'가 탄생하였다는 말이 떠돌았다. 이 무렵의 군벌 할거는 열강(列强)이 각기 세력 범위를 분할하고 있던 반식민지 상태의 중국에서 지주계급과 제국주의의 이익을 옹호하기 위한 지배형태였다고 할 수 있다. 그러나 중국의 군벌은 청·일전쟁 이후에 조직된 북양군벌(北洋軍閥)에 이르러 비로소 군벌이 진정으로 힘을 얻었다. 위안스카이[袁世凱]가 북양군의 힘을 빌어, 수립된 지 얼마 안 된 중화민국의 정치권력을 탈취한 후 1927년 국민정부가 수립될 때까지 중국의 중앙 및 지방의 권력을 장악한 것은, 북양군벌집단의 각 파와, 이와 대립하고 있던 크고 작은 지방 군벌들이었다. 장제스[蔣介石]의 국민당정권도 군벌적인 색채가 농후했다. 그들은 태평천국사건 후 자주 일어난 농민혁명과 심하게 대립하는 가운데 지주제도나 이것을 토대로 하는 전근대적인 여러 관계를 그대로 유지하려 하였다. 군벌의 수령과 각급 지휘관의 유대도 사제지간이나 혈연·지연 등 전근대적인 사적 관계로 이루어져 있었고, 지휘관과 병사의 관계는 마치 지주와 농노와의 관계 같았다. 각 지방군벌들은 각 지방에 대하여 이권을 가지고 있는 여러 제국주의 국가들로부터 차관이나 무기원조를 받아 각 지방에 할거 독립하고 있으면서 보다 강대한 지반과 권력을 향해 내전을 되풀이하고 있었다. 이러한 특이한 현상에는 복수의 제국주의 국가들이 중국 내부의 지배세력을 지주(支柱)로 삼아 중국을 지배하기 위하여 대립하고 있었던 반식민지적인 조건 등이 그 배경으로 작용했다. 지방 군벌이 약체화된 것은 국민당정부의 무력통일의 강행과, 중·일전쟁 때 일본군의 공격에도 그 원인이 있지만, 군벌지배에 종지부를 찍은 것은 역시 지주적인 토지소유를 전국적으로 일소한 토지개혁 때문에 있었던 것으로 생각된다.

군벌들은 어떻게 해서 무기들을 구입하고 군대를 먹여 살리고 봉급을 주었던 것일까? 사실 군벌은 재정을 상당부분 아편에 의존하고 있었다. 아편이 없었다면 군벌도 생기기도 오래 생존하기도 힘들었을 것이다.

아편은 군벌에 필수적이었다. 군벌들 사이의 많은 군사 투쟁은 아편 무역을 둘러싼 투쟁이었다. 그들은 군벌 군대의 자금 조달에 있어서 아편은 절대적으로 중요했다. 군벌들은 중앙정부의 명령에 복종하지 않았으므로 그들은 중앙정부로부터 돈을 받지 못했다; 대부분은 자신의 영역을 착취하여 그들의 군대를 지원했다. 군벌 군대는 착취할 영토가 없는 한 일시적으로만 생존할 수 있었지만, 이 상태가 너무 오래 지속되면 군대는 해체되어 하위 지휘관들이 새로운 후원을 찾거나 아니면 착취할 자신의 영토를 찾아 스스로 군벌이 될 것이다. 아편은 군벌들이 자기 영역을 착취하는 가장 쉬운 방법 중 하나였다. 아편은 농민들로부터 몰수할 수 있는 가장 귀중하고 교환이 쉬운 물질이었으며, 다른 군벌 화폐인 총과 쉽게 교환되었다. 그것은 군대에게 돈을 지불하는 받아들일 수 있는 방법이었고 재정적인 독립의 원천이었다. 아편 수입 몫이 없이는 어떤 지방 정부도 존재할 수 없다. 중앙정부가 한 지방의 아편 공급을 통제할 수 있다면 그 지방은 결코 성공적으로 반란을 일으키기를 바랄 수 없다.

아편은 쉽게 걷을 수 있는 형태의 돈이었다. 아편은 중국 농촌의 많은 지역에서 돈이었고, 아편은 거의 모든 마을에서 가장 많은 양의 동산 부를 상징했다. 31개의 다른 아편세에 대한 이름들이 있었다. 아편세는 여러 지역에서 사용되었고 의심할 여지가 없었다. 그것은 또한 군벌 지휘관들이 이 혼란스러운 통화 시대에 쓰기 가장 쉬운 형태의 돈이었다. 아편은 은이나 총으로 바꾸기 쉬웠으며, 중국 서부의 많은 지역에서 은행제도의 근간이었기 때문에 군벌들이 보다 형식적인 경제로 진출할 수 있도록 했다.

아편을 손에 넣는 가장 쉬운 방법은 단순히 압류하는 것이었다. 아편은 매우 집중된 부의 형태였고 중국 여러 지역에서 몰수할 수 있었다. 긴 행군에서 공산당 군대는 주로 지주들의 재산을 몰수하여 자금을 조달받았고, 중국 서부에서 이것은 아편을 의미했다. 사천성-산시성(섬서성) 농민 노동자 은행은 20만 근(斤)의 아편(근당 3위안)을 자본으로 갖고 있었고, 아마도 많은 공산당 은행들도 마찬가지일 것이다.

다른 사람들(지주나 경쟁 군벌)이 아편을 걷지 않는다면 군벌은 스스로 몰수해야 할 것이고, 아편은 농민들로부터 '돈'을 갈취하는 가장 쉬운 방법이었다. 낙후된 농촌에서 도시로 이동하면서 가치가 더해진 몇 안 되는 형태의 돈이기도 했다. 아편 몰수는 중국에 군벌들이 있는 한 흔히 볼 수 있는 착취의 형태로 남아 있었지만, 권력과 정당성이 거의 없는 정권에 가장 적합한 방법이었다.

문화 대혁명

문화 대혁명(文化大革命)은 1966년 5월부터 1976년 12월까지 중화인민공화국에서 벌어졌던 사회·문화·정치상의 소란으로, 공식 명칭은 무산계급문화대혁명(無產階級文化大革命)이고 약칭은 문혁(文革)이다.

이 운동은 1966년 5월 16일 중국 공산당의 중앙위원회 주석이었던 마오쩌둥의 제창으로 시작되었다. 그는 부르주아 계급의 자본주의와 봉건주의, 관료주의 요소가 공산당과 중국 사회 곳곳을 지배하고 있으니 이를 제거해야 한다고 주장하였다. 또한 중국의 청년 학생들과 민중들이 사상과 행동을 규합해 인민민주독재를 더욱 확고히 실현키 위해 "혁명 후의 영구적 계급 투쟁"을 통해 이런 것들을 분쇄시켜야 한다고 하였다. 이는 중국 전역에서 벌어진 홍위병의 움직임으로 구체화되었다. 1966년 5월 중국 공산당 정치국 확대 회의에서 "학술적으로 권위 있는 부르주아 반동 입장들을 철저하게 폭로하고, 학술계·교육계·언론계·문예계와 출판계의 부르주아 반동 사상을 철저하게 비판하여, 이러한 문화영역에서 영도권을 탈취하자"는 《중국 공산당 중앙위원회 통지(中國共產黨

中央委員會通知)》 혹은 《5.16통지(五一六通知)》가 제출되면서부터 1976년 모택동이 사망할 때까지 계속되었다.

그렇지만 통지 이전에 1966년 5월 7일, 마오쩌둥은 국공내전의 영웅인 2인자 린바오(임표林彪)에게 보내는 편지 형식으로 앞으로의 문화대혁명의 로드맵이라 할 수 있는 '5.7 지시'를 내놓는다. 문화대혁명의 목표와 목적을 알 수 있는 가장 명확한 글이라고 볼 수 있다. 그 내용은 다음과 같다:

1. 세계대전의 유무와 관계없이 '큰 학교(大學校)'를 만들자.
세계대전이 발생하지 않는다는 조건하에서 군대는 큰 학교여야 한다. 하지만 제3차 세계대전이라는 조건 아래에서도 군대는 큰 학교가 되는 것이 가능하고 전쟁을 수행하는 것 이외에도 각종 공작이 가능하다. 제2차 세계대전 8년 동안 각 항일근거지에서 우리는 그 같이 행동하지 않았는가?

2. 군대는 '큰 학교'가 되어라!
이 큰 학교는 정치를 배우고 군사를 배우며 문화를 배운다. 더욱이 농업 부업생산에 종사할 수 있다. 일부 중소공장을 설립하여 자신이 필요로 하는 약간의 제품이나 국가와 등가교환하는 제품을 생산할 수 있다. 이 큰 학교는 대중공작에 종사하고 공장, 농촌 사회주의 교육운동에 참가한다. 사회주의 교육운동이 끝난 후 수시로 이루어지는 대중공작을 통해 군과 민이 영원히 하나가 될 수 있다.

또한 수시로 부르주아계급을 비판하는 문화혁명의 투쟁에 참가한다. 이렇게 하면 군이면서 학(學), 군이면서 농(農), 군이면서 공(工), 군이면서 민(民)이 되는 것이 전적으로 가능하다. 물론 어느 정도까지 하느냐는 것은 적당해야 하는데 주종이 필요하다. 농, 공 민 3자 가운에 한 부대는 단지 하나 혹은 둘만 겸할 수 있지 동시에 모두를 겸할 수는 없다. 이럴 경우 수백만의 군대가 수행할 수 있는 역할은 매우 클 것이다.

3. 노동자가 수행해야 할 것

똑같이 노동자도 이와 같이 해야 하는데 공업을 주로 하고 겸하여 군사, 정치, 문화를 학습한다. 사회주의 교육운동을 하고 부르주아계급 비판도 하지 않으면 안된다. 조건이 맞을 경우 다칭유전과 같은 부업생산에 종사할 필요가 있다.

4. 농민이 수행해야 할 것

(인민공사의) 농민은 농업을 주로 하고 겸하여 군사, 정치, 문화를 학습해야 한다. 조건이 맞을 경우 집단으로 소공장을 경영하고 부르주아계급도 비판한다.

5. 학생이 수행해야 할 것

학생도 동일하다. 학을 주로 하고 겸하여 별도의 것을 배운다. 문(文)을 배울 뿐만 아니라 공을 배우고 농을 배우며 군을 배우고 부르주아계급 비판도 한다. 학제는 단축하며 교육은 혁명할 필요가 있다. 부르주아 지식인이 우리 학교를 통치하는 현상이 계속되어서는 안된다.

6. 3차산업이 수행해야 할 것

상업, 서비스업, 당정기관 공작인원은 일정의 조건하에서 역시 이와 같이 해야 한다.

7. 이 구상의 성격에 대하여

이상 서술한 바는 이미 새로운 의견이거나 창조하고 발명한 것이 아니라 오랫동안 많은 사람들이 이미 이렇게 한 것이다. 단지 보급되지 않았을 뿐이다. 군대의 경우 이미 수십년 동안 이렇게 해 왔고 현재 더욱 발전시켜야 할 뿐이다."

(출처: 야부키 스스무, '문화대혁명'(손승희 옮김))

1966년 8월 8일 중국공산당 중앙위원회는 《중국 공산당의 중앙위원회의 프롤레타리아 문화 대혁명에 관한 결정》, 약칭 《16개 항》을 발표하였다. 이 문건은 문화 대혁명을 인민들의 혼까지 와닿는 혁명이고, 중국의 공산주의 혁명사에 새로운 장을 연 것이라고 정의했다.

"1. 부르주아 계급은 타도되었지만, 이들은 아직도 다른 계급을 착취하던 낡은 이념, 문화, 풍속, 관습을 이용하여 대중을 타락시키고, 그들의 마음을 사로잡아서 역사를 되돌리려 하고 있다. 프롤레타리아 계급은 이것의 반대로 해야만 한다. 프롤레타리아계급은 이념면에서 당면의 모든 부르조아 계급의 도전에 응전해야하며, 프롤레타리아의 새로운 이념, 문화, 관습, 습관을 이용하여 모든 사회의 정신적 시야를 바꾸어야 한다.

현재로서는 우리의 목표는 자본주의의 길을 걷는 모든 당국자들과 투쟁하여 이들을 분쇄하는 것이고, 반동적인 부르조아 학문의 권위자들과 부르조아 계급이나 다른 모든 착취 계급의 이념을 비판 및 규탄하고, 공산주의적 경제 토대와 맞지 않는 교육, 문학, 예술, 그리고 모든 상부구조를 변환하여 공산주의 체제를 공고히 하고 발달을 촉진하는 것이다.

2. 노동자, 농민, 군인, 혁명 지식인, 혁명 간부 등의 대중이 이 대문화 혁명의 주력을 이루고 있다. 이전에 알려지지 않았던 많은 혁명적인 젊

은이들은 용감하고 대담하게 길을 닦는 자들이 되었다. 지금 전개되고 있는 대 프롤레타리아 문화대혁명은 바로 그들의 혼을 건드리어서 우리나라의 사회주의 혁명 발전의 새로운 무대, 보다 깊고 광범위한 무대가 되는 위대한 혁명이다.

문화대혁명은 혁명이기 때문에 필연적으로 저항과 만나게 된다. 이러한 저항은 주로 당에 들어가 자본주의의 길을 걷고 있는 권력자들로부터 나온다. 그것은 또한 사회의 오래된 습관의 힘으로부터 온다. 현재 이 저항은 여전히 상당히 강하고 완고하다. 그러나 프롤레타리아 문화대혁명은 결국 거부할 수 없는 대세다. 그런 저항은 일단 대중이 완전히 봉기하면 금방 무너질 것이라는 증거가 풍부하다.

9. 문화혁명단체, 위원회, 대표대회

프롤레타리아 문화대혁명에서 많은 새로운 것들이 나타나기 시작했다. 많은 학교와 단위에서 대중이 만든 문화혁명 집단, 위원회, 그리고 그 밖의 조직 형태는 무언가 새롭고 역사적으로 매우 중요하다. 이러한 문화 혁명집단, 위원회, 그리고 대표는 공산당 지도하에 대중이 스스로 교육하는 아주 새로운 형태의 조직이다. 그것들은 우리 당이 대중과 긴밀한 관계를 유지하도록 하는 훌륭한 교량이다. 그들은 프롤레타리아 문화대혁명의 권력기관이다. 문화혁명단체, 위원회, 대표는 임시조직이 아니라 영구적이고 상설적인 대중조직이어야 한다. 대학, 학교, 정부 및 기타 조직뿐만 아니라 일반적으로 공장, 광산 및 기타 기업, 도시 지역, 마을에도 적합하다. 문화혁명단체와 위원회, 문화혁명대회 대표 등을 선출하기 위해서는 파리 코뮌과 같은 총선제도를 도입할 필요가 있다."

이 결정은 이미 존재하고 있던 학생운동을 노동자, 농민, 그리고 병사들이 집단이 참여하는 전국규모의 대중운동으로 끌어올렸다. 이들은 "상부구조를 전환시키기" 위해 대자보와 논쟁을 사용했다. 문화 대혁명의 주 목표중의 하나는 4개의 낡은 것(사구, 四舊)을 척결하는 것이었다. 이것은 낡은 사상(舊思想), 낡은 문화(舊文化), 낡은 풍속(舊風俗), 낡은 관습(舊習慣)을 말한다. 이 결정문은 중화인민공화국 건국 이래 인민에게 최대의 표현의 자유를 보장하였다. 제16항이 규정한 자유는 후에 중화인민공화국 헌법의 대민주(大民主)의 4대자유(四大自由)로 규정되었다. 자유롭게 말할 권리(대명, 大鸣), 자신의 견해를 발표할 수 있는 권리 또는 다른 사람과 단결할 수 있는 권리(대방, 大放), 대자보를 쓸 수 있는 권리(대자보, 大字報), 그리고 논쟁을 할 수 있는 권리(대변론, 大辯論)였다.

모택동의 5.7지시와 16개항은 문혁에 불을 지르고 그 방향을 결정하는데 커다란 영향을 주었다. 마오쩌둥에 의해 초안되고 중앙청 중앙위원회가 승인한 이 16개조 문서는 문화대혁명의 정치적 가치와 목적을 조기에 표현한 것이다. 구체적인 실례로서 산동성지모구(山东省即墨区)에서 문혁 동안 어떤 일들이 일어났는지를 살펴보자. 이하의 내용은 한둥빙(한동병(韩东屏)의 저서 《The Unknown Cultural Revolution: Life and Change in a Chinese Village》(《不为人知的文化大革命一个中国村庄的生活与变化》) 에 기초한다.

문혁기의 지모구의 변화

문혁기의 정치적 역학관계의 변화

문화 대혁명(文化大革命) 초기에 4개의 낡은 악(惡). 즉 '구사상(旧思

想)'·'구문화(旧文化)'·'구풍속(旧风俗)'·'구습관(旧习惯)'인 사구(四旧)가 혁명의 주요 목표가 되었다. 문화혁명 시기 인민의 완전한 언론·조직 활동을 보장해 기득권 세력을 타도하기 위한 해법으로 마오쩌둥은 4대 민주, 또는 4대 자유로 불렸던 대명(大鳴·자유로운 발언)·대방(大放·자유로운 조직과 활동)·대변론(大辯論·자유토론)·대자보(大字報·벽보 붙이기)를 제안했다.

사실상 당시에 지방 공산당 간부들은 독립왕국(独立王国)의 토황제(土皇帝)라고 불릴 정도로 전제적이고 자의적인 권력을 행사했다. 민가사유지 불가사지지(民可使由之不可使知之) 즉 백성(百姓)을 따라오도록 할 수는 있어도, 그 이유(理由)를 알게 하기는 어렵다) 고 하여 간부들이 자의적으로 정책을 결정하고 밀어붙이는 관행이 만연했다. 국공내전 시기에 공산당은 압도적인 미국 무기로 무장한 화력을 가진 국민당에게 쫓기면서 촌민들의 도움을 받고 결국 일어서서 승리할 수 있었다. 그렇지만 내전이 끝나고 나서 공산당 간부들은 도시로 이사하고 촌민들과는 멀어졌다. 중국에서 촌민들은 도시민들에 비해 2등 시민이었다. 공산당 치하에서 촌사람들은 향파로(乡巴佬)라고 불리워서 멍청하고 무식한 자들로 취급되었다.

지모구에서는 1960년대 초에 정부는 농부들로부터 밀을 구매했지만 비료 값과 삽 값은 그에 비해 한층 더 비쌌다. 지모의 농부들은 밀을 생산했지만 특별한 날 이외에는 밀 빵을 먹을 수 없었다. 그와는 대조적으로 산동성의 도시민들은 농촌 지모 사람들보다 훨씬 더 나은 식사를 할 수 있었다. 그들의 곡물 소비 비율은 70%의 밀가루와 나머지 30%의 쌀, 기장, 콩 및 옥수수 가루로 이루어졌다. 농부들은 닭과 돼지를 키웠지만 그들은 중국 춘절 같은 특별한 날에만 고기를 먹을 수 있었다. 도시 노동자들은 무료 의료를 받고 그 가족들은 국가로부터 의료 비용의 50%를 보조받았다. 문혁 이전에는 중국의 농촌에는 의료보험도 근대적인 의료도 없었다. 도시 노동자들은 유급 휴가, 주말, 유급 병가, 퇴직보험를 받을 수 있었다. 농촌 사람들에게는 이런 혜택이 전혀 없었다. 정부는 도시에서는 급속하게 교육 기회를 확대시켰지만 지모 같은 농촌에서는 학교가 비좁다는 이유로 많은 아이들에게 정규교육 기회가 주어지지 않았다.

내전이 끝난 후에 공산당원에게는 리스크는 적고 혜택은 많아졌다. 또한 새 당원들을 거의 가입시키지 않았다. 그래서 구당원들은 농촌의 권력을 독점할 수 있었다. 부패와 권력 남용이 공산당 지도부에서 만연하고 광범위하게 퍼졌다. 그들은 일본군 그리고 꾸민당과 싸운 공신(功臣)이었고 지금 특권을 누릴 자격이 있다고 생각했다. 그들은 사대부처럼 호사스럽게 살 권리가 있다고 느꼈다. 촌민들이 정치적인 통제를 할 수 없었기 때문에 압제, 부패 및 권력 남용을 방지할 수 없었다. 1950년대의 농촌 집체화로 공산당 간부들의 권력은 더욱 커지고 견제는 더욱 어려워졌다. 새롭게 조직된 집단농장에서 공산당 간부들은 집체화로 농민들에 대해서 막강한 권한을 획득했다. 그들은 이 집단농장의 곡물생산을 관리했다. 촌민들에게 책임을 지지 않는 당간부들의 손에 권력을 쥐어줌으로써 대약진 기간 동안 농촌에는 비극적 결과들이 발생했다. 촌민들이 간부들을 감독할 수 없었기 때문에 당간부들은 촌민들이 그들을 비판하는 것을 용납하지 않았다. 문혁 이전에 부패와 권력 남용의 문제가 없는 곳은 단 한 군데도 없을 정도였다. 그렇지만 중국에는 수천 년간 관에 복종하는 문화가 강고했다. "노실상상재 강강화해다(老实常常在, 刚强祸害多)"라고 하여 복종하면 살아남고 강직하면 화와 해가 많다는 사고방식이 뿌리 깊게 박혀 있었다. "역래순수(逆来顺受)" 즉 압제를 참고 견디어야 한다고 하여 복종이 체질화 되었다. 그것이 살 길이었다. 그렇지만 개인의 살 길을 찾으면서 복종적이 되면서 관리들은 더욱 오만해지고 안하무인 된다. 더구나 관리들은 서로를 비호하는 "관관상호(官官相护)"라는 전통이 있었다.

이러한 악폐는 문혁 중에 대변혁을 겼었다. 양판희(樣板戲)는 문화대혁명 시기 창작된 희곡 작품으로 모범극으로서 1969년 이후 강청의 지도 아래 모범작으로 선별된 여덟 편의 작품을 가리킨다. 그중 「지취위호산 智取威虎山」「홍등기 紅燈記」「사가병 沙家浜」「해항 海港」「기습백호단 奇襲白虎團」 등 다섯 편이 현대 경극이고, 이밖에 두 편의 발레극과 한 편의 교향곡이 있었다. 이들 작품은 모두 '사회주의 영웅의 형상'을 우선적으로 그리고 긍정적으로 그려내고, 주제를 먼저 결정한 뒤 작품의 등장인물과 줄거리를 구상한다는 사인방 나름의 문예 이른에 입각하여 만들어졌다 문혁 당시 관방의 견해에 따르면, 양판희는 '무산계급혁명문예의 빛나는 전범'으로, '무산계급문화대혁명의 휘황찬란한 성과'이자 '모택동 사상의 위대한 승리'라고 평가된다. 여기서 말하는 '빛나는 전범'은 양판희의 '양판'과 동의어이다. 문혁주도세력은 한편으로 는 이른바 '착취계급의 문예'를 '大破'하면서 한편으로는 '무산계급의 문예'를 '大立'하였는데, 그 '대립'의 '휘황찬란한 성과'가 바로 양판희였다.

양판희와 모택동 어록은 민주적 정치문화 그리고 관리에게 엄격하게 요구되는 행동 코드를 촉진하는데 기여하였다. 공산당원들은 역경을 먼저 받아들이고 나중에 즐기라는 요청을 받았다. 양판희에서 강조하는 전범은 관리가 따라야 할 모범을 제시하는 한편 일반 공민이 관리를 평가할 잣대를 제공하였다. 물론 양판희는 외부세계와 교육받은 엘리트 계층에게는 모택동 개인숭배로 비추어졌지만 그것들은 공민들에게 관리에 대한 평가 잣대를 제공하였다. 관리는 더 이상 위에서 군림하는 자가 아니었다. 또한 마오의 저작들은 농촌 사람에게 사실상의 헌법 역할을 하였고 그래서 사실상 정치적 무기가 되었다. 문화혁명은 일반 평민이 관리들에 대해 들고 일어난 혁명이라고도 볼 수 있다. 모택동의 유명한 슬러긴 "위인민복무(为人民服务)"는 문혁 중 인민들이 암기하던 3가지 슬로건들 중 하나이다: 공산당과 인민군은 오직 인민에 봉사하기 위해 존재하고, 공산당과 인민군은 비판을 두려워해서는 안 되며 그것을 받아들이고 그것에 입각해서 행동해야 한다 그리고 인민은 상관을 비판할 권리가 있다. 세 번째, 모든 혁명가들은 지위나 계급에 관계없이 평등하다.

빈하중농협회(贫下中农协会) 즉 빈농과 하층, 중농 협회가 세워지고 농촌 인구의 90% 이상 참여하였다. 그들은 집단 농장의 금융 거래에 관해서 매월 발표할 것을 요구하였다. 생산대(생산팀)는 대위회(队委会) 즉 생산대 관리 위원회에 대표를 선발하여 참석시켰다. 만인대회가 조직되어 매년 초봄 대중 집회로 개최되었는데 생산대 지도자들이 생산목표와 계획에 관해 일반 촌민과 소통할 목적의 포럼으로도 기능하였다. 4级 간부 대회도 문혁의 민주적 지향을 나타내는 대회였다. 문혁 당시 임표와 공자를 비판의 중심적 목표는 촌민들이 우둔하지 않다는 것을 증명하고 "상존하비(上尊下卑)"로 표현되는 중국 문화에서의 엘리트주의를 비판하는 것이었다. 이제는 간부들도 생산에 참여해야 되었다. 부패하고 농장 일에 전혀 참여하지 않았던 촌 당지도자들도 누구나 육체노동에 참여해야 했다.

문화혁명기의 교육 개혁

1) 수많은 촌 청소년들이 중학교와 고등학교 진학할 수 있게 되었다.

대학입시 개혁으로 수많은 교육받은 젊은이들이 도시에서 농촌으로 내려오거나 돌아왔다. 문혁 당시에 이전 시기보다 30배 이상의 학교와 10배 이상의 교사를 통해 지식인들이 배출되었다. "지식인"은 박사학위를 2개나 가진 사람을 의미하지 않는다, 일상의 사람들의 지적 수준은 훨씬 낮았고, 1960년대 중국 시골지역에서는 훨씬 더 낮았다. 교육받은 교사들을 고향으로 돌아가게 하기 위한 광고 노력이 주효하여 실력 있는 교사들을 구할 수 있었다. 즉 개인주의 문화와 반대로 사회주의적 문화, 많은 관립학교 교사들 사이에서 인기가 없는 이 정책은 지모의 공동 마을 중학교에게는 횡재로 판명되었다.

학교들은 또한 입시라는 불합리하고 엘리트주의적이며 반지성적인 강조를 끝냈다. 이 정책은 자리가 매우 적었을 때만 필요한 것이었다. 그러나 문혁 시대에는 "7개 마을의 모든 초등학교 졸업생은 아무런 시험도 치르지 않고 자동적으로 중학교에 입학하게 된다."

1968년에 마오는 믿을 수 없을 정도로 급진적인 일을 했다. 그는 노동자와 농부들이 교육에 관여할 것을 제안했다. 즉, 그는 교육에서 기술관료 엘리트주의와 싸웠다. 이것은 반드시 교과 과정에 혁명을 일으키며, 부정할 수 없을 만큼 민주적인 것이다.

"전통적인 중국 관념에서 보면, 교육을 덜 받은 농부들과 노동자들이 교육 개혁을 이끌도록 허용하는 것은 터무니없는 일이었다. 교육을 덜 받은 사람들이 어떻게 교육을 더 잘 받은 사람들을 이끌 수 있었을까 기본적으로 이것은 철학적인 질문이었다. 이 비판은 중국 교육 엘리트들의 오만함과 지식에 대한 좁은 사고방식을 반영했다. 이러한 노동자들과 농민들은 공식적인 교육을 받지 않았지만, 그들이 가진 것은 실용적인 지식과 교육에 대한 다른 관점이었다. 그들은 중국 학교와 사회에서 전통적인 편향과 편견을 맞받아냈다. 왜냐하면 그들은 자신들이 교육개혁에 사명을 가지고 있다고 느꼈기 때문이다. 조롱에도 불구하고 그들은 물러서지 않았다. 그들은 학생들과 선생님들과 함께 계속 일했다."

농민들은 학생들과 함께 일하며 존경을 받았다. 그것은 혁명적이며, 그렇게 해서 도농의 문화적인 격차를 줄일 수 있다. 중국 베이징의 몇몇 교육 엘리트들이 만든 교과서는 사라졌는데, 사회주의가 "중앙 계획"이 아니라 "지역 통제와 지방 시행"이라는 것을 증명하기 위해 현지인들이 새로운 교과서와 교과서를 만들었다.

2) 지방의 필요에 맞추어진 실용적인 교과과정

교과과정에 부기와 회계와 같은 실용적인 수학이 도입되었고, 학생들은 농부들과 함께 일하면서 농학[農學]을 배웠으며, 응용과학은 농촌 산업과 농장에서 발견되는 것과 같은 작은 규모의 기계와 엔진을 연구함으로써 발전되었다. 물리학 대신에 기계와 펌프를 연구했다; 분석적인 것보다 실용적인 것이 우선했다. 그들의 가난을 고려할 때, 이러한 실질적인 지식은 초기 농촌 산업과 대약진 후 재집체화된 농장에서 크고 즉각적인 영향을 미칠 것이었다. 아이들은 농업, 기계 및 산업 기술을 습득하였고 중학교와 공동체 고등학교는 기술 노하우를 전수하고 디젤 엔진, 전기 모터 물 펌프 라디오 등 수선 방법을 습득하였다. 문화 대혁명 기간 중 교육 혁명의 하나로 채택되었던 학교 운영 방법으로, 교실

안에서의 수업뿐만 아니라 공장·농촌에 내려가 학문과 실제를 연계시키고자 한 방식은 '개문판학(开门办学)'으로 불렸다.

"문화혁명 때 체육을 학문보다 더 위로 놓으려는 경향이 있었고, 그 결과 많은 학생들이 육체노동을 너무 많이 배정받았다. 그러나 학문적인 노동과 육체적인 노동의 혼합은 장소마다 그리고 때때로 크게 달랐다. 이러한 활동의 목표는 학교의 연간 수입을 늘리고 학생들의 육체노동에 대한 사랑을 계발하는 것이었다."

1970년대 전반기에 고등학교에서 일주일에 6시간, 즉 전체 학교 시간의 약 7분의 1을 육체노동에 배정했다.

대학에 가고자 하는 꿈이 산산조각 난 개개인의 관점에서 볼 때, 이 대학 입학시험 제도의 개혁은 매우 실망스러웠다. 그러나 농촌 발전의 관점에서 보면, 이 개혁 조치는 아픈 환자를 위한 수혈과 다르지 않게 농촌을 되살리는 지식과 기술을 가져왔다. 모든 학생들은 자격을 갖추기 전에 적어도 2년 동안 농촌이나 공장에서 일해야 했다. 학업성취도는 대학 지원자 선발의 유일한 기준이 아니었다. 학생들은 또한 대학에 가기 전에 좋은 농부이거나 노동자임을 증명해야 했다. 1976년부터 농촌 출신 대학생들은 졸업 후 원래 있던 마을로 돌아가 대학에 보낸 마을 사람들을 섬기도록 했다.

지모 교육개혁의 3대 성과를 보면, 첫째, 교육개혁 중에 건설된 농촌학교들은 많은 수의 지역 청소년들에게 실질적인 산업기술과 농업기술과 지식을 훈련시켰는데, 이는 농촌의 발전에 장기적인 영향을 미친다. 지모에서의 경제 발전은 이 실용적인 지식에 의존했다. 둘째로, 교육 개혁은 이전에 농부들을 얕보았던 교사들의 관점을 바꾸기 시작했다. 그들이 어떤 형태의 육체 노동에 참여해야 할 의무가 있을 때, 그들은 마을 사람들과 다른 노동자들을 존중하는 법을 배웠다. 셋째, 그것은 마을 사람들에게 힘을 주었다. 농민들은 교육받은 교사들과 함께 일하면서 그들을 더 잘 알게 되었기 때문에 더 이상 신비로운 감정을 가지고 교육받은 엘리트들을 보지 않는다. 이것들은 모두 보편적인 문제들이다.

문혁기의 농촌 경제 혁명

문혁 이전 중국에는 소위 "3대차별(差别" 즉 성향(城乡, 도농)차별, 공농(工农 즉 노동자와 농민工人农民)차별 그리고 뇌체(脑体 정신노동과 육체노동) 차별이 만연했다. 문혁기에 이것들은 극적으로 감소했다. 1980년 말까지만 해도 중국의 도시화율은 20%에 불과했다. 문혁이 중국 시골지역에 산업혁명을 가져왔다고 해도 과언이 아니다 - 그것은 정말 중요했다. 문화대혁명 기간 동안 농업 생산량은 두 배 이상 증가했지만 인상적인 농촌 산업이 '미미한 정도에서 그것은 지모 경제의 36%로 성장했다. 이러한 변화는 권한을 부여하는 정치 문화, 집단 조직, 그리고 현대 기법을 이해하고 채택하는 데 필요한 지능을 허용하는 교육의 급속한 향상으로 바뀐 정치 문화 때문이었다. 1960년대 초 농촌산업기업은 10개에 불과했고 253명만을 고용했다. 1976년에는 54,771명을 고용한 2,557개 기업이 있었다. 더 중요한 것은, 교육 개혁은 학교에서 기술 노하우를 습득한 교육받은 젊은이들을 지역 산업들에게 제공했다는 점이다. 단순한 기술의 문제가 아니라, 그것을 실행할 수 있는 사람들의 문제였다.

농업 실험이 행해졌고 신품종 개발 및 신농경법 실험이 행해졌다. 관개와 치수 사업이 착수되고 저수지가 만들어졌다. 전기 펌프를 이용하는 큰 우물들이 파졌고 농촌은 극적으로 기계화되었다. 대부분의 농사일은 1976년까지 기계화되었다. 문혁 10년 동안 트랙터 1800% 증가, 디젤엔진 3,500% 증가, 전기모터 1,600% 증가, 제분 700% 증가, 그라인더 5,100% 증가, 분무기 13,200% 증가 등 모두 10년 만에 엄청난 증가세를 보였다. 1965년에도 시골 지모에서는 여전히 옛날 방식으로 곡식을 가공했기 때문에 여성과 아이들이 갈고 닦는 지루한 잡무에서 해방되어서 가장 큰 혜택을 보았다.

지모구 농기계 사용						
구분	년도 단위	1958	1960	1965	1970	1975
총 마력	마력	1120	6116	8272	25675	116586
대형트랙터	개수	1	54	76	75	1137
	마력	35	1848	3841	3841	25206
소형트랙터	개수				19	231
	마력				168	2503
트럭	개수			2	2	3
				125	125	191
디젤엔진	개수			131	1029	4571
	마력			1842	15294	68858
전기모터				129	309	2116
				1071	3831	18607
가스엔진				258	620	887
				1072	2280	2913
분사장치	개수			7	50	924
그라인더				36	1051	1839
마분궤磨粉机				175	761	1283

(한동병, p.132)

농업생산량은 극적으로 증대되었다. 문혁 동안 지모 구의 수확량은 2배 이상 증가하였고 과학적 실험이 시행되고, 토지 개량 및 관개사업이 실시되고 기계화되;고 화학 및 유기 비료 사용이 늘었다. 밀 생산량은 묘(亩) 단위당 1949년-1965년 동안 69.1kg(흉작인 1960, 61, 62년을 제외하면 74.2kg)에서 1976년에는 180kg으로 증산되었다. 곡식 수확량은 2.12배로 증가하였다.

유명한 모택동의 "5.7지시"는 농부들로 하여금 농업, 임업, 어업. 축산, 농촌 산업 등 동시에 다방면으로 개발하도록 촉구하였다. 이는 "인지제의(因地制宜)" 즉 각지의 구체적인 실정에 맞게 적절한 대책을 세우고, "다정경영(多铮经营)" 즉 많은 사업을 경영하라는 구호로 압축된다.

임업대(林业队)가 조직되어 모래밭에 배, 사과 복숭아나무들이 심어졌고 나무들 사이에 수박(봄)과 땅콩(가을)이 재배되었다. 강둑을 따라 포프라와 느릅나무 그리고 벽오동 등 방풍림이 조성되었다. 나중에 돼지와 염소를 추가하고 나뭇가지를 이용해 바구니 제작하여 남은 것은 시장에 팔았다. 문혁 때 농민들은 자기 텃밭에 야채를 재배하였다. 그들은 겨울에는 밀 여름에는 옥수수를 재배하였다.

지모구의 가축사육 현황을 보면, 1949년 돼지 사육은 총 22400마리에서 1963년에는 14만8000 마리로 증가하였다. 문혁 때에는 돼지들은 유기비료 생산용으로도 사육되어 30만 6000 마리(1967년)에서 34만5400 마리(1973년)에서 다시 42만 200마리(1975년)으로 1963년의 2.8 배로 증가하였다.

토끼 사육은 1만 8700 마리(1957년)에서 3만7500 마리(1963년)에서 30만 마리(1967년)로 증가했다가 그 이후 감소하였다.

닭은 농촌 지역의 단백질원으로서 41만 6700마리 (1957년, 가구당

평균 2.64마리)에서 흉년이 겹쳐 곡식 부족으로 1만 1900마리(1960년)로 감소했다가 37만 1100마리(1970년)에서 76만 9000마리(1980년)로 폭발적으로 늘어났다.

농촌 공업에도 혁명이 일어났다. 농산물은 공업원료를 제공했다.
1960년대 초 오직 253명안 10곳의 공업 사업에 고용되었지만 1966년 15개의 합작 공업사업 신설되었고 1976년 2557곳의 농촌 공업 사업체(마을 평균 2.5개 사업체)가 5만 4771명을 고용하였고 총 소득에서 차지하는 비중은 35.8%로 증가했다. 다른 한편 공업은 농업 발전을 자극했는데 "농기대회전(农技大会战)"이라는 농기구 생산 캠페인을 벌려 농촌의 기계화에 기여하였다.

지모 1인당 연간 곡식 보유량 및 소득 1985							
년도	1958	1960	1965	1970	1975	1980	1985
곡식보유(kg)	288	88	230	232	421	423	386
소득(위안)	27	24	37	50	79.6	117.3	558

(한동병, p.142)

농촌 의료 혁명

문혁 때 양성된 인적 자본은 1980년대 붐을 일으키는데 결정적인 기여를 했다. 질병과 노약은 당사자가 단지 개인적으로 쇠약해질 뿐만 아니라 경제에도 해를 끼친다. 문혁은 도시 독점 의료 프로그램은 비난받게 되었다. 그 의료체계는 1948년 이전보다 개선된 것이지만, 결코 충분하지 않았다. 모택동은 인민병원을 성시노야의원(城市老爷医院) (도시 권세가만을 위한 병원)이라고 비난했다.

1967년에 105곳 마을에서 병원이 건설되었다. 1969년에는 525 곳의 마을에 병원이 생겼고 그 중 238 곳의 마을이 합작의료(合作医疗) 즉 의료보험을 채택하여 촌민들은 연 50센트 보험료를 내었다. 1970년 910 개 마을(지모구의 90%) 자신들의 마을 의원 및 기초 의료보험을 가지고 있었다. 농업에 종사하면서 의료·위생 업무를 담당하는 초급 의료 기술자인 '맨발의 의사(적각의생(赤脚医生))'들은 대부분 교육을 받은 시골 청년들로, 고등학교 시절 기초적인 의학적 훈련을 받은 사람들이었다. 그들은 고등학교에서 초보적 의료 훈련을 받은 사람들로서 졸업 후 고향으로 돌아와 마을 의원에서 복무하였다. 각 마을은 2-3명의 젊은이들을 정규 의료 훈련 과정에 보내어 마을 의원에서 적각의생으로 근무하게 하였다. 그 결과 지모구의 평균수명은 35살(1949년)에서 70.54살(1985년)로 두 배 정도로 길어졌다. 마을 사람들이 병에 걸려 입원할 필요가 있다면, 그 마을은 의료비를 내준다. 마을이 돈을 낼 수 없다면, 공동체가 도울 것이다. 만약 병원비가 마을과 공동체에 비해 너무 커지면, 병원측은 그 비용을 면제할 것이다. .확실히 농촌 협동 의료 체계는 질이 낮았다. 그러나 그것은 지모에 있는 마을 사람들이 가졌던 최고의 의료 체계였고 마을 사람들에게 중요한 서비스와 마음의 평화를 제공했다.

문혁은 유적 파괴 혁명이 아니라 문화존중 혁명

홍위병들은 '사구(四舊, 구사상·구문화·구풍속·구습관)'와 관련된 유적과 유물을 눈에 띄는 대로 파괴했다고 전해진다. 35곳의 국보급 유적지가 파괴되었고 훼멸/소각된 문헌자료와 고서전적은 집계 불가이고 전국의 교회, 사찰, 도관, 고건축: 거의 대부분 훼손되었다고 나온다. 지모의 주요 희생자들은 미신적인 장례식과 결혼식 가게들이었다. 중국공산당은 여러 면에서 낡은 다신교를 공산주의로 대체하려고 노력했다.

문혁 시대에는 백만 명이 중국 도집(中国图集)을 때려 부쉈다
1966년 9월 5일, 중학생 홍위병 조직이나 개인을 주체로 하는 전국대천련(全国大串连)이라고 하는 반란이 시작되었다. 중국 각지의 홍위병들은 서로 성원하여 '천하대란' 목적을 달성할 것을 요구하였다.

1966년 산둥(山東)성 취푸(曲府)에서 홍위병이 중국 산둥성 취푸에 공자의 직계 장자와 장손이 사는 저택인 공부[孔府]의 현판을 부쉈다

1966년 9월 5일 이전에 베이징의 모든 대학들은 문화혁명을 광고하는 포스터를 붙였었다. 이 날부터 CPC 중앙위원회는 중국의 대학과 중학교 대표들이 문화대혁명을 참관하기 위해 베이징으로 갈 것을 요청했다. 만 명 이상의 학생과 교사들이 전국적인 운동에 동원되었다. 전국적으로 홍위병은 집을 떠나 베이징 등 혁명의 성지로 가서 혁명 경험을 교환하고, 혁명의 불꽃을 전국 곳곳에 뿌렸으며, 그것은 '위대한 네트워

킹' 또는 '국가 대 네트워킹'(전국대천련)으로 알려진 대중운동으로 알려져 있다.

수도 외곽의 홍위병 대부분은 마오 의장을 만나 경의를 표하고, 혁명열정과 경험을 나누기 위해 베이징을 최종 목적지로 삼았다. 베이징에 본부를 둔 홍위병들은 특히 징강산(井冈山) 공산당 무장혁명 유적지, 연안[延安]), 대채(大寨), 준의(遵義), 사오산[韶山], 광저우 같은 여러 주요 공산당 성지들을 향해 출발하여 집결했다. 그것은 현재에서 과거의 혁명정신에 다시 불을 붙이는 방식이었다. 12월 1일 선언문에는 베이징, 사오산, 징강산(井冈山)(대천련 운동 기간 중 90만 홍위병들이 방문), 준의, 옌안이 혁명적인 교사와 학생들로 넘쳐났다고 언급되어 있다.

그러나 문혁이 진행되면서 시골 학생들에게 더 많은 자금과 시간과 배려가 주어지면서 농촌 학생들은 마을 밖에서 보조 받는 여행을 즐기기 시작했다. 많은 학생들에게 이것은 가난한 시골 학생들이 세상에 대한 그들의 시야를 넓힐 첫 번째 기회를 갖게 된 것이었고, 그들은 순진하게 진정한 문화적 유산들을 파괴하는 것은 오류라는 것을 즉시 깨달았다. 지모구 젊은이들이 베이징을 여행하고 돌아와 새로운 시각을 갖게 된 이후 문화대혁명은 극적인 전환기를 맞이했다. 독립적 집단 결사들이 생겨났고 학생들이 여행에서 돌아온 후 4대 구악의 파괴가 멈췄다. 그 교훈은 매우 빨리 배워진 것 같다. 즉, "4구"는 기이한 유물로 간주되어야 하고, 심지어 중국의 문화유산의 일부로서도 보호할 가치가 있고, 더 이상 두려워해서는 안 된다. 우상들에게는 힘이 없기 때문이다. 가난한 젊은이들은 그들의 마을이나 마을 밖에서 여행할 수 있는 첫 번째 기회를 얻게 되고, 그 결과는 놀랍게도 그들의 시야를 넓힌다.

이런 여행으로 또한 그들은 어느 정도 온건해졌지만, 농촌과 도시 사이의 생활수준의 격차에 대한 분노를 느끼기도 했다. 새로운 관계가 형성되었을 뿐만 아니라 중국의 현 상황에 대한 진정한 정치적 지식이 농촌의 마음 사이에서 증대되었다.

농촌 공산당 간부들 사이에 만연한 부패에 대해 알게 된 것은 이러한 여행을 통해서였다. 집단 곡식을 훔친 마을 토황제가 다른 사람들의 아내와 함께 잠을 자고 감히 대드는 사람들을 탄압하는 만행을 목격한 젊은이들은 분노하고 문화대혁명을 지속시키겠다는 결의를 불태웠다.

문화혁명 교육개혁은 농촌에 교육받은 청년들을 대거 공급했다. 그들은 학창시절에 농촌에 유용한 것을 배웠고, 졸업 후 고향 마을로 돌아왔을 때 배운 것을 잘 활용할 수 있었다. 도시에서 교육을 받은 젊은이들이 많이 도착하지 않았다면 농촌 지역의 농업 실험과 기계화는 상상조차 할 수 없었을 것이다. 문혁의 근본 목표 중 하나는 지식과 기술을 농촌에 가져 오는 것이었고 이는 "상산하향(上山下乡)" 즉 간부나 청년 지식인들이 지방으로 내려가 노동자·농민과 노동을 함께 하는 운동으로써 이루어졌다. 문맹이던 이전 세대들들과는 달리 새로 교육을 받은 젊은 농부들은 생산의 현대화를 위한 개념적 도구를 가지게 되었다.

이것은 1980년 이후의 중국의 경제 붐의 바탕이 되었던 인적 자본이며, 그것이 문화혁명의 본질적인 업적이다. 자본주의가 예외적인 사람을 높이는 반면 사회주의는 보통사람에 대한 고도화를 적용함으로써 중국은 초강대국이 되었다. 지모구 농촌공업의 건설은 문화혁명의 결과로 시작되었고 등소평의 농촌개혁이 시작되기 전에 이미 잘 진행되고 있었다. 마지막으로, 교육을 받은 농촌 사람들과 일부 도시인들의 "강제 하방"은 중국의 농촌 부흥과 그에 따른 국가 재건을 위한 가장 중요한 촉매제였으며, 그것은 필수불가결한 "수혈"이었다. 문혁은 일반 사람에게 생산 결정에 목소리를 내게 하고 지역 이니셔티브를 촉진하고 간부들이 일반 농민과 함께 일하도록 하고 촌민들이 힘을 얻는 정치적 조건들을 창출하였다. 낡은 당 권력구조는 타도되고 농민들의 요구에 더 잘 부응하는 구조가 세워졌다. 문혁 때 세워진 학교들은 젊은이들에게 기술적 지식을 제공하여 농춘을 근대화하고 농촌 공업을 개발하는데 결정적인 역할을 하였다.

모택동 치하 중국의 변화

모택동은 1919년 스물여섯의 나이로 자신이 경멸하는 남자와 결혼하기보다는 자살한 한 마을의 소녀에 대한 이야기인 '차오 양의 죽음'을 출간하면서 처음으로 대중에게 주목을 받았다. 1927년 국민당 군대의 손에서 처형당할 위기에서 탈출한 후, 그는 여권 신장을 위한 지칠 줄 모르는 운동가로 남았는데, "중국의 남자는 대개 정치, 가정, 종교의 세 가지 권위의 지배를 받는다. 여성은 이 세 가지 권위의 체계에 의해 지배되는 것 외에도 남편의 권위에 의해 지배된다. 정치, 가족, 종교, 남성 등 이 4대 권력은 봉건적 가부장 이념과 체제 전체를 구현한 것이다."라고 말하였다.

1945년 그는 동료들에게 승리하면 '결혼의 자유와 남녀평등을 보장하겠다'는 약속을 받아내었고, 1950년 국가 주석으로서 한 첫 공식행위는 중화인민공화국의 결혼법에 서명하는 것이었다. 그 법은 여성과 아동을 보호하고 일부일처제 결혼에서 남녀평등, 여성의 결혼 상대자 선택, 동일노동 동일임금, 출산휴가, 무상보육, 남녀의 동일노동 동일급여을 보장하겠다고 약속했다

1945년 모택동이 세계무대에 올랐을 때 러시아는 몽골과 신장(新疆)

일부 지역부분을 점령하고 있었고 일본은 북방 3개 지방을 점령했고 영국은 홍콩, 포르투갈은 마카오, 프랑스는 상하이, 독일은 칭다오(淸島)를 점령하고 있었고 미국은 면책특권을 향유하고 있었고 중국에서는 국공내전[國共內戰]이 발발했다. 중국은 농경사회로서, 후진적이고, 봉건적이고 무지하고 폭력이 난무하는 사회였다. 4억 명의 인구 중 5천만 명은 마약 중독자였고, 80%는 읽지도 쓰지도 못했고 기대 수명은 35세였다. 여성들은 전족 풍습 때문에 발은 묶여 있었고, 소작농들은 농산물의 70%를 지대로 지불하고 있었다. 절망적인 어머니들은 식량과 교환하여 아이들을 팔았고, 가난한 사람들은 굶주려서 죽기보다는 차라리 노비가 되는 것을 선호했다. 존 레이튼 스튜어트 미국 대사는 그의 재임 2년 동안 3개 지방에서 천만 명이 굶어 죽었다고 보고했다.

1974년 모택동이 물러났을 때, 침략자도 도적들도 군벌들도 사라졌으며 인구는 두 배로 늘었다. 문해율은 84%로 비약적으로 좋아졌으며, 빈부격차는 사라졌다. 전기가 빈민 지역에 들어왔고, 사회 기반 시설은 회복되었고, 경제는 500% 성장했다., 마약 중독은 먼 옛적 이야기가 되었고, 여성은 해방되었고, 여자 아이들은 교육을 받게 되었고, 범죄는 드물었다. 모든 사람들에게 식량과 피난처가 있었고, 기대수명은 67세로 늘어났다.

미국이 식량, 금융, 기술에 대한 무도한 봉쇄를 자행했음에도 불구하고, 그리고 외채를 빌리지 않고 모택동 치하에서 중국의 경제는 연평균 7.3% 성장하였다. 그가 사망했을 때 중국은 제트기, 중형 트랙터, 대양항해 선박, 핵무기, 장거리 탄도 미사일을 제조하고 있었다. 근대 산업화를 추진한 첫 40~50년 동안 공업 점유율은 영국(1801~41)에서 11%,

일본은 22% 증가하는 데 그쳤다.

마오의 통치 기간 중

- 중국 인구는 5억4200만 명에서 9억5600만 명으로 2배 증가
- 기대수명은 2배 증가
- 칼로리 섭취량은 2배 증가
- GDP는 5배 증가
- 읽고 쓰는 능력은 4배 이상 증가
- 곡물 생산량은 3백 퍼센트 증가
- 총 산업 생산량은 40배 증가
- 중공업 생산은 90배 증가.
- 철도 길이는 266% 증가
- 열차 승객은 102,970,000명에서 814,910,000명으로 증가
- 철도 화물 톤수는 2천 퍼센트 증가
- 도로망은 1,000퍼센트 증가
- 강철 생산량 0에서 35 MMT/년 으로 증가
- 중국의 순생산물량(Net Material Product)에 대한 업계의 기여도는 23%에서 54%로 증가

모택동은 지구상에서 가장 크고 오래된 문명을 재통일시키고, 개혁하고, 다시 활력을 불어넣었다. 그는, 한 세기 동안 실패한 근대화 운동 이후 그것을 근대화시키고 수천 년 간 빈번하게 발생해왔던 기근들을 끝냈다.

현대 중국의 정치제도와 기술관료주의

중국인의 중국 정부에 대한 만족도와 신뢰도 여론조사

하버드대 케네디 스쿨의 민주지배구조혁신센터(Ash Center for Democratic Governance and Innovation)는 2003년부터 중국정부에 대한 중국 시민들에 만족도를 조사해왔다. 만족도는 여론조사가 시작된 이래 전반적으로 증가해왔다. 그래서 현재 광범위한 국가 정책의 영향에서부터 지방 도시 관계자들의 행동에 이르기까지, 중국 시민들은 정부를 그 어느 때보다도 더 능력 있고 효과적이라고 평가하고 있다. 가난한 내륙 지역의 소외된 집단은 실제로 만족도가 증가했다는 조사 결과가 나온다. 또한, 중국 시민들의 정부에 대한 이런 긍정적 태도는 진정한 물질적인 변화에 반응하는 것으로 보인다고 그 여론조사는 주장한다.

2003년 이후 그 조사 자료에서 가장 두드러진 특징은 중국 시민들의 평균 만족도가 4급 정부 모두에 대해 거의 보편적으로 증가했다는 것이다. 만족도를 측정하기 위해 응답자들에게 "매우 불만족(1)", "꽤 불만족(2)", "꽤 만족(3)", "매우 만족(4)"의 척도로 정부 성과를 평가하도록 했다. 이러한 평가를 여러 번 반복해도 모든 경우에, 지방 자치 단체와 현향 자치 단체들은 지속적으로 중앙 정부나 성 정부보다 시민들로부터 낮은 만족도를 받았고, 하급정부로 내려갈수록 만족도는 감소했다. 이러한 경향은 지역 정치 지도자들이 주나 연방 지도자들보다 훨씬 더 대중적으로 지지를 받는 경향이 있는 미국을 비롯한 다른 많은 민주주의 국가들에서 보이는 것과 반대되는 경향이다. 그렇지만, 최근에 중국에서는 이러한 상급 정부와 하급 정부 만족도의 차이가 좁혀지고 있다. 2003년에도 중앙정부는 승인 86.1%, 불인정 8.9%로 높은 만족도를 받았다. 이 같은 높은 만족도는 2016년에는 더욱 높아졌지만, 이미 국민 만족도가 높아 이 같은 증가세는 미미했다. 이와는 대조적으로 2003년 현향지역 정부들은 44%의 승인률과 52%의 불인정 비율로 상당히 부정적인 만족도를 보였다. 그러나 2016년까지는 70%가 승인하고 26%만이 불인정하며 이 수치가 뒤집혀졌다.

이러한 만족도의 증가는 정부 성과에 대한 전반적인 평가에만 국한되지 않는다. 지방정부 공무원의 구체적인 행태와 속성을 묻는 질문에 친절하고, 식견이 있고, 효과적이라고 보는 중국 시민이 늘고 있다. 예를 들어 2003년에는 응답자의 3분의 1 이상이 지방 공무원들이 "말만 할 뿐"이며 실질적인 문제 해결사가 아니라고 생각했다. 그러나 2016년에는 응답자 55%는 공무원이 실질적인 문제 해결사라고 느꼈고, 36%만 반대했다. 마찬가지로, 2003년의 경우, 지역 소외계층 중에서 "지방 관리들이 부자의 이익에 복무한다"고 느끼는 응답자 비율은 "관리들이 서민의 어려움에 대해 염려한다"고 느끼는 비율의 거의 두 배에 달했다. 그렇지만 2016년에는 응답자의 52%가 지방공무원이 일반인의 욕구를 우선시한다는 데 동의하고 40%만이 부유층의 욕구를 우선시한다는 데 동의하는 등 상황이 반전됐다.

중국 각급 정부에 대한 전반적인 만족도(2003~2016)

구분		2003	2004	2005	2007	2009	2011	2015	2016
중앙 정부	1	1.3	1.8	1.4	0.6	0.3	1.2	0.4	0.3
	2	7.6	9.5	7.6	5.2	2.9	5.0	6.3	4.0
	3	60.7	59.2	59.8	54.1	50.9	54.5	55.2	61.5
	4	25.4	22.9	20.7	38.2	45.0	37.3	37.6	31.6
	평균	**3.16**	**3.11**	**3.11**	**3.32**	**3.41**	**3.3**	**3.31**	**3.3**
	불만족.	8.9	11.3	9.0	5.8	3.2	6.2	6.7	4.3
	만족.	86.1	82.1	80.5	92.3	95.9	91.8	92.8	93.1
성 정부	1	2.4	2.0	1.6	1.3	0.6	1.9	1.9	0.8
	2	16.7	13.3	10.9	10.4	8.7	10.3	13.6	13.8
	3	64.0	62.4	60.7	55.3	56.0	57.2	64.6	51.9
	4	11.0	14.6	14.7	30.2	33.2	28.4	19.0	29.8
	평균	**2.89**	**2.97**	**3.01**	**3.18**	**3.23**	**3.15**	**3.02**	**3.1**
	불만족.	19.1	15.3	12.5	11.7	9.3	12.2	15.5	14.6
	만족	75.0	77.0	75.4	85.5	89.2	85.6	83.6	81.7
현 정부	1	7.0	5.8	4.6	4.4	3.1	2.9	6.2	1.6
	2	35.1	25.8	24.2	18.0	19.1	22.1	29.9	19.9
	3	45.9	51.5	49.7	58.6	61.4	57.2	53.1	56.4
	4	6.1	10.8	11.6	16.2	13.4	14.6	9.7	17.6
	평균	**2.54**	**2.72**	**2.76**	**2.89**	**2.88**	**2.86**	**2.67**	**2.9**
	불만족	42.1	31.6	28.8	22.4	22.2	25.0	36.1	21.5
	만족.	52.0	62.3	61.3	74.8	74.8	71.8	62.8	73.9
향 정부	1	18.7	12.3	9.3	8.9	7.3	6.2	9.5	2.3
	2	32.9	26.1	27.1	27.1	27.8	26.9	34.2	23.3
	3	38.1	45.8	47.0	49.8	54.2	52.9	47.0	57.4
	4	5.5	10.1	8.7	10.9	7.3	10.9	7.8	12.8
	평균	**2.32**	**2.57**	**2.6**	**2.65**	**2.65**	**2.71**	**2.54**	**2.8**
	불만족	51.6	38.4	36.4	26.0	35.1	33.1	43.7	25.6
	만족	43.6	55.9	55.7	60.7	61.5	63.8	54.8	70.2

(출처, Edward Cunningham, Tony Saich & Jesse TurielJuly, Understanding CCP Resilience: Surveying Chinese Public Opinion Through Time, 2020)

2007년부터 이 조사는 부패에 대해 보다 자세한 질문을 하기 시작했고 후진타오-원자바오 마지막 몇 년간에 만족도가 확실히 떨어지는 것을 발견했다. 2007년과 2009년에는 대략 같은 비율의 응답자들이 부패 척결을 위한 정부의 노력을 각각 "좋은" 것과 "나쁜" 것으로 평가했다. 그러나 2011년까지 국민의 시각은 정부 노력에 대해 35.5%만 좋은 평가를 내리고 58.1%는 저조한 평가를 받는 등 주로 부정적이 되었다. 마찬가지로 2009~2011년 사이 중국 공무원을 '깨끗하다'고 본 응답자 비율은 42.7%에서 35.4%로 떨어졌다.

시진핑은 주석 취임(2013년 3월)을 맞아 중국 근현대 최대 규모의 반부패 운동을 전개해 120명 이상의 고위직 당 지도부와 10만 명 이상의 하급 관리들을 체포했다. 애쉬센터 조사에 따르면 중국 시민들은 대체로 시 주석의 행동을 지지했다. 2011년 부패 척결을 위한 정부의 노력에 대한 응답은 35.5%에 불과했지만, 2016년에는 71.5%로 증가했다. 마찬가지로 중국 공무원을 대체로 '깨끗하다'고 본 시민의 비율은 2011년 35.4%에서 2015년 44.2%로, 2016년 65.3%(표 7)로 증가했다. 따라서 2016년에 대다수의 응답자들은 부패를 통제하려는 정부의 노력이 영향을 미치고 있으며 상황이 올바른 방향으로 움직이고 있다고 생각했다.

중국 지방정부 관리에 대한 인식	2007	2009	2011	2015	2016
아주 더럽다	5.2	6	8.4	8.8	4.4
그렇게 청렴하지 않다	41.6	42.8	46.8	44.7	24.9
상대적으로 청렴	40.1	41.2	32.8	39.4	55.1
아주 깨끗	1.2	1.5	2.6	4.8	10.2
무응답	0.9	0.8	0.6	0.3	0.4
DK 모르겠다	11.1	7.8	8.8	1.9	4.9
부패 비율	46.8	48.8	55.2	53.5	29.3
청렴 비율	41.3	42.7	35.4	44.2	65.3

후진타오-원자바오 시대가 끝날 무렵, 경제 발전을 촉진하고 생활수준을 향상시키는 데 진전이 있었음에도 불구하고, 좋은 통치 체제를 촉진하기 위한 노력들은 교착 상태에 빠졌거나 심지어 후퇴했다는 일반적인 인식이 있었다. 케네디 스쿨의 조사는 다양한 지표에 걸쳐 2016년에는 중국정부가 이전 20년 동안 어느 시점보다 더 지지도가 높음을 보여준다. 평균적으로 중국 시민들은 정부의 건강관리, 복지, 기타 필수적인 공공서비스에 대한 제공이 2003년 조사가 시작되었을 때브다 훨씬 더 좋고 더 공평하다고 보고했다. 또한 부패 측면에서도 2009~2011년 사이의 만족도 하락은 완전히 지워졌고, 대중은 대체로 시진핑의 널리 알려진 반부패 운동을 지지하는 것으로 나타났다. 그 조사는 정부 성과에 대한 시민 인식이 개인의 물질적 행복에 있어 실제적이고 측정 가능한 변화를 가장 많이 반영한다는 것을 보여준다.

The 2019 Edelman Trust Barometer Global Report의 각국의 정부에 대한 신뢰도를 보면 중국은 단연 선두에 있다. 이것은 일반 국민이든 식자 계층이든 같은 결과를 보인다. 의외로 선진민주주의 국가들에서 국민들이 정부를 불신하는 경향이 높다.

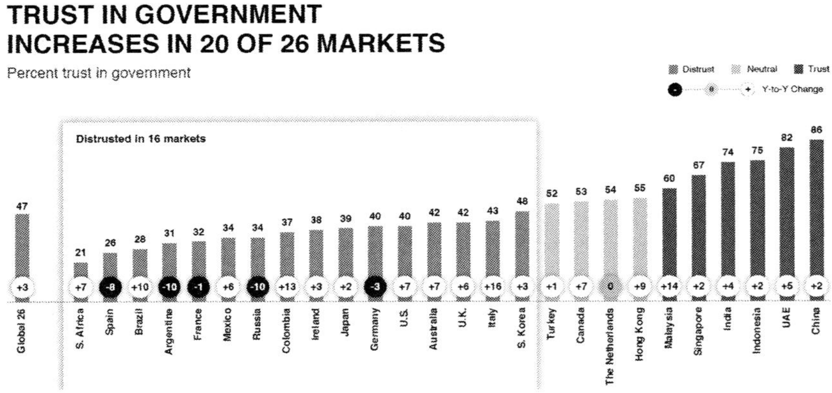

중국이 개방하면서 정부 관료와 학자들은 여론에 관한 과학적 자료 수집의 중요성을 깨달았다. 중국경제체제개혁연구소(esric)는 조자양 당시 총리에 의해 싱크탱크로 설치되었다. 1987년 5월 중국경제체제개혁연구소는 중국의 도시인구를 기준으로 한 국가 확률표본을 이용한 1차 여론조사를 실시했다. 대중의 편협함과 정치적 불안정을 우려한 조자양은 경제개혁연구소에게 중국의 국가계획에서 시장자본주의로 이행하는 동안 대중의 분위기를 파악하기 위해 2년마다 도시조사를 실시하라고 지시했다. 1990년대 이후 중국에서 조사연구가 빠르게 급증해왔다. 중국정부의 후한 지원금을 뒷받침하는 대규모 국가조사로는 중산대학이 실시한 중국노동역학조사(패널조사), 북경대가 실시한 중국가족패널조사, 인민대가 실시한 중국일반사회조사, 그리고 중국 세계가치조사, 중국 아시아기압조사, 중국소득불평등조사 등 해외 석학들이 실시하는 독립조사 등이 있다. 이러한 조사는 공간 샘플링 활용 외에도 기존 국제조사에서 많은 질문을 차용했다. 오늘날, 중국에 대한 조사 연구는 샘플링 기술,

설문지 설계, 조사 품질 관리 면에서 세계 어느 나라와도 견줄 수 있다; 당문방 (唐文方)의 연구에 따르면 중국 여론 조사에서 논란이 되고 자극적인 다섯 가지 결과가 나타났다.

(당문방, "The "Surprise" of Authoritarian Resilience in China", https://americanaffairsjournal.org/2018/02/surprise-authoritarian-resilience-china/)

(1) 천안문 시위는 민주화 운동이 아니었다.

1989년 봄 도시 시위가 한창일 때 인플레이션, 실업, 사회 사기, 정부 비효율에 대한 국민 불만이 급증했지만 1988년 10월 도시민 대다수는 시장개혁이 '너무 빨리 진행되고 있다'고 생각했고, 그런 '반개혁' 태도는 인플레이션 장기간의 상승과 밀접하게 맞아떨어졌다. 같은 시기에 그동안 언론자유 등 자유민주주의 사상에 대한 국민의 요구는 1989년 5월에도 33%를 넘지 못했다. 천안문 광장 시위는 도시 주민들이 시장화의 부정적인 결과에 대해 공황상태에 빠졌을 때 나타난 본질적으로 반개혁 운동이었다는 것이다. 만일 자유선거가 있었다면 보수적인 반개혁 후보들이 승리했을 것이고, 중국은 도시민들이 요람에서 무덤까지 사회안전망을 누리는 중심적인 계획체제로 되돌아갔을 것이다.

(2) 체제 지지율이 높다.

중국 여론조사의 가장 일관된 결과 중 하나는 높은 수준의 체제 지지이다. 중국 조사 응답자들은 '중앙정부 지지' '공산당 신뢰' '중앙정부 지도부에 대한 신뢰' '주요 정치기관에 대한 신뢰' '중국 정치체제 승인' '중앙 정부의 수행에 대한 만족' 등 조사 질문이 어떻게 나오든 자국 정부에 대해 강한 긍정적 감정을 보여왔다.

중국 내 강력한 정권지지라는 조사결과에 대한 가장 강력하게 도전하는 논리는 '정치적 민감성' 주장이다. 이 주장에 따르면 중국은 권위주의적인 경찰국이고 중국 조사 응답자들은 보복을 두려워해 정권에 대한 불만을 숨긴다. 이런 시각은 모택동 시대에도 맞을 수 있지만, 오늘날 중국에서는 좀 시대에 뒤떨어져 있다. 온라인 코멘트를 분석한 결과 중국 인터넷 사용자들이 조직적인 정치적 행동을 옹호하지 않는 한, 기꺼이 정부에 대해 정치적으로 적극적이고 매우 비판적이라는 것을 발견했다.

(3) 대인 신뢰. 중국 여론조사의 세 번째 '의외의 결과'는 대인신뢰도가 높다는 것이다.
지난 20년 동안 많은 중국 조사 응답자들은 일관되게 "대부분의 사람들은 신뢰할 수 있다"고 응답했다. 예를 들어 2012년 제6차 세계가치조사에서 중국 응답자의 60%가 대부분 사람들은 신뢰할 수 있다는 데 동의해 네덜란드(62%) 다음으로 세계 2위이고 미국 대만 일본 한국 등 30여 개 민주국가보다 훨씬 높았다. 시민들 중 많은 수가 서로에 대한 신뢰를 나타냈다. 이 발견은 대인관계의 신뢰와 사회적 자본을 민주주의의 성공적인 기능을 위한 전제조건으로 전제하는 경향이 있는 전통적인 민주주의 이론과 충돌하기 때문에 직관에 반하는 것이다.

(4) 정치적 적극성. 중국 여론조사의 네 번째 '의외의 결과'는 고도의 정치활동이다.
예를 들어 2012년 중국노동역학조사에서 직원 절반 가까이가 최근 2년간 적어도 한 차례 이상 노동분쟁이 있었다고 언급했다. 2004년 법률조사에서 법적 분쟁에 연루됐을 때 아무 조치도 취하지 않기로 한 응답자는 6%에 불과했고 나머지는 법원, 노동조정국, 언론, 인터넷, 청원, 시위 등 다양한 경로로 해결하려 했다.

이에 대한 가능한 설명 중의 하나는 지역 차원의 대규모 시위는 중앙정부의 대중 노선 포퓰리즘 이념을 통해, 혹은 대중 지지를 받지 못하는 지역 정책과 관료들을 시험하고 식별하기 위해 중앙 정부에 의해 장려된다는 이론이다.

(5) 정부의 높은 대응력

예를 들어 2008년에 실시된 제2차 아시아 기압계 조사에서는 중국 본토 응답자의 78%가 자국 정부가 사람들이 필요로 하는 것에 대해 응답할 것이라는 데 동의했다. 이와는 대조적으로 대만 응답자의 36%만이 같은 조사에서 같은 의견에 동의했다. 일본(33%), 필리핀(33%), 몽골(25%), 한국(21%) 등 서구의 자유민주주의 체제를 그대로 베낀 다른 동아시아 민주주의 국가들에서는 이 비율이 더 나쁘다.

연령, 교육, 성별, 소득, 종교, 지리적 위치 등의 다른 요인을 고려할 때 다변량 회귀 분석에서, 정부의 대응성은 중국의 체제 지지를 촉진하는 데 가장 중요한 역할을 했다.

높은 수준의 중국 정부 대응력에 대해 반론을 제기하는 장 일반적인 도전 논리 중 하나는 중국인들은 자유롭지 못한 사회에서 살고 있기 때문에 중국 정부가 그들을 위해 무엇을 할 수 있는지에 대해 극도로 낮은 기대를 가지고 있고 따라서 그들은 그들의 정부가 무언가를 조금만 해도 잘한다고 믿는 경향이 있다는 주장이다. 민주 사회에서 정부는 대중의 요구에 규칙적으로 반응하지만, 대중은 항상 투덜거리고 더 많은 것을 끊임없이 요구한다. 그러나 이러한 견해는 민주시민들이 권위주의 시민들보다 정부에 더 높은 기대를 갖고 있다는 실질적인 증거를 제시할 필요가 있다. 사실 위에서 논의된 대중적 정치 행동주의의 수준이 높다는 것은 중국 시민들이 높은 기대 수준을 갖고 있고 중국 정부 관리들의 어떠한 횡포라도 감지하면 주저하지 않고 정부에 도전한다는 것을 시사한다. 낮은 기대치가 사실이라고 해도 그것은 여론의 중요성을 깎아내린다. 정부의 대응성에 대한 긍정적인 여론은 적어도 정부가 얼마나 대응하든 간에 어느 정부나 원하는 정치적 상품인 외부적 정치적 효과를 보여준다.

당문방 교수에 따르면 중국 권위주의 정부가 실제로 대만과 같이 민주적으로 선출된 정부보다 대중에게 더 잘 반응하고 있다는 설명이 유력하다. 민주정부의 지도자들은 선거철에만 여론에 과민반응을 보일 수 있고, 오직 자신의 지지자들에게만 반응할 수 있지만, 일단 당선되면, 선거 사이에, 그리고 투표하지 않는 사람들에게는 덜 반응한다. 이와는 대조적으로, 권위주의적인 중국의 지도자들은 선거 주기가 없다. 그래서 중국 공산당은 사회 안정을 유지하기 위한 노력의 일환으로 시위자들과 청원자들을 진정시키고 보상하기 위해 많은 시간과 자원을 소비하고 있다. 아마도 그래서 중국공산당이 국방비보다는 사회 안정을 유지하는데 더 많은 예산을 소비하고 있을지 모른다.

중국의 선거제도

중화인민공화국 헌법 제30조에 따르면 중화인민공화국의 행정구역은 다음과 같이 나눈다.

1. 전국을 성, 자치구, 직할시로 나눈다.
2. 성, 자치구를 자치주, 현 자치현, 시로 나눈다.
3. 현 자치현을 향, 민족향, 진으로 나눈다.

② 직할시와 비교적 큰 시를 구, 현으로 나눈다. 자치주를 자치현,

시로 나눈다.

③ 자치구, 자치주, 자치현은 모두 민족자치지방이다.

(중화인민공화국 헌법, https://namu.wiki/w/%EC%A4%91%ED%99%94%EC%9D%B8%EB%AF%BC%EA%B3%B5%ED%99%94%EA%B5%AD%20%ED%97%8C%EB%B2%95)

헌법은 중화인민공화국의 모든 권력은 인민에게 속한다. 인민이 국가권력을 행사하는 기관은 전국인민대표대회와 지방각급인민 대표대회라고 규장하고 있다. (제2조 ①)

또한 국가의 행정기관 재판기관 검찰기관을 모두 인민대표대회에 의하여 조직되며 인민대표대회에 대하여 책임을 지고 그 감독을 받는다. (제2조 ③)

그러므로 중국에서 사실상의 최고권력기관은 인민대표대회이며 다른 국가기관의 권력은 인민대표대회에서 나온다고 볼 수 있다. 예를 들어 헌법 제62조 ①에는 전국인민대표대회는 다음과 같은 직권을 행사한다고 명시되어 있다.

1. 헌법을 개정한다.
2. 헌법의 실시를 감독한다.
3. 형사, 민사, 국가기구, 기타에 관한 기본법률을 제정 또는 개정한다.
4. 중화인민공화국 주석 부주석을 선거한다.
5. 중화인민공화국 주석의 제의에 의하여 국무원총리 인선(人選)을 결정하며 국무원 총리의 제의에 의하여 국무원 부총리 국무위원, 각 부 부장, 각 위원회 주임, 심계장(審計長), 비서장(秘書長) 인선을 결정한다.
6. 중앙군사위원회 주석을 선거하며 중앙군사위원회 주석의 제의에 의하여 중앙군사위원회 기타 구성원 인선을 결정한다.
7. 최고인민법원 원장을 선거한다.

8. 최고인민 검찰원(檢察院) 검찰장(檢察長)을 선거한다.
9. 국민경제 및 사회발전계획과 그 집행 정형에 관한 보고를 심사 비준한다.
10. 국가예산과 그 집행 정형에 관한 보고를 심사 비준한다.
11. 전국인민대표대회 상무위원회의 타당하지 않은 결정을 변경 또는 폐지한다.

그런데 전국인민대표대회와 지방각급인민대표대회는 모두 민주선거를 통하여 구성되며 인민에 대하여 책임지고 인민의 감독을 받는다.(제2조 ②)

그러므로 중국의 최고 권력기관인 인민대표대회는 선거로 선출되고 나머지 권력기관들은 다 인민대표대회에서 선거한다.

그러면 이러한 인민대표대회를 뽑는 "민주선거"란 도대체 어떠한 종류의 선거를 말하는 것일까?

위에서 보았듯이, 중국의 행정조직은 성급지역(성(省), 직할시(直轄市), 자치구(自治區))–현(縣)–향(鄕)/진(晉)으로 나누어진다. 중국에서 기층조직이라고 할 때는 일반적으로 현급 이하의 행정조직과 행정조직에는 속하지 않는 농촌의 촌민위원회(村民委員會)와 도시의 사구위원회(社區委員會)가 포함된다

중국의 선거제도에는 직접선거와 간접선거가 있는데 기층의 현, 향진급 인민대표대회(인대) 대표는 유권자가 직접 선출한다. 구가 없는 시(부설구적시), 현(县) 시할구[市辖区, 직할구], 진(镇) 향(乡) 민족향(民族乡)의 인민대표는 직선된다. 또한 촌민위원회 위원과 주임이 직선된다. 지방인민대표대회는 성 단위 이하에서 정부 수반과 부장을 소환할 수 있는 헌법상의 권한을 가지고 있다.

인민대표대회는 ①전국인민대표대회(전인대(全人大)) ②성(省)·시(市)·자치구·인민해방군 인대 ③현(縣)·시(市) 인대 ④향(鄕)·진(鎭) 인대 등 4단계로 구분되어 있다.

최하급 인대로서 현(縣), 향(鄕), 진(鎭)급 인민대표는 국민의 직접 선거로 선출되며, 임기는 3~5년이다. 그리고 상급 인민대표대회는 한 급 아래인 인민대표대회에서 간접선거로 선출된다.

현급 이상 각급 인민대표대회대표, 각 급 인민정부의 지도자와 현급 이상 각급 인민법원 원장, 인민검찰원장은 하급인민대표대회대표나 상급 인민대표대회대표가 간접선거를 통해 선출한다. 이밖에 정부직 지도자 선출 시 직접선거와 간접선거를 불문하고 일반적으로 지방정부 부직 지도자는 경쟁선거, 정직 지도자는 비경쟁선거를 통해 선출한다. 직접선거가 방식으로는 현급이하 인민대표대회 대표, 향진 정권의 수장, 기층 자치 조직으로 도시 사구주민위원회와 촌민위원회 등이 있다.

촌민위원회는 농촌 지역에 설립된 농민들의 자치조직이다. 규모는 지역에 따라 매우 다양하지만, 보통 800명-2,000명 규모이다. 촌민위원회는 주임과 부주임, 수명의 위원으로 구성된다 1998년에 만들어진 〈촌민위원회조직법 (시안)〉이 있었다. 1998년에 〈촌민위원회조직법〉이 정식으로 제정됨으로 〈촌민위원회조직법〉에는 "주임과 부주임, 그리고 위원 3~7명으로 구성되는 위원은 촌민의 직접선거로 선출"해야 한다고 명시하였다(제9조).

유권자 등록이 끝나면 후보자 추천 단계에 들어간다. 촌민위원회 선거에 출마할 후보자 추천과정은 예비후보 추천과 정식후보 확정이라는 두 단계를 거쳐 이루어진다. 먼저 예비후보 추천은 다양한 방식으로 이루어지는데, 추천 주체에 따라 조직추천과 촌민추천의 두 가지 형태로 분류된다. 선거에 나갈 후보자를 추천할 수 있는 조직으로서는 상급기관인 향/진조직, 촌당지부(村党支部) 위원회, 촌민위원회, 촌민선거위원회, 기타 조직(공청단, 부녀대표, 경제연합체 등)이 있다. 반면 촌민추천 방식으로는 유권자 10인 이상의 공동명의 추천과 개별 유권자가 스스로를 추천하는 방식이 있다. 유권자 스스로 후보로 나서는 경우를 '해선(海選)' 방식이라고 한다. 선거 때마다 이들 기관 및 촌민들이 각각 후보자 추천을 담당한다. 촌민선거위원회의 구성원은 촌민회의나 촌민소조에 의해 선출되며, 보통 당원대표, 촌민대표, 그리고 촌민소조(村民小組) 대표 등 5~9명으로 구성된다)

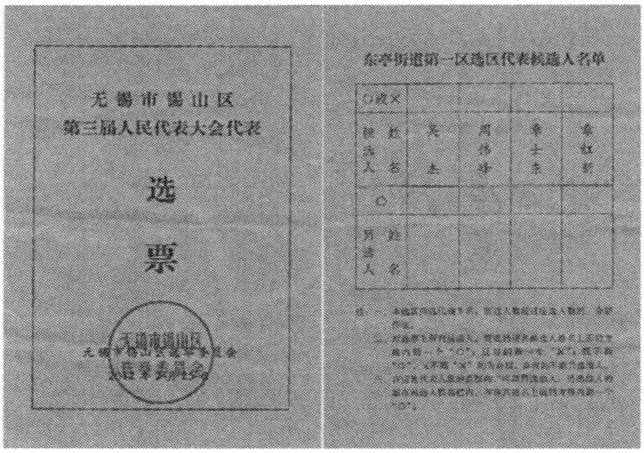

전체 촌민들이 후보 확정단계에서 한 표, 본선거에서 한 표를 각각 행사한다는 의미에서 중국에서는 "양표제(兩票制)"라고도 한다.

후보자의 선거운동 방법으로서 가장 보편적인 것이 경선방식이다. 당선 이후 실시할 정책들을 제시하고, 이에 대해 유권자들이 질의를 하고 후보자들이 답변을 하는 식으로 진행된다. 현재 경선실시는 조직화 경선과 비조직화 경선의 두 가지 방식을 취하고 있다. 조직화 경선은 촌민선거위원회가 일률적으로 후보자 경선을 주관하고, 후보자 개인의 자발적인 경선은 금지한다. 반면 비조직화경선은 촌민선거위원회 주관 하의 경선을 실시함과 동시에 후보자의 개별적인 경선활동도 허용하는 것을 말한다.

지방 인민대표대회(인대)

1979년 7월 1일의 선거법에 따라, 직접 선거 후보(향진급)의 지명은 중국 공산당, 기타 여러 정당, 대중 단체 또는 적어도 3명의 지지를 받는 유권자에 의해 이루어질 수 있다 최종 선거인 명단은 반드시 "토론 · 협의"나 경선 등을 통해 작성해야 하지만, 실제로는 소규모의 유권자 집단과 협의하여, "3상3하"(三上三下)로 알려진 과정을 통해 선거위원회가 결정한다. 중국 정부에 의하면, "3상3하"의 과정은 다음과 같이 운용하도록 되어 있다.

- 선거 위원회는 모든 공천자를 취합하여 확인하고 지명자 명단과 그들에 관한 기본적 내용을 공표한다(첫 번째 "상"). 공개된 목록은 토론을 위해 각 지리적 또는 제도적 유권자로 구성된 선거인단에게 주어진다(첫 번째 "하").
- 후보 수를 줄이기 위해, 선거인단의 견해는 위원회 회의에서 그룹 대표를 통해 전달된다(제2의 "상"). 이후 각 선거단체의 의견과 위원회 회의에서 논의된 내용을 유권자에게 전달하고, 이들의 의견을 구한다(제2의 "하").
- 선거인단들의 견해를 다시 한 번 취합하여 선거 위원회에 보고하고, 선거인단 대다수의 의견과 관련하여 최종 후보 명단을 결정한다(제3의 "상"). 명단과 기본내용의 목록은 선거인단에 의해 발표된다(제3의 "하").

선거 출마자는 의석수보다 50%~100% 더 많아야 하고, 투표는 비밀투표로 해야 하며, 유권자는 이론적으로 선거를 소환(무효화)할 권리가 있다. 적격 유권자와 그 선거구는 각각 농촌 및 도시 유권자를 위한 가족(户籍)) 또는 직장단위 등록부에서 선정되며, 이후 선거구 지도부의 교차검증을 거쳐 선거위원회에 제출된다. 기층선거구(향진급)는 200~300명의 유권자로 구성되지만 때로는 1000명까지 구성되는 경우도 있으며, 대규모인 경우에는 3000~4000명의 유권자로 구성된다.

지방인민정부

인민정부 수장은 지방인민대표대회(인대) 및 정부에 관한 지방성법규(地方性法规)에 따라 그 급 인대에서 정식으로 선출되지만 향진급 정부 수장은 다양한 메커니즘을 통해 실험적으로 국민에 의해 선출되었다. 몇 가지 모델이 사용된다:

- 직접 지명 및 선거(직추직선, 直推直选)
- 직접 선거(직선, 直选)
- 3회에 걸친 2번의 투표(3륜양표제, 三轮两票制)
- 대중 추천에 기반한 경쟁(민추경선, 民推竞选)
- 대중의 공천과 선거 (해선, 海选)
- 공적인 추천과 선거 (공추공선, 公推公选)
- 신임 투표(信任投票)

마을 주임들

덩샤오핑은 1978년 집권한 뒤 지방 차원에서 직접민주주의를 실험했다. 마을은 전통적으로 중국의 복잡한 통치 계층에서 가장 낮은 수준의 정부였다. 일부 시대 동안 공산주의자들이 잠재적으로 경쟁을 허용할 수 있다는 생각에 좋아했음에도 불구하고, 많은 사람들이 지역적으로 선출된 대표들이 잘 살펴보지도 않고 도장만 찍어주는 "고무도장" 역할을 하고 있다고 비판해 왔다. 1980년대 초, 몇몇 남부 마을들은 전통적으로 농촌 사회에서 많은 권력과 영향력을 가지고 있는 마을 주임 선거를 위해 자유선거가 실시되는 "주임 투표" 정책을 시행하기 시작했다.

후보 토론, 공식 강령, 비밀 투표함 개시를 포함한 이러한 복수 후보 선거의 상당수는 성공적이었다. 참정권은 보편적이지 않았는데, 18세 이상의 적격 시민들이 투표권과 당선권을 가지고 있기 때문이다. 그러한 선거는 보통 2000명 이하의 유권자로 구성되며, 다수결 시스템은 정치적 제휴에 아무런 제약 없이 승자를 결정하는데 사용된다. 3년마다 실시되는 선거는 항상 높은 수준의 정부에 의해, 보통 향 정부에 의해 감독된다. 이러한 조기 선거의 이유 중 하나는 좋은 성과를 보장하고 지방 지도자들의 부패를 줄여야 하는 책임을 중국 관료제에서 지방 마을 주민들로 옮기기 위해서였다.

〈촌민위원회조직법〉에 따르면 중국의 약 100만 마을은 도두 촌민위원회를 위한 경쟁 직접선거를 치를 것으로 예상된다. 1998년 개정된 이 법은 지명 과정의 개선과 촌민위원회 행정의 투명성 제고를 요구했다. 개정된 법은 또한 마을 단체나 중국 공산당(중앙청) 지부와는 반대로 마을 주민 스스로 후보 지명권을 명시적으로 이전하였다. 인민정부에 따르면 2003년 현재 대다수의 지방이 최소 4, 5차례의 마을 선거를 실시했다고 한다.

간접 선거

성(省) 직할시(直辖市), 설구적시((设区的市 구로 나누어진 시)의 인민대표대회는 바로 아래 단계의 인민대표대회에서 간접적으로 선출한다.

전국인민대표대회(전인대)

전국인민대표대회(NPC)는 2987명으로 5년 임기로 선출됐다. 중국 지방인민대표대회, 자치구, 중앙정부 직속 자치단체, 홍콩과 마카오의 특별행정구역, 인민군 등이 대의원을 선출한다. 대의원 각 선거인단의 규모는 선거구의 선거인 수와 관련이 있다. 홍콩에서는 36명의 선거인단이 선출된다.

전국인민정부

중국 국가주석과 부주석, 중앙군사위원회 위원장, 상무위원장과 상무위원, 중앙인민법원장은 NPC의 전국인민대표대회주석단(全國人民代表大會會議主席團) 지명에 따라 NPC가 선출한다. 주석이 지명을 하면 국무총리는 NPC에 의해 선출된다. 국무원(中华人民共和国国务院)의 다른 위원들은 NPC에 의해 총리의 지명에 의해 선출된다. 다른 중앙군사위원회 위원들은 중앙군사위원회 위원장 지명에 의거하여 NPC에 의해 선출된다.

총리나 국무원 등 전국인민대표대회의 승인을 필요로 하는 임명직의 경우, 대표단은 임명에 찬성하거나 반대할 수 있다. 관련 법률은 단일 후보가 50% 이상의 찬성을 받지 못할 경우 다음 번 국민회의까지 그 자리를 공석으로 남겨두도록 규정하고 있다. 이런 일은 실제로 일어나는 일도 드물고, 국가 차원에서 일어난 일도 없다.

중국의 기술관료제도

서양과 특히 미국의 관점에서는 정치와 지배구조, 민주주의와 결과, 결과와 과정을 혼동하는 경향이 강하다. 좋은 정부는 선출과정만이 아니라 정책의 실행과 결과에도 똑같이 초점을 맞추는 정부이다. 정부의 정통성은 정부가 선정되는 과정만이 아니라 시민들이 보편적으로 원하는 바 즉 탄탄한 사회기반시설, 공공안전, 깨끗한 공기와 물, 신뢰할 수 있는 교통수단, 사업의 용이성, 좋은 학교, 양질의 주택, 신뢰할 수 있는 보육, 표현의 자유, 일자리에 대한 접근성 등을 제공하는 실행력에서도 비롯된다. 아시아의 기술관료제적 사고방식에서는 이러한 일을 하는 것을 지연시키는 것 자체가 부패의 한 형태가 된다. 언제나 남탓만 하지 않고 좋은 기술관료들은 항상 문제를 해결하려고 한다. 기술관료제의 유일한 이념은 실용주의이다.

아시아인에 관한 한 민주주의가 진지하게 받아들여지려면, 민주주의는 성과를 내어야 한다. 그래서 민주주의보다 테크노크라시가 아시아의 미래에서 더 중요한 특징이다. 아시아의 주요 민주주의 국가인 인도, 인도네시아, 필리핀은 모두 이 지역의 더 잘 운영되는 기술관료제를 모방하는데 전력을 다하는 과정에 있다. 싱가포르와 중국뿐만 아니라 말레이시아, 베트남, 태국, 한국과 일본이 기술관료제 국가들로 나아가고 있다.

장기적으로는 정치형태보다 지배구조의 질이 더 중요하다. 그렇기 때문에 기술관료 사회에서 가장 중요한 기관은 총리의 집무실이 아니라 공무이다. 미국과 영국 등 서방 주요국가의 경우 레이건과 대처 이후 전문적 공무원 제도가 시들해졌다. 미국에서는 독립된 기관들이 자치권을 잃었고, 최고위층들은 모두 대통령의 정치적 임명자와 친구들을 위해 유보되기 때문에 정부 관료들은 상향 이동할 수 없다.

적절한 기술관료 지배에서, 공무원은 국회나 사람들이 어떤 방침을 정한 후가 아니라 정하기 전에, 문제의 시나리오와 결과를 연구한다. 오늘날 선견지명과 경제 마스터 플랜을 중시하면서 데이터와 거버넌스를 어떻게 연결시킬 것인가에 대한 엄격한 사고의 서사시가 된 것은 싱가포르의 공무원연수기관과 중국푸동간부학원(中國浦東幹部學院)이다.

싱가포르: 기술관료의 역할 모델

기술관료제 정부는 편협하고 단기적인 포퓰리즘 변덕이나 사익보다는 전문가 분석과 장기적 계획을 중심으로 구축된다. 그것은 능력주의적이고 공리주의적인 제도이자 실천이다. 기술관료제 지도자들은 인기 경쟁보다는 지능에 의해 선발된다. 그들은 교육받은 엘리트들만이 아니라 폭넓은 교육을 받고, 훈련을 받고, 경험이 풍부한 전문가들이다.

테크노크라시(기술관료제[技術官僚制, technocracy])라는 용어의 현대적 사용은 1870년 프랑스가 오토 폰 비스마르크 재상의 프로이센에 의해 굴욕적인 패배를 당한 데 기인하며, 그 후 엘리트 대학인 École Libre des Sciences Politiques (현재의 파리 정치 학교)가 창립되어, 제3공화국의 운명을 바꾸려는 의도에서 정치와 외교 지도자들을 양성하려 하였다. 19세기 후반, 독일 국가 조직의 설계에 감탄한 우드로 윌슨은 미국인들이 "행정의 과학"을 진지하게 받아들일 것을 간청했다.

미국인들은 20세기에 미국이 전성기를 맞이하게 된 것은 기술관료의 개입 덕이었다는 것을 잊고 있다: 루즈벨트의 대공황 이후 뉴딜로 사회보장국 같은 대규모 전문 관료들이 생겨났고, 해리 트루먼 대통령의 2차 세계대전 후 연방도로청은 국가의 교통 인프라를 완성했다. 실리콘밸리는 벤처캐피털 덕택에 우연하게 출현한 것이 아니라 레이더에서 반도체, 인터넷과 GPS로 산업을 발전시키기 위한 미국방부의 전략적 지원으로 혁신의 진원지가 됐다.

아시아 전역에서 오늘날 가장 존경받고 면밀하게 연구된 정부는 싱가포르 정부다. 많은 아시아인들은 식민통치 체제 유산인 의회제도와 관련될 수 있다. 싱가포르의 이광요(이관유李光曜)는 "법과 질서"라는 문구가 거꾸로 쓰여 있다고 믿었다. 그에게 있어 질서가 최우선이고 법은 그 다음이다. 싱가포르는 세계에서 가장 부유하고 교육 수준이 높은 나라 중 하나로 손꼽히며, 최고 수준의 인프라와 가장 효과적인 정부를 갖추고 있으며, 창업이 가장 쉬운 곳 중 하나이다.

아시아 전역에서 아시아인들은 시민들의 요구와 선호에 효과적으로 대응하고, 정책을 고안하는 국제적인 경험으로부터 배우고, 장기 계획을 위해 데이터와 시나리오를 사용하는 싱가포르의 기술관료주의적 접근법에 기대를 걸고 있다. 싱가포르는 민주주의가 완전히 전개되도록 하기 전에 기술관료제를 제도화했지만, 오늘날 정부는 민주적 포용성의 미덕과 테크노크라테스 경영의 효과성을 결합하려고 노력하고 있다.

민주적 피드백은 정부가 올바른 방향으로 나아가도록 하는 데 필수적이지만 민주주의는 그 자체로 목적이 아니다. 민주주의는 효과적인 통치와 국가 복지의 향상이라는 더 높은 목표 달성을 보장하지 않는다. 정치가 많은 곳에 개입하면 민주주의는 타락되고, 너무 많은 민주주의는 정책을 방해한다. 정치는 의사결정에 관한 정책이자 지향으로서 타협을 낳고, 테크노크라시는 해결책을 내놓는다.

이관유는 원래 1970년대 홍콩식으로 덜 규제되는 노동시장으로 돌아서

기 전에 는 사회주의적 견해를 가지고 있었다. 싱가포르는 자유방임적 시장경제로서 사업 제한이 없고 매춘은 합법적인 것이기도 하지만 통제되는 복지국가의 틀 내에서 그러하다. 싱가포르는 세계에서 가장 강력한 정부보조 주택소유 계획, 은퇴를 위한 의무 저축, 그리고 보편적이고 비용 효율적인 공공의료시스템을 갖추고 있다. 가장 자유스런 시장이면서도 공기업을 통해 경제의 절반을 관리한다. 즉 자본주의적 자립이 재분배적 유인책과 결합하여 정부 세입의 안정성을 확보하는 자유주의적 복지국가이다. 남 탓만 주구장창 하는 것이 아니라, 좋은 기술 관료들은 항상 문제를 해결하려고 한다. 싱가포르가 따르고 있는 기술관료 교본은 정부, 산업계, 학계 간 공동협력 전략을 통해 사회적 민첩성을 구축하는 데 초점을 맞추고 있다.

이로써 싱가포르는 비록 민주주의적 선택이 제한되어 있더라도 매우 강력한 민주주의 문화를 가지고 있다. 호주, 벨기에 및 다른 민주주의 국가에서 그렇듯이 투표는 의무이다. 정치인들은 공영주택 마당과 대회의장에서 주민들과 매주 대화를 나눈다. 국회 토론과 예산 청문회는 공개되고 텔레비전으로 방송된다. 시민들은 세금부터 교통비, 의료비 지출에 이르기까지 모든 것에 대해 소리 높여 논평한다. 국민연금기금의 포트폴리오가 예상보다 1%만 낮게 돌아오면 시민들은 울부짖기 시작한다. 정부는 또한 수백 건의 숙의(熟議) 토론을 조직하고, 모든 주요 정책 질문에 대한 광범위한 조사를 실시하며, 국회 위원회에 대한 온라인 청원 채널을 개설한다.

이 모든 포괄적인 대화에도 불구하고 싱가포르는 지나친 숙의를 하지 않는다. 숙의는 결코 국론분열로 가지 않는다. 실시간 정보로 무장한 시민들은 정책에 대한 발언권을 원하지만 그들은 또한 행동을 원한다. 싱가포르의 지도자들은 대중의 신뢰를 받고 있기 때문에 다양한 요소들을 자율적으로 따져보고 종합적인 결정을 내릴 수 있는 능력이 있다. 단기 지향적인 선거 민주주의에서 미래는 고려 사항이 아니다. 모든 것이 국민에게 빠른 속도로 '매각'되어야 한다. 그러나 정치적 논의를 완전한 투명하게 공개하면 대중에게 팔리는 것을 목표로 하는 결정으로 이어질 수 있다. 그러므로 민주주의는 결정과 다른 수정들의 장기적 함의를 평가하는 기술관료적 도구로 보완되어야 한다.

성공한 정부의 기술관료의 중추는 전문 공무원이다. 공무원들은 연방 기관을 관리하는 법을 아는 통치의 청지기들이다. 그들은 지적 노하우, 견실한 능력, 관료적 자율성을 가져야 한다. 공정한 채용과 승진, 사회·경제 데이터 통계 진단, 고급 학위 보유자 수에서 보면 싱가포르의 공무원 제도는 누구에게도 뒤지지 않는다. 그것은 나선형 계단처럼 운영된다. 각 단계에서 공무원들은 다른 포트폴리오를 관리하면서 직접 경험을 쌓고 넓은 지식 기반을 구축하는 것을 배운다. 이와는 대조적으로, 미국 정치는 엘리베이터와 같다: 사람들은 맨 아래 층에 들어가서 그 사이에 있는 모든 배움을 놓치고 바로 꼭대기로 올라갈 수 있다. 공무원들이 하는 일만큼이나 중요한 것은 그 일을 어떻게 하느냐 하는 것이다.

시나리오 기획자들은 모든 부처에 소속되어 있다. 이러한 "예측 책임자"는 리더들이 지속적으로 고려할 수 있는 공정한 시나리오를 구성하기 위해 자체 연구와 세계의 사례 연구를 수행한다. 싱가포르 공무원연수기관(CSC)은 펜타곤 전쟁 게임과 닮은 시뮬레이션에 1000만 달러 이상을 투자했다. 시나리오는 지도자들을 통념에서 각성시키고 국가 역할을 유지하기 위한 강력한 전략을 개발하기 위해 고안되었다. 가장 현실적인 시나리오와 계획을 만들기 위해 공무원으로 경제전략, 인프라, 환경보호, 국방, 사회서비스 분야의 전문지식을 가진 자들을 모집한다. 예를 들어, 도시계획은 건축가, 경제학자, 인구통계학자, 생태학자, 그리고 많은 다른 전문가들이 섞인 팀들에 의해 처리된다. 보다 수직적 관료체제를 구축하기보다는 그러한 수평적 메커니즘은 자원을 통합하여 국경과 항공 감시, 공급망 추적, 식량안보 보장, 중요 인프라 보호 등과 같은 기능적 도전에 적용한다. 그 과정에서 팔방미인들은 전문가가 되고 그 반대로 전문가는 박학하게 된다. 전체적으로 싱가포르의 공무원들은 다방면에 정통한 자들로 잘 구성된 팀이다.

이관유는 법치를 집행하고 부패에 쉽게 물들지 않는 효과적인 행정 관료체제의 중요성을 강조했다. 부패에 저항하는 한 가지 성공적인 방책은 장관들에게 높은 보수를 주는 것인데, 그 장관들은 정부 서비스를 나중에 돈을 벌게 해주는 통로가 아니라 일종의 신탁으로 간주할 것을 요구받고 있다. 2012년 각료 등 고위 공직자들의 급여가 3분의 1에서 2분의 1로 삭감된 이후에도 싱가포르 공무원들은 여전히 세계에서 가장 높은 봉급을 받고 있다. 공무원들은 높은 급여를 받으며 국가 경제 성과와 연계된 보너스를 받는다. 이 중 매년 수백 명을 경쟁 평가하여 표준임금의 2배를 받는 '행정관'으로 뽑는다.

400여 개 기관에 걸쳐 200만 명 이상의 미국 공무원(우편 서비스 근로자 50만 명 포함)이 저임금과 과로사, 구식 소프트웨어 사용, 정기적인 정부 셧다운 대상이다. 그들은 다른 나라들로부터 배울 의무도 없고 동기 부여도 거의 없다. 제도적 기억-역사적 지식의 축적-은 전문가들이 은퇴하면 희미해진다. 정치인들은 그것을 겪어온 전문가도 경험도 상담하지 않는다. 의회도서관의 의회조사국(CRS)과 정부회계감사원(GAO)은 그동안 업계 로비스트와는 무관하게 정책평가와 권고안을 제공하는 데 필수적이었지만 오늘날 CRS가 정치적으로 논란이 되고 있는 문제들은 건들지 않고 있고 GAO의 업무는 종종 무시되고 있다.

가장 좋은 아이디어를 찾고 실행하는 것은 능력주의 시스템에서 훨씬 더 가능성이 높다. 능력주의란 지적 성취보다 체험에서 나온다. 정치적으로 임명된 자들이 아니라 내부에서 선발된 우수한 사람들이 그러한 실무경험과 능력을 갖는다. 능력주의는 그들의 능력과 노력을 바탕으로 높은 사회적 지위와 리더십이 모두에게 열려 있다는 의식이 있기 때문에 혁명에 대한 요구를 완화시킨다. 숙련된 지도자들을 지속적으로 양성하려면 공교육이 흔들지지 않고 뒷받침되어야 한다.

중국 기술관료제의 진화

기술관료제라는 이름이 아직 없을 때, 기원전 2세기 한 왕조에서 유교 관료들이 그것을 실천했는데, 사실 고대 세계에서 플라톤의 이상적인 공화국과 가장 가까운 정체였을 것이다.

마오쩌둥 이후 중국은 기술관료제 이론과 실천의 덕목(구식 및 신식)을 일부 회복했다. 등소평은 싱가포르의 성공에 감탄하여 실용주의적인 경제 개방에 대한 영감을 얻었고 쇼크요법과 소규모 실험의 혼합을 통해 그 잠재력을 발휘하게 만들었다. 그 이후 중국은 40년 동안 시장 경험을 쌓으면서 많은 적응과 코스 수정을 했다. 등소평을 시작으로 장쩌민, 후진타오를 거쳐 현재 시진핑으로 이어지는 지도자들은 전임자의 업적을 바탕으로 다스렸을 뿐만 아니라 최고 지도자들은 공학 경영의 다양한 배경을 갖게 되었다.

摸着石頭過河(모착석두과하) '돌을 더듬으며 강을 건넌다'는 詩經(시경) 小雅(소아) 正月篇(정월편)에 나오는 글로 1978년 中國의 鄧小平(등소평)이 개혁개방에 나설때 한 말이다. 돌다리도 두드려 보고 건넌다는 아주 조심스런 행동은 跼蹐(국척)이란 말도 있다 중국공산당은 서구 자본주의와 사회민주주의 등 광범위한 모델을 연구하는 전통을 이어가고 있다. 외부인들은 중국이 전 세계에 자국의 권위주의적 모델을 수출하고 있다고 우려하는 반면, 현재 선호되고 있는 '중국적 특성을 가진 사회주의'라는 구절이 시사하듯이, 중국은 해외로부터 모범 사례를 수입하는데 훨씬 더 집중하고 있다.

이에 따라 정부는 당초의 정책들의 반복보다 훨씬 더 자주적인 자정능력을 보여 대내외 위기 대처에 있어 정책적 민첩성을 보이고 있다. 지방 총장, 기업 경영진, 그리고 학계 전문가들이 적극적으로 자문하여 국가의 경제 구조조정을 도표로 만들고, 그 결과 전국적으로 기업가정신 개혁이 이루어졌다. 중국학자인 제시카 테츠(Jessica Teets)는 이 모델을 "협의적인 권위주의 consultative authoritarianism"라고 부른다.

시 주석은 다른 장기집권자들과 달리 국가를 해체하고 있는 것이 아니라 오래 지속되도록 국가를 강화하고 있다. 고대 유교에서 군주의 통치를 강조하는 것과 다르지 않게, 중국 공산당 정책에 따르면 지도자들은 5년마다 한 달에서 한 해 동안 중국 공산당 중앙당학교에서 훈련을 받아야 하는 반면, 지도부는 매년 다른 지방으로 전보하여 도시, 마을 그리고 농촌의 진보와 도전을 연구해야 한다. 다니엘 벨은 『차이나 모델 : 중국의 정치 지도자들은 왜 유능한가』에서 "수직적 민주적 성과주의"로 진화하는 것을 지지한다: 그는 현향급 지도자들이 실제로 인기가 있고 빠른 피드백에 반응할 수 있기 때문에 기층 민주주의, 지방이 투자를 유치하고 그들의 천연 자원과 인적 자본에 맞는 산업을 지원하는 것과 같은 중급 지도자들의 투자를 유치하고 그들의 천연 자원과 인적 자본에 맞는 산업을 지원하는 것과 같은 실험, 그리고 지속적인 장기 정책 구현이 있을 수 있도록 최고층 지도자들에서의 성과주의로 나아가는 것을 지지한다. 벨은 또한 공공의 이익을 위해 취한 부패 없는 행동에 대한 보상을 받는 "동정적인 성과주의"를 말한다.

중국은 세계에서 중앙정부의 권한을 행사하기 전에 약 40년간의 훈련이 필요한 유일한 나라다. 시 주석은 경쟁자들을 숙청했지만 재능을 숙청하지는 않았다. 수천 명의 공무원들이 성과주의적으로 사다리를 타고 올라가서 중요한 행정경험을 쌓는다. 따라서 시 주석의 권력 통합에도 불구하고 그는 여전히 6명의 다른 정치국 상무위원들 그리고 많은 포트폴리오에 걸쳐 똑같이 깊은 통치 경험을 가진 많은 고위 관료들에게 의존하고 있다. 이것을 미국의 행정부와 비교해 보면, 각 신임 대통령은 내각 전체와 상위 4천 자리를 자신의 정치적 지명자로 대체하는데, 그들 중 몇몇 또는 많은 자들은 자신의 책임 범위에 대한 기본적인 이해가 부족한 사람들이다. 중국 시민들은 미국인들보다 그들의 정부를 훨씬 더 존중한다. 한 중국인 학자는 "중국인은 정부를 사랑하지 않지만 신뢰한다"고 말했다.

중국 지도자의 선발 과정

중국 지도자들은 서구적 의미에서의 정치인이 아니다. 그들은 그들의 경제적, 사회적 목표를 달성하는 데 성공함으로써 그 반열에 올랐다. 그들은 정부에서 일하면서 경력을 쌓았다. 정치가 최고의 역할을 한다는 것은 의심의 여지가 없지만, 그들은 모두 과거의 결과에 근거하여 그곳에 도달했다.

등소평은 국가에 대한 훌륭한 관리이라는 것이 무엇인지 예시한다. 그의 예는 어떤 법률이 부여할 수 있는 것보다 더 강력하다. 등소평은 그의 후계자를 선정했다. 현 지도자도 후계자를 뽑을 것이다. 자신이 선택한 후계자가 역사 속 유산에 영향을 미칠 것이다. 이것은 작은 결정이 아니다. 따라서 중국의 후계 의정서에서는 오바마와 같은 인물은 현의 수장 이상으로 올라가지 못한다.

중국인들은 이른바 민주주의 국가들과 달리 공무원에게 투표나 다른 능력보다 경험을 중시한다. 1400년 전 수나라 때부터 혈통이나 출생에 의한 것이 아니라 과거에 의해 관리들을 선발하여 승진시켰다.

오늘날의 중국에서는 정치에 입문하려면 힘들고 경쟁이 치열한 길을 통과해야 한다. 민초 출신이든, 정치 집안 출신이든 모든 단계를 거쳐야 한다. 이렇게 해야만 시 주석처럼 권력의 정상에 오를 수 있다. 시작하려면 적어도 대부분의 중국 정부 관리들은 대학 학위를 가지고 있어야 한다. 국가공무원 시험을 보고 합격해야 한다. 2019년도에는 96만 명이 응시해 14537명이 합격해 합격률이 1.58%이었다.

중국 집권당은 중국공산당(CPC)이다. 또 8개 정당이 더 있다. 그들 중 한 당에 가입해야 한다. 중국의 최고 지도자가 되려는 이상을 가진 사람은 CPC에 가입하는 것이 좋다. 9천만 CPC 당원 중 한 명이 될 것이다. 그들은 모두 경쟁자들이다. 자, 이제 향진 관리가 된다. 시 주석과 10단계 격차가 있다. 각급 지도자마다 몇 년이 걸리고 여러 번의 시험을 거쳐야 한다.

중국에선 각급 '组织部조직부'가 공무원 관리를 책임진다. 모든 공무원은 매년 성적 평가에 참여해야 한다. 평가는 보통 동료나 부하직원, 상급자가 투표로 실시한다. 평가 결과는 승진에 영향을 미친다. 열심히 일하고 운이 좋으면 구나 현에서 최고 관료가 된다. 1983년에 시진핑은 하북성 정정현의 공산당 부서기가 되었다. 수십만 명, 심지어 수백만 명을 관리하려면 경험이 풍부해야 한다.

1990년에 시진핑은 중국 푸젠성[福建省]의 성장이 되었다.

다음으로 산업이나 농업이나 교육이나 상업을 담당하는 시 공무원이 되어야 한다. 그 후에 시장이 된다. 그 업무에 몇 년 더 걸릴 것이다.

이제 중국에서 정책이 결정되는 과정을 보자.

중국에서의 정책 결정과정과 내부투쟁

중국에서 1980년대에는 선거 과정이 악화되었고, 강력한 가족 집단이 지방 선거를 지배했으며, 마을 사람들은 정기적으로 중앙정부에게 일을 바로잡을 수 있는 유능한 당 서기'를 보내달라고 청원했다. 그래서 중국 정부는 카터 센터를 초청하여 그 과정을 감독했고 2010년이 되면 투표율은 미국 투표율을 앞질렀다. 원자바오 총리는 더 많은 실험을 장려했다. "많은 마을의 경험은 농부들이 마을 위원회를 성공적으로 선출할 수 있다는 것을 증명했다. 마을 관리가 잘 된다면 진 향 현도 잘 할 수 있다. 국민이 과감하게 실험하고 민주주의의 실천을 시험하도록 독려해야 한다"고 강조했다.

5년 뒤 시 주석은 카터센터에 선거법의 공정성을 재평가하고 후보들에게 윤리적 선거운동을 교육해 달라고 요청했다. 중국에는 60만 개의 마을이 있고 당선자들은 5년 임기 중 첫해를 시험 연도로 시작하고, 약속된 목표를 달성하지 못하면, 그들은 당선 무효 처리된다. 그렇지 않으면 그들은 그들의 성공이 전국적으로 전파될 수 있다는 것을 알고 그들의 목표를 검토하고 조정하는 데 2년차를 보낸다.

마을 대표들은 그들의 동료들 중에서 그들을 대표할 대표들을 향. 진 차원에서 선택하는데, 다시 현 대표들을 투표하고 결국 3천명의 성 대표들이 베이징에서 소집되어 그들의 마을에서처럼 진지하게 합의를 위해 노력한다. 대표들은 자원 봉사자들로서, 전국대표로 선출되려면 신중함과 상식이 필요하다. 계층화된 투표로 인해서 아래 정치인들의 지지 없이는 더 높은 수준의 대표대회에 참여하기 어렵고 그 과정을 당이 완전히 통제하는 것은 불가능하다. 그 결과 전국인민대표회의 대표의 3분의 1은 공산당원이 아니며, 다른 정당도 장식용이 아니다. 중국민주동맹, 국민당, 구삼학사[九三學社]와 같은 정당들은 정기적으로 우수한 장관을 배출한다. 전국인민대표대회와 각급 지방인민대표대회는 민주적 선거를 통해 구성된다. 그들은 국민에게 책임이 있고 그들의 감독 하에 있다. 국가의 모든 행정기관, 사법기관, 친위기관은 그들이 책임지고 감독하는 인민대표대회에 의해 선출된다.

대부분의 법률은 인대에서 90%의 지지를 받고 있지만 이것은 '고무도장'에 불과한 것인가? 인대가 '고무도장'이라는 오해가 생기는 것은 정책개발을 예비실험 지구(시점(试点), 시범지구)이라고 하는 이중맹검법[二

重盲檢法]의 무작위화된 임상시험처럼 관리하고, 이에 대해 수집된 자료를 공개 평가하는 것은 인대가 일차적으로 담당하기 때문이다. 유럽은 보편 소득 시범지대를 시작했지만 중국은 30년 동안 보편 소득 시범지대를 해왔고 이를 지원하고 관리하는 성숙한 시스템을 갖추고 있다. 데이터가 건전하다면 90%의 지지를 얻기가 어렵지 않다. 정책 제안은 마을, 향 또는 시에서 먼저 시도되며 대부분의 과학 실험이 실패하는 것과 같은 이유로 대다수가 이 단계에서 죽는다. 그 과정은 지구상에서 가장 신뢰받는 정부를 만들었지만 인민대표대회는 만만한 상대가 아니다. 대표들은 시점 방문, 현금흐름을 검사 및 감사하고, 합리적인 가격과 토론 확장성 및 국가적 영향을 계산한다.

예를 들어 삼협댐 건설을 보자. 30년간의 공학적 연구 끝에 정부가 삼협댐에 자금을 지원하겠다는 제안을 내놓자 인대가 반발하고 나섰다. 이 프로젝트의 비용과 규모는 대부분의 인민대표들이 상상할 수 없을 정도의 액수였고, 은퇴한 기술자들과 외국 전문가들은 이를 극렬하게 반대했으며, 실향민이 될 100만 명의 사람들은 이 프로젝트를 매우 격렬하게 비난하였음으로 입법자들은 지질학적 안정성을 증명하기 위해 근처에 비슷한 댐을 건설할 것을 요구했다. 정부는 장강댐을 하류에 건설했지만, 그들이 자금 지원 요청을 다시 제시했을 때, 겨우 64%의 대표만이 그것을 지지했고, 정부가 그래도 진행하기로 결정했을 때, 사람들은 그것을 '법안의 날치기 통과'라고 큰 소리로 비난했다.

중국의 가장 큰 강점은 코스 정정을 위해 데이터에 의존하는 것이다. 비록 탄탄한 데이터라도 원활하게 통과되리란 보장은 없다. 농민, 토착민, 교수, 어부, 제조업자, 대만 국민당 등 특수 이익 단체들의 거대한 로비 단체인 중국인민정치협상회의(정협) 때문에 입법안의 50%가 계획 기간 내에 통과되지 않고 10%가 10년 이상 걸린다. 그들의 이해관계를 해치지 않게 입법자들은 시범 자료와 정치적 절충 모두를 사용하여 법안들이 등장할 때쯤에는 거의 만장일치의 지지를 받는 법을 만들어야 한다. 그때도 이행 후에도 데이터 수집이 계속되기 때문에 이법은 '개정 대상'이 된다.

중국은 수백만 건의 실험이 도처에서 진행되고 있는 거대한 시험 포트폴리오다. 오늘날, 의료에서 빈곤 감소, 교육, 에너지, 무역, 교통에 이르는 모든 분야의 혁신이 곳곳 지역사회에서 시도되고 있다. 중국의 662개 도시마다 다음과 같은 실험을 하고 있다. 자유 무역 지대가 있는 상하이, 빈곤 퇴치가 있는 구이저우, 교육 개혁이 있는 23개 도시, SOE 개혁이 있는 북동부 지방: 시범학교, 시범 도시, 시범 병원, 시범 시장, 모든 것을 시범 운영한다. 1차 조사단은 중앙당 학교에서 '연구 결과'를 공유하여 '과학 저널' 즉 관영신문에 게재한다.

소도시를 시작으로 주요 정책은 시험 데이터를 생성하고 분석하는 '임상시험'을 거친다. 통계가 좋아 보이면 테스트 사이트를 추가하고 장기 추적 작업을 한다. 이들은 10~30년 동안 시험하고 수정하며 3천 명의 인대에 자료 검토와 3대 지방에서의 국가 실험 허가를 요청한다. 국가 실험이 성공하면 국무원은 이 계획을 심사하여 최종 투표를 위해 다시 인대에 제출한다. 인대의 표는 거의 만장일치에 가까운데 그 이유는 그 법안이 많은 자료들에 의해 뒷받침되기 때문이다. 이로써 중국은 단기간에 큰 성과를 거둘 수 있게 되었는데, 성공한 해법이 빠르게 전국에 전파될 것이기 때문에 그 프로젝트의 기안자와 실행자는 베이징에서 열리는 고위급 회의에 초대되어 승진하게 될 것이다. 문제를 해결하기 위한 경쟁이 치열하다. 지방정부는 지역민들의 지지가 있는 한 그들 자신의 것을 시도할 수 있는 엄청난 자유를 가지고 있다. 맨주먹 자유주의에서 정통 공산주의에 이르기까지 모든 것이 여러 마을과 소도시에 의해 시도되었다.

저장성 중부 마을 이우(義烏)는 1980년대 국제무역시범구로 시작해 일상 잡화의 세계 중심지가 되었다. 오늘날, 마을들은 스마트 타운에 대한 '시범 장소'를 운영하고 있고, 학교들은 '학교의 질에 관한 시험 장소'를 운영했고, 노동조합은 '노동권 시험 장소'를 운영했고, 국영기업들은 혼합된 보상(현금과 주식)을 시도하고 있고, 튀는 관리들은 새 아이디어를 시도한다. 심지어 보수적인 중국 세관들조차 국경 통과 지역에서 '무역 촉진 시범 장소'를 가지고 있었다.

1950년 이후 5년마다, 기획자들은 국가의 궁극적인 목표인 대동(大同)(예기(禮記) 예운편(禮運篇)에 나타나는 국가와 계급이 없고 사람마다 평등하고 자유로운 이상향을 추구하는 세계관)을 향한 국가의 진로를 재조정하고, 진행 보고서를 발행하고, 피드백을 수집했다. 그래서 기업가들이 자동차 제조업과 같은 비필수 산업에서 경쟁하도록 하는 것이 더 효율적이고 효과적이지만 필수 서비스에 대한 수익이 세금만큼 부담스럽다는 결과가 나왔다. 보건에서의 이윤추구는 건강한 노동자를 필요로 하는 모든 사업체에 세금을 부과하는 것과 같다는 결과가 나왔다. 교육에서 이윤추구는 유식한 노동자를 필요로 하는 모든 사업체에 세금을 부과하는 것과 같은 효과를 갖는다는 것을 발견했다. 그래서 정부는 이제 그들을 원가로 제공하고 사회적 목적을 수행하는 손실이 나는 기업까지 지원한다.

연구자들은 설문지와 풀뿌리 포럼으로 5개년 계획을 시작하고, 중간 평가 후에 인대는 학자들에게 평가를 의뢰하고 경제학자들은 그들의 권고에 대한 예산을 책정한다. 그 후 팀들은 전국을 순회하고, 지역 TV에 출연하고, 지역 의견을 듣고, 제안서를 작성한다. 다음으로 국무원은 계획 초안을 발표하고 직원, 농부, 사업가, 기업가, 공무원과 전문가 그리고 이를 이행하는 관료사회의 27단계 모두의 타당성 보고서로부터 의견을 구한다. 전국인민대표대회재무경제위원회(全國人民代表大會財政經濟委員會)는 이 계획의 예산을 분석하고 국무원과 정치국이 승인한 후 인대가 투표를 한다. 그리고 나서 토론이 중단되고 실행이 방해받지 않고 진행된다. 한때 신문에 실리고 동네 게시판에 게시됐던 법률이 이제는 온라인에서 꽃을 피우고 있다. 모든 초안은 시민, 비-시민, 국가 및 국제 기업 모두에게 논평과 비판을 할 수 있도록 게시되어 있으며, 그들은 그렇게 한다. 만약 제안된 법률에 강한 저항이나 거부감이 있다면 그것들은 개정을 위해 다시 보내진다. 그리고 그것이 너무 거추장스럽다면 공개적으로 시위할 헌법상의 권리가 있다.

1950년대 토지 재분배에서부터 60년대 공산화, 대약진, 문화혁명, 개혁개방, 반부패에 이르기까지 중국 정치는 10년에서 다음 10년 사이에 거의 인식하지 못할 정도로 변화하지만 아직 정책적 지지는 스위스보다는 덜하다. 대니얼 벨 교수는 맨 아래는 민주주의, 중간은 실험, 맨 위는 실력주의로 일련의 정책적 성공을 거두고 있다고 평가했다.

중국의 체제에는 내부투쟁이라는 이상한 과정이 있다. 이 토론과정에서 CPC 간부들은 어떤 토론이든 할 수 있고 토론에서 어떤 입장도 취할 수 있으며 사후에 그에 대한 어떤 파장도 없다. 그러나 일단 결정이 내려지면 그 결정에 승복해야 하며 이견이 없어야 한다. 그 결정은 다음

단계로 넘어가고 다시 거기에서 내부투쟁의 전 과정이 반복된다. 그래서 이러한 과정은 계속 되어 최종 결정과 그 실행을 책임지는 최고 수준에 도달할 때까지 올라간다. 그 때쯤이면 모두가 그 문제에 대한 찬반양론을 인식하고 최종 결정에 대한 투표는 형식상의 문제다. 정치국원이 설득력 있는 논거를 제시하지 않고 막판에 가서 반대표를 던질 수는 없다. 필리버스터는 허용되지 않는다. 중국 정부는 민주주의가 아니다. 그러나 인대는 표면적으로 고무도장 기관(자동 통과 기관)으로 보이지만, 사실은 그런 기관이 아니다. 중국에서의 결정은 주석이나 당관료의 변덕이나 공상에 기초하여 결정되는 것이 아니라 토의와 논쟁의 결과이다. 중국 같은 권위주의 정부가 국민의 이익을 대변한다는 점을 감안할 때 적어도 그것은 이론적으로는 여전히 좋은 통치체제이고 실제로, 그것은 지금까지 중국에 매우 잘 작동했다. 중국의 경제 성장이 이를 보여주는 가장 가시적이고 피부로 느낄 수 있는 증거다.

문명국가 대 국민국가

런던 정경대학 부설 국제관계 및 외교전략연구소(LSE IDEAS) 아시아경제연구센터의 초빙 연구위원인 마틴 자크[Martin Jacques]는 『중국이 세계를 지배하면』에서 중국을 "국민(민족)국가"가 아니라 "문명국가"라고 주장했다. 중국은 가장 기본적인 면에서 서양과 크게 다르다. 아마도 가장 기본적인 차이점은 유럽식 용어로는 민족국가가 아니라는 점일 것이다. 중국은 1900년경부터 자신의 자체를 국민국가(민족국가 nation-state)라고 묘사해 왔지만 중국이라는 나라는 221BC 즉 진시황의 전국통일로 거슬러 올라간다. 진나라의 국경은 오늘날 중국의 동쪽 절반과 멀리 가장 인구가 많은 부분의 상당 부분을 차지하고 있다.

2천년이 넘는 세월 동안 중국인들은 자신들을 하나의 민족이라기보다는 하나의 문명이라고 생각해왔다. 오늘날 중국의 가장 근본적인 정의적 특징과 중국인에게 정체성을 부여하는 것은 중국이 스스로를 민족국가라고 부르던 지난 세기가 아니라 문명국가로 가장 잘 묘사할 수 있는 이전 2천년 시대에서 나온다: 국가와 사회의 관계, 매우 독특한 가족관념, 조상숭배, 유교적 가치관, 개인적 관계의 네트워크, 중국 음식과 그것을 둘러싸고 있는 전통, 그리고 문자와 구어 사이의 특이한 관계를 가진 중국어가 그것이다. 유럽에서의 국가 정체성은 압도적으로 민족국가 시대의 산물인 반면에 중국에서 정체성은 주로 문명국가로서의 국가의 역사에 의해 형성되어 왔다. 중국은 오늘날 스스로를 민족국가로 묘사하고 있지만, 역사, 문화, 정체성, 사고방식 면에서 본질적으로 문명국가로 남아 있다.

마틴 자크에 따르면 중국은 문명국가로서 두 가지 주요 특징을 가지고 있다. 첫째, 로마 제국의 해체 이전까지 거슬러 올라가는 그것의 예외적인 장수하는 문명이 있다. 둘째로, 지리적, 인구학적 측면 모두에서 중국의 규모가 엄청나게 크기 때문에 중국에는 엄청난 다양성이 있다. 중국이 매우 중앙집권화되어 있다는 서구의 믿음과는 반대로, 사실 많은 면에서 정반대로 자치적이고 다양한 면이 있다.

중국이 문명국가라는 사상은 중국을 그 자체로 이해하는 근본적인 구성요소다. 중국의 국가와 사회의 관계는 서양과 매우 다르다. 중국 국가가 정통성이 결여돼 있고 대중의 지지를 받지 못하고 있다는 압도적인 서구의 가정과는 달리, 사실 중국 국가는 어느 서구의 국가보다 더 큰 정통성을 누리고 있다. 서양에서는 국가의 정통성이 압도적으로 민주주의 절차 즉 보편적 참정권, 경쟁 정당 등에 달려 있다고 가정하고 있다. 그러나 이것은 국가의 정통성을 이루는 단지 하나의 요소일 뿐이다: 중국인이 보기에 중국 국가가 가공할 정통성을 누리는 이유는 민주주의와 무관하고 국가와 중국 문명의 관계에서 찾을 수 있다. 국가는 중국 문명의 구현, 보호자, 옹호자로 간주된다. 중국 문명의 통일성, 응집력, 온전성을 유지하는 것은 문명국가 최고 우선순위로 인식되는데 반면에, 서구에서 국가에 대해서 많은 이들이 다양한 정도의 의심과 심지어 적대감을 가지고 있다. 중국에서는 국가가 친밀하고 가족의 일부로서 실제로 가장으로 간주된다. "國家"는 나라-가족으로서 나라가 하나의 가족이라는 의미이다.

90% 이상의 중국인들은 스스로를 한족으로 생각한다. 이것은 세계에서 가장 인구가 많은 다른 나라들인 인도, 미국, 인도네시아, 브라질과는 매우 다르기 때문에 특별한 현상이다. 현실적으로 한족은 여러 인종의 산물이었지만 한족은 자신을 그렇게 생각하지 않는다. 그리고 그 이유는 우리를 문명국가, 그리고 그 결정적인 특징들 중 하나인 중국의 주목할 만한 장구한 역사로 데려간다. 수천 년 동안 문화, 인종, 민족 등 많은 과정의 결과로, 한족을 구성하는 여러 인종 간의 차이는 더 이상 중요하지 않을 정도로 약화되어 왔다.

미국 민주주의와 중국 민주주의의 비교

서구 민주주의라는 관념은 1945년 이후 서양, 그리고 미국과 영국 같은 나라들에게는 훨씬 더 긴 시간 동안 체제의 우월성을 나타내는 주요한 간판이었다. 서구인들의 눈에는 모든 정치체제의 합법성이 보편적 참정권, 다당제, 삼권분립, 법치주의에 근접한 정도로 측정된다. 서구 민주주의가 '역사의 종말'과 유사한 용어로 비춰진다고 해도 과언이 아닐 정도로 이러한 관념에 대한 헌신은 강하다. 그것들은 훌륭한 통치를 위해 필수불가결한 것으로 간주되어 본질적으로 개선될 수 없다고 간주된다.

그렇지만 미국의 정치적이고·법적 기관의 디자인 자체는 집단적 권리를 억압하기 위해 만들어졌다고 볼 수 있다. 힘의 균형이 미국 지배의 핵심이다. 정치적 권리와 시민권은 미국 정치 가치의 기반이다. 이러한 가치관을 부정하는 것은 미국의 근본적 존재 바로 그 자체를 부정하는 것과 같다. 압도적인 대다수의 미국에서의 정치 분석은 지나치게 좁고 구체적이어서 체제 자체에 대한 비판은 없다. 미국의 정치구조 밖으로 나가서 제3자의 관점에서 세밀한 평가를 수행할 수 있는 사람은 드물다. 미국인들은 정직하게 미국식 시스템이 세계 최고라고 믿는다. 이는 진심어린 확고한 신념이며, 그들은 미국 제도를 의심하거나 반대하는 것을 상상할 수 없다. 미국 시스템은 완벽하기 때문에 일단 전염병이 문제를 일으키면 시스템이 문제가 아니라 미국인들은 그 문제가 옳거나 그른 정치인을 선출하는 것에서 비롯되는 것이라고 생각한다. 이런 생각의 선에서 가장 큰 힘을 가진 사람을 지적하여, 그 자를 비난한다. 또한 미국 제도를 비판하는 것은 미국에서는 심각한 정치적 오류다. 그것은 금기 사항이다. 그것은 반미, 비애국, 비미국적인 행위로 지탄받는다. 그것은 미국의 근간을 의심하는 태도다. 그래서 미국 제도와 관련하여 설령 그 단점이나 약점을 볼 수 있는 사람이 있어도 그는 감히 큰 소리로 말할 수는 없다. 사실상 대다수의 사람들은 미국 체제의 장단점을 보지 못한다. 그들은 미국 시스템이 완벽하다고 너무 철저하게 세뇌되었기 때문이다. 이것을 볼 수 있는 사람은 극소수일 뿐이다. 그러나 현실을 알고 있는 이 소수의 사람들은 미국체제의 단점을 지적할 수 없다. 지적한다고 해서 지상의 상황이 달라질 수도 없거니와 여전히 그들에게 비방과 비난이 뒤따를 것이기 때문이다.

미국인들이 비판할 때, 그들은 문제를 개별 정치인에게 집중시킨다. 이 시스템은 이미 완벽하거나 완벽에 가깝기 때문에 그것은 시스템에서 나온 문제가 아니라 오직 정치인에게서 나온 문제가 될 수밖에 없다. 미국에서는 체제에 도전하고 전복하는 것이 금기시되고 있다. 그것은 그야말로 불가능하다. 왜냐하면 미국의 시스템은 신성하고 완벽하다고 여겨지기 때문이다. 문제가 있는 것은 특정 개인뿐이지 제도 자체는 문제가 없다. 정치인의 성격은 나쁘고, 그들의 능력은 그것 밖에 안 되기 때문이다. 따라서 모든 행위는 시스템이 허용하는 범위 내에서만 수행될 수 있다. 유일한 길은 선거뿐이다. 성공적인 선거를 통해 사회 변화의 출발점과 기반을 구축한다.

문제가 발생하는 것은 정치인의 성격은 나쁘고, 그들의 능력은 그것 밖에 안 되기 때문이다. 나쁜 지도자, 무능한 지도자를 뽑은 유권자도 문제이다. 모든 비평은 이런 종류의 것이다. 이 시점에서 분석은 더 이상 진행되지 않는다. 미국은 권력분립 메커니즘을 이용하여 여러 지방 관할권 정치인들 사이에 존재하는 사회적 모순의 대부분을 확산시킨다. 선거의 가능성을 통해 이런 모순을 해소하기 위해 국민은 제도 자체가 아닌 정치인을 지목하면서 불만을 토로한다. 결국 국민은 자신들이 권력을 쥐고 있고 투표를 통해 정치에 영향을 미칠 수 있다고 믿으며 이런 희망 아래 삶을 이어간다. 가장 경외심을 불러일으키는 정치는 바로 이것이다: 사람들이 그들이 힘을 가지고 있다고 믿고, 따라서 미래에 확고한 희망을 유지하면서도 동시에 현재의 상황에 대해서는 아무것도 바꾸지 않는 정치다.

미국의 권력 분립과 선거제도는 완벽한 "인지적 함정"을 만들어냈다. 사람들은 이 시스템이 끝없이 개인에게 힘을 실어줄 수 있고, 무한한 잠재력과 가능성을 제공할 수 있으며, 그것이 무엇이든 바꿀 수 있다고 믿는다. 미국에는 미국의 체제를 뒤엎거나 변형시킬 수 있는 세력이 없기 때문에 미국에는 반란이 일어나지 않을 것이다.

미국은 다양한 인종, 국적, 문화, 사회의 많은 사람들을 동화시키는 다민족국가다. 이런 사람들을 하나로 묶기 위해 한 국가는 하나의 공유된 혈연, 민족, 문화에 의존할 수 없고 그 대신 공유된 정치적 가치, 즉 미국 헌법의 승인과 미국의 근본적 정치적 가치의 승인에 의존할 수밖에 없다. 정치적 가치와 미국식 시스템: 이 둘은 미국의 "국가 정체성"을 구성한다. 미국의 제도를 무시하는 것은 미국의 국가 정체성을 무시하는 것과 다름없고, 필연적으로 반미적인 것을 의미한다. 모든 문명은 국가 정체성을 위한 기반을 구축해야 한다. 유럽국가들의 국가 정체성은 인종, 혈연, 땅, 그리고 그 후에 언어와 문화에 있었다. 인종과 혈연과 땅과 언어를 부정하는 것은 자신의 국민성에 어긋나는 것이며, 받아들이기 힘들다.

중국은 또한 문화와 언어에 더 기반을 둔 국가 정체성인 다민족 국가다. 중국 국가로 통합될 수 있는 사람은 받아들일 수 있는 사람이다. 땅은 이차적인 것이고, 민족성과 혈연 또한 요인이 될 수 있다. 중국인들의 포용성은 상당히 강력하여 민족성, 혈연, 그리고 그 밖의 다른 요소들은 상대적으로 약한 고려사항이다. 중국인의 입장에서 보면 중국 문화, 역사, 전통, 또는 중국의 영토와 국경에 대한 인식을 부인하는 것은 중국을 부인하거나 불충하는 것과 같다.

미국의 입장에서 볼 때 민족성, 혈통, 토지, 언어, 문화, 역사는 핵심요소가 아니라 정치적 가치만 핵심요소이다. 미국의 제도를 부인하는 것은 미국의 "국가"를 부인하는 것이다. 국적의 관점에서 보면, 유럽이든 중국이든 미국이든 간에 그들 자신의 국가 정체성을 부정하는 것은 매우 용납될 수 없는 일이다. 미국이 유럽이나 중국과 구별되는 점은 미국 국가 정체성이이 정치 체제와 가치관의 토대 위에서 구축된다는 점이다.

일단 중국 경제가 성장했고, 그 후 세계적인 지위가 상승하자, 사람들은 변화하기 시작했고, 자신감을 갖기 시작했고, 더 많은 사람들이 중국 전통 문화와 현대 사회 관습의 좋은 면을 볼 수 있었다.

시 주석의 국정 운영 방침인 '4개 의식'(四個意識)과 '4개 자신감'(四個自信)은 그러한 변화를 상징한다. '4개 의식'은 시진핑 사상의 핵심으로 정치·대국(大局)·핵심·일치(칸치〈看齊〉)를 의미한다. 중국의 4개 자신감(四个自信) 즉 과정 자신감(道路自信), 이론 자신감(理论自信), 제도 자신감(制度自信), 문화 자신감(文化自信)은 당원들의 초심을 강조하는 중국 특색의 사회주의 노선, 이론, 제도, 문화에 대한 자신감이다.

미국도 비슷하다. 미국인의 국가 정체성 개념은 그 자신의 체계와 정치적 가치다. 아마도 중국이 미국을 포괄적으로 따라잡거나 능가하는 것에 의해, 어쩌면 중국과의 경쟁이나 투쟁에서 실패하는 것에 의해서, 미국인들은 아마 정신을 차릴 것이다. 미국 자체의 자신감의 근거는 한 세기에 가까운 과거 세계에서의 절대적 주도적 역할이다. 미국의 힘은 사람들로 하여금 미국 체제가 우월하다고 믿게 만들었고, 이를 바탕으로 미국의 국가 정체가 우월하다고 믿게 했다. 미국은 자국의 국력에 도전할 수 있는 다른 나라에 대해 경계하며 공격한다. 왜냐하면 어떤 도전도 미국의 국격의 우월성을 훼손시킬 것이기 때문이다.

중국 정치경제학 8원칙

200명으로 구성되고 당대회의 결의를 집행하고 당의 모든 활동을 지도하며 대외적으로 중국공산당을 대표하는 중국공산당 중앙위원회[中國共産黨中央委員會]는 전인대가 열리지 않을 때 중국공산당의 최고 권력기관이다. 그들의 보고서인 "중국적 특색을 가진 사회주의 정치경제 8원칙"을 보면 중국의 정치경제학은 서구의 것과 판연하게 다르다는 것을 볼 수 있다.

1. 과학기술이 주도하는 지속가능성: 초기 사회주의의 최우선 임무는 생산력을 해방시키고 발전시키는 것이다. 사회주의는 물질적, 기술적 발전의 최소한의 토대를 필요로 하기 때문에 과학기술의 결정적 효과를 충분히 이해할 필요가 있고 그래서 우리는 부족한 자원을 배분하는 데 있어서 과학기술의 전략적 중요성을 인식해야 한다.

1. 서민생활 향상을 위한 생산 방향 : 사회주의의 가장 초기 단계에서의 주된 모순은 증가하는 물질적, 문화적 욕구와 생산능력의 신속하고 꾸준한 발전을 통해서만 극복할 수 있는 사회적 생산의 후진성 사이에 있다. 이것이 가장 중요한 과제다. 사회주의의 초기 단계 민생 개선은 끝없는 과제이고 계속해서 새로운 도전이 나온다. 우리는 보다 구체적인 목표를 설정하고 직접적인 대책을 채택해 노동자들이 전체적으로 어려움을 해결하고 법제도와 시민사회를 통해 복지를 증진할 수 있도록 도와야 한다. 우리는 공공서비스가 신뢰할 스 있는 사회안전망을 만들도록 보장하면서 우리의 행동이 생활수준에 미치는 영향을 현실적으로 평가해야 한다. 우리의 목표는 지속가능성의 요구에 부합하는 인간 잠재력의 완전한 발전에 필요한 물질적, 사회적, 정신

적 자원에 접근할 수 있으면서 모든 사람이 가능한 범위 내에서 인간 욕구의 충족에 기여하는 사회이어야 한다.

1. 국가 재산권에서의 공유재산권 우선: 중국 국민 모두에게 제도적 보장은 당의 주도적 지위를 고양시키고 중국 사회주의 체제를 유지한다는 중요한 보장은 물론 발전의 결실도 함께 공유하겠다는 것이다. 그 원칙은 사회주의 경제와 개인 소유가 지배적인 현대 자본주의 경제체제의 기본적인 차이를 강조한다. 우리는 극소수 엘리트들이 자금의 오용을 통해 막대한 부를 축적할 수 있도록 한 과거 국가 부문 개혁의 오류로부터 배워야 한다. 중국 마을 경제의 집단적이고 협력적인 모델은 더 많은 투자가 필요하다. 공공경제의 활력과 경쟁력, 리스크 관리를 높이기 위한 새로운 정책이 도입되어야 한다.

1. 부의 분배에 있어서의 노동의 제1차성: 어떤 자본주의 경제에서든 임금 노동자는 노동력의 지출에 대해서만 지급되고, 그들이 생산하는 상품의 가치에 대해서는 지급되지 않는다. 이러한 조건 하에서 근로자가 받는 특정 임금은 그 직책 및 성과와 관련이 있다. 그리고 자본주의 경제의 일부 부문에서는 집단 노동 조직이 착취율을 제한하고 부가 공정하게 분배되는 것처럼 보일 수 있지만, 지배적인 권력은 소유주와 고용주의 사유 재산권이다. 중국 사회주의 경제에서 부의 분배는 자본이 아니라 노동의 필요에 의해 인도되어야 한다. 우리는 착취와 양극화에 맞서야 한다. 소득격차를 메워야 하고, 모든 시민의 소득증가는 경제성장 및 노동생산성과 일치해야 한다. 임금수준을 결정하는 건전하고 과학적인 메커니즘은 물론, 정기적인 임금 인상을 위한 메커니즘을 확립하는 것이 필수적이다.

1. 국가가 조종하는 시장원리: 자본주의 시장의 무정부적 특성과 개별 자본가의 인건비 절감을 위한 혁신 추진력이 결합되면 노동자들이 가장 고통받는 생산 과잉의 주기적 위기로 이어진다. 이러한 위기는 독점도와 같은 비시장적 요인의 정도에 따라 단기적이거나 장기적일 수 있다. 자본주의 시장경제에서 이 비례법칙은 주로 그러한 자발적 조정에 의존하고 있으며 국가 규제의 역할은 상대적으로 제한적이다. 우리의 국가조절시장 원칙은 사회주의 사회가 계획적이고 비례적인 방식으로 시장경제를 발전시킬 수 있으며 자원배분에 있어 시장의 근본적인 역할은 정부의 감독하에 이루어져야 한다고 강조한다.

정부의 규제역할을 장려하는 한편 일반배분에 있어 시장에 결정적인 역할을 부여하는 한편 불완전한 시장 메커니즘, 과도한 정부 개입, 부실한 규제감독 등의 문제를 해결하기 위해 모든 노력을 기울여야 한다. 이를 달성하기 위해서는 정부의 직접 자원 배분을 대폭 줄이고 시장가격 및 경쟁규칙에 따라 배분이 이뤄지도록 허용하는 시장지향적 개혁을 진전시켜 효율성을 극대화해야 한다. 정부의 책임은 거시경제 정책을 견지하고, 공공 서비스를 강화하고, 공정한 경쟁을 보장하고, 시장 감독을 강화하고, 집단 번영을 촉진하고, 시장 실패를 바로잡고 보상하는 것이다.

1. 높은 성과를 갖춘 신속한 개발: 자원 사용이 불충분한 상대적으로 낮은 성장률은 완전고용, 부의 축적, 공공복리를 억제한다. 그러나 집중적인 자원 활용이 아니라 널널한 자원활용으로 인한 높은 성장률은 생태학적 지속가능성과 분배적 정의에도 똑같이 해롭다. 우리는 국내총생산(GDP)에 기반한 모든 지표에 대해서도 변증법적 분석이 필요하다.

1. 구조 조정을 통한 균형 발전: 우리 정치경제의 원칙 중 하나는 사회적 생산과 수요의 모순된 움직임과 국가경제 전체의 발전을 조정해야 할 필요성을 지배하는 사회노동의 비례분배법('비례법')이다. 법은 상이한 산업과 분야가 구조적 균형을 유지하기 위해 사람, 도구, 재료의 전반적인 사회적 노동력을 수요에 따라 비례적으로 배분하도록 규정하고 있다. 행정 개입으로 인한 경제적 흑자를 없애면 시장화에 의해 형성된 과잉 생산능력과 제품잉여가 정부 개입 없이 자동으로 균형을 이룰 수 있다는 집요한 오해를 버려야 한다. 이러한 신자유주의적 오류와 그 결과는 중국 경제의 큰 구조적 과잉 능력을 설명하며 중국 사회주의 정신에 위배된다.

1. 경제주권과 개방: 최종 원칙은 국내외 경제 성장에 도움이 되기 때문에 무역과 투자에 경제를 개방해 자원 배분을 최적화하고 산업과 기술 간 상호작용을 개선하는 데 도움을 주는 것이다. 이러한 경제 개방의 방식, 범위 및 정도는 탄력적으로 구현되어야 하며 국가 및 세계 경제의 복잡하고 변화 가능한 조건에 대응해야 한다. 예를 들어, 개발도상국들은 그러한 불평등 관계에 본질적인 위험과 내재된 불확실성을 감안할 때 선진국에 개방할 때 그들의 전략과 전술에 특히 주의를 기울여야 한다.

찾아보기

ㅊ

ㅋ

ㅌ

한찬욱

서경대학교 교수

중국과 서양의 조우와 서세동점의 종말

2020년 12월 18일 1판 인쇄
2020년 12월 31일 1판 발행

지은이 • 한찬욱
발행자 • 이영애
발행처 • 공감북스
주　소 • 02011 서울시 중랑구 중랑천로 256
전　화 • 02-971-9683
팩　스 • 02-972-9683
등　록 • 제 25100-2015-18호
등록일 • 2015년 7월 15일
e-mail • sympathybook@naver.com

ISBN 979-11-86898-59-8 (93910)
정　가 32,000원